La responsabilité élargie du producteur

UNE MISE À JOUR DES LIGNES DIRECTRICES POUR UNE GESTION EFFICACE DES DÉCHETS

OCDE
DES POLITIQUES MEILLEURES POUR UNE VIE MEILLEURE

Merci de citer cet ouvrage comme suit :
OCDE (2017), *La responsabilité élargie du producteur: Une mise à jour des lignes directrices pour une gestion efficace des déchets*, Éditions OCDE, Paris.
http://dx.doi.org/10.1787/9789264273542-fr

ISBN 978-92-64-27353-5 (imprimé)
ISBN 978-92-64-27354-2 (PDF)
ISBN 978-92-64-27356-6 (ePub)

Crédits photo : © Alexmillos/Dreamstime.com.

Les corrigenda des publications de l'OCDE sont disponibles sur : *www.oecd.org/about/publishing/corrigenda.htm.*

Avant-propos

Dans un monde où la croissance démographique et économique soutenue exerce une pression croissante sur la disponibilité des ressources naturelles, établir une économie qui gère ses ressources efficacement est central pour la croissance verte. Le volume total de matériel extrait ou cueilli au niveau mondial a atteint 72 milliards de tonnes métriques en 2010, doublant depuis 1980 et décuplant au cours du siècle dernier. Inverser cette tendance implique des politiques qui améliorent la productivité des ressources et qui assurent la gestion durable des matériaux, en s'appuyant sur le principe des 3Rs – réduire, réutiliser, recycler – et de promouvoir des modèles de consommation plus durables.

Dans ce contexte, la responsabilité élargie des producteurs, un instrument de politique environnementale dans laquelle la responsabilité du producteur pour un produit est élargie à l'étape de post-consommation de la durée de vie de ce produit, est devenue courante. Actuellement près de 400 dispositifs de ce type sont en fonctionnement à travers le monde, la plupart dans les pays de l'OCDE et quelques-uns dans les pays émergents. Alors que les systèmes de responsabilité élargie des producteurs ont contribué à augmenter considérablement les taux de valorisation des matières dans certains flux de déchets, de même qu'à fournir une source de financement fiable pour la collecte et le recyclage de déchets, la performance économique et environnementale de ces systèmes paraît hautement disparate. En conséquence, il y a un débat soutenu par rapport à la manière dont les systèmes de REP devraient être conçus.

Ce rapport contribue à ce débat en fournissant une mise à jour des orientations relatives à la conception de la REP. Ce travail présente une mise à jour du Manuel à l'intention des pouvoirs publics de l'OCDE, publié en 2001, en se basant sur l'expérience récente, en approfondissant l'analyse dans des domaines sélectionnés et en ajoutant une discussion sur les défis particuliers auxquels sont confrontés les pays émergents.

Les chapitres 1 et 2 fournissent une introduction et rassemblent les orientations mises à jour et les recommandations sur la REP. Ces chapitres constituent la première partie du Manuel. Les chapitres restants constituent la deuxième partie et fournissent des analyses plus approfondies sur un certain nombre d'éléments clés des schémas de REP qui sous-tendent la mise à jour des orientations. Le chapitre 2 traite de la gouvernance, le chapitre 3 de la concurrence, le chapitre 4 de l'éco-conception et le chapitre 5 du secteur informel. L'annexe présente des versions résumées d'études de cas par pays fournies par des pays membres et des pays partenaires comme apport au Forum Global sur l'Environnement dédié à la responsabilité élargie des producteurs qui a eu lieu à Tokyo en Juin 2014.

Ce rapport a été supervisé par le groupe de travail de l'OCDE sur la productivité des ressources et des déchets et a bénéficié des documents préparés pour le Forum Global sur la REP, ainsi que des discussions qui y ont lieu, et par le support fourni par un groupe ad hoc d'experts.

À un moment où de nombreux gouvernements se battent pour le développement d'un ensemble de mesures capables de supporter la transition vers une économie circulaire, utilisant efficacement les ressources, ce rapport fournit une orientation précieuse concernant un des instruments de politique environnementale qui peuvent aider.

Simon Upton

Directeur, Direction de l'environnement de l'OCDE

Remerciements

Ce rapport a été établi sous la responsabilité du Groupe de travail sur la productivité des ressources et les déchets (GTPRD). Au sein du Secrétariat de l'OCDE, les travaux ont été pilotés par Peter Börkey sous la responsabilité générale de Shardul Agrawala, Chef de la Division de l'intégration de l'environnement et de l'économie. Le projet a également bénéficié du concours de Shunta Yamaguchi, Andrew Prag, Maria Dahl et Maroussia Klep. Elizabeth Corbett, Pascale Rossignol, Katjusha Boffa et Natasha Cline-Thomas en ont assuré le secrétariat.

Le rapport réunit un certain nombre de documents préparés par plusieurs experts. Le chapitre 1, qui présente une introduction et un aperçu général du sujet, a été établi par Brendan Gillespie (consultant) et Peter Börkey (OCDE) à partir des autres chapitres. Le chapitre 2 sur la gouvernance de la REP a été élaboré par Reid Lifset et Gonzalo Urbina de l'Université Yale ; le chapitre 3 sur la responsabilité élargie des producteurs (REP) et la concurrence, par Sally van Siclen (Consultant) ; le chapitre 4 sur la REP et l'éco-conception, par Maarten Dubois et Jeff Peters de l'Université catholique de Louvain ; le chapitre 5, qui s'intéresse au rôle du secteur informel, a été préparé par Anne Scheinberg, Brendan Gillespie (tous deux consultants) et Shunta Yamaguchi (OCDE). Le rapport comprend par ailleurs une enquête sur la REP et une étude documentaire réalisée par Daniel Kaffine de l'Université du Colorado à Boulder. Les études de cas par pays, qui figurent en version courte dans le rapport, ont été préparées par Yasuhiko Hotta et Atsushi Santo (Institut des stratégies environnementales mondiales – IGES), Tomohiro Tasaki (Institut national d'études environnementales – NIES), Hajime Yamakawa (Université préfectorale de Kyoto), pour le Japon ; Jacinthe Séguin (Environnement Canada) pour le Canada ; Liu Chunlong, (ministère de la Protection de l'Environnement) pour la République populaire de Chine ; Baptiste Legay (MEDDE) pour la France ; Katleen Dierick et Roeland Bracke (OVAM) pour la Belgique, les autorités australiennes ; Scott Cassel (Product Stewardship Institute) pour les États-Unis ; Bruce Edwards et Declan O'Connor-Cox (ministère de l'Environnement) pour l'Australie. Les études de cas sur le Chili et la Colombie ont été élaborées avec le concours des autorités compétentes et de Christoph Vanderstricht (Ernst&Young). Maroussia Klep du Secrétariat de l'OCDE a préparé les versions résumées des études.

Nous souhaitons également remercier les nombreux experts, dont beaucoup ont fait partie du groupe d'experts constitué spécialement pour mener à bien ce projet, pour les précieuses contributions qu'ils ont apportées sans compter, notamment Garth Hickle (Minnesota Pollution Control Agency), Joachim Quoden (EXPRA), Alexandra Lange (Eco-Emballages), Arne Campen (Sony), Michel Sponar et Olivier de Clercq (Commission européenne), Jacinthe Séguin (Environnement Canada), Bruce Edwards et Declan O'Connor-Cox (Australie), Yasuhiko Hotta (IGES), Tomohiro Tasaki (NIES), Stéphane Arditi (Bureau européen de l'environnement), Daniel Kaffine (Université du Colorado à Boulder), Mathieu Hestin (Bio IS Deloitte), Ross Bartley (BIR), Shruti Rai (ministère de l'Environnement de l'Inde), Scott Cassel

(Product Stewardship Institute), Marina Franke, Linda Godfrey (CSIR South Africa), Elisabet Kock (SEPA), Baptiste Legay et Loic Lejay (ministère de l'Environnement de la France), Beata Klopotek (ministère de l'Environnement de la Pologne), Koji Yamada (ministère de l'Environnement du Japon), Jiro Hiratsuka (Délégation permanente du Japon), Joost Meijer (ministère de l'Environnement du Chili), Erika Mink (EUROPEN), Kamal Sharma (Confédération des industries indiennes), Christoph Vanderstricht (Ernst&Young), Yang Zheng (ministère de la Protection de l'Environnement de la Chine), Valentina Bolognesi (Digitaleurope), Virginia Janssens (EUROPEN), Simon Webb (Procter&Gamble).

Nous souhaitons en outre remercier tous les participants qui ont apporté des éclairages utiles aux travaux dans le cadre du Forum mondial sur l'environnement qui s'est tenu à Tokyo du 17 au 19 juin 2014 sur le thème « Promouvoir la gestion durable des matières à travers la responsabilité élargie des producteurs (REP) ».

Enfin, les travaux n'auraient pas été possibles sans le généreux soutien financier de la Commission européenne, de la Suisse, de la Finlande et du Japon.

Table des matières

Tableaux

Graphiques

Liste des sigles et acronymes

ACV	Analyse du cycle de vie
ADF	Redevance d'élimination préalable
CNY	Yuan
DEEE	Déchets d'équipements électriques et électroniques
DSD	Duales System Deutschland
GTPED	Groupe de travail sur la productivité des ressources et les déchets
ONG	Organisation non gouvernementale
OPR	Organisation de producteurs responsables ou éco-organisme
PET	Polyéthylène téréphtalate
PVC	Chlorure de polyvinyle
RCP	Responsabilité collective des producteurs
R-D	Recherche et développement
REP	Responsabilité élargie des producteurs
RFID	Radio-identification
RIP	Responsabilité individuelle des producteurs
TVA	Taxe sur la valeur ajoutée
VHU	Véhicule hors d'usage

La responsabilité élargie du producteur
Une mise à jour des lignes directrices pour une gestion efficace des déchets

Résumé

Depuis la fin des années 80, le concept de « responsabilité élargie des producteurs » (REP) s'est imposé comme principe de politique environnementale dans un nombre croissant de pays. En vertu de ce principe, les producteurs assument la responsabilité des incidences environnementales de leurs produits tout au long de la chaîne de produit, de la conception jusqu'aux phases situées en aval de la consommation. L'idée était, en appliquant ce principe, d'alléger la charge que représente pour les communes et les contribuables la gestion des produits en fin de vie, de réduire la quantité de déchets destinée à une élimination finale et d'accroître les taux de recyclage.

L'OCDE a offert aux pays une plateforme d'échange et publié en 2001 un Manuel destiné à promouvoir le développement des filières à REP (OCDE, 2001). Depuis 2001, les systèmes de REP se sont considérablement multipliés et diversifiés. Il est donc temps de passer en revue les expériences récentes, sachant par ailleurs que la REP pourrait jouer un rôle positif en faveur de l'amélioration de la productivité des ressources et dans l'économie circulaire, deux dossiers qui occupent actuellement une place de premier plan dans les programmes d'action environnementale de nombreux pays. Dans une première partie, ce rapport fournit une mise à jour de l'orientation sur la responsabilité élargie des producteurs, en se basant sur le Manuel de 2001 et dans la perspective des développements et des leçons tirées depuis. Dans une deuxième partie, ce rapport rassemble quatre défis (sélectionnés) pour la REP et les examine en détail.

Évolution et impacts des systèmes de REP

Selon une étude récente, quelque 400 systèmes de REP fonctionnent actuellement, dont près des trois-quarts ont été mis en place depuis 2001. Ces dispositifs ont souvent été imposés par la législation et la plupart semblent être obligatoires et non librement choisis. Les petits appareils électroniques de consommation comptent pour plus d'un tiers de ces systèmes, suivis par les emballages et les pneus usagés (17 % chacun), les véhicules hors d'usage, les batteries au plomb et divers autres produits. Les programmes d'obligation de reprise, appliqués sous diverses formes, sont les instruments les plus fréquemment utilisés et représentent près des trois quarts des dispositifs étudiés. Les redevances d'élimination préalables et les systèmes de consigne comptent grosso modo pour le reste. Bien que, des entreprises se soient dotées dans certains cas de leur propre dispositif, la plupart du temps, les producteurs ont mis en place des systèmes de REP collectifs gérés par des organisations de producteurs responsables (OPR ou éco-organismes).

L'impact des systèmes de REP est difficile à évaluer, pour plusieurs raisons : les données sont très insuffisantes, les analyses ont du mal à distinguer l'impact de ces systèmes de celui d'autres facteurs et la très grande diversité des systèmes de REP limite les possibilités de comparaison. Malgré ces réserves, on a des raisons de penser que dans certains pays ces systèmes ont permis de transférer vers les producteurs une partie des coûts de gestion des déchets précédemment assumés par les communes et les contribuables et de réduire les coûts publics de gestion des déchets. De plus, il semble probable que les systèmes de REP aient permis de réduire la part des déchets destinés à une élimination finale et d'accroître les taux de recyclage enregistrés dans de nombreux pays de l'OCDE. Cependant, les progrès dans ces domaines varient sensiblement selon les pays, ce qui donne à penser que beaucoup pourraient améliorer leurs résultats en prenant modèle sur les plus performants. En revanche, il est généralement admis que bien qu'ils aient contribué à prévenir la production de déchets (grâce à l'éco-conception, notamment) dans certains pays et certains secteurs, les systèmes de REP sont rarement suffisants pour jouer le rôle de déclencheur.

Orientations et recommandations

Bon nombre de recommandations du Manuel de l'OCDE de 2001 relatives à la bonne gouvernance des systèmes de REP restent pertinentes et devraient être appliquées plus systématiquement. Par exemple, les principes directeurs de 2001 concernant la REP indiquent que ces systèmes devraient inciter les producteurs à modifier la conception des produits ; stimuler l'innovation ; se fonder sur le cycle de vie ; définir clairement les responsabilités ; choisir des moyens d'action adaptables en fonction des produits et flux de déchets ;

De même, toute une série de facteurs déterminants pour la REP mentionnés dans le Manuel de 2001 sont tout aussi pertinents aujourd'hui qu'il y a 15 ans. Ces recommandations indiquent que les objectifs et le champ d'application de la REP doivent être clairement définis et que les producteurs de produits soumis à la REP, clairement identifiés ; des mécanismes de notification et de suivi doivent être établis et des mécanismes de contrôle de l'application assortis de sanctions adéquates devraient être définis ; la cohérence et l'harmonisation avec les politiques concernées, notamment les politiques de produits et de gestion des déchets doivent être assurées. L'efficacité des systèmes de REP pourrait aussi être améliorée en visant des objectifs plus ambitieux, en élargissant la gamme des produits couverts, en internalisant davantage les coûts environnementaux. Le plus difficile pourrait être, semble-t-il, de rendre les systèmes de REP plus transparents. Ces systèmes devraient être tenus de communiquer les informations nécessaires pour évaluer leurs performances et déterminer comment les rendre plus efficients et efficaces. Le manuel d'orientation de 2001 a également fourni des recommandations plus spécifiques sur une série de questions, dont les éléments clés ont été intégrés à l'expérience la plus récente.

Conception et gouvernance de la REP

La conception et la gouvernance de la REP sont indispensables à leur performance. Les enjeux vont de la fixation des objectifs et la surveillance et l'application, jusqu'au passagers clandestins et le financement.

- Compte tenu des évolutions rapides qui peuvent survenir sur le marché et modifier la technologie, les objectifs des politiques de REP devraient être régulièrement révisés et ajustés.
- Dans les systèmes obligatoires, les autorités responsables devraient mettre en place un dispositif homogène et crédible de contrôle de l'application des obligations en matière de REP, notamment des registres de producteurs, des dispositifs d'accréditation officielle des éco-organismes et des sanctions appropriées.
- Des systèmes de suivi doivent être établis et dotés de ressources suffisantes ; un audit des performances, de préférence indépendant, sera effectué régulièrement. Au sein d'une

même juridiction, on veillera dans la mesure du possible à harmoniser les systèmes de REP et à mettre en place un moyen de contrôle de la qualité et de la comparabilité des données.

- Le problème des passagers clandestins, qui est encore un grand défi pour les systèmes de REP, devrait être traité en recourant à la pression des pairs ainsi qu'à des contrôles stricts.
- Les gouvernements devraient mettre en commun leurs expériences sur la façon de financer durablement les systèmes de REP. Il pourrait s'agir notamment d'analyser comment des risques comme la volatilité des prix et les fuites peuvent être pris en charge.

Promouvoir l'intégration de la politique de la concurrence et de la REP

À mesure de l'essor et de la concentration des industries du recyclage et de la gestion de déchets, les gains financiers potentiels pour les producteurs, de même que les coûts additionnels pour la société résultant d'une collusion entre producteurs et d'autres formes de comportements anticoncurrentiels, ont augmenté. Depuis 2001, les comportements présumés « anticoncurrentiels » de certains systèmes de REP ont été dénoncés auprès des autorités de la concurrence et des tribunaux.

- On s'attachera en priorité aux questions de concurrence sur les marchés des produits, où les effets sur le bien-être risquent d'être plus importants, suivis des marchés de la collecte et du tri, des marchés de la valorisation et de l'élimination, et du marché des services des filières à REP.
- D'aucuns continuent aussi de s'inquiéter du possible recours abusif à des accords verticaux entre les éco-organismes et les entreprises intervenant dans des opérations en aval. Une bonne façon de limiter les comportements anticoncurrentiels consiste à consulter les autorités de la concurrence au moment de l'établissement de systèmes de REP.
- Des services comme la collecte des déchets, le tri, et la valorisation et l'élimination des matières devraient faire l'objet d'appels d'offres transparents, non discriminatoires et concurrentiels.
- Les dispositifs de REP ne devraient autoriser les éco-organismes uniques que s'il peut être démontré que les avantages (par exemple, que la capacité de gérer les déchets n'aurait pas été suffisante dans d'autres circonstances) dépassent les coûts d'une baisse de concurrence.

Incitations en faveur de l'éco-conception

L'internalisation des coûts des produits en fin de vie, si elle est plus poussée, et le contrôle de l'application, s'il est plus strict, pourraient aussi renforcer les incitations en faveur de l'éco-conception des produits et des emballages. Le fait de fixer des redevances suffisamment élevées pour couvrir la totalité des coûts de gestion en fin de vie permettrait de mieux internaliser les coûts environnementaux associés à ces produits, et donc de stimuler l'éco-conception.

- Dans l'idéal, la responsabilité des producteurs devrait s'appliquer au niveau de chaque producteur. Toutefois, compte tenu de l'importance des économies de gamme et d'échelle souvent réalisables, la plupart des systèmes de REP reposent sur la responsabilité collective des producteurs, ce qui dilue les incitations en faveur de l'éco-conception.
- En conséquence, les redevances versées par les producteurs devraient si possible mieux correspondre au traitement effectivement réservé à leurs produits en fin de vie, en

préférant par exemple les redevances variables (au poids) aux redevances fixes (à l'unité), et/ou les redevances modulées selon les caractéristiques de conception qui rendent les produits plus facilement recyclables.

- L'éco-conception pourrait aussi progresser grâce à un engagement plus actif des producteurs et des éco-organismes en faveur de la R-D et, dans le cas des produits entrant dans les échanges internationaux, à l'harmonisation des caractéristiques de conception ayant un impact sur l'environnement.

Intégrer les travailleurs informels dans les filières à REP dans les pays émergents et en développement

Depuis 2001, des dispositifs de REP ont été mis en place dans de nombreuses économies émergentes. Contrairement aux systèmes existant dans les pays de l'OCDE les plus développés, le nombre de travailleurs informels participant au recyclage y est important ; il s'élèverait selon les estimations à quelque 20 millions à l'échelle mondiale. Le ramassage des déchets est une activité souvent dure, dangereuse et socialement précaire. En dépit des graves préoccupations suscitées par les activités en aval de démantèlement et de recyclage informels qui peuvent avoir des retombées négatives sur l'économie et l'environnement, on reconnaît de plus en plus que les activités informelles de ramassage et de tri des déchets peuvent avoir des effets positifs.

- Par conséquent, l'objectif de l'action publique s'est déplacé : il s'agit désormais moins de « secourir » les travailleurs informels que de les intégrer dans les filières de gestion officielles des déchets. Il faut pour cela trouver comment faire en sorte que les opérateurs informels travaillent avec, et non pas contre, les systèmes officiels de gestion des déchets.
- Cela n'est cependant pas toujours facile ni possible, et il sera important de tirer des enseignements des initiatives en cours pour guider l'action publique dans ce domaine.

PARTIE I

Aperçu et mise à jour des orientations

La responsabilité élargie du producteur
Une mise à jour des lignes directrices pour une gestion efficace des déchets

PARTIE I

Chapitre 1

Aperçu de la responsabilité élargie des producteurs

Ce chapitre fournit une introduction à la responsabilité élargie des producteurs (REP) en discutant la raison d'être de cet instrument, les principaux moyens d'action ainsi que les tendances les plus importantes. Il trouve qu'il y a eu une hausse considérable dans l'utilisation des systèmes de REP pendant la dernière quinzaine d'années, avec quelques 400 systèmes en fonctionnement à travers le monde, la plupart dans les pays de l'OCDE. Ceci a conduit à des résultats importants, notamment à l'augmentation du taux de récupération des matières provenant de plusieurs flux de déchets et à la génération de ressources financières significatives de la part des producteurs qui contribuent maintenant à un marché qui vaut près de 300 milliards d'euros globalement. Un certain nombre de régions où les systèmes de REP doivent être renforcés sont aussi identifiés.

1.1. Introduction

La responsabilité élargie des producteurs (REP) pour la gestion en fin de vie des produits a fait son apparition dans plusieurs pays de l'OCDE a la fin des années 80. Il s'agissait de répondre aux problèmes rencontrés par beaucoup de communes pour gérer des flux de déchets de plus en plus importants et complexes, face à un public souvent hostile à l'implantation de décharges. La politique de REP a cherché à déplacer vers les producteurs la charge de la gestion de certains produits en fin de vie assumée par les communes et les contribuables. L'idée était que la redéfinition des responsabilités, et les signaux ainsi adressés aux producteurs pour les inciter à repenser leurs produits et emballages, réduirait la part des déchets destinés à une élimination finale et accroîtrait celle du recyclage.

L'OCDE a offert une plateforme pour la mise en commun des bonnes pratiques et l'analyse des problèmes communs concernant les dispositifs de REP. À l'issue d'un travail de recherche considérable et d'échanges de vues entre responsables publics, l'OCDE a publié en 2001 un Manuel à l'intention des pouvoirs publics sur la responsabilité élargie des producteurs (dans la suite le « Manuel de 2001 »), afin d'aider les pays membres à mettre en œuvre des politiques de REP. Depuis, le nombre de systèmes de REP et leur diversité ont considérablement augmenté, non seulement dans les pays de l'OCDE mais aussi dans les économies émergentes. Dans de nombreux pays, les dispositifs de REP ont contribué à réduire la part des déchets destinés à une élimination finale et stimulé la valorisation matières et la valorisation énergétique des déchets, améliorant ainsi la productivité des ressources de ces économies. Dans le même temps, ces systèmes ont assuré le développement d'une industrie du recyclage de plusieurs milliards de dollars.

La première partie de ce rapport présente une mise à jour des orientations sur la REP ; en prenant pour point de départ le Manuel de 2001, il passe en revue les évolutions intervenues et enseignements tirés depuis cette date. Bien que bon nombre des recommandations initiales demeurent valides, l'expérience récente semble indiquer que de nouvelles orientations pourraient permettre d'améliorer l'efficacité environnementale et l'efficience économique des dispositifs de REP.

Le premier chapitre commence par un bref résumé sur la raison d'être des politiques et les principaux instruments de mise en œuvre de la REP. Il passe ensuite en revue les principales évolutions suivies par les systèmes de REP. Le chapitre suivant vise à réunir les principaux éléments du Manuel de 2001 et les résultats et recommandations issus des dernières analyses consacrées aux systèmes de REP. Pour conclure, une dernière section évoque certains défis auxquels il faudra s'attaquer.

Pour étayer l'élaboration d'orientations plus actuelles et pertinentes pour l'action publique, quatre aspects ont fait l'objet d'un examen plus poussé.. Ceux-ci sont présentés dans la deuxième partie de cette étude : la conception et la gouvernance des systèmes de REP (chapitre 3) ; les comportements anticoncurrentiels observés dans les dispositifs de REP, préoccupation grandissante à mesure de l'essor et de la concentration des secteurs des déchets et du recyclage (chapitre 4) ; le rôle des systèmes de REP en faveur de la conception de produits plus respectueux de l'environnement (chapitre 5) ; et le fonctionnement des systèmes de REP dans les économies émergentes, en particulier l'importance du secteur informel des déchets (chapitre 6). Ces chapitres contiennent des analyses plus complètes de ces aspects.

1.2. Raison d'être de la politique en matière de REP et moyens d'action

1.2.1. *Définition et raison d'être*

L'OCDE a défini la REP comme un instrument de politique environnementale qui étend les obligations du producteur à l'égard d'un produit jusqu'aux stades de son cycle de vie situés en aval de la consommation. Dans la pratique, la REP transfère aux producteurs la responsabilité de la collecte des produits en fin de vie, et celle du tri de ces produits avant leur traitement final, idéalement leur recyclage. Les dispositifs de REP peuvent permettre aux producteurs d'assumer leurs responsabilités en fournissant les ressources financières requises et/ou en déchargeant les communes des aspects opérationnels et organisationnels. Ils peuvent fonctionner individuellement ou collectivement.

Le concept de REP n'était pas entièrement nouveau ; les marchés du recyclage existaient bien avant les années 80, en particulier pour les produits en fin de vie présentant une valeur commerciale. Ces marchés étaient toutefois assez circonscrits et présentaient de nombreuses imperfections. Pour cette raison, le niveau de recyclage n'était pas socialement optimal et le traitement des déchets résiduels était à la charge des communes. À partir de la fin des années 80, les capacités de traitement des communes ont été insuffisantes pour faire face au volume et à la complexité des déchets produits dans la plupart des économies développées. La tâche des communes s'est trouvée par ailleurs compliquée par l'opposition du public à l'implantation de nouvelles décharges et d'incinérateurs, illustration du phénomène NIMBY (pas de ça chez moi). Le secteur public étant le principal intervenant, les possibilités de mobiliser les compétences techniques et managériales du secteur privé pour gérer les déchets n'étaient pas exploitées. La REP visait à remédier à ces problèmes en transférant la charge financière de la gestion des produits en fin de vie, des communes et contribuables vers les producteurs. L'idée était de réduire le volume de déchets destinés à une élimination finale, d'accroître les taux de recyclage et d'encourager la prévention de la production de déchets et la réduction des déchets à la source.

La politique de REP met en application le principe pollueur-payeur dans la mesure où la responsabilité financière du traitement des produits en fin de vie est transférée, des contribuables et communes, vers les producteurs. Cependant, elle ne vise pas à elle seule à internaliser l'intégralité des coûts environnementaux ; cela exigerait en effet de fixer un prix environnemental pour un large éventail de flux de déchets présentant des caractéristiques environnementales très diverses, ce qui est irréalisable. La politique de REP entend cependant inciter les producteurs à internaliser les coûts environnementaux tout au long du cycle de vie des produits dès le stade de la conception. Les systèmes de REP entendent encourager les producteurs à concevoir, ou modifier la conception de, leurs produits et emballages afin de faciliter leur gestion en fin de vie, et d'éviter d'utiliser des matières susceptible de créer des risques pour la santé humaine ou l'environnement. Certains produits peuvent en effet nécessiter de grandes quantités de ressources avant de pouvoir être recyclés.

1.2.2. Moyens d'action

On distingue quatre grandes catégories d'instruments de REP, qui peuvent cependant parfois se combiner (voir aussi le graphique 1.1) :

- *Les obligations de reprise* confèrent, aux producteurs ou aux détaillants par exemple, la responsabilité de la gestion en fin de vie des produits. Ce type d'obligation est souvent assumé en fixant des objectifs de recyclage et de collecte pour un produit ou une matière. Les objectifs peuvent être obligatoires ou facultatifs. Une autre approche consiste à inciter les consommateurs à restituer les produits à certains points de reprise, notamment aux points de vente.
- *Les instruments économiques et de marché* permettent d'appuyer la mise en œuvre des politiques de REP en offrant des incitations financières. Ils peuvent revêtir diverses formes :
  - *systèmes de consigne* : une somme initiale (consigne) est versée à l'achat puis remboursée en partie ou en totalité lorsque le produit est rapporté à un point de reprise répertorié.
  - *redevances d'élimination préalables (ADF)* : redevances perçues à l'achat de certains produits et calculées en fonction du coût estimé de collecte et de traitement. Ces redevances peuvent être perçues par des entités publiques ou privées, et utilisées pour financer le traitement en aval de la consommation des produits visés. Les redevances non utilisées peuvent être remboursées aux consommateurs.

Graphique 1.1. **Moyens d'action en matière de REP dans le cycle des produits**

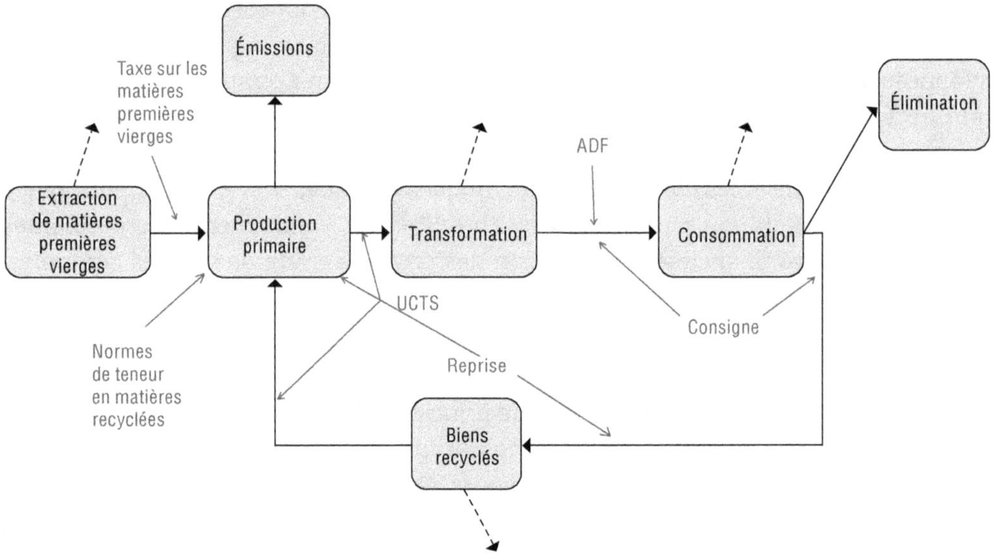

Note : ADF : redevance d'élimination préalable UCTS : dispositifs combinant taxes et subventions en amont
Source : OECD (2013), *What have we learned about extended producer responsibility in the past decade? – A survey of the recent EPR economic literature*, Paris.

  - *taxes sur les matières* : taxes appliquées aux matières premières vierges (ou aux matières difficiles à recycler, toxiques, etc.) pour encourager l'utilisation de matières secondaires (recyclées) ou moins toxiques. Dans l'idéal, le taux devrait être fixé de façon que le coût marginal de la taxe soit égal au coût marginal de traitement. Le produit de la taxe devrait être affecté au financement de la collecte, du tri et du traitement des produits en aval de la consommation.
  - *dispositif combinant subventions et taxes en amont (UCTS)* : taxe acquittée par les producteurs dont le produit sert ensuite à subventionner le traitement des déchets. Ce dispositif

incite les producteurs à modifier les matières utilisées comme intrants et la conception des produits, et offre un mécanisme de financement qui permet de soutenir le recyclage et le traitement.

- *Les réglementations et normes de performance,* telles que les prescriptions de teneur minimum en matières recyclées, peuvent encourager la reprise des produits en fin de vie. Conjuguées à l'application d'une taxe, ces normes peuvent inciter les producteurs à modifier la conception des produits. Les normes peuvent être obligatoires ou peuvent être appliquées à l'initiative des industries sur la base du volontariat.
- *Les instruments d'information* ont pour but de sensibiliser le public pour soutenir indirectement les programmes de REP. En font partie les obligations de notification, l'étiquetage des produits et de leurs ingrédients et composants, la communication consommateurs sur la responsabilité des producteurs et le tri des déchets, et l'information des recycleurs sur les matières entrant dans la composition des produits.

Le Manuel de 2001 constate que la plupart des systèmes de REP en place à cette époque étaient assortis d'objectifs ou de contingents. Ceux-ci pouvaient être exprimés en termes quantitatifs ou qualitatifs et de différentes façons en fonction de l'objectif principal : taux de réutilisation/réemploi ou de recyclage, volume de déchets collectés ou destinés à une élimination finale, contingents de rendement ou objectifs de qualité environnementale.

1.3. Principales tendances et résultats donnés par les systèmes de REP

Cette section passe en revue quelques tendances lourdes ainsi que les résultats donnés par les systèmes de REP depuis la publication du Manuel de 2001. On constate que le nombre de systèmes de REP a fortement augmenté. La plupart ont été mis en place dans l'UE et aux États-Unis, aux niveaux national et infranational, souvent en réponse à des obligations législatives. Ces filières gèrent différents produits en fin de vie et emploient un nombre limité d'instruments. Les mécanismes de gouvernance ont continué d'évoluer en écho aux contextes très variés dans lesquels ces systèmes ont été établis et aux objectifs spécifiquement visés.

L'évaluation des impacts des systèmes de REP se heurte à un grave déficit de données, à des difficultés méthodologiques, notamment pour isoler les impacts des systèmes de REP des autres facteurs, et à la grande diversité des systèmes de REP qui limite les possibilités de comparaison. Cependant, il y a lieu de penser que les systèmes de REP ont contribué à réduire le volume de déchets destinés à une élimination finale, d'accroître les taux de recyclage, et partant, d'alléger les pressions sur les budgets publics. Les systèmes de REP ont également contribué au développement d'une industrie des déchets et du recyclage de plusieurs milliards de dollars. En revanche, il est généralement admis que bien qu'ils aient contribué à l'éco-conception dans certains pays et certains secteurs, les systèmes de REP sont rarement suffisants pour jouer le rôle de déclencheur.

1.3.1. *Principales tendances*

Tendances dans l'adoption de systèmes de REP

L'adoption de systèmes de REP s'est accélérée depuis 2001, les politiques de gestion des déchets ayant pris de l'importance dans beaucoup de pays. Une étude récente (OCDE, 2013) a passé en revue 384 mesures de REP dont plus de 70 % ont été mises en œuvre depuis 2001. Sur ces dernières, 11 % ont vu le jour au cours des quatre dernières années (graphique 1.2).

Les mesures de REP concernent majoritairement les petits appareils électroniques de grande consommation (voir le graphique 1.3). Avec les téléphones mobiles, les piles

Graphique 1.2. **Cumul des mesures de REP adoptées globalement, 1970-2015**

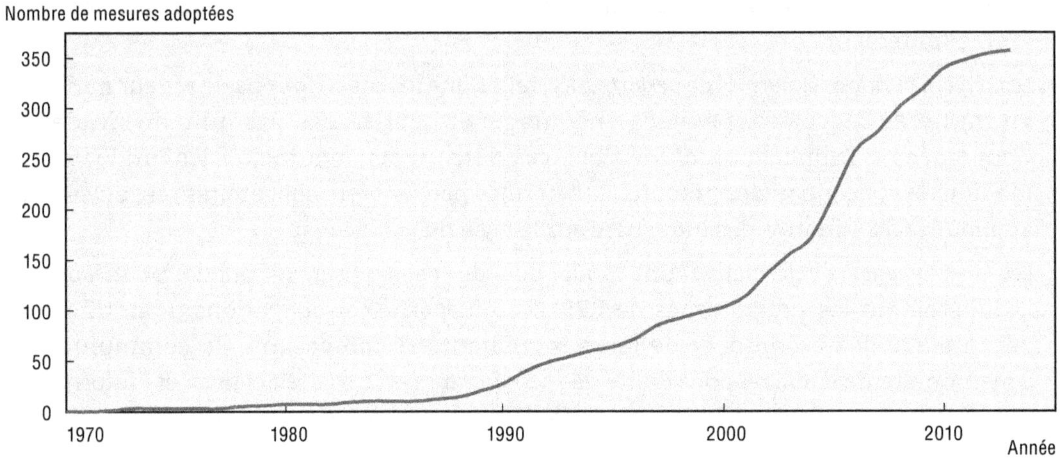

Source : OECD (2013), *What have we learned about extended producer responsibility in the past decade? – A survey of the recent EPR economic literature*, Paris.

Graphique 1.3. **REP par type de produit au niveau mondial/dans le monde**

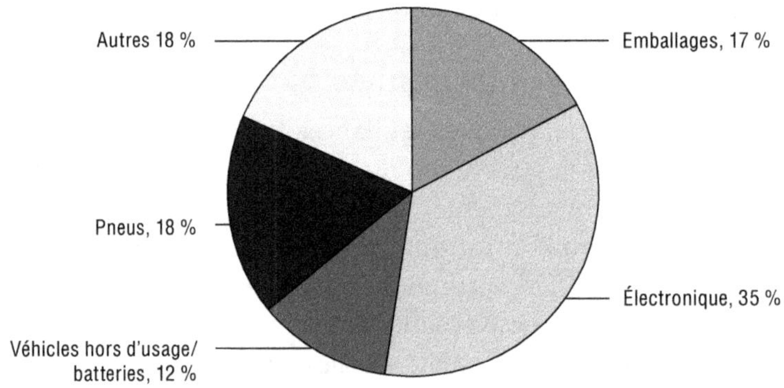

Source : OCDE (2013), *What have we learned about extended producer responsibility in the past decade? – A survey of the recent EPR economic literature*, Paris.

rechargeables, les thermostats et les commutateurs de véhicules, ils représentent 35 % des mesures de REP à l'échelle mondiale. Les emballages (récipients de boisson compris) et les pneumatiques représentent chacun 17 %. Les véhicules hors d'usage (7 %) et les batteries au plomb (4 %) constituent les deux autres grandes catégories de produits couverts. Les 20 % restant concernent des produits moins courants, tels que les huiles usagées, les peintures, les produits chimiques, les gros appareils et les ampoules fluorescentes. On constate ainsi que les dispositifs de REP visent principalement des produits dont l'élimination peut coûter cher et dont la consommation est relativement importante, et qu'ils réagissent ainsi aux mesures publiques et au jeu du marché. Les systèmes de REP ont été moins utilisés pour des produits dont le niveau de consommation est relativement faible.

Les systèmes de REP font appel à différents moyens d'action (graphique 1.4) l'obligation de reprise, appliquée sous diverses formes et parfois en conjugaison avec des redevances d'élimination préalables, y occupant une place prépondérante (72 % à l'échelle mondiale). Cet instrument est utilisé pour de nombreux types de produits. Viennent ensuite les redevances d'élimination préalables (16 %), employées également pour une grande variété de produits, puis les systèmes de consigne (11 %), concentrés toutefois sur les marchés des récipients de boisson et des batteries au plomb et parfois associés à des obligations de reprise. Les autres

Graphique 1.4. **REP par type de mesure au niveau mondial**

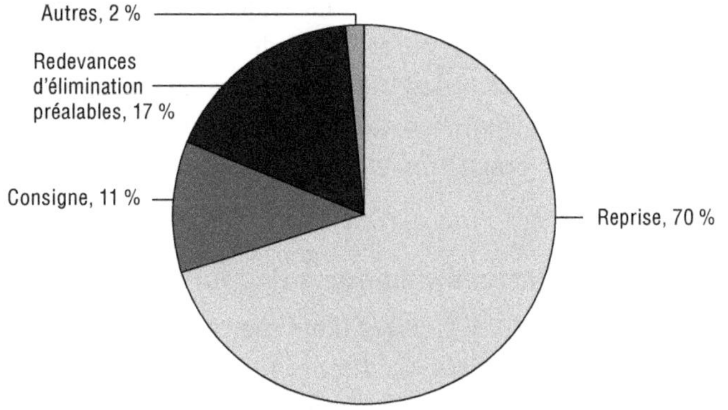

Source : OCDE(2013), What have we learned about extended producer responsibility in the past decade? – A survey of the recent EPR economic literature, Paris.

moyens d'action mentionnés dans le Manuel de 2001 (dispositif combinant taxes et subventions en amont, normes de teneur minimum en matières recyclées et taxes sur les matières premières vierges) ne sont guère, voire pas du tout, utilisés.

Si l'on considère la répartition régionale des dispositifs de REP (graphique 1.5), on constate que 90 % d'entre eux se concentrent dans l'UE et en Amérique du Nord. Aux États-Unis, on observe une légère préférence pour les systèmes de consigne et les redevances d'élimination préalables. Ces instruments trouvent leur place dans un peu moins de la moitié des dispositifs en place au niveau des États, contre 21 % dans le reste du monde. En termes de produits couverts, il existe des variations entre régions. Dans l'UE, 34 % des mesures concernent l'électronique, 18 % les emballages, 14 % les pneus, et 20 % les véhicules/batteries automobiles. Aux États-Unis, 50 % des mesures visent l'électronique, 8 % les emballages, 24 % les pneus, et 7 % les véhicules/batteries automobiles.

Graphique 1.5. **Distribution régionale des systèmes de REP**

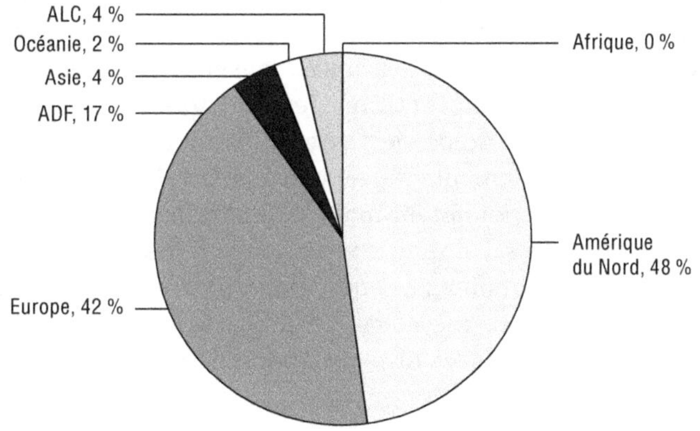

Source : OCDE (2013), What have we learned about extended producer responsibility in the past decade? – A survey of the recent EPR economic literature, Paris.

Une autre enquête récente (Tasaki et al., 2015) a cherché à étudier comment les différentes parties prenantes perçoivent le concept de REP dans différents pays[1]. Les personnes interrogées ont été invitées à indiquer quels résultats attendre des systèmes de REP. Sur 16 réponses, les trois premières étaient : augmenter les possibilités de désassemblage ou de recyclage d'un produit ; réduire l'impact environnemental d'un produit ; et promouvoir le recyclage ou la valorisation. Les trois dernières étaient : réduire les coûts de gestion des déchets ; promouvoir la valorisation ; et promouvoir de nouveaux modèles d'entreprises. Les réponses variaient selon les régions et les parties prenantes. Bien qu'il soit difficile de tirer des conclusions générales, les résultats de l'enquête permettent de mieux cerner les différentes attentes des parties prenantes et des pays en matière de REP, de même que la diversité des systèmes de REP.

Rôle du cadre juridique et de l'action publique à l'appui des systèmes de REP

Au sein de l'*Union européenne* (UE), tous les États membres ont mis en place des systèmes à REP de reprise pour les quatre flux de déchets visés par les Directives de l'Union : emballages, batteries, VHU et déchets d'équipements électriques et électroniques (DEEE). Certains objectifs de recyclage sont actuellement revus dans le cadre d'un examen général de la politique de gestion des déchets de l'UE. Bien que la législation européenne en matière de déchets définisse le cadre d'action général, les aspects opérationnels des systèmes de REP dépendent de la législation nationale des États membres. En conséquence, la conception et la mise en œuvre des politiques de REP est très hétérogène à l'intérieur de l'UE. Certains États membres de l'UE ont également mis en place des systèmes de REP pour des produits qui ne sont pas directement visés par la législation de l'UE, comme les pneus, le papier graphique, les huiles ou les déchets médicaux.

Encadré 1.1. **Le cadre juridique de la responsabilité élargie des producteurs en Australie et au Canada**

La National Waste Policy de l'Australie (NWP) établit un programme très complet de mesures nationales et coordonnées et marque un tournant décisif de la politique nationale de gestion et de valorisation des déchets en ce sens qu'elle définit une approche commune pour tout le pays, sachant que la gestion des déchets relève principalement de la responsabilité des États. La NWP a été adoptée par le gouvernement de l'Australie et par les États, les Territoires et les collectivités locales en 2009. Elle spécifie les domaines sur lesquels l'action publique, à tous les niveaux, doit se concentrer. La bonne gestion des produits faisant partie de ces domaines, les autorités ont élaboré en 2011 une loi sur la bonne gestion des produits (Product Stewardship Act) qui devait s'appliquer pour commencer aux téléviseurs et aux ordinateurs en fin de vie. Cette loi définit un cadre national à l'appui des programmes volontaires, co-réglementaires et obligatoires de bonne gestion des produits. Le dispositif a commencé de fonctionner en mai 2012 et l'industrie a financé les services de recyclage qui ont été progressivement mis en place dans toute l'Australie. Tous les téléviseurs, ordinateurs, imprimantes et équipements périphériques (claviers, souris et disques durs) sont acceptés pour recyclage. Le gouvernement australien a supervisé le développement du dispositif à tous les niveaux d'administration et avec la participation es acteurs de l'industrie (voir l'annexe A).

Au Canada, les responsabilités en matière de gestion et de réduction des déchets sont partagées entre les autorités fédérales, provinciales, territoriales et municipales. Les programmes de REP relèvent des compétences des Provinces et des Territoires, chacun utilisant sa propre méthode pour atteindre des objectifs communs en matière de REP. Le tableau général de la REP au Canada tient compte par conséquent de ces variations provinciales. En 2009, le Conseil canadien des ministres de l'Environnement (CCME), qui réunit les ministres de l'Environnement des gouvernements fédéral, provinciaux et territoriaux,

Encadré 1.1. **Le cadre juridique de la responsabilité élargie des producteurs en Australie et au Canada** *(suite)*

a mis au point le Plan d'action pancanadien pour la responsabilité élargie des producteurs (PAPREP). Le CCME et ses membres se sont engagés, dans le cadre du PAPREP, à élaborer et mettre en œuvre des programmes de REP afin de donner des orientations sur la façon de renforcer l'usage de la REP et de promouvoir l'harmonisation et la cohérence des programmes dans tout le pays. Le PAPREP a pour objectif d'accroître le détournement et le recyclage des résidus solides municipaux en harmonisant les programmes de REP des Provinces. Dans la phase 1 du PAPREP, les Provinces et les Territoires doivent prendre une série d'engagements, de mise en œuvre de programmes de REP pour les produits électriques et électroniques d'ici à 2015, notamment. Les programmes de REP continuent de relever des compétences des provinces. (voir l'annexe C).

Source : Études de cas préparées pour le Forum mondial de l'OCDE sur la responsabilité élargie des producteurs, 17-19 juin 2014, *www.oecd.org/env/waste/gfenv-extendedproducerresponsibility-june2014.htm*.

En *Amérique du Nord*, les programmes de REP des États Unis et du Canada couvrent une large gamme de produits et sont conçus et mis en œuvre, pour la plupart, au niveau infranational, par les États et les Provinces. Le Plan d'action pancanadien de 2009 pour la REP met l'accent sur un modèle harmonisé axé sur les résultats, qui se traduit dans la plupart des cas par des systèmes dans lesquels les producteurs délèguent collectivement leurs responsabilités sous la supervision des autorités provinciales. Aux États-Unis, il n'existe pas de loi fédérale concernant la REP ; chaque État élabore et applique ses propres mesures, en fonction des conditions locales et de sa dynamique politique. Entre 1991 et 2011, les États des États-Unis ont promulgué plus de 70 textes de loi sur la REP qui exigent généralement l'application de programmes de REP par les entreprises de transformation, mais sans fixer d'objectifs de recyclage. Parallèlement, les producteurs eux-mêmes ont lancé des initiatives de bonne gestion pour assurer la collecte et le recyclage de leurs produits.

Dans la région *Amérique latine et Caraïbes* (ALC), plusieurs pays dont le Chili et le Mexique qui sont membres de l'OCDE, mais aussi le Brésil, l'Argentine et la Colombie, ont pris récemment des mesures pour mettre en œuvre leurs premiers systèmes de REP qui se concentrent pour la plupart sur les grands marchés des déchets électroniques potentiellement dangereux. En 2013, le Chili a soumis au Congrès un projet de législation sur la REP en réponse à une recommandation formulée dans le cadre de son adhésion à l'OCDE, afin de renforcer sa politique de gestion des déchets. La législation a été approuvée par la Chambre des députés en 2015 et est en cours d'examen au Sénat. La plupart des mesures de REP mises en œuvre dans la région ALC n'en sont qu'à leur début et des efforts seront nécessaires pour les rendre pleinement opérationnelles. Dans certains cas, elles sont complétées par des initiatives volontaires lancées par le secteur privé.

Le paysage actuel de la REP en *Asie* est très contrasté au niveau des pays et varie sensiblement entre pays membres et non membres de l'OCDE. Les économies de l'OCDE comme le Japon et la Corée disposent de systèmes de REP bien établis encadrés par la législation, qui sont étayés par un solide dispositif de suivi et de contrôle. Certaines économies émergentes en plein essor, comme l'Inde et l'Indonésie ont commencé d'élaborer des programmes de REP, qui ne sont pas encore toutefois pleinement opérationnels. La Malaisie et la Thaïlande sont en train de mettre en place des filières à REP pour les déchets électroniques, mais ces initiatives reposent généralement sur la participation volontaire des producteurs. La Chine s'est dotée en 2012 d'un système de REP pour les déchets électroniques, qui commence à donner des résultats.

En *Afrique*, les politiques de REP et de gestion des déchets en général sont à un stade moins avancé. Les déchets électroniques posent de plus en plus problèmes sur tout le continent. Dans certains pays, les recycleurs informels jouent un rôle important, surtout pour les déchets présentant de la valeur. D'aucuns s'inquiètent de l'impact sanitaire et environnemental de ces activités (voir ci-dessous). En Afrique du Sud, une loi générale sur la gestion des déchets a été adoptée en 2009 qui autorise le ministre de l'Environnement à imposer des mesures de REP pour certains produits. Bien qu'en Afrique du Sud, la plupart des initiatives aient été lancées à titre volontaire par l'industrie, des réglementations ont été adoptées pour assurer la mise en œuvre de certaines d'entre elles, comme par exemple le programme volontaire de recyclage des pneus.

Évolution des mécanismes de gouvernance

Les mécanismes de gouvernance encadrant les dispositifs de REP ont évolué au cours des dix dernières années dans le sens d'une convergence.

Beaucoup de systèmes de REP sont obligatoires et les dispositifs volontaires, peu utilisés. On dispose de peu d'informations quantitatives systématiques sur la proportion de produits en fin de vie gérée dans une filière REP volontaire ou obligatoire. Toutefois, celles qui existent semblent indiquer que les programmes volontaires ne concernent qu'un petit nombre de produits ou catégories de produits spécifiques dont les producteurs sont incités à assurer la reprise car elle est rentable (voir le chapitre 2). Les programmes volontaires de REP, dits souvent de « bonne gestion des produits », visant l'électronique grand public, les piles rechargeables, les thermostats au mercure et les commutateurs automatiques ont fait l'objet d'un examen aux États-Unis. Alors que ces programmes pourraient s'appliquer à de très nombreuses catégories de produits, l'examen indique que les dispositifs volontaires portent uniquement sur des produits à forte visibilité, comme les téléviseurs ou les ordinateurs (voir le chapitre 4). Il semble de surcroît que les taux de collecte de ces dispositifs soient faibles (voir le chapitre 4). Les systèmes mis en place par les entreprises sur une base volontaire ont toutefois donné certains résultats dans les pays en développement où les programmes obligatoires de REP ne sont pas encore à l'ordre du jour (voir le chapitre 5).

Il existe toute une littérature consacrée aux initiatives environnementales volontaires, mais les systèmes de REP n'y occupent guère de place (OCDE, 2003). L'efficacité de ces initiatives a été mise en doute pour diverses raisons : incapacité à dépasser les résultats d'un scénario au fil de l'eau, captation réglementaire, manque de transparence, contrôle insuffisant et problème des «passagers clandestins». Leur efficacité semble liée à l'existence d'une menace crédible de réglementation et à l'établissement d'un système de gouvernance robuste.

La plupart des systèmes de REP sont des dispositifs collectifs et non individuels. Les dispositifs de REP peuvent être conçus de façon à ce que les producteurs puissent transférer leurs obligations de REP individuellement ou collectivement. Toutefois, dans certains pays, il n'existe pas de distinction claire entre ces deux modèles, et les responsabilités individuelles et collectives sont définies de façon à s'étayer mutuellement (système de REP pour l'électroménager au Japon, par exemple). Des systèmes individuels ont été mis en place pour certains flux de déchets examinés dans une étude récente de la Commission européenne, en particulier lorsque le marché des produits est concentré et que les producteurs peuvent miser sur la viabilité d'un système de reprise (constructeurs automobiles allemands, par exemple - Commission européenne, 2014). Toutefois, dans un grand nombre de cas, les producteurs ont opté pour des systèmes collectifs en se regroupant au sein d'organisations de producteurs responsables (ou éco-organismes, voir l'encadré 1.2) (voir le chapitre 2).

Encadré 1.2. **Les organisations de producteurs responsables**

La reprise des produits peut se révéler peu pratique et pas particulièrement viable sur le plan économique pour les producteurs si chacun d'eux doit s'en charger lui-même. C'est pourquoi les producteurs optent souvent pour la création d'organisations tierces qui leur permettent de gérer collectivement la reprise des produits (et généralement de faire procéder à leur traitement). Ces *organisations de producteurs responsables* (OPR) peuvent constituer une structure efficace pour la gestion et la collecte des produits usagés. La nécessité d'une OPR dépend du moyen d'action retenu par les pouvoirs publics et d'autres facteurs, comme le groupe de produits, le nombre de producteurs et d'importateurs et les matières secondaires à collecter. Les avantages d'une OPR en tant que moyen de mise en œuvre d'un programme de REP devraient être étudiés au stade de la conception. La plupart des OPR aujourd'hui en activité sont financées par des redevances perçues directement auprès des producteurs en fonction d'un barème spécifique et les recettes sont utilisées pour couvrir les coûts de la collecte des déchets, du tri et du traitement des déchets.

Source : OCDE (2001), *Responsabilité élargie des producteurs : Manuel à l'intention des pouvoirs publics*, Éditions OCDE, Paris, *http://dx.doi.org/10.1787/9789264289864-fr*.

Plusieurs raisons ont été avancées pour expliquer la prédominance des systèmes collectifs : ils génèrent des économies d'échelle (de densité) ce qui réduit les coûts pour les participants ; ils contribuent à mutualiser les risques entre les participants, en particulier durant la phase difficile de mise en route ; ils peuvent permettre de lutter contre les comportements opportunistes grâce à l'action collective des producteurs et aux pressions par les pairs ; ils peuvent simplifier les opérations et réduire la charge administrative pour les consommateurs, les détaillants et les communes ; et ils offrent aux autorités un moyen de gérer les déchets générés par les produits orphelins.

Les systèmes collectifs de REP peuvent comprendre un ou plusieurs éco-organismes. Les dispositifs de REP peuvent être conçus de façon à ce que les marchés de produits soient desservis par un ou plusieurs éco-organismes. Depuis la publication du Manuel de 2001, les inquiétudes suscitées par les comportements anticoncurrentiels d'éco-organismes en situation de monopole ont encouragé le développement de systèmes de REP faisant intervenir de multiples OPR. Sur les 36 systèmes de REP de l'Union européenne examinés (Commission européenne, 2014), toutes les filières de prise en charge des déchets électroniques étaient gérées par plusieurs éco-organismes. Les piles et batteries étaient aussi fréquemment gérées par plusieurs éco-organismes. En revanche, les VHU étaient toujours gérés par un éco-organisme unique. Le tableau est moins clair en ce qui concerne les systèmes de REP mis en place pour les autres catégories de produits.

Le statut juridique des éco-organismes est également très variable. Les éco-organismes peuvent être des organisations à but non lucratif (le plus souvent), des organismes publics (rarement), des organismes parapublics à but non lucratif (occasionnellement) et des entreprises à but lucratif (occasionnellement). Dans l'étude des systèmes de REP de l'UE, 13 des 36 systèmes faisaient appel à des éco-organismes à but lucratif.

L'une des grandes tendances observées sur les marchés où opèrent plusieurs éco-organismes est la création d'organismes coordonnateurs. Ces organismes neutres se chargent de coordonner les travaux des éco-organismes en assurant que la collecte est assurée partout où elle est nécessaire, qu'il n'y a pas de « picorage », et que les conditions sont équitables pour tous. La coordination peut donc améliorer l'efficience en assurant que les activités des organismes en situation de concurrence ne se chevauchent pas. Les organismes coordonnateurs recueillent souvent des données auprès des producteurs ou des prestataires de services et servent de mécanisme pour gérer les données propriétaires.

Le rôle des communes change et tend à se réduire

Dans certains pays, l'élargissement du rôle et des responsabilités assumés par les éco-organismes a conduit à une redéfinition de leurs relations avec les communes. C'est le cas notamment pour des groupes de produits comme les emballages et les déchets électroniques, pour lesquels les communes jouent un rôle important[2]. Si dans beaucoup de systèmes de REP, les communes continuent de participer activement aux opérations de collecte et de traitement des déchets, il arrive que, dans d'autres, elles ne jouent aucun rôle. Par exemple, dans les filières emballages d'Allemagne, d'Autriche et de Suède, les responsabilités opérationnelles et financières de la collecte, du tri et du recyclage ont été entièrement transférées aux producteurs. Les éco-organismes et les communes gèrent des systèmes de collecte séparés ; on parle alors de « systèmes duals ». Les communes peuvent servir de sous-traitant aux éco-organismes, en assurant des services locaux, mais leur rôle dans les systèmes de REP n'est pas automatique.

De nouveaux mécanismes de gouvernance sont apparus depuis 2001. Depuis la publication du Manuel de 2001, deux nouveaux systèmes de gouvernance des dispositifs de REP ont fait leur apparition : les certificats négociables et les systèmes de REP gérés par les pouvoirs publics (voir le chapitre 3).

Dans un système de crédits négociables, un producteur a rempli ses obligations REP lorsqu'il récolte le nombre de crédits qui lui a été alloué pour les produits en fin de vie collectés et traités. À ce jour, la filière à REP emballages du Royaume-Uni est le seul système opérationnel de crédits négociables. Les entreprises se voient attribuer une part des obligations applicables en fonction de leur position dans la chaîne d'approvisionnement et de l'objectif de récupération pour la matière utilisée dans les emballages. Le dispositif de gouvernance ressemble à un système à éco-organismes multiples, mais le rôle des producteurs y est plus modeste car ils ne financent qu'environ 10 % des coûts et n'interviennent pas dans les opérations. De même, contrairement aux systèmes de REP faisant appel à des éco-organismes, l'État joue un rôle en vérifiant que le recyclage a bien eu lieu. Compte tenu du peu d'expérience qu'on a de cet instrument, il est difficile de dire s'il pourrait être plus largement déployé. Cependant, compte tenu des avantages que pourraient en théorie présenter ces approches par le marché, les prochaines évaluations des performances de la filière emballage du Royaume-Uni seront suivies avec attention, et pas qu'au Royaume-Uni.

Le concept de REP implique que les producteurs assument la responsabilité du traitement de leurs produits en fin de vie. Dans certains pays cependant, l'État joue un rôle direct dans la collecte et le versement des redevances. De tels systèmes ont par exemple été instaurés en Chine pour les déchets électroniques, au Taipei chinois pour tous les produits couverts par la REP, dans plusieurs États des États-Unis et dans l'Alberta, au Canada. Dans ces pays, l'État semble plus interventionniste que dans d'autres pays comme le Danemark, la Hongrie et l'Islande, qui prélèvent une taxe sur les produits et/ou emballages. Une partie seulement des recettes sert à couvrir les coûts de traitement en fin de vie des produits, et le produit de la taxe va majoritairement au trésor public. Les systèmes de REP dans lesquels l'État est très impliqué peuvent présenter des avantages dans les économies où l'industrie n'a pas la capacité de mettre en place et de gérer son propre système. Ce fonctionnement peut cependant retarder ou prévenir la prise en charge par les producteurs des responsabilités qu'implique le concept de REP.

1.3.2. *Impacts des dispositifs de REP*

Plus de 20 années se sont écoulées depuis la mise en place des premiers systèmes de REP et il est aujourd'hui possible, à la lumière de l'expérience acquise, d'évaluer leurs performances environnementales et économiques.

Données attestant que les systèmes de REP ont contribué à réduire les quantités de déchets éliminés et à accroître le recyclage

En dépit du déficit de données et des problèmes méthodologiques à surmonter pour mettre les évolutions observées au compte de l'une ou l'autre des mesures prises par les pouvoirs publics, on constate que les quantités de déchets à éliminer ont diminué et que le recyclage a progressé dans les pays de l'OCDE. Le graphique 1.7 montre qu'entre 1995 et 2011, la quantité de déchets produits par habitant dans la zone de l'OCDE a augmenté de 520 à 530 kg (OCDE 2015). Le chiffre enregistré en 2011 indique cependant un recul par rapport aux 560 kg relevés en 2000 et en 2005. De plus, la valorisation matières, qui représentait 19 % en 1995 dans les pays de l'OCDE, est passée à 33 % en 2010. La valorisation énergétique a augmenté de 17 à 18 % durant cette même période. Le graphique 1.6 montre aussi que les niveaux de valorisation matières varient fortement entre pays de l'OCDE. On peut donc penser que beaucoup pays de l'OCDE peuvent encore faire des progrès pour améliorer leurs taux de recyclage. Des systèmes de REP bien conçus pourraient se révéler utiles à cet égard.

Graphique 1.6. **Évolution de la gestion des déchets municipaux solides dans les pays de l'OCDE**

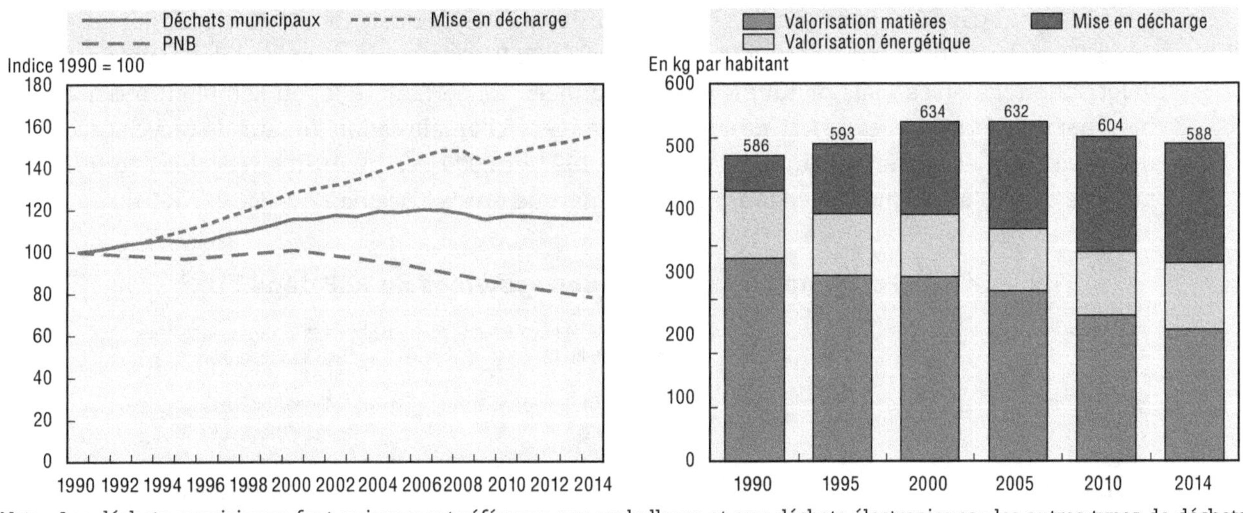

Note : Les déchets municipaux font uniquement référence aux emballages et aux déchets électroniques : les autres types de déchets visés par la REP, pneus et véhicules hors d'usage notamment, ne sont pas pris en compte dans ces chiffres.
Source : OCDE (2015), « Déchets municipaux », *Statistiques de l'OCDE sur l'environnement* (base de données).

Graphique 1.7. **Évolution de la gestion des déchets municipaux solides par pays**

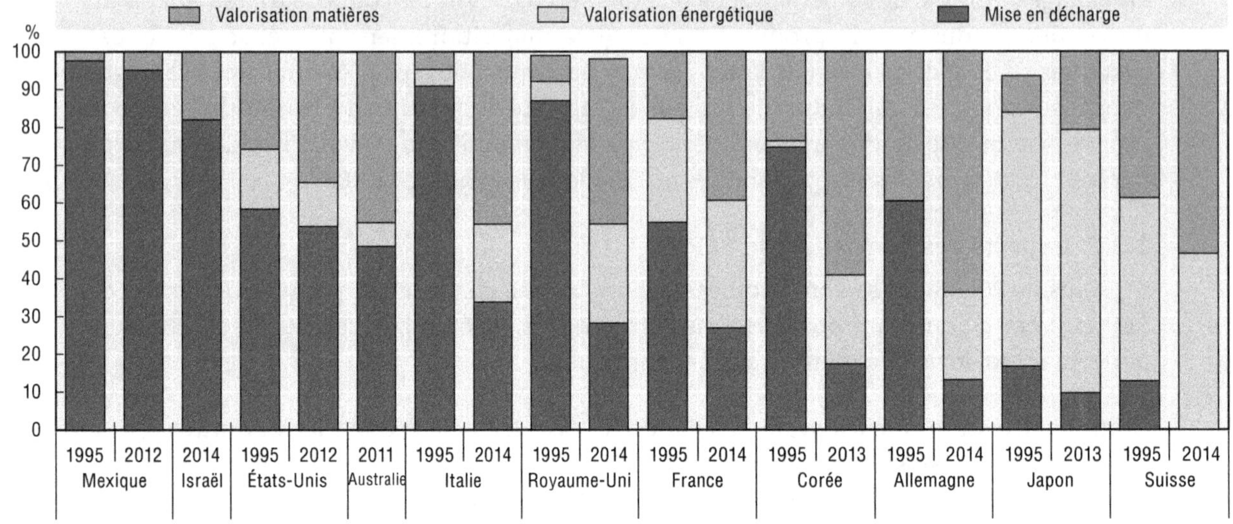

Note : Le total des catégories ici présentées peuvent ne pas compléter 100 % parce que « autres récupérations » et « autres traitements jetables » ne sont pas présentés. Pour l' Allemagne et l'Italie il y a une rupture dans le séries temporelles.
Source : OCDE (2016), « Déchets municipaux », *Statistiques de l'OCDE sur l'environnement* (base de données).

Les taux de collecte des déchets varient selon les pays et les types de produit. Les volumes annuels de déchets électroniques collectés en Europe occidentale sont inférieurs à 10 kg par habitant ; en Australie, ce chiffre avoisine 2 kg pour les téléviseurs et les ordinateurs et aux États-Unis, le volume de déchets électroniques collecté par habitant et par an se situe entre 0.3 kg et 4 kg selon les États (voir le chapitre 4). À titre de comparaison, il se vend en moyenne environ 25 kg d'appareils électroniques par habitant et par an en Europe occidentale, près de 30 kg en Australie et plus de 30 kg aux États-Unis.

Une autre étude, portant sur les États membres de l'UE, a aussi conclu que les taux de collecte des huiles, des piles et batteries et des DEEE étaient très variables selon les pays (voir le tableau 1.1 ci-dessous et Commission européenne, 2014). Les taux ne dépassaient généralement pas 80 %, sauf pour les huiles pour lesquelles des taux de 100 % n'étaient pas rares. La même étude conclut que les systèmes de REP ont permis d'assurer des taux de valorisation variables mais plutôt élevés. Les données concernant le Japon semblent aussi indiquer que les systèmes de REP ne sont pas étrangers à l'amélioration du taux de recyclage des récipients et déchets d'emballages ; entre 1997 et 2000, les quantités recyclées sont passées de 1.25 à 1.59 million de tonnes, ce qui marque une hausse de 27 % (OCDE, 2014).

Tableau 1.1. **Performances de quelques systèmes de REP dans l'UE**[3]

	Taux de collecte (C) ou de recyclage et de récupération (R)	Redevances moyennes acquittées par les producteurs
Piles et batteries	5-72 % (C)	240-5 400 EUR/t
VHU	64-96 % (R)	0-66 EUR/véhicule
Huiles	3-61 % (C)	42-231 EUR/t
Emballages	29-84 % (R)	20-200 EUR/t (moyenne 92)
DEEE	1.2-17.2 kg/cap (C) (moyenne 6.6)	68-132 EUR/t

Source : Commission européenne (2014), « Development of Guidance on Extended Producer Responsibility (EPR) », final report.

Bien que les comparaisons entre pays se heurtent à d'importants problèmes de méthodologie, ces données donnent à penser que beaucoup de pays disposent probablement d'une marge de progression pour améliorer les taux de collecte et de recyclage, par exemple en se fixant des objectifs plus ambitieux et en assurant un meilleur suivi des produits.

La réduction des quantités mises en décharge et le développement du recyclage auront contribué à atténuer différents problèmes d'environnement traditionnellement associés à la gestion des déchets, notamment la pollution atmosphérique par les décharges et incinérateurs, et la contamination des terres et de l'eau. On a constaté plus récemment qu'un meilleur recyclage peut aussi contribuer à atténuer d'autres problèmes environnementaux, notamment la production de gaz à effet de serre (Menikpura et al., 2014). Une analyse plus générale des avantages des politiques de REP pour l'environnement serait utile pour l'évaluation de ces moyens d'action.

L'incidence des systèmes de REP sur l'éco-conception a été moins importante qu'on l'espérait à l'origine

L'un des objectifs visés par les systèmes de REP était d'encourager les producteurs à concevoir leurs produits de façon à réduire leur impact environnemental. Plusieurs démarches peuvent être suivies pour ce faire : choisir des matières à plus faible impact environnemental (par exemple, éviter d'utiliser des substances dangereuses ou employer des ressources recyclées), réduire la quantité de matières utilisée (développer des produits légers ou réduire les emballages), optimiser la durée de vie potentielle du produit (le rendre plus durable ou réutiliser certains de ses composants) et réduire l'impact environnemental du produit en fin de vie (prendre en compte son démontage ou fabriquer des produits monomatières, par exemple).

Cette question a fait l'objet de nombreux travaux de recherche théorique et stratégique qui ont conclu, en dépit des problèmes méthodologiques rencontrés, que l'impact des systèmes de REP sur l'éco-conception a été limité (voir les chapitres 2 et 4). De l'avis général, les systèmes de REP favorisent l'éco-conception mais que le véritable rôle de déclencheur revient parfois à d'autres facteurs.

En théorie, les systèmes de REP gérés par une entreprise individuelle encouragent davantage l'éco-conception que les systèmes collectifs : en effet, une entreprise qui assume intégralement les coûts de gestion des déchets a davantage intérêt à réduire ces coûts via l'éco-conception que les entreprises participant à des systèmes collectifs. Cependant, il n'existe pas semble-t-il d'informations empiriques attestant de l'efficacité relative des systèmes de REP individuels et collectifs pour promouvoir l'éco-conception. Au Japon, la conjugaison de systèmes collectifs et d'éléments de responsabilité individuelle des producteurs, de même que l'amélioration de la communication entre les acteurs intervenant en amont et en aval dans la chaîne de valeur (dans le cadre par exemple du dispositif de REP pour l'électroménager – voir l'encadré 1.3 et l'annexe H) ont donné des résultats positifs.

La façon dont les éco-organismes établissent les redevances dans les systèmes collectifs peut avoir des conséquences importantes, plus ou moins favorables à l'éco-conception. Les éco-organismes sont financés par des redevances variables ou fixes. Les redevances fixes sont généralement utilisées pour des produits complexes comme les équipements électroniques, les voitures ou les meubles car il serait difficile de calculer une redevance en fonction de l'impact environnemental de ces produits. Il est plus facile, dans ce cas, d'appliquer une redevance commune. Toutefois, puisqu'il n'existe pas de lien entre

Encadré 1.3. **Le dispositif de REP appliqué au Japon pour l'électroménager**

Promulguée en juin 1998, la loi sur le recyclage de certains appareils ménagers au Japon est entrée en vigueur en avril 2001. Elle vise à faire baisser le volume de déchets et à améliorer la valorisation matières de ceux-ci. Elle vise quatre catégories d'appareils ménagers : climatiseurs ; téléviseurs ; réfrigérateurs et congélateurs électriques ; et lave-linge et sèche-linge électriques.

Elle dispose que tout fabricant d'appareils ménagers a l'obligation de mettre en place des sites de collecte spécialisés où sont repris et recyclés les produits qu'il fabrique lorsqu'ils sont arrivés au stade de déchets. Pour répondre à cette obligation, les fabricants ont créé deux groupes concurrents, qui réunissent chacun trois ou quatre des principaux producteurs et détiennent une part comparable du marché. L'un des deux groupes a créé ses propres installations de recyclage, l'autre a passé des contrats avec les opérateurs existants.

Les particuliers et les entreprises qui mettent au rebut un appareil en fin de vie versent une redevance de collecte et de transport et une redevance de recyclage. La traçabilité est assurée grâce à l'emploi de tickets de recyclage attachés aux appareils ménagers (« manifestes ») qui sont remis au consommateur s'étant acquitté de la redevance de recyclage. Ce système de manifestes assure que les appareils ménagers au stade de déchets sont remis à leur fabricant d'origine.

S'il n'y a pas de modulation des coûts de gestion des différentes marques à l'intérieur de chaque groupe de producteurs, il appartient aux producteurs de veiller à ce que des économies de coûts soient possibles grâce à un traitement efficient et à la conception des produits. Il y a donc une concurrence entre les deux groupes de fabricants dont l'enjeu est la minimisation des coûts de recyclage.

L'intégration verticale qui découle de l'application du système japonais de REP pour les appareils ménagers a pour avantage de créer un lien solide entre la gestion en aval des produits en fin de vie et le producteur. Il ressort de certaines données d'observation que ce système crée des incitations tangibles en faveur de l'éco-conception.

Source : Étude de cas sur le dispositif de REP appliqué au Japon pour l'électroménager (voir l'annexe H), Dempsey et al. (2010) et Tojo (2004).

la redevance et le coût de gestion des déchets associés au produit considéré, l'incitation créée en faveur l'éco-conception ne peut être que faible et indirecte.

Les OPR à redevances variables concernent principalement les produits monomatières à durabilité limitée, comme les emballages ou le papier graphique. Les redevances sont généralement calculées en fonction du poids ce qui fait que, pour dépenser moins, le producteur est incité à alléger le poids des produits. Certains systèmes offrent aussi des incitations à simplifier le recyclage, par exemple en appliquant des redevances plus élevées aux produits multi-matières (par opposition aux monomatières), et en ciblant d'autres paramètres de conception. En France, pour encourager l'éco-conception, Eco-Emballages, le système de REP pour la filière emballages, applique un malus de 50 % aux emballages en verre avec un bouchon en céramique et aux autres matériaux mixtes difficiles à séparer.

Le tableau 1.2 ci-dessous illustre la diminution du poids des emballages alimentaires en Europe entre 2000 et 2010. L'application de redevances variables pourrait avoir influé sur cette évolution, mais il est difficile de déterminer la contribution des systèmes de REP par rapport à celle d'autres facteurs (par exemple à celle des gains financiers que représente la réduction des matériaux d'emballages).

Tableau 1.2. **Diminution du poids des emballages alimentaires en Europe, 2000-10**

Emballages et produits	Poids 2000 (kg)	Poids 2010 (kg)	Variation en %
Bouteille d'eau plate de 1.5 l en PET	0.0318	0.0280	-12
Canette en aluminium de boissons non alcoolisées de 330 ml	0.0158	0.0131	-17
Bouteille d'huile d'olive en verre de 250 ml	0.2236	0.2002	-10
Boîte de conserve de poisson de 125 g	0.0343	0.0319	-7
Sachet en plastique pour 1 kg de pâtes	0.00903	0.00785	-13
Boîte en carton pour aliments secs	0.01388	0.01132	-18

Source : http://proeurope4prevention.org/packagings-trends.

Quelques données indiquent que les systèmes de REP ont contribué à alléger la charge financière pesant sur les budgets publics et les contribuables

L'un des principaux objectifs de la REP est de transférer la charge financière du traitement des produits en fin de vie, des collectivités locales aux producteurs (et en définitive aux consommateurs), ce qui permet d'alléger la charge pesant sur les budgets publics et les contribuables. Certaines données indiquent que cet objectif a été atteint. Par exemple, en France, la dépense totale de gestion des déchets municipaux a été estimée en 2012 à 9.7 milliards EUR. La même année 630 millions d'éco-contributions ont été alloués aux collectivités locales pour couvrir le coût de la collecte et du traitement des déchets. Les organisations de producteurs ont en outre consacré 230 millions EUR au traitement des produits usagés.

Si l'on peut dire que les systèmes de REP ont réduit les coûts pesant sur les budgets publics, il est plus difficile d'évaluer leur rapport coût-efficacité. Les données dont on dispose sont en effet très insuffisantes. Les éco-organismes ne publient généralement pas de données financières, en faisant valoir la plupart du temps qu'il s'agit d'informations commercialement sensibles (pour les éco-organismes et pour leurs membres). L'analyse la plus complète consacrée à cette question a été réalisée dans l'UE (Commission européenne, 2014). Sur la base des données disponibles, cette étude a constaté que les redevances acquittées par les producteurs variaient sensiblement pour toutes les catégories de produits (voir le tableau 1.1 ci-dessus). Cette situation s'expliquait par des différences dans le champ d'application, la couverture des coûts et les coûts réels de la collecte et du traitement. L'étude a conclu que, dans la plupart des cas, les dispositifs les plus performants n'étaient pas nécessairement les plus coûteux. Aucun modèle de REP ne s'est démarqué des autres pour ses bonnes performances ou son rapport coût-efficacité.

Le rapport coût-efficacité des systèmes de REP peut être également envisagé du point de vue du choix des instruments. L'OCDE (2013a) a passé en revue les études économiques consacrées aux systèmes de REP et constate que, « pour un objectif de réduction des déchets donné, le système de consigne apparaît comme la mesure la moins onéreuse, suivie de la redevance d'élimination préalable, les deux ayant été calculées pour donner de meilleurs résultats que les subventions au recyclage hors programme de REP. Après avoir comparé le coût marginal de la réduction des déchets et les avantages sociaux, ... une augmentation modeste de la réduction des déchets serait efficiente ». Ces instruments représentaient à eux deux un peu plus d'un quart des systèmes de REP étudiés (11 % pour les systèmes de consigne, et 16 % pour les redevances d'élimination préalables). Toutefois, selon ce rapport, la littérature théorique comporte des lacunes concernant le rapport coût-efficacité d'autres instruments tels que l'obligation de reprise, qui représentait 72 % des instruments passés en revue. Une analyse empirique de l'efficacité-coût des différents instruments de REP utilisés dans la pratique pourrait apporter des informations utiles aux décideurs.

Quelques données indiquent que les systèmes de REP offrent des opportunités économiques et des avantages environnementaux

Outre les avantages environnementaux qu'ils génèrent, les programmes de REP créent diverses opportunités économiques. Ici encore, on manque d'informations, mais on peut citer l'intensification de l'innovation technologique et organisationnelle, la diversification des sources d'approvisionnement en matières, et partant, la sécurité des ressources, ainsi qu'une meilleure organisation des filières d'approvisionnement. Sachant qu'il n'existe pas d'analyses économiques des systèmes de REP, notamment concernant leur rapport coût-efficacité, il n'est pas étonnant que l'on n'ait pas essayé d'analyser leurs coûts et leurs avantages. Compte tenu de l'importance des systèmes de REP comme instrument d'action pour atteindre les objectifs fixés en matière de gestion des déchets et de productivité des ressources, ce type d'analyse serait à l'évidence très utile pour les responsables de l'action publique (OCDE, 2005).

Les opportunités économiques associées à une gestion et un recyclage des déchets écologiquement rationnels peuvent aller dans le sens de la croissance verte. Une étude (Chalmin et Gaillochet, 2009) a estimé qu'au niveau mondial, le secteur des déchets, de la collecte jusqu'au recyclage, représente un marché de plus de 300 milliards EUR. Sur ce total, les déchets municipaux comptaient pour 150 milliards EUR, et les déchets industriels non dangereux, pour le reste. Une étude de l'Agence européenne pour l'environnement (2011) a indiqué que pendant la période 2004-08, le chiffre d'affaires du secteur européen du recyclage a augmenté de 100 % pour atteindre au moins 60 milliards EUR. Ces secteurs créent et assurent des milliers d'emplois, même si, une fois de plus, les données sont parcellaires. D'autres analyses du rôle des systèmes de REP dans le secteur du recyclage seraient très utiles à l'appui des débats sur la croissance verte.

Notes

1. Environ 420 réponses ont été reçues, la plupart de personnes travaillant depuis longtemps avec des dispositifs de REP dans les secteurs public et privé. Environ 30 % venaient du Japon, 28 % d'Europe, 11 % d'Amérique du Nord (Canada et États-Unis), et 9 % d'Asie (hors Japon).
2. Les municipalités n'interviennent généralement pas dans la collecte des autres flux de déchets tels que les huiles usagées, les véhicules hors d'usage et les batteries au plomb, par exemple.
3. Les données figurant dans le tableau renvoient majoritairement à la période 2013-14.

Références

Agence européenne pour l'environnement (2011), *Earnings, jobs and innovation: The role of recycling in a green economy*, EEA Report No. 8/2011, *www.eea.europa.eu/publications/earnings-jobs-and-innovation-the.*

Chalmin, P. and C. Gaillochet (2009), « From waste to resource: an abstract of world waste survey 2009 », *www.veolia-environmentalservices.com/veolia/ressources/files/1/927,753,Abstract_2009_GB-1.pdf.*

Commission éuropéene (2014), *Development of Guidance on Extended Producer Responsibility (EPR)*, rapport final, *http://ec.europa.eu/environment/waste/pdf/target_review/Guidance%20on%20EPR%20-%20Final %20Report.pdf.*

Dempsey M. et al. (2010), « Individual producer responsibility: A review of practical approaches for implementing individual producer responsibility for the WEEE Directive », *INSEAD Faculty and Research Working Paper, http://sites.insead.edu/facultyresearch/research/doc.cfm?did=45054.*

Menikpura, S.N.M., A. Santo and Y. Hotta (2014), « Assessing the climate co-benefits from Waste Electrical and Electronic Equipment (WEEE) recycling in Japan », *Journal of Cleaner Production*, vol. 74, n° 2014, pp. 183-190, *www.sciencedirect.com/science/article/pii/S0959652614002613.*

OCDE (2016), « Ressources materielles » and « Municipal waste generation and treatment », *OECD Environment Statistics* (base de données), *http://dx.doi.org/10.1787/env-data-fr*.

OCDE (2013), « Quels enseignements tirer de la mise en œuvre de la responsabilité élargie des producteurs au cours de la décennie écoulée ? », ENV/EPOC/WPRPW(2013)7/FINAL, *http://spot.colorado.edu/~daka9342/OECD_EPR_KO.pdf*.

OCDE (2005), « Analytical framework for evaluating the costs and benefits of extended producer responsibility programmes », *Documents de l'OCDE*, vol. 5, n° 3, *http://dx.doi.org/10.1787/oecd_papers-v5-art13-en*.

OCDE (2003), *Les approches volontaires dans les politiques de l'environnement : Efficacité et combinaison avec d'autres instruments d'intervention*, Éditions OCDE, Paris, *http://dx.doi.org/10.1787/9789264101807-fr*.

OCDE (2001), *Responsabilité élargie des producteurs : Manuel à l'intention des pouvoirs publics*, Éditions OCDE, Paris, *http://dx.doi.org/10.1787/9789264289864-fr*.

Tasaki, T., N. Tojo et T. Lindhqvist (2015), *International Survey on Stakeholders' Perception of the Concept of Extended Producer Responsibility and Product Stewardship*, IIIEE and NIES Joint Research Report, *www-cycle.nies.go.jp/eng/report/epr_eng.html*.

Tojo, N. (2004), *Extended Producer Responsibility as a Driver for Design Change – Utopia or Reality?*, IIIEE dissertations 2004:2, Lund, IIIEE, Lund University.

La responsabilité élargie du producteur
Une mise à jour des lignes directrices pour une gestion efficace des déchets

PARTIE I

Chapitre 2

Vers une responsabilité des producteurs plus efficace

Ce chapitre rassemble les principaux éléments du Manuel de 2001 de l'OCDE avec les enseignements et recommandations provenant des analyses les plus récentes des systèmes de REP. Il trouve que les orientations formulées il y a quinze ans restent largement valables aujourd'hui et fournit de nouvelles orientations dans les domaines sur lesquels l'analyse récente s'est concentrée, notamment la gouvernance des systèmes de REP, les problèmes de concurrence, les opportunités pour renforcer les incitations à l'éco-conception ainsi que le rôle du secteur informel dans la REP.

Cette section vise à tirer parti de l'expérience accumulée récemment pour compléter certains éléments clés issus des orientations de 2001. Sont plus particulièrement concernés :

- les principaux facteurs à prendre en compte lors de la conception des systèmes de REP
- la gouvernance des dispositifs de REP
- les questions du financement des dispositifs, des passagers clandestins et des produits orphelins
- les échanges, la concurrence et la REP
- l'éco-conception
- les dispositifs de REP dans les économies émergentes, et le rôle du secteur informel.

Encadré 2.1. Principes directeurs établis par l'OCDE en 2001 dans le domaine de la REP

Publié en 2001, le Manuel de l'OCDE comporte plus de 150 pages, 8 chapitres et 15 annexes. Il comprend également 6 listes récapitulatives à l'attention des décideurs ainsi que les principes directeurs suivants pour la conception et l'élaboration des politiques et programmes dans le domaine de la REP :

- Les politiques et programmes de REP devraient ***inciter les producteurs*** à introduire des changements en amont, de manière à concevoir des produits plus respectueux de l'environnement.
- L'action des pouvoirs publics devrait stimuler l'***innovation*** en s'attachant davantage aux résultats qu'aux moyens de les obtenir, et offrir ainsi aux producteurs une certaine souplesse dans la mise en œuvre.
- Les politiques devraient se fonder sur le ***cycle de vie*** des produits, de manière à éviter que les effets sur l'environnement soient amplifiés ou transférés à un autre niveau de la chaîne de produit.
- Les ***responsabilités*** devraient être clairement définies, afin d'éviter qu'elles soient diluées lorsque la chaîne de produit regroupe de nombreux acteurs.
- Le processus d'élaboration des politiques devrait tenir compte des ***propriétés et caractéristiques propres*** de chaque produit, catégorie de produits ou flux de déchets. Compte tenu de la diversité des produits et de leurs caractéristiques, il n'existe pas un seul et unique type de programme ou de mesure applicable à l'ensemble des produits, catégories de produits ou flux de déchets.
- Plutôt que d'appliquer une approche unique à l'ensemble des produits et des flux de déchets, il conviendrait de choisir au cas par cas un ou des ***moyens d'action*** flexibles.
- La responsabilité du producteur à l'égard du cycle de vie du produit devrait être élargie d'une manière propre à ***intensifier la communication*** entre les acteurs de l'ensemble de la chaîne de produit.

Encadré 2.1. Principes directeurs établis par l'OCDE en 2001 dans le domaine de la REP *(suite)*

- Il conviendrait d'élaborer une ***stratégie de communication*** afin d'informer tous les acteurs de la chaîne de produit, y compris les consommateurs, au sujet du programme et susciter leur adhésion et leur coopération.
- Afin de renforcer l'acceptabilité et l'efficacité du programme, il conviendrait de ***consulter les parties prenantes*** au sujet de ses buts, objectifs, coûts et avantages.
- Il conviendrait de consulter les **collectivités locales** pour préciser leur rôle et recueillir leur avis sur le fonctionnement du programme.
- Il conviendrait d'envisager des **stratégies** à la fois ***volontaires et obligatoires***, afin d'apporter les meilleures réponses possibles aux priorités, aux buts et aux objectifs nationaux dans le domaine de l'environnement.
- Les programmes de REP devraient faire l'objet d'une ***analyse approfondie*** (pour déterminer, par exemple, quels produits, catégories de produits et flux de déchets se prêtent à la REP, s'il convient d'y inclure les produits anciens et quel rôle revient aux différents acteurs de la chaîne de produit).
- Les programmes de REP devraient être soumis à des ***évaluations*** régulières pour vérifier leur bon fonctionnement et être suffisamment souples pour pouvoir être ajustés en fonction des résultats de ces évaluations.
- Les programmes devraient être conçus et mis en œuvre de manière à produire des avantages pour l'environnement sans provoquer de ***bouleversements économiques*** à l'échelle des pays.
- Le processus d'élaboration et de mise en œuvre des politiques et programmes de REP devrait être placé sous le signe de la transparence.

2.1. Facteurs clés à prendre en compte lors de l'élaboration des systèmes de REP

Parmi les principaux messages portés par le Manuel de 2001, on retient qu'il n'existe pas d'approche à la fois « bonne » et universelle pour concevoir les systèmes de REP et qu'il convient de trouver des solutions en fonction des objectifs particuliers à atteindre, tout en tenant compte des contextes économique, politique et culturel. De ce fait, le Manuel recommandait d'élaborer les systèmes de REP conformément aux principes généraux de bonne gouvernance, à savoir :

- *Définir clairement les objectifs*, sur fond d'analyse et après consultation de l'ensemble des parties prenantes. D'une manière générale, les systèmes de REP poursuivent un ou plusieurs des quatre grands objectifs suivants : réduire l'utilisation de ressources et de matières premières (vierges) ; prévenir la production de déchets ; réduire les incidences environnementales des produits ; et créer des circuits fermés d'utilisation des matières (« économie circulaire »). Chaque système de REP devrait préciser clairement lequel de ces objectifs il vise.
- Veiller à la *cohésion et à la cohérence avec les politiques connexes*, et plus particulièrement avec les mesures appliquées à la gestion des déchets et aux produits. Il était recommandé de suivre une approche fondée sur le cycle de vie, de telle sorte que les effets sur l'environnement ne soient pas amplifiés ou transférés à un autre niveau de la chaîne de produit.

- La *portée* du système de REP devrait être clairement définie et le processus d'élaboration des politiques devrait tenir compte des particularités de chaque produit, catégorie de produits ou flux de déchets. Par ailleurs, le dispositif devrait cibler prioritairement les produits susceptibles d'avoir l'impact environnemental le plus important. Cependant, divers autres facteurs influencent le choix des produits/déchets à privilégier et la manière de concevoir le système de REP, comme la durabilité et la composition des produits, les marchés primaires et secondaires sur lesquels ils sont échangés ainsi que leurs réseaux de distribution et leur chaîne logistique.
- Les *producteurs* des biens concernés par un système de REP devraient être clairement définis. Ainsi, le terme « producteur » désigne l'entité qui influence le plus le choix des matières et la conception du produit. Il peut s'agir du propriétaire de la marque, de l'importateur ou du conditionneur plutôt que du fabricant de l'emballage.
- Lors de l'instauration d'un système de REP, un *processus de consultation* devrait être organisé avec pour objectif de renforcer l'acceptabilité, la transparence et l'efficacité du dispositif. Par la suite, une stratégie de communication devrait être mise en place afin de tenir l'ensemble des parties prenantes informées des actions menées.
- Des difficultés particulières peuvent survenir au cours de la *phase de démarrage*, comme des incertitudes relatives aux volumes de déchets et à la nécessité d'investir ou non massivement dans des infrastructures de collecte et de traitement. Il conviendrait donc de prêter attention aux mesures particulières qu'il faudra peut-être prendre pour faciliter l'introduction progressive de la REP.
- Des mécanismes de *notification et de suivi* devraient être mis en place pour évaluer les résultats des systèmes de REP et procéder aux ajustements nécessaires.
- Lorsque les systèmes de REP sont fondés sur la loi, ce qui n'est pas toujours le cas, il conviendra d'adopter des *mécanismes de mise en œuvre et de sanction* adéquats.

Le choix des moyens d'action devrait reposer sur des critères clairs, tels que l'efficacité environnementale, l'efficience économique, l'acceptabilité politique, la facilité d'administration et la dimension incitative en termes d'innovation. La mise en œuvre des systèmes peut être améliorée en attribuant clairement les responsabilités et en utilisant des outils de REP associés à d'autres dispositifs liés aux déchets, tels que les systèmes de redevances sur les volumes de déchets, les interdictions et taxes de mise en décharge, les interdictions et restrictions visant les produits/matières et les marchés publics verts. Le Manuel de 2001 souligne que la conception des systèmes de REP devrait s'appuyer sur toute une panoplie d'instruments ciblant différents aspects de la chaîne de produit. Le principe de la REP consiste à remédier au manque de coordination qui s'observe fréquemment entre les différentes mesures visant divers aspects de la chaîne de produit.

2.2. Gouvernance des systèmes de REP

La notion de gouvernance se rapporte à l'organisation du système de REP ainsi qu'aux rôles et responsabilités des acteurs concernés. Une fois encore, le Manuel de 2001 préconise d'établir les dispositifs de gouvernance en fonction des objectifs poursuivis, de la couverture de la REP, des instruments utilisés et du contexte.

Les systèmes de gouvernance de la REP regroupent plusieurs acteurs essentiels. Si la fonction de chacun doit être clairement définie, la manière dont ils coordonnent ou partagent leurs responsabilités peut varier considérablement et nécessiter également des précisions. Les décisions relatives à l'attribution des responsabilités doivent être prises en tenant compte des objectifs d'action des pouvoirs publics, des caractéristiques du produit, des forces du marché, des acteurs de la chaîne de produit et des ressources à consacrer à la mise en œuvre du dispositif en question. Les accords de gouvernance dans les économies en développement et émergentes seront généralement assez différents de ceux des pays développés.

- Étant donné leur savoir-faire technique et managérial, les *producteurs* représentent un moteur essentiel du succès de tout système de REP. Leur mission principale consiste généralement à réaliser les objectifs de la REP de manière individuelle ou collective et par l'intermédiaire d'un éco-organisme ou de plusieurs éco-organismes en situation de concurrence.
- Les *pouvoirs publics nationaux* sont généralement, quoique pas systématiquement chargés du cadre juridique ainsi que du suivi et du contrôle de l'application de la REP. Ils peuvent aussi contribuer à l'efficacité de cette dernière en supprimant les mesures contradictoires et en mettant en œuvre des politiques de soutien.
- Il est souvent très difficile de définir le rôle des *communes*, vis-à-vis des éco-organismes notamment. En effet, la création d'un système de REP implique de redistribuer les responsabilités des autorités locales et des producteurs et de créer de nouveaux flux de revenus. Ainsi, certaines communes continuent de participer à la collecte et au traitement des produits en fin de vie, tandis que d'autres se contentent de superviser les activités des éco-organismes. Les communes peuvent également jouer plusieurs autres rôles, et ainsi être amenées à stimuler le marché du recyclage, à aider les entreprises à se doter d'infrastructures de recyclage adaptées et à faciliter la circulation des informations et le dialogue entre les parties prenantes.
- Les *consommateurs* se trouvent au cœur de la collecte des divers produits et flux de déchets. Leur rôle doit donc leur être expliqué clairement et le retour des produits doit être facilité au maximum.
- Les *distributeurs* constituent une source d'informations potentiellement importante pour le consommateur et peuvent être en mesure de remédier aux lacunes de communication éventuelles entre les producteurs et les consommateurs. Ils peuvent également participer à la collecte des produits en fin de vie.

Deux études se sont récemment penchées sur les expériences relatives à la conception et à la gouvernance des systèmes de REP afin d'en tirer des leçons et d'identifier les bonnes pratiques dans ce domaine (voir le chapitre 2 et Commission européenne, 2014) Toutes deux ont reconnu qu'il n'était pas possible d'identifier les bonnes pratiques en raison de la diversité des objectifs et des situations auxquels sont appliqués les systèmes de REP, et du fait du manque de données et de l'impossibilité de procéder à des comparaisons. Ces travaux, ainsi que l'évaluation des tendances énumérées plus haut, aboutissent néanmoins à plusieurs conclusions générales sur la manière d'améliorer la conception et la gouvernance des systèmes de REP.

Premièrement, bon nombre des recommandations relatives à la bonne gouvernance formulées dans le Manuel de 2001 restent valables et devraient être suivies plus systématiquement. En particulier, les principaux objectifs des systèmes de REP ne sont pas toujours définis aussi clairement que possible ou que nécessaire. De même, les rôles et responsabilités des principales parties prenantes ne sont pas toujours suffisamment délimités. Ainsi, la Commission européenne (2014) relève que la plupart des systèmes de REP étudiés ne comportent aucun mécanisme de dialogue particulier, ce qui peut parfois être à l'origine de relations conflictuelles entre les différentes parties prenantes.

Deuxièmement, l'efficacité environnementale des systèmes de REP semble pouvoir être améliorée de différentes manières. La grande diversité des tarifs appliqués à la collecte et au recyclage laisse entendre que certains systèmes pourraient viser des objectifs plus ambitieux. Le ciblage permet d'améliorer l'efficacité des dispositifs de REP. L'établissement d'objectifs contraignants devrait s'appuyer sur une évaluation des coûts et des avantages et sur des consultations avec les parties prenantes. De l'avis général, les systèmes de REP pourraient également gagner en efficacité environnementale à condition d'être mieux appliqués (voir l'encadré 2.2). Selon la Commission européenne (2014), certains États membres de l'UE n'ont pas les moyens de veiller à l'application des dispositions relatives à la REP et possèdent des installations et des points de collecte non autorisés. Or, une application inadéquate des systèmes de REP peut compromettre non seulement leur efficacité mais également leur viabilité financière, tout en encourageant l'exportation de déchets dangereux.

Encadré 2.2. **Mise en œuvre des obligations relatives à la REP**

L'incapacité à garantir une mise en œuvre cohérente des systèmes de REP avantage injustement les producteurs qui manquent à leurs obligations et alourdit la charge pesant sur ceux qui partagent des objectifs communs. Par exemple, les producteurs qui ne s'acquittent pas du paiement des charges dues aux éco-organismes réduisent leurs dépenses mais font augmenter les coûts supportés par les autres. Une situation de fraude généralisée peut menacer la viabilité financière du système de REP. De même, si les prestataires qui assurent la collecte et le traitement des déchets hors systèmes de REP ne sont pas tenus de répondre au même niveau d'exigence que ceux qui participent à de tels systèmes, ces derniers sont désavantagés et risquent d'abaisser le niveau de leurs services. De plus, en l'absence de réel contrôle de l'application, les échanges illicites pourront plus facilement se développer.

Depuis 2001, les registres de producteurs et l'accréditation des éco-organismes sont deux outils largement utilisés pour promouvoir le respect des obligations liées à la REP. Les registres permettent aux éco-organismes de rassembler les informations nécessaires pour fixer le montant des redevances et repérer les passagers clandestins. Grâce aux accréditations, les pouvoirs publics peuvent suivre les activités des éco-organismes et veiller à ce que ces derniers se soumettent à des critères de performances précis.

Un problème de mise en œuvre spécifique à la REP survient lorsqu'il existe un éco-organisme unique pour une catégorie de produits particulière sur un territoire donné. Dans ce cas, l'unique éco-organisme en présence craint moins de perdre son accréditation que s'il était opposé à des concurrents. L'Irlande a contourné ce problème en imposant aux éco-organismes de créer un fonds de réserve et d'y placer à peu près l'équivalent de leurs coûts d'exploitation pour une année. En Autriche, si l'éco-organisme compétent ne respecte pas son obligation de reprise gratuite, le ministère de l'Environnement peut organiser la collecte et le traitement des véhicules hors d'usage et lui en faire supporter le coût.

Sur le plan juridique, la répression des infractions est généralement du ressort des agences gouvernementales. Dans l'Union européenne, les parties prenantes s'accordent largement pour dire que les États membres et les éco-organismes devraient être conjointement chargés du suivi des systèmes de REP et faire en sorte de disposer des moyens de contrôle adéquats. Cependant, la question du partage des coûts et des responsabilités ne fait pas autant l'unanimité. Selon la Commission européenne (2014), la création d'une autorité indépendante *ad hoc* chargée de la surveillance et de la réglementation pourrait être indiquée dans certains cas. Celle-ci pourrait être financée par une taxe sur les éco-organismes.

Encadré 2.2. Mise en œuvre des obligations relatives à la REP *(suite)*

Les contrevenants s'exposent à des pénalités telles que des sanctions civiles ou pénales, des redevances, la révocation du droit d'exercer (pour les éco-organismes), la divulgation publique du nom des fraudeurs (comme les passagers clandestins) et des poursuites judiciaires. Comme cela est expliqué plus en détail ci-après, les autorités de la concurrence peuvent également être amenées à contrôler les activités des éco-organismes et exiger leur modification si elles estiment qu'elles sont anticoncurrentielles.

Source : Voir le chapitre 2 et Commission européenne (2014), *Development of Guidance on Extended Producer Responsibility (EPR)*, final report.

Enfin, la gouvernance des systèmes de REP gagnerait à être plus transparente, ce qui permettrait d'évaluer plus efficacement les performances des différents dispositifs et de responsabiliser les acteurs concernés. En outre, les données techniques et financières font cruellement défaut, pour diverses raisons pouvant être liées au manque de clarté des obligations de notification, à la sensibilité de certaines informations d'un point de vue commercial et/ou à des comportements anticoncurrentiels de la part des producteurs. La Commission européenne (2014) propose que les responsables des systèmes de REP/éco-organismes soient au minimum tenus de communiquer des informations sur :

- les redevances qu'ils perçoivent
- la quantité de produits commercialisés par leurs membres
- la quantité de déchets collectés et traités (réutilisés, recyclés, valorisés – y compris sur le plan énergétique – et éliminés), de telle sorte que la destination finale de l'ensemble des déchets pris en charge soit connue.

Les communes concernées devraient informer le public de leurs activités et des coûts y afférents.

Le suivi des performances des systèmes de REP opérant dans un cadre national ou supranational (comme l'UE) serait facilité par une harmonisation des définitions et des modalités de notification, ainsi que par l'instauration d'un mécanisme de contrôle de la qualité et de la comparabilité des données.

Mise à jour des recommandations relatives à la conception et à la gouvernance des systèmes de REP

- Appliquer pleinement les recommandations pour une bonne gouvernance des systèmes de REP figurant dans le Manuel de 2001, et plus particulièrement les directives portant sur la nécessité de définir des objectifs clairs, de préciser les rôles et les responsabilités des parties prenantes et de créer des plateformes de dialogue entre ces dernières.
- Revoir et ajuster régulièrement les objectifs des politiques de REP pour les faire concorder avec les objectifs publics en matière de gestion de déchets et de productivité des ressources ; tenir compte des coûts et des avantages des objectifs proposés et fixer ces derniers en concertation avec les parties prenantes.
- Envisager d'étendre la portée de la REP, notamment pour couvrir des produits en fin de vie ayant un plus fort impact sur l'environnement et qui ne se prêtent pas à la mise en décharge ou à l'incinération.

Mise à jour des recommandations relatives à la conception et à la gouvernance des systèmes de REP *(suite)*

- S'agissant des dispositifs obligatoires, les pouvoirs publics devraient adopter des outils cohérents et crédibles pour faire respecter les obligations en matière de REP, comme des registres de producteurs, l'accréditation des éco-organismes et des sanctions adaptées.
- Les pouvoirs publics et l'industrie devraient s'allier pour élaborer des systèmes de suivi efficaces et dotés de ressources adéquates ; dans certaines circonstances, ils pourraient envisager de créer un organisme de contrôle indépendant financé par une taxe sur les éco-organismes.
- Les systèmes de REP obligatoires devraient être tenus de rendre compte régulièrement des aspects techniques et financiers de leurs activités ; leurs performances devraient faire régulièrement l'objet d'un audit, de préférence indépendant ; dans la mesure du possible, il conviendrait d'harmoniser les définitions et les modalités de notification des dispositifs d'un même territoire, de manière à garantir la qualité et la comparabilité des données fournies ; les systèmes de REP volontaires devraient être encouragés à être le plus possible transparents et à subir régulièrement des évaluations indépendantes de leurs opérations.
- Le partage des expériences entre les différents systèmes de REP – sur le plan tant national qu'international – devrait être encouragé dans le souci d'accroître les taux de collecte et de recyclage, de diffuser l'information sur l'éco-conception et d'améliorer le rapport coût-efficacité des dispositifs.

2.3. Financement des dispositifs, passagers clandestins et produits orphelins

D'après le Manuel de 2001, les producteurs sont les mieux placés pour atténuer les impacts environnementaux de leurs produits et, dans cette optique, il serait souhaitable que les politiques de REP les incitent à réduire au minimum les coûts environnementaux y afférents. Les coûts environnementaux non pris en charge, y compris ceux intervenant en aval de la consommation, devront être intégrés dans le prix final du produit, et assumés par les consommateurs. Il convient, lors de l'instauration du dispositif de REP, de définir clairement à qui incombe la responsabilité du financement du traitement des produits en aval de la consommation.

Si le principe de la responsabilité des producteurs dans le traitement de leurs produits en aval de la consommation est théoriquement bien établi, son application se révèle plus problématique dans la pratique. L'étude des systèmes de REP au sein de l'UE (Commission européenne, 2014) montre que la plupart des dispositifs couvrent intégralement ou en partie leurs dépenses nettes d'exploitation, qui comprennent les coûts de collecte et de traitement des déchets ainsi que les coûts administratifs, de rapportage et de communication nécessaires à leur fonctionnement, déduction faite des ventes de matières valorisées. Cependant, le coût total du traitement des produits en fin de vie inclut un éventail d'activités plus large, qui regroupe notamment les campagnes d'information et de sensibilisation à l'intention du grand public, les mesures visant à prévenir la production de déchets, ainsi que le suivi et la surveillance. Or, bon nombre de systèmes de REP ne prennent pas en charge les coûts de ces activités.

Dans la mesure où les producteurs ne supportent pas la totalité des coûts liés aux systèmes de REP, les communes et les contribuables doivent également mettre la main à la poche. Par exemple, la France s'est fixé pour objectif que le coût (optimisé) des déchets d'emballages ménagers soit couvert à 80 % par les producteurs (si le taux de collecte est d'au moins 75 %) et à 20 % par les communes. À l'inverse, les redevances payées par les producteurs coréens correspondent à l'intégralité des coûts de collecte, de traitement et d'administration. Ainsi, 70 à 90 % du montant des redevances servent à la rémunération des recycleurs, tandis que le financement des campagnes d'information représente entre 1 et 5 % des sommes perçues. Dans le système appliqué au Royaume-Uni pour les emballages, les producteurs n'assument qu'environ 10 % des coûts, c'est-à-dire la différence entre les coûts qui correspondait initialement aux opérations de recyclage (avant l'introduction du système de REP) et ceux des opérations requises pour atteindre les objectifs de recyclage de l'UE.

En vertu du principe pollueur-payeur, les producteurs devraient payer la totalité des coûts nets relatifs à la collecte sélective et au traitement des produits en fin de vie (voir l'encadré 2.3). Pour les communes assurant une partie des activités des systèmes de REP, cela implique de calculer le niveau de compensation adéquat qu'elles sont en droit d'attendre de la part des éco-organismes. Il faut reconnaître cependant que le calcul des coûts nets n'est pas toujours aisé et que ces derniers peuvent fluctuer considérablement parallèlement aux variations des prix des matières secondaires.

Encadré 2.3. **Recouvrement de la totalité des coûts via les redevances acquittées par les producteurs**

Les parties prenantes s'accordent pour dire, à l'appui de la théorie économique, que tous les coûts relatifs aux produits en fin de vie devraient être internalisés dans les redevances acquittées par les producteurs au titre de la REP, afin de mettre en œuvre le principe pollueur-payeur. Toutefois, les modalités d'application de ce principe et l'ampleur de ces coûts sont source de désaccords. En effet, tous les acteurs concernés ne souhaitent pas nécessairement intégrer dans le montant des redevances acquittées par les producteurs les coûts liés à l'abandon de déchets et au traitement des produits théoriquement soumis à la REP ayant été collectés en dehors des dispositifs existants et traités comme des déchets municipaux mixtes. Pour choisir la démarche la plus adaptée, il conviendrait en définitive de déterminer quelle est l'entité la mieux placée pour influencer ces aspects de la gestion des produits en fin de vie et qui devrait donc, à ce titre, bénéficier d'incitations économiques.

S'agissant de l'abandon de déchets dans la nature, il semble opportun d'instaurer un partage des coûts entre les producteurs et les communes, ces deux catégories d'acteurs ayant une influence dans ce domaine. Les communes peuvent prendre toute une série de mesures pour renforcer les infrastructures publiques de collecte des déchets et affermir les mesures de contrôle destinées à lutter contre les dépôts sauvages des déchets. Dans certains cas, les producteurs peuvent aussi améliorer la conception des produits pour limiter les détritus, par exemple en remplaçant les languettes des canettes métalliques par des opercules fixes qui ne se détachent pas du récipient.

Dans le cas des produits soumis à la REP traités comme des déchets municipaux, tout dépendra de l'entité responsable de la collecte sélective. Si elle est assurée par les producteurs, ces coûts devraient être couverts par les redevances dont ils s'acquittent, de manière à ne pas tirer les taux de collecte vers le bas et à faire en sorte que les prix des produits reflètent les coûts de leur traitement en fin de vie. À l'inverse, si les communes sont responsables de la collecte sélective elles devraient supporter ces coûts, car ce sont elles les mieux placées pour améliorer les taux de ramassage des déchets.

La plupart des systèmes de REP sont confrontés au problème majeur que posent les « passagers clandestins ». Ce terme désigne les producteurs qui bénéficient des dispositifs de REP sans payer leur écot. En général, plus les producteurs sont nombreux et plus la chaîne de produit est longue, plus il est difficile de lutter contre ce phénomène, qui peut devenir très sérieux lorsqu'une part importante du flux de déchets est détournée vers d'autres destinations, avec pour effet de menacer la viabilité financière du système concerné. D'autre part, le coût des mesures à mettre en œuvre pour éradiquer ce problème est parfois si élevé pour certaines catégories de produits qu'il peut ne pas être rentable de chercher à éliminer la totalité des passagers clandestins. Le Manuel de 2001 propose plusieurs moyens pour remédier à cette situation : faire en sorte que le montant des redevances demeure peu élevé (pour ne pas encourager les comportements opportunistes) et recourir à la pression des pairs ainsi qu'à des contrôles stricts, assortis de sanctions adaptées. Cependant, le fait de maintenir les redevances à un faible niveau peut ne pas concorder avec l'objectif consistant à ce que les redevances versées par les producteurs couvrent la totalité des coûts liés au traitement des produits en aval de leur consommation. L'importance des ventes en ligne et les possibilités de contourner le système par ce biais, posent un nouveau type de problème. Les travaux doivent être poursuivis pour mieux comprendre ces questions.

Encadré 2.4. **Optimiser le rapport coût-efficacité – l'exemple de la loi japonaise sur le recyclage des emballages**

En vertu de la loi sur le recyclage des emballages, les éco-organismes japonais sont tenus de payer aux communes une commission dont le montant équivaut aux coûts réels du recyclage. Les communes qui transmettent aux recycleurs des déchets de qualité convenablement triés font baisser les coûts de traitement. Les producteurs leur remboursent alors 50 % de la différence entre les coûts réels et les coûts initialement prévus. Cette démarche basée sur des contributions variables a pour but d'inciter les communes à transmettre des déchets d'emballage de bonne qualité et correctement triés aux recycleurs, et donc à faire baisser le coût global du recyclage.

Source : Basé sur annexe I.

Les informations disponibles font apparaître que l'ampleur des « fuites » – c'est-à-dire les produits échappant aux systèmes de REP supposés les gérer – est désormais conséquente pour certains flux de déchets (Commission européene, 2014). Les données dans ce domaine reposent sur des estimations et doivent être considérées avec prudence. Il apparait néanmoins que près de la moitié des appareils électroménagers théoriquement soumis à la REP au Japon se retrouvent dans des filières de déchets non concernées par ce principe : certains transitent par le marché des produits d'occasion et sont réutilisés, d'autres sont collectés parmi les ordures ménagères. De même, il est probable que plus de la moitié des DEEE collectés en Europe soient orientés vers un traitement inadéquat et exportés illicitement, ou traités convenablement mais sans notification des quantités prises en charge. On estime par ailleurs qu'environ un tiers seulement des DEEE produits sur le territoire français sont gérés par des systèmes de REP, et que 45 à 75 % d'entre eux empruntent d'autres filières de gestion et/ou sont exportés. Le nombre croissant de ventes réalisées sur Internet accroît les risques de fuites et de passagers clandestins.

Plusieurs méthodes sont proposées pour lutter contre les fuites. S'agissant des exportations illicites de déchets, de nombreuses autorités environnementales coopèrent désormais plus étroitement avec les services des douanes. En Finlande, les producteurs bénéficient, en vertu de la loi, d'un accès prioritaire à certaines catégories de déchets. Conformément à la refonte du texte de la directive européenne relative aux DEEE, les déchets qui étaient collectés en-dehors du système de REP sont désormais pris en compte dans les calculs des objectifs réglementaires, et les installations n'appartenant pas à une OPR sont à présent tenues de respecter les mêmes normes environnementales que les éco-organismes soumis à la REP. La loi relative à la transition énergétique récemment adoptée en France vise à éviter les fuites en obligeant les professionnels détenteurs de déchets d'équipements électriques et électroniques à passer un contrat avec un dispositif agréé, ce qui pourrait permettre de mieux suivre et contrôler la collecte et le traitement des déchets. Au Japon, des estimations des fuites ont été obtenues et les autorités locales ont été chargées, par décret, de réguler les récupérateurs informels.

Les produits « orphelins » désignent les produits soumis aux prescriptions de la REP mais dont le producteur n'est plus en activité (pour cause de faillite, par exemple). Toute la difficulté consiste à déterminer comment couvrir équitablement les coûts de gestion des produits en aval de leur consommation. Ces coûts pourraient en effet être très élevés, dans le cas de produits néfastes pour l'environnement communément utilisés (comme certaines huiles ou certains produits chimiques) ou au contraire presque nuls (dans le cas où le principal objectif de la REP serait d'influencer le processus de conception des produits, par exemple). Le choix du mécanisme dépend donc de la nature de la difficulté rencontrée. Le Manuel de 2001 recense diverses solutions possibles à adapter en fonction des problèmes, comme la prise en charge des coûts générés par les anciens producteurs par leurs homologues toujours en activité, l'instauration de redevances d'élimination préalables ou de redevances payées au moment de l'achat, le paiement par le dernier propriétaire et l'assurance.

Mise à jour des recommandations relatives au financement des dispositifs de REP ainsi qu'aux problèmes des passagers clandestins et des produits orphelins

- S'agissant des dispositifs obligatoires, les pouvoirs publics devraient mettre en place des méthodes cohérentes et crédibles pour s'assurer que les obligations en matière de REP sont bien respectées, comme des registres de producteurs, l'accréditation des éco-organismes et des sanctions adaptées.
- Les pouvoirs publics et l'industrie devraient coopérer afin de mettre au point des systèmes de suivi efficaces et dotés de ressources adéquates ; dans certaines circonstances, ils pourraient envisager de créer un organisme de contrôle indépendant financé par une taxe sur les éco-organismes.
- Le coût du traitement du produit en fin de vie devrait, dans l'idéal, être intégré dans son prix de vente et supporté par les consommateurs ; les producteurs devraient être responsables du financement des coûts de gestion en fin de vie de leurs produits.
- La lutte contre les passagers clandestins devrait se livrer à travers la pression des pairs et un strict contrôle de l'application, assorti de sanctions adaptées.
- Le problème des produits orphelins devrait être traité en optant pour une démarche adaptée à la nature de la difficulté rencontrée, comme la prise en charge des coûts générés par les anciens producteurs par leurs homologues toujours en activité, l'instauration de redevances d'élimination préalables ou de redevances payées au moment de l'achat, le paiement par le dernier propriétaire et l'assurance.
- Les administrations publiques devraient mettre en commun leurs expériences et déterminer comment assurer la pérennité du financement des systèmes de REP ; il pourrait s'agir notamment d'analyser comment prendre en charge des risques tels que la volatilité des prix, les fuites, etc.

2.4. Échanges, concurrence et systèmes de REP

Parce qu'elles imposent un cahier des charges, les politiques de REP ont nécessairement des répercussions pour les produits et marchés secondaires connexes. Elles peuvent notamment avoir des effets – intentionnels ou non – sur la concurrence et les échanges. L'incidence des politiques de REP sur les échanges peut simplement résulter de coûts administratifs et de transport supérieurs pour les importateurs. Selon le Manuel de 2001, des systèmes de REP compatibles avec les politiques de la concurrence et des échanges peuvent être efficaces sur le plan environnemental, plus efficients d'un point de vue économique et mieux acceptés par les entreprises.

Pour éviter les incompatibilités avec les politiques des échanges, le Manuel de 2001 préconisait aux importateurs de prendre part à la conception des systèmes de REP pour veiller à ce que les clauses proposées soient conformes aux directives de l'Organisation mondiale du commerce (OMC). En particulier lorsque sont mis en place des dispositifs susceptibles d'influer sur les échanges, les importateurs devraient être associés au projet et bénéficier d'un laps de temps adéquat pour formuler des commentaires ; les associations professionnelles et l'OMC devraient être informées ; et la possibilité d'apporter aux pays en développement une assistance technique pour les aider à se conformer aux nouvelles exigences devrait être étudiée. Pour garantir la compatibilité avec les accords de l'OMC, il conviendrait en outre de passer en revue le cahier des charges de chaque projet pour vérifier qu'il ne pénalise pas les importateurs, qu'il ne restreint pas les échanges plus que nécessaire pour atteindre ses objectifs, qu'il n'impose pas certains processus ou méthodes de production ou qu'il ne risque pas de générer un surplus de matières recyclées susceptibles de se retrouver sur les marchés internationaux.

Dans l'optique de stimuler la concurrence sur les marchés concernés par les systèmes de REP, le Manuel de 2001 recommande d'inviter les autorités de la concurrence, lorsque cela est possible, à formuler des avis sur l'impact possible des différentes démarches existantes – et de proposer des solutions de remplacement. À cet égard, les éventuels comportements anticoncurrentiels des éco-organismes ont été mis en évidence. En effet, la création d'éco-organismes peut permettre aux producteurs de réaliser d'importantes économies d'échelle et même aider de plus petites entreprises à se maintenir sur le marché. Cependant, les éco-organismes peuvent également pousser les producteurs à former des ententes illégales pour éliminer ou désavantager leurs concurrents. Les autorités de la concurrence pourraient donc :

- faire en sorte que les éco-organismes n'abusent pas de leur puissance commerciale au travers de tarifications excessives ou opaques ou d'autres pratiques anti-concurrentielles ;
- éviter que des obstacles réglementaires empêchent l'accès aux marchés de matières usagées, y compris l'entrée d'autres éco-organismes sur un marché soumis à la REP ;
- faire en sorte que les éco-organismes sous-traitent les services de collecte et de recyclage en faisant jouer la concurrence ; établissent des contrats d'une durée raisonnable et lancent des appels d'offres ouverts et équitables.

Depuis 2001, la taille et la complexité des systèmes de REP et des marchés connexes vont grandissant. Les conséquences des comportements anticoncurrentiels sont donc d'autant plus importantes, aussi bien du point de vue des retombées financières pour les producteurs, que des pertes de bien-être pour la société.

En outre, les tribunaux et autorités de la concurrence ont pris un certain nombre de décisions au sujet de la politique de la concurrence et des systèmes de REP. Le nombre d'affaires demeure toutefois restreint et ne couvre pas l'ensemble des problématiques liées à la concurrence. Dans certains cas, les critères utilisés pour déterminer si un comportement est anti-concurrentiel varient selon les pays. De ce fait, les décisions relatives à la concurrence et à la REP ne sont pas tout à fait comparables. L'expérience engrangée permet néanmoins de tirer quelques conclusions pour mieux gérer les arbitrages entre la concurrence et les politiques environnementales lors des phases de conception et de mise en œuvre des systèmes de REP.

La présente section met en évidence plusieurs types de freins à la concurrence dans le contexte des marchés soumis à la REP, en s'appuyant sur une analyse plus détaillée présentée au chapitre 3 :

- les accords horizontaux conclus entre producteurs concurrents pour créer un ou plusieurs éco-organismes ; les éventuels comportements anticoncurrentiels des éco-organismes ; les obstacles à l'entrée sur des marchés où opèrent des éco-organismes ; l'impact de la hausse des coûts consécutive à un changement de prestataires de services ; et les accords entre éco-organismes opérant sur un même marché, qui sont susceptibles de limiter la concurrence.
- les accords verticaux conclus entre les éco-organismes et les prestataires assurant les services de collecte, de tri ou de traitement, qui restreignent la concurrence.
- les comportements anticoncurrentiels sur les marchés du traitement des déchets et des matières secondaires ainsi que sur les marchés de produits.

2.4.1. *Accords horizontaux entre producteurs rivaux*

Les accords horizontaux conclus entre producteurs rivaux pour créer un ou plusieurs éco-organismes constituent un autre problème. Cette section s'intéresse plus particulièrement aux avantages des éco-organismes individuels par rapport aux organismes multiples, et aux obstacles qui peuvent empêcher l'entrée sur les marchés desservis par des éco-organismes.

Éco-organismes individuels et multiples. Bon nombre de systèmes de REP ont été créés au départ avec un éco-organisme unique en situation de monopole. Au fil du temps, certains d'entre eux ont été dissouts, à l'issue parfois d'un examen minutieux de leur conduite anticoncurrentielle ou après que les autorités de la concurrence ont dénoncé la réglementation à l'origine de ces monopoles. Par conséquent, de plus en plus de systèmes de REP reposent désormais sur de multiples éco-organismes.

On reproche généralement aux monopoles de tirer les prix vers le haut et de moins inciter les producteurs à rechercher des économies puis à les répercuter, ce qui a pour effet de faire augmenter le coût des produits. En Allemagne, par exemple, le coût de gestion des déchets d'emballage a considérablement baissé après le lancement d'appels d'offres de services au niveau des OPR et la mise en concurrence des éco-organismes. En Norvège, l'autorité de la concurrence a identifié plusieurs situations où les monopoles de collecte/recyclage détenus par les producteurs induisaient des coûts supplémentaires pouvant être répercutés sur les consommateurs, ce qui participait à un schéma d'inefficacité.

D'aucuns affirment cependant que les éco-organismes en situation de monopole peuvent présenter quelques avantages pour tirer parti des économies d'échelle, lutter contre les passagers clandestins et réduire les coûts du contrôle réglementaire. Bien que ces arguments soient contestés, la création d'un éco-organisme en situation de monopole lors de la phase de démarrage d'un système de REP relève d'un cas particulier. Dans un premier temps, il peut en effet être plus efficace d'opter pour un monopole si la création d'un éco-organisme engendre d'importants coûts irrécupérables et si les coûts et retombées financières à venir sont incertains. Ainsi, la Cour de justice de l'Union européenne a jugé que l'attribution de droits exclusifs à un éco-organisme de Copenhague pour le traitement de déblais non dangereux était justifiée dans la mesure où aucune infrastructure n'aurait autrement été construite pour gérer ce type de déchets. Selon elle, cet aspect l'emportait sur le coût engendré par la restriction de la concurrence.

Pour l'heure, les données concrètes dont on dispose ne permettent pas de déterminer dans quelles conditions un éco-organisme en situation de monopole est plus efficace que plusieurs éco-organismes concurrents. Les différentes instances nationales ont examiné les arguments pour ou contre le monopole sur la base d'analyses coûts-avantages. Toutefois, leur avis diverge quant aux coûts et avantages à prendre en considération et par conséquent quant à l'acceptabilité d'un éco-organisme en situation de monopole, et dans quelles circonstances.

Obstacles à l'entrée. Les obstacles à l'entrée sur un marché tendent à réduire la concurrence ; ils peuvent revêtir une dimension structurelle ou stratégique. Les obstacles structurels prennent souvent la forme de coûts élevés et irréversibles, qui peuvent être liés à la nature du marché lui-même ou à des prescriptions juridiques. Les obstacles stratégiques, quant à eux, sont créés *délibérément* ou renforcés par les entreprises en place sur le marché. Il est parfois difficile de faire la distinction entre ces deux catégories d'obstacles.

L'obligation de s'établir sur un marché d'envergure nationale constitue un exemple d'obstacle. En effet, elle fait augmenter les coûts irrécupérables dans le cas où la meilleure stratégie, en dehors de toute obligation, serait d'entrer sur un marché de moindre ampleur, qui concernerait un territoire plus restreint. À cet égard, certaines autorités imposent aux éco-organismes une obligation de service universel afin de dissuader les nouveaux entrants de se livrer à du « picorage ». L'une des techniques permettant de contourner ce problème consiste, comme dans l'exemple suédois (voir l'encadré 2.5), à obliger les acteurs en place à partager leurs infrastructures avec les nouveaux entrants. Toutefois, cela n'est pas toujours possible et, dans ce cas, il conviendrait de revenir sur les avantages apportés par une obligation de service universel.

Encadré 2.5. **Infrastructures de collecte partagées en Suède**

En Suède, les éco-organismes de la filière Emballage doivent remplir leur mission sur l'ensemble du territoire. Un producteur souhaitant intégrer le marché s'est heurté à d'importants obstacles pour se doter d'une infrastructure de collecte. Dans les zones rurales, les équipements de collecte se révélaient très coûteux tandis que dans les zones urbaines, les organismes en place utilisaient des sites de traitement qui ne pouvaient pas être reproduits. Le nouvel entrant a saisi l'autorité de la concurrence, accusant l'entreprise en place d'abus de position dominante. À l'issue de consultations avec l'autorité de la concurrence, les deux parties ont engagé des négociations commerciales qui ont abouti à un accord en vertu duquel les deux éco-organismes peuvent désormais utiliser les mêmes infrastructures de collecte, moyennant un partage des coûts. De cette manière, tous deux sont en mesure de proposer leurs services dans l'ensemble du pays.

Source : Voir le chapitre 4.

Le fait que des entrants se voient refuser l'accès à des « installations essentielles » constitue un obstacle stratégique à l'entrée, qui donne lieu à des litiges entre les différents éco-organismes concurrents. Bien que la notion d' « installation essentielle » diffère quelque peu selon les pays, l'idée de base est que leur accès est nécessaire pour soutenir la concurrence sur le marché, qu'elles ne peuvent pas raisonnablement être reproduites ni partagées, et qu'elles sont contrôlées par une entreprise monopolistique ou une entreprise dominante.

Parmi les obstacles stratégiques à l'entrée sur un marché figurent également les contrats d'exclusivité à long terme, qui consistent, pour l'une ou les deux parties, à échanger un certain produit uniquement avec l'autre partie sur une longue période. La Commission européenne s'est positionnée contre ce type de contrats et exigé que leur durée soit limitée dans le temps.

2.4.2. *Accords verticaux entre les éco-organismes et leurs prestataires : marchés de la collecte et du tri des déchets*

Les marchés de la collecte des déchets diffèrent selon qu'ils ciblent les ménages ou les entreprises. D'un côté, les marchés de la collecte auprès des ménages se caractérisent par des économies d'échelle et de densité pouvant favoriser des situations de monopole naturel, où la présence d'une unique entité est gage d'une plus grande efficacité. Cela s'observe fréquemment dans le cadre du ramassage des ordures ménagères. De l'autre, les marchés de la collecte des déchets des entreprises sont généralement organisés sous la forme d'oligopoles rassemblant un petit groupe de concurrents.

La portée géographique des marchés de la collecte et du tri des déchets dépend notamment des coûts de transport et des restrictions légales au commerce de déchets. De plus, le tri est généralement plus efficace lorsque son échelle dépasse celle de la collecte. Par conséquent, le fait d'associer ces deux services plutôt que de les gérer séparément peut entraîner une perte d'efficacité.

Bon nombre d'éco-organismes font appel à des services de collecte et de tri des déchets. Même en situation de monopole, il peut y avoir des avantages à ouvrir le marché de la collecte des déchets à la concurrence. Dans les faits, le recours à des appels d'offres fait baisser considérablement les coûts de collecte (voir l'encadré 2.6). Cependant, les règles et

Encadré 2.6. **Promouvoir des appels d'offres plus concurrentiels en Allemagne**

En 2003, l'éco-organisme allemand DSD, spécialisé dans la filière Emballages, a lancé un premier appel d'offres qui n'a pas suscité de véritable concurrence dans beaucoup de lots. En effet, pour près de la moitié des lots, seule une offre avait été reçue et les prix étaient en moyenne 70 % plus élevés que les prix les plus bas proposés dans les lots où au moins deux offres avaient été soumises. DSD a alors modifié les conditions de ses appels d'offres afin d'attirer davantage de petites et moyennes entreprises. En 2005, les coûts de collecte et de tri des déchets avaient reculé de 20-30 % par rapport à 2003. Plus récemment, l'autorité allemande de la concurrence a déclaré qu'il était « particulièrement important de garantir une procédure d'appel d'offres distincte pour les services de collecte (et de tri). Cela permet d'assurer que la concurrence sur le marché du tri ne soit pas faussée ».

Source : Voir le chapitre 4.

procédures suivies par les éco-organismes peuvent grandement influencer le coût des services qu'ils achètent. L'équité et la concurrence engendrent une plus grande efficacité et impliquent, entre autres, de ne pas avantager les acteurs en place sur le marché ; de communiquer simultanément à l'ensemble des soumissionnaires des informations identiques, et de leur laisser le temps nécessaire pour préparer leur offre ; et de disposer d'un nombre suffisant de soumissionnaires pour garantir la concurrence. En outre, la durée des contrats ne devrait pas être trop courte (sous peine de ne pas couvrir la totalité des coûts) ou trop longue (au risque de perdre une partie des avantages de la concurrence, comme l'adoption de technologies plus efficientes). Dans deux décisions, la Commission européenne estimé qu'une durée de trois ans était indispensable pour les contrats entre les entreprises de collecte de déchets d'emballage et les éco-organismes.

2.4.3. *Marchés de produits*

La promotion de la concurrence sur les marchés de produit revêt une grande importance comme point de jonction entre la politique de la concurrence et les systèmes de REP. En effet, les marchés de produits tels que les voitures ou les pneus sont vastes et les pratiques anticoncurrentielles peuvent donc avoir des répercussions particulièrement fortes sur le bien-être économique.

Dans plusieurs pays, l'accord visant la prise en charge par les consommateurs de la redevance versée à un éco-organisme a soulevé des questions. En effet, même si cette redevance est « visible », et même si la législation exige expressément son application, elle peut continuer d'être perçue comme une entente sur les prix illicite. Dans quelques cas, de faibles redevances « visibles » se sont avérées nécessaires et ne constituent pas une entrave perceptible à la concurrence. Dans d'autres, on a considéré qu'elles n'étaient pas utiles à l'accord de coopération plus large, et qu'elles étaient donc anticoncurrentielles.

L'effet des éco-organismes sur la concurrence au sein des marchés de produits pose plusieurs autres questions. Premièrement, l'éco-organisme peut offrir des possibilités d'échanges d'informations et ainsi faciliter des ententes sur les prix ou d'autres distorsions du marché. Deuxièmement, si un éco-organisme jouit d'une position dominante ou d'une situation de monopole et qu'il augmente fortement les coûts supportés par les producteurs, et que les redevances acquittées représentent une part importante des coûts variables à la charge de ces derniers, alors la concurrence sur le marché de produits peut se trouver affaiblie. Troisièmement, les redevances de recyclage peuvent être revues à la hausse pour faire augmenter les prix à la consommation et les bénéfices des prestataires ou bien désavantager certains acteurs, comme les prestataires étrangers ou de petite taille. Enfin, des problèmes de concurrence peuvent aussi se poser lorsque l'État accorde des subventions ou octroie des droits exclusifs.

2.4.4. *Vers une plus grande intégration de la politique de la concurrence et des systèmes de REP*

En 2009, le Conseil de l'OCDE a adopté une Recommandation sur l'évaluation d'impact sur la concurrence qui déclare notamment, dans la section consacrée à la révision des politiques publiques qui restreignent indûment la concurrence, que « les gouvernements devraient adopter l'alternative la plus favorable à la concurrence compatible avec les objectifs d'intérêt public poursuivis, tout en tenant compte des coûts et avantages de la mise en œuvre ». Cette recommandation est utile pour examiner les compromis possibles entre la politique de la concurrence et la REP.

Les autorités de la concurrence ont examiné plusieurs questions relatives aux comportements possiblement anticoncurrentiels de certains systèmes de REP, sans parvenir à un consensus. Or, ces questions méritent d'être approfondies :

- Existe-t-il des avantages à exiger une séparation verticale entre les producteurs, les entreprises de collecte de déchets et les usines de traitement des déchets ?
- La prestation de services de collecte sur l'ensemble du pays représente-t-elle un obstacle à l'entrée de nouveaux éco-organismes, en particulier lorsqu'il n'est pas possible de partager les infrastructures ?
- La non-transférabilité des réserves financières affecte-t-elle la concurrence ?

Mise à jour des recommandations destinées à renforcer l'intégration de la politique de la concurrence et des systèmes de REP

- Des études d'impact sur la concurrence devraient être intégrées dans la conception des mesures de REP, en tenant compte de la Recommandation de 2009 du Conseil de l'OCDE sur l'évaluation d'impact sur la concurrence et de la Recommandation de 2005 du Conseil concernant la politique et la gouvernance réglementaires.
- Les autorités de la concurrence devraient publier régulièrement des orientations ou des informations facilement accessibles pour faire part de leurs remarques au sujet des systèmes de REP.
- L'évaluation des accords de création d'un éco-organisme par les autorités de la concurrence devrait suivre le cadre général d'évaluation des accords horizontaux en vigueur. Les contrats conclus entre les prestataires de services et les éco-organismes devraient être évalués au cas par cas dans le cadre général de l'évaluation des accords verticaux de chaque pays.
- Les autorités de la concurrence ne devraient faire aucune distinction entre les accords volontaires et les accords pilotés par l'État.
- Les systèmes de REP ne devraient autoriser les éco-organismes uniques que lorsqu'il peut être démontré que les avantages (par exemple, la capacité de gérer les déchets n'aurait pas été suffisante dans d'autres circonstances) dépassent les coûts d'une baisse de concurrence ; les opérations des éco-organismes en situation de monopole devraient être surveillées et la concurrence devrait être encouragée lorsque les avantages des éco-organismes uniques ne sont plus supérieurs à leurs coûts.
- Les restrictions de concurrence destinées à soutenir l'introduction d'un système de REP (sous la forme de droits exclusifs concédés à un éco-organisme sur un marché, par exemple) devront être progressivement éliminées, et ce dès que possible.
- Les services tels que la collecte, le tri et le traitement des déchets devraient faire l'objet d'appels d'offres transparents, non discriminatoires et concurrentiels. Les facteurs à prendre en considération sont, en particulier, une durée suffisante sans être excessive du contrat, une ampleur et un périmètre suffisants pour encourager l'investissement, et une dimension et un degré d'agrégation suffisants pour faciliter la participation aux appels d'offres de toutes les entreprises qualifiées.
- Les appels d'offres ne devraient pas contraindre les entreprises de collecte et de recyclage d'accepter un contrat d'exclusivité avec un éco-organisme. Les autres distorsions possibles, notamment celles qui pourraient résulter du regroupement des services de collecte, de tri et de traitement des déchets, devraient être également évaluées.

Mise à jour des recommandations destinées à renforcer l'intégration de la politique de la concurrence et des systèmes de REP *(suite)*

- L'attribution des matières en aval de la consommation ne devrait pas faire obstacle à l'entrée ou à l'expansion sur le marché de produits ; par exemple lorsqu'elles sont attribuées à des prix inférieurs à ceux du marché sur la base de la part de marché historique d'un producteur.
- Les éco-organismes, registres nationaux et autres organismes coordonnateurs devraient être conçus de manière à éviter le partage d'informations confidentielles relatives aux marchés, qui pourrait conduire à des comportements anticoncurrentiels.

2.5. Éco-conception

Le chapitre 1 ci-dessus a examiné l'incidence des systèmes de REP sur l'éco-conception. En conclusion, elle indiqué que si les systèmes de REP ont permis de stimuler l'éco-conception dans certains pays et secteurs, leur impact global a été moins important qu'on l'espérait à l'origine. Diverses propositions ont été formulées et des initiatives ont été prises pour pallier ce problème.

Premièrement, des redevances plus élevées, des objectifs ambitieux et un solide contrôle de l'application viendront généralement renforcer les incitations en faveur de l'éco-conception. Le fait de fixer des redevances suffisamment élevées pour couvrir la totalité des coûts de gestion en fin de vie permettrait de mieux internaliser les coûts environnementaux des produits, et donc de stimuler l'éco-conception. D'ordinaire, les redevances offrent aux producteurs plus de souplesse que la réglementation pour trouver des solutions rentables. Plus la redevance payée aux éco-organismes représente une part importante du coût de production, plus son effet incitatif est fort, comme on peut le voir dans certains secteurs. En France, par exemple, la redevance sur les emballages soumis à la REP équivaut à environ 4 % du chiffre d'affaires des producteurs.

Deuxièmement, la manière dont les éco-organismes collectifs fixent le montant de leurs redevances peut peser lourdement sur les incitations en faveur de l'éco-conception. Les éco-organismes sont financés par des redevances variables ou fixes. En général, ils recourent à une redevance fixe pour les biens complexes tels que les équipements électroniques, les voitures ou les meubles, pour lesquels il serait difficile d'établir un lien entre le montant de la redevance et l'impact environnemental du produit. Dans ce cas, il est plus aisé d'appliquer un système de redevance unitaire, mais l'absence de lien entre la redevance et les coûts de gestion des déchets de certains produits n'incite que faiblement et indirectement les producteurs à se tourner vers l'éco-conception. Pour remédier à cela, certains systèmes de REP ont mis en place des redevances modulées, qui varient en fonction de certaines caractéristiques de conception du produit autres que le poids. Par exemple, le dispositif français Éco-Systèmes applique des redevances plus élevées aux téléphones portables non dotés d'un chargeur universel, afin de décourager la surproduction d'équipements périphériques[1]. Des technologies émergentes, telles que la radio-identification, pourraient offrir de nouvelles possibilités pour lier les redevances aux impacts environnementaux et améliorer la répartition des coûts entre les producteurs. Cependant, étant donné que la mise en place de redevances modulées implique des coûts administratifs supplémentaires, leur montant devrait être proportionnel aux avantages attendus sur le plan environnemental et/ou financier. En outre, ce type d'outils profite à certains au détriment des autres, d'où des difficultés possibles pour les producteurs de s'accorder sur une structure commune. Il existe également des risques de collusion entre producteurs et d'abus de puissance commerciale. Pour toutes ces raisons, il serait prudent que les autorités de la concurrence examinent la création des redevances modulées.

Troisièmement, le champ d'application des systèmes de REP pourrait être élargi. En effet, certains dispositifs sont affaiblis par des exemptions. En France, par exemple, le secteur de la presse imprimée est dispensé des obligations de REP alors qu'il est à l'origine d'environ un tiers du papier graphique mis sur le marché. Par ailleurs, certaines incitations peuvent avoir des conséquences néfastes, notamment dans le cas des produits difficiles à recycler. En effet, tant qu'un produit est considéré comme « non recyclable », il n'est pas soumis à la REP et les producteurs peuvent donc être incités, pour de mauvaises raisons, à ne pas y apporter d'améliorations afin de rester en dehors du champ d'application des dispositifs de REP avec obligation de reprise. La Corée a résolu ce problème en instaurant des redevances d'élimination préalables pour des produits tels que les chewing gum, les couches jetables, les cigarettes, les matières plastiques hors emballages et les ustensiles de cuisine.

Quatrièmement, il est possible d'encourager une plus grande harmonisation des initiatives internationales en matière d'éco-conception pour certains biens de consommation mondiaux, comme les téléphones portables. Or, bien que les systèmes de REP soient organisés pour être appliqués à une échelle (supra)nationale ou infranationale, certains biens de consommation (et les emballages qui les accompagnent) sont destinés au marché mondial. Faute d'harmonisation, les systèmes individuels enverront donc des signaux à la fois faibles et divergents aux producteurs quant aux préférences en matière de produits. À l'inverse, une démarche d'harmonisation peut permettre aux initiatives en faveur de l'éco-conception de gagner en cohérence et en efficacité. Par exemple, la directive européenne relative à la limitation de l'utilisation de certaines substances dangereuses dans les équipements électriques et électroniques a permis des modifications de conception dans le monde entier grâce au ciblage transparent de six matières dangereuses. Cependant, il convient de ne pas sous-estimer le coût de cette démarche et les obstacles qui s'y opposent.

Outre leur fonction initiale, qui est d'encourager les producteurs à modifier la conception de leurs produits, les systèmes de REP servent parfois à renforcer la coopération entre différents producteurs pour promouvoir l'innovation (OCDE, 2014d). Au Japon, par exemple, les constructeurs automobiles ont mis au point leurs propres systèmes d'évaluation 3R (réduire, réutiliser, recycler) en réaction à la loi sur le recyclage des véhicules hors d'usage. L'objectif est d'améliorer les taux et les coûts de recyclage, ainsi que d'évaluer les progrès de conception pouvant faciliter la valorisation des déchets. Ces systèmes reposent sur l'analyse du cycle de vie (ACV), qui aide les concepteurs de véhicules à améliorer la recyclabilité et les performances environnementales de leurs produits.

Le **Nordic Waste Group**[2] met au point de nouveaux modèles économiques pour la collecte et le traitement des déchets plastiques et textiles, avec pour objectif d'encourager le développement de chaînes logistiques plus respectueuses de l'environnement. L'initiative pour un recyclage économe en ressources des déchets plastiques et textiles (Resource Efficient Recycling of Plastic and Textile Waste initiative) englobe six projets, dont un visant à mettre au point un modèle de REP régional. Ce dernier proposera des modèles économiques innovants pour le secteur du textile des pays nordiques, qui permettront aux produits d'évoluer vers des cycles de vie plus durables. Les six projets, qui ont été ouverts à la concurrence l'an dernier, prolongeront les actions déjà menées dans les pays nordiques pour faire du recyclage des déchets plastiques un secteur rentable tout au long de la chaîne de valeur.

Les données montrent que les éco-organismes sont de plus en plus présents dans des consortiums de recherche, pour améliorer par exemple l'éco-conception du papier. Aux fins d'une éco-conception plus efficace, il pourrait être opportun d'étendre leurs prérogatives au-delà du partage d'informations et d'y intégrer la levée de fonds pour la recherche (voir le chapitre 5).

Mise à jour des recommandations relatives aux incitations à l'éco-conception

- Veiller à ce que l'intégralité des coûts de gestion en fin de vie soient couverts par les redevances acquittées par les producteurs de manière à donner un maximum d'ampleur aux incitations à l'éco-conception.
- Dans la mesure du possible, privilégier les redevances variables acquittées par les producteurs aux redevances fixes dans les systèmes collectifs.
- Envisager de recourir à des démarches innovantes, comme les redevances modulées (en fonction de la quantité de substances dangereuses contenues dans le produit, par exemple) ou à de nouvelles technologies qui pourraient permettre de fixer le montant des redevances en fonction des coûts de gestion des produits en fin de vie et de mieux répartir les coûts entre les producteurs.
- Améliorer la circulation de l'information provenant des secteurs d'aval et des utilisateurs vers les fabricants afin de rendre la conception plus respectueuse de l'environnement.
- Les éco-organismes devraient encourager les efforts de R-D destinés à améliorer l'éco-conception de leurs produits en partageant leur expérience et, lorsque cela est rentable, en accordant leur soutien financier.
- L'harmonisation internationale des caractéristiques des produits échangés à l'échelle de la planète devrait être encouragée en vue d'améliorer l'éco-conception.

2.6. Les systèmes de REP dans les économies émergentes et en développement : le rôle du secteur informel

Le développement des systèmes de REP dans les économies émergentes est un phénomène relativement récent, qui n'était pas abordé dans le Manuel de 2001. Les pays émergents et en développement qui souhaitent mettre en œuvre des politiques de REP sont en général confrontés au même problème, à savoir l'absence de systèmes de gestion des déchets bien établis. Les pays en développement ne disposent pas toujours de tels systèmes et les grands acteurs de la filière, fabricants, éco-organismes, communes ou encore recycleurs, qui opèrent généralement dans les pays développés et peuvent jouer un rôle important dans les filières REP, n'y sont pas toujours présents. En conséquence, par rapport à ce qui est pratiqué dans les pays de l'OCDE, la démarche REP de ces pays privilégie les incitations financières. Par conséquent, les dispositifs recourent plus largement à des instruments économiques tels que le soutien des prix et les primes de réacheminement des déchets. Par ailleurs, les exigences réglementaires sont généralement moins contraignantes. Ainsi, contrairement à ce que l'on observe dans les pays de l'OCDE, les obligations de reprise semblent encore négligeables dans de nombreuses économies émergentes, sauf quand elles servent à renforcer les filières de rachat de matières de faible valeur ou non recyclables.

Dans les économies émergentes, la filière déchets a également attiré un grand nombre d'acteurs dans les activités de recyclage des produits en fin de vie ayant une valeur économique. On estime le nombre de ces recycleurs informels à environ 20 millions (voir le chapitre 5). Bien que le secteur informel soit en général assez peu développé dans les pays de l'OCDE et considéré comme ayant une influence négative sur les filières officielles de gestion des déchets (parce qu'il prélève illégalement des produits et matières de grande valeur présents dans les flux de déchets, par exemple), il joue souvent un rôle utile (collecte des déchets ayant une valeur et récupération des matières qu'ils contiennent, notamment) que n'assure pas le secteur officiel dans les pays à revenu intermédiaire où les systèmes de gestion des déchets restent limités. La mise en place d'un système de REP dans ces pays bouleverse l'activité des récupérateurs informels qui entreront alors en concurrence avec lui pour récupérer les matières présentant une valeur.

Le secteur du recyclage informel est hétérogène, revêt des formes très diverses et varie selon le contexte, ce qui ne facilite pas sa définition. Il peut fonctionner, dans certains cas, en l'absence de système de gestion officiel ; dans d'autres les travailleurs informels font concurrence au système officiel. Le graphique 2.1 illustre la complexité des activités susceptibles d'entrer en jeu. On estime que près d'un quart des travailleurs informels sont des femmes et que le travail des enfants est largement représenté. Bien que le ramassage des déchets puisse être rémunérateur, il s'agit d'un travail dur et insalubre, et les ramasseurs sont souvent prêts à risquer leur santé et leur sécurité pour être payés. Cette activité implique aussi une certaine précarité sociale puisque les travailleurs ne bénéficient d'aucune couverture sociale ou de santé. Les activités du secteur informel sont généralement caractérisées par des fonds de roulement et des coûts de transaction élevés. Les stocks n'étant pas comptabilisables, les opérateurs peuvent être victimes de vols.

Graphique 2.1. **Schématisation du secteur informel des déchets dans les économies émergentes**

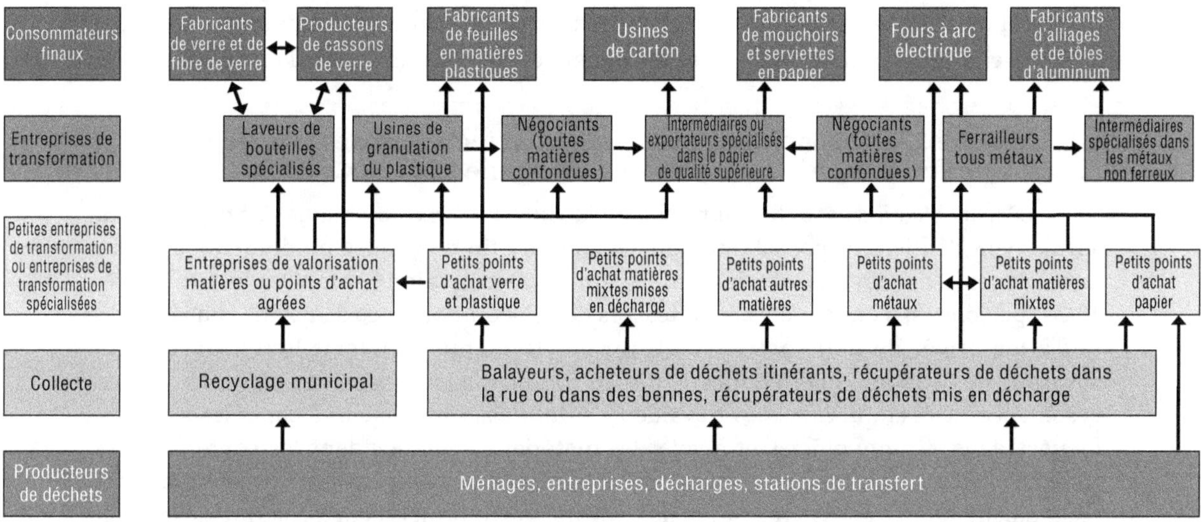

Note : MRF (Material Recovery Facility) est un centre de recuperation.
Source : Basé sur WASTE (2010), *Training materials in integrated sustainable waste management*, WASTE, Gouda, The Netherlands.

Bien que les récupérateurs informels puissent exercer des fonctions utiles de collecte et de tri des déchets présentant une valeur économique positive, les activités de démantèlement et de recyclage informels en aval peuvent avoir des effets économiques et environnementaux négatifs préoccupants. Les opérations de recyclage, s'il elles ne sont pas correctement effectuées, ne parviennent pas généralement à prévenir les émissions de substances dangereuses, d'où des risques professionnels et environnementaux, et sont relativement inefficaces pour récupérer les matières de valeur (Akenji et al., 2011 ; Williams et al., 2013 ; Romero, 2014). De plus, les résidus sans valeur économique ne sont en général pas gérés correctement et peuvent être mis au rebut ou abandonnés, ce qui met à mal l'environnement (Akenji et al., 2011). La difficulté, pour les pays à revenu intermédiaire, est de trouver comment intégrer ces travailleurs informels et maintenir la contribution positive qu'ils peuvent apporter, tout en atténuant les impacts environnementaux du traitement informel des déchets en aval.

Jusqu'à il y a une dizaine d'années, les décideurs considéraient généralement les récupérateurs informels comme des victimes qu'il fallait aider à sortir d'activités dangereuses et socialement précaires. Les ramasseurs étaient donc invités – et même souvent poussés – à abandonner ce secteur. Toutefois, cette démarche occultait le fait que le ramassage des déchets constitue un moyen de subsistance important, et que les perspectives d'emploi offertes aux anciens récupérateurs étaient bien moins rémunératrices. Par conséquent, les projets visant à « porter secours » aux récupérateurs de déchets se sont souvent soldés par un échec et la plupart des récupérateurs informels ont repris leurs activités une fois les projets terminés.

Désormais, on reconnaît également que le ramassage informel des déchets peut avoir des retombées positives tant pour l'économie que pour l'environnement, parce qu'il contribue notamment à réduire la quantité de déchets mis en décharge, à assurer un service de collecte de substitution « gratuit » et à faire baisser les coûts de collecte et d'élimination des déchets pour les communes. Lorsque les systèmes informels des économies émergentes sont étudiés parallèlement à d'autres acteurs de la chaîne de valeur informelle, il apparaît que les récupérateurs valorisent davantage de matières que les systèmes officiels, lorsque qu'ils fonctionnent en parallèle. Certains exemples montrent en outre que l'incapacité d'intégrer véritablement le secteur informel aux systèmes de REP peut se révéler préjudiciable en termes d'efficience et d'efficacité (voir l'encadré 2.7).

Encadré 2.7. **Dispositifs d'exclusion ou d'inclusion des travailleurs informels : les exemples de la Bulgarie et de la Colombie**

En 2004, la *Bulgarie* s'est dotée d'un système de REP dans le cadre duquel les producteurs assumaient l'entière responsabilité de la gestion en fin de vie des produits de la filière Emballages. Les travailleurs informels, qui représentaient selon les estimations 10 000 personnes, n'ont pas été consultés lors de l'élaboration de ce dispositif, qui visait de fait à les priver de leurs activités et qui par là même menaçait leurs moyens de subsistance. Cette initiative a donné lieu à un conflit à la fois apparent et latent entre les systèmes officiel et informel. Les travailleurs informels s'attachaient à saper les activités menées dans le cadre officiel, et à voler les matériaux contenus dans les conteneurs de collecte des déchets d'emballage par apport volontaire. Les entreprises du secteur officiel réclamaient quant à elles l'arrestation des travailleurs informels et la fermeture des points d'achat dans lesquels ils revendaient leurs matières recyclables (ministère de l'Environnement et de l'Eau, République de Bulgarie, 2003 ; Doychinov et Whiteman, 2013).

Faute d'avoir impliqué le secteur informel, le système de REP a souffert d'importants dysfonctionnements. Ainsi, les objectifs de recyclage étaient inférieurs aux quantités de déchets collectées par les recycleurs informels. Les ménages et les entreprises ont préféré maintenir leur coopération avec les réseaux de recyclage préexistants. En conséquence,

Encadré 2.7. **Dispositifs d'exclusion ou d'inclusion des travailleurs informels : les exemples de la Bulgarie et de la Colombie** *(suite)*

quelque 90 % des matières ont continué de transiter via les réseaux de traitement informels. Le système officiel ne parvenant à capter qu'une petite part des matières recyclables, les coûts de main d'œuvre étaient élevés et les recettes dégagées ne suffisaient pas à couvrir ne serait-ce que les charges d'exploitation (ISWA/EXPRA/RDN, 2014).

De son côté, la Colombie a opté pour une démarche plus inclusive. Une vingtaine d'acteurs privés se sont réunis pour fonder une ONG – baptisée CEMPRE – afin de promouvoir le « recyclage inclusif ». À l'aide des redevances acquittées par ses membres, CEMPRE mène tout un éventail d'activités visant à encourager les réformes politiques et juridiques destinées à protéger les droits des travailleurs informels ; à soutenir la création et le fonctionnement des associations de récupérateurs de déchets ; à renforcer les capacités et la formation ; à faciliter le dialogue entre les récupérateurs et les autorités publiques ; et à aider à mobiliser des fonds.

Dans le cadre d'un système de bonne gestion des produits appliqué aux matériaux d'emballage, la ville de Bogota verse une prime de réacheminement de 50 USD par tonne aux récupérateurs de déchets qui vendent leurs produits aux points d'achat agréés, lesquels comptabilisent les quantités de matières (toutes catégories confondues) achetées aux recycleurs et transmettent cette information aux autorités de la ville. Ces points d'achat intermédiaires ne font affaire qu'avec les récupérateurs de déchets membres d'associations reconnues, pour les pousser à rejoindre l'une de ces structures agréées. La ville transfère les crédits par virement bancaire. Ainsi, les récupérateurs de déchets ont l'obligation de participer à l'économie formelle afin de recevoir leur prime.

Certes inclusif, le système colombien n'en demeure pas moins incomplet. En effet, il ne concerne pas l'ensemble des producteurs et ne couvre pas la totalité des matériaux d'emballage. En outre, tous les récupérateurs de déchets ne rejoignent pas une coopérative et certains points d'achat intermédiaires non autorisés continuent de fonctionner en dehors du système. Il est nécessaire de procéder à une analyse plus poussée pour estimer dans quelle mesure le système réussit à favoriser le recyclage des déchets d'emballage plutôt que leur élimination et quelles sont les conséquences du « recyclage inclusif ». Un Observatoire a été créé pour approfondir certaines de ces questions

Source : Voir le chapitre 5 pour plus de détails.

L'échec des politiques traditionnelles appliquées aux récupérateurs informels et la reconnaissance du rôle positif qu'ils peuvent jouer ont donné lieu à tout un éventail de nouvelles démarches visant à inclure ces travailleurs dans les systèmes de gestion de déchets officiels. Parmi elles figurent :

- *Les interventions fondées sur les droits*, qui visent généralement à accompagner les groupes de récupérateurs de déchets et leurs familles dans leurs démarches pour défendre leurs droits de travailleur et de citoyen et à fonder des associations afin de donner plus de poids à leurs revendications.
- *L'intégration du secteur informel*, parfois désignée sous le terme de recyclage inclusif. Cette démarche implique de reconnaître le rôle des récupérateurs informels, au travers de contrats ou d'accords officiels, de titres d'identité ou d'autorisations, par exemple. Elle peut également favoriser la création de coopératives et d'associations professionnelles, au sein desquelles les recycleurs informels sont considérés comme des entrepreneurs ou des entreprises.

- *La formalisation* consiste à aider les récupérateurs de déchets à se conformer à la législation fiscale et aux règles commerciales, à s'immatriculer en tant qu'entreprises et à accepter de se plier aux lois et à la réglementation. Cette démarche ne suppose aucune mesure de réciprocité de la part des pouvoirs publics.
- *La professionnalisation* et l'accès aux financements. Cette démarche vise à soutenir les recycleurs informels établis au sein de microentreprises ou d'entreprises familiales autonomes et qui, en raison de leurs origines ethniques ou de leur statut social ou d'immigrés, ne disposent que d'un accès limité aux services de financement ou services aux entreprises, voire ne bénéficient d'aucune de ces prestations. Cette initiative essentiellement centrée sur la demande vise à développer les connaissances, les capacités, les compétences professionnelles et l'accès aux matières et aux financements.
- *Activités de la chaîne de valeurs interentreprises B2B*. Cette démarche suppose un soutien de la chaîne de valeur sous la forme d'un préfinancement du stock et/ou de la mise à disposition d'infrastructures et d'équipements.

L'objectif devrait être, idéalement, de mettre en place des arrangements permettant d'assurer que le secteur informel ne travaille pas contre le secteur privé, et d'offrir des opportunités d'emplois viables et sans danger. Les obstacles ne doivent pas cependant être sous-estimés ; par exemple, le « picorage » et le vol de matières par les récupérateurs de déchets peuvent compromettre la viabilité financière des filières officielles, et les recycleurs informels peuvent contourner les réglementations relatives au démantèlement des produits contenant des substances toxiques. Les enseignements tirés des initiatives menées actuellement pour intégrer les récupérateurs de déchets aux systèmes de gestion officiels apporteront des informations utiles pour guider l'action publique dans ce domaine.

Recommandations relatives à l'intégration des travailleurs informels dans les systèmes de REP des économies émergentes et en développement

- Le rôle des recycleurs informels devrait être reconnu : dans de nombreuses économies émergentes, la plupart des matières collectées, traitées et revendues sur la chaîne de valeur du recyclage sont le fruit de leur travail.
- Les villes des économies émergentes devraient chercher à tirer parti au mieux des connaissances des récupérateurs de déchets et des intermédiaires des points d'achat, car ce sont souvent les seules parties prenantes dotées d'une expérience sur le terrain, du savoir-faire nécessaire pour optimiser le recyclage sur le marché local, et de la capacité à s'adapter rapidement aux nouvelles opportunités offertes par le marché et la chaîne de valeur.
- Les recycleurs informels devraient être invités à mettre leur expérience et leur expertise au service de l'ensemble des processus de prise de décisions publiques. Ils devraient en outre prendre part à la conception, au suivi et à l'évaluation des systèmes de recyclage et de valorisation ainsi qu'à la définition de normes de qualité.
- Les producteurs, les communes et les recycleurs devraient coopérer (ou du moins essayer) afin de renforcer ou d'instaurer le tri en amont des matières recyclables, des déchets organiques et des résidus, au niveau des entreprises et des ménages. Ces opérations de tri en amont représentent une aide précieuse pour les systèmes de REP. Les activités en aval, notamment le démantèlement et le recyclage, peuvent se révéler plus problématiques et il revient aux autorités de faire respecter les normes environnementales applicables en la matière.

Recommandations relatives à l'intégration des travailleurs informels dans les systèmes de REP des économies émergentes et en développement *(suite)*

- Les pouvoirs publics devraient travailler avec les recycleurs informels pour collecter des données relatives à la production de déchets et aux taux de recyclage. Il n'est pas permis de supposer qu'aucun recyclage n'est effectué.
- Les connaissances et les ambitions des recycleurs informels devraient être prises en considération dans l'établissement des bonnes pratiques internationales pour intégrer les travailleurs informels aux systèmes officiels de gestion des déchets et prendre la pleine mesure des problèmes de santé, de sécurité et de protection sociale, et des aspects financiers.
- Dans les économies émergentes, les systèmes de REP devraient éviter de prendre part au recyclage des matières là où les chaînes de valeurs privées sont susceptibles de bien fonctionner. Les systèmes de REP offrent davantage de possibilités aux parties prenantes, y compris aux recycleurs informels, lorsqu'ils visent à remédier à des défaillances du marché : flux de déchets à fort impact environnemental, matières de faible valeur, matières recyclables difficiles à démanteler ou recyclage effectué dans des régions où peu d'acheteurs de la chaîne de valeur se situent à une distance raisonnable.
- L'accent devrait être mis sur l'établissement de partenariats avec les entreprises informelles, les microentreprises et les petites entreprises, de recyclage plutôt que sur les partenariats public-privé, qui sollicitent plus les pouvoirs publics que la communauté hôte.
- Associer les autorités locales, les associations communales, les administrations centrales, les communautés économiques régionales et les institutions bilatérales ou multilatérales au développement des systèmes de REP ; évaluer, faire connaître et utiliser les bonnes pratiques de partenariat avec les recycleurs informels afin de guider les politiques publiques et la législation ; et utiliser ces partenariats et activités pour encourager la reconnaissance du secteur du recyclage informel.

2.7. Remarques finales

Depuis 2001, la REP s'est imposée parmi les moyens d'action utilisés par les décideurs. Elle a encore gagné du terrain ces dernières années compte tenu de l'importance accordée à la productivité des ressources et à l'économie circulaire.

On a des raisons de penser que les systèmes de REP ont rempli leur principale mission, qui était de transférer vers les producteurs la responsabilité du traitement des produits en fin de vie, précédemment assumée par les communes et les contribuables. Ils ont aussi probablement permis de réduire la part des déchets destinés à une élimination finale et d'accroître les taux de recyclage. En revanche, les systèmes de REP se sont révélés moins efficaces pour encourager la conception de produits plus respectueux de l'environnement.

Toutefois, le manque de données, les problèmes méthodologiques et la difficulté de procéder à des comparaisons font qu'il est difficile d'évaluer précisément l'impact de ces systèmes. De la même manière, il n'est pas possible d'identifier les bonnes pratiques ou les modèles les plus rentables, et l'on en sait trop peu pour évaluer la contribution réelle ou potentielle de la REP à l'appui de la croissance verte. La principale recommandation à retenir serait probablement de faire en sorte que les systèmes de REP soient plus transparents et communiquent les informations nécessaires pour évaluer leurs performances, ce qui permettrait de déterminer comment les rendre plus efficients et efficaces.

Bon nombre des recommandations tirées du Manuel de 2001 demeurent d'actualité et devraient être appliquées de manière plus systématique. L'efficacité des systèmes de REP pourrait aussi être améliorée de nombreuses manières, en visant des objectifs plus ambitieux, en élargissant la gamme des produits couverts, en internalisant davantage les coûts environnementaux et en renforçant le contrôle de l'application, notamment pour limiter les comportements opportunistes et les fuites. Il importe en particulier de redoubler d'efforts pour renforcer les incitations en faveur de l'éco-conception des produits. L'éco-conception pourrait aussi être améliorée en associant la REP à des initiatives d'innovation plus larges et, dans le cas de produits entrant dans les échanges internationaux, en harmonisant les caractéristiques de conception ayant un impact sur l'environnement.

Il convient de veiller constamment à ce que les marchés de produits soumis à la REP restent ouverts au jeu de la concurrence. En effet, à mesure de l'essor et de la concentration des industries du recyclage et de la gestion de déchets, les gains financiers potentiels pour les producteurs, de même que les pertes de bien-être pour la société résultant de comportements anticoncurrentiels, ont augmenté. Le manque de transparence accroît les préoccupations suscitées par ces comportements.

Les systèmes de REP mis en place actuellement dans les économies émergentes ne sont pas nécessairement bâtis sur les modèles utilisés dans les pays de l'OCDE et ciblent, pour la plupart, des produits ayant une valeur économique. Ces systèmes dépendent davantage de transactions financières et ont favorisé l'émergence d'un secteur informel du recyclage, qui compte actuellement quelque 20 millions de personnes. Bien que de nouvelles approches soient mises en œuvre pour intégrer ces travailleurs dans les systèmes officiels de gestion des déchets, un grand nombre d'entre eux continuent d'exercer leurs activités dans des conditions dangereuses et vivent dans la précarité.

Le contexte international a profondément changé depuis l'avènement des premières politiques de REP : de nouvelles puissances économiques ont fait leur apparition à l'échelle mondiale, les chaînes de valeurs des produits se sont complexifiées et ont dépassé les frontières nationales, les évolutions technologiques (Internet en tête) modifient les modes de communication et de consommation, et les marchés de certaines matières et flux de déchets sont devenus très volatils. Dans ce contexte, les systèmes de REP vont devoir poursuivre leur évolution pour devenir des outils de gestion des déchets plus efficaces et accompagner la transition vers des économies plus sobres en ressources.

On trouvera dans les quatre chapitres suivants l'analyse réalisée à l'appui de l'établissement d'orientations actualisées répondant mieux aux besoins des décideurs. Quatre aspects y sont développés : la conception et la gouvernance des systèmes de REP (chapitre 3) ; les comportements anticoncurrentiels observés dans les systèmes de REP, problème qui a pris de l'ampleur avec la croissance et la concentration accrue des secteurs des déchets et du recyclage (chapitre 4) ; le rôle des systèmes de REP en faveur d'une conception des produits respectueuse de l'environnement (chapitre 5) ; et le fonctionnement des systèmes de REP dans les économies émergentes, en particulier le rôle important du secteur informel de gestion des déchets (chapitre 6).

Notes

1. Cependant, sachant que la redevance passe de 0.01 à 0.02 par unité, l'effet de la différenciation est probablement négligeable.

2. Le **Nordic Waste Group** travaille sous la houlette du Conseil nordique des Ministres (qui rassemble les Premiers Ministres norvégien, suédois, danois, finlandais et islandais) dans le but d'encourager le traitement durable des déchets dans les pays nordiques et en Europe.

Références

Agence européenne pour l'environnement (2011), *Earnings, jobs and innovation: the role of recycling in a green economy*, EEA Report No. 8/2011, *www.eea.europa.eu/publications/earnings-jobs-and-innovation-the*.

Akenji et al. (2011), « EPR Policies for electronics in Asia: A phase in approach », diaporama de l'IGES, *www.iges.or.jp/en/archive/wmr/pdf/activity20111111/IGESEPR.pdf*.

Chalmin, P. et C. Gaillochet (2009), « Du rare à l'infini Panorama mondial des déchets 2009 », *www.veolia-environmentalservices.com/veolia/ressources/files/1/927,753,Abstract_2009_GB-1.pdf*.

Commission européenne (2014), *Development of Guidance on Extended Producer Responsibility (EPR), final report*, *http://ec.europa.eu/environment/waste/pdf/target_review/Guidance%20on%20EPR%20-%20Final %20Report.pdf*.

Dempsey, M. et al. (2010), « Individual Producer Responsibility: A review of practical approaches for implementing individual producer responsibility for the WEEE directive », *INSEAD Faculty and Research Working Paper*, *www.insead.edu/facultyresearch/research/doc.cfm?did=45054*.

Menikpura, S.N.M., A. Santo, et Y. Hotta (2014), « Assessing the climate co-benefits from Waste Electrical and Electronic recycling in Japan », *Journal of Cleaner Production*, vol. 74, n° 2014, pp. 183-190, *www.sciencedirect.com/science/article/pii/S0959652614002613*.

OCDE (2014), « *The state of play on extended producer responsibility: Opportunities and challenges* », Issues paper, Forum mondial sur l'environnement, 17-19 juin 2014, *www.oecd.org/env/waste/gfenv-extendedproducerresponsibility-june2014.htm*.

Plastics Europe (2015), *Plastics – The facts 2014/15*, *www.plasticseurope.org/Document/plastics-the-facts-20142015.aspx*.

Romero, V. (2014), *Steps Towards EPR Implementation in Developing Countries*, MSc thesis, Imperial College London.

Tasaki, T. (2016), « Negative Effects Caused by Shared Responsibility and the Significance of Goal Setting in Recycling Systems », NIES-CMW Policy Brief, publié le 6 avril 2016, *www-cycle.nies.go.jp/eng/report/policy_brief_001.html*.

Tasaki, T., N. Tojo et T. Lindhqvist (2015), « International Survey on Stakeholders' Perception of the Concept of Extended Producer Responsibility and Product Stewardship », *IIIEE and NIES Joint Research Report*, *www-cycle.nies.go.jp/eng/report/epr_eng.html*.

Tojo, N. (2004), « Extended producer responsibility as a driver for design change – Utopia or reality? », IIIEE dissertations 2004:2, Lund, IIIEE, Université de Lund.

Waste (2010), *Training materials in integrated sustainable waste management*, WASTE, Gouda, The Netherlands.

Williams et al. (2013), « Linking Informal and Formal Electronics Recycling via an Interface Organization », *Challenges*, vol. 4, n° 2, pp. 136-153.

Sites internet:

http://proeurope4prevention.org/packagings-trends.

PARTIE II

Analyse et questions clés

La responsabilité élargie du producteur
Une mise à jour des lignes directrices pour une gestion efficace des déchets

PARTIE II

Chapitre 3

Questions de gouvernance et responsabilité élargie des producteurs

Ce chapitre s'ouvre par une discussion sur les raisons qui expliquent l'implication des autorités publiques dans des systèmes de REP[1] qui, à première vue, visent à réduire le rôle du secteur public dans la gestion de fin de vie. Quatre structures typiques de gouvernance sont ensuite présentées, suivies d'une discussion sur leurs avantages et leurs inconvénients. Le rôle et le statut des éco-organismes sont définis et le débat entre un statut à but lucratif ou non est présenté. Ensuite, le chapitre s'intéresse aux fonctions de gouvernance au sein de la REP et leur distribution entre les différentes parties prenantes, ainsi qu'aux ressources nécessaires pour la participation des autorités publiques dans les systèmes de REP.

3.1. Introduction

Depuis l'emploi de ce terme pour la première fois au début des années 90, le concept de « responsabilité élargie des producteurs » (REP) est devenu un principe établi de la politique environnementale de nombreux pays (Lindhqvist, 2000). Il désigne une stratégie de politique environnementale en vertu de laquelle la responsabilité des producteurs est élargie de manière à inclure les coûts, et parfois la gestion, des produits en fin de vie, notamment le recyclage de leurs produits[2]. Il recouvre une large gamme d'instruments, des mesures d'éco-conception à des programmes d'information ou à des contributions financières à la collecte sélective et au recyclage des produits. Certains de ces dispositifs sont mis en place par les secteurs concernés sans caractère contraignant, d'autres se fondent sur des obligations légales imposant aux entreprises de verser des redevances pour financer les coûts relatifs à l'organisation de la collecte sélective, au tri et au recyclage des déchets afin de répondre à des objectifs infranationaux (d'un État ou d'une province)[3], nationaux ou supranationaux (européens).

De nombreux pays de l'OCDE appliquent des mesures de REP pour les emballages, l'électronique, les piles, les pneus ou les véhicules en fin de vie et disposent déjà d'une certaine expérience concernant la conception et la mise en œuvre des dispositifs nécessaires. Parallèlement, un nombre croissant de pays en développement envisagent d'introduire des mesures de REP dans leurs cadres politiques de gestion des matières, ou mènent déjà des actions en ce sens. Ces mesures font souvent partie intégrante des politiques visant à mettre en place une économie circulaire, améliorer la sécurité des matières et renforcer la compétitivité.

L'OCDE a réalisé d'importants travaux de recherche sur les systèmes de REP dans les années 90 et au début des années 2000, qui ont notamment conduit à la publication en 2001 d'un Manuel à l'intention des pouvoirs publics (OCDE, 2001). Ce dernier définit la REP comme un instrument poursuivant deux objectifs distincts : i) transférer en amont la responsabilité des municipalités aux producteurs et ii) inciter les producteurs à prendre en compte les aspects environnementaux lors de la conception de leurs produits. Il a depuis été rassemblé un nombre significatif d'expériences de la mise en place concrète de ces mesures. L'on constate généralement que la responsabilité et les coûts sont effectivement transférés aux producteurs, mais les effets de ces mesures sur la conception des produits demeurent en revanche plus difficiles à déterminer.

Des débats menés récemment ont mis en évidence différentes expériences et opinions sur le degré d'implication des pouvoirs publics dans la REP. En se fondant sur ces expériences et les réactions des autorités lors du Forum mondial sur l'environnement : Promouvoir la gestion durable des matières à travers la responsabilité élargie des producteurs (REP), qui s'est tenu à Tokyo en juin 2014, le présent rapport traite d'un certain nombre de questions de gouvernance. Malheureusement, les travaux de recherche universitaire ou sur l'action publique n'effectuent pas un examen systématique ou critique d'un grand nombre des fonctions et méthodes publiques, voire ne comportent aucune information à ce sujet. Bien que de nombreuses tentatives aient été menées pour évaluer la conception des systèmes de REP (buts, objectifs de performance, redevances, rôles opérationnels) et leurs résultats (taux de recyclage, rapport coût-efficacité), il existe peu de documents étudiant la gouvernance et l'administration de la REP ou le fonctionnement des différentes approches en la matière[4]. Le présent chapitre tente par conséquent pour la première fois de clarifier certaines questions, de recenser les enseignements qui ont été tirés et de définir les travaux de recherche nécessaires à l'avenir.

Il s'ouvre sur un examen des raisons pour lesquelles les pouvoirs publics sont impliqués dans des systèmes de REP[5] destinés a priori à réduire le rôle du secteur public dans la gestion en fin de vie, en étudiant l'importance des défaillances du marché dans le contexte des approches volontaires et contraignantes en matière de REP, des marchés sur lesquels certains produits en fin de vie ont de la valeur et de la REP dans les pays en développement. Sont ensuite présentées quatre structures de gouvernance classiques. Le rôle et le statut des éco-organismes sont décrits, tout comme les enjeux du débat entre les tenants d'éco-organismes à but lucratif et les partisans d'éco-organismes sans but lucratif. Le chapitre analyse ensuite les fonctions de gouvernance dans la REP, notamment la formulation et l'évaluation des mesures, les opérations, la consultation des parties prenantes, l'enregistrement et l'accréditation, le recouvrement et le versement des redevances, la coordination par les organismes centralisateurs, le suivi et le contrôle. Il examine la répartition des fonctions de gouvernance, ainsi que les avantages et inconvénients des différentes structures de gouvernance, en accordant une attention particulière au rôle des municipalités. Les ressources nécessaires à la participation des pouvoirs publics aux systèmes de REP sont décrites, ainsi que le rôle de la sous-traitance et de la délégation des fonctions de gouvernance aux entités non gouvernementales. Enfin, le chapitre se termine par des observations sur les différentes caractéristiques relevées et les meilleures pratiques en matière de gouvernance de la REP.

3.1.1. *Pourquoi les pouvoirs publics participent-ils aux systèmes de REP ?*

L'un des principes fondamentaux de la REP étant le transfert des responsabilités en matière de gestion des déchets du secteur public au secteur privé, la question se pose de savoir pourquoi, ou à quel degré, les pouvoirs publics participent à ces systèmes. Dans la plupart des pays, le gouvernement intervient dans la gestion des déchets au titre de régulateur et de prestataire de services. Les autorités nationales ou infranationales régionales (d'un État ou d'une province) jouent généralement le rôle de régulateurs, tandis que la responsabilité opérationnelle de la gestion des déchets incombe aux autorités locales. Dans certains cas, ces dernières assurent elles-mêmes les services en faisant appel aux employés publics. Dans d'autres, elles sous-traitent ces services à des prestataires privés. Dans d'autres cas encore, les producteurs de déchets traitent chacun directement avec des services de collecte (avec différents niveaux de supervision de la part des autorités locales). Aussi la REP ne représente-t-elle pas tant une forme entièrement nouvelle qu'un mode différent d'intervention des pouvoirs publics sur le marché de la gestion des déchets.

Ce nouveau rôle tenu par les pouvoirs publics suppose une définition différente des problèmes posés par les déchets et une nouvelle répartition des responsabilités entraînant l'implication de parties prenantes supplémentaires. De nouvelles formes de gouvernance de la gestion des déchets ont par conséquent vu le jour. Dans ce contexte, la gouvernance[6] désigne l'organisation et l'administration des questions liées à la production, à la gestion et à la politique des déchets, par les décideurs à tous les niveaux, dont les pouvoirs publics, les entreprises, les organismes de défense et d'autres éléments de la société civile, les acteurs de l'économie informelle ainsi que les consommateurs et les producteurs de déchets. Les pouvoirs publics ne sont qu'un acteur parmi d'autres au sein de la gouvernance, mais un acteur central.

La REP peut se traduire, du moins en théorie, par une diminution de la participation publique à la gestion des déchets. Cependant, un examen rapide de la REP telle qu'elle est appliquée dans le monde révèle une intervention des pouvoirs publics. La nature et le degré de leur participation aux systèmes de REP répondent à la nécessité de pallier les dysfonctionnements du marché, et, avec l'évolution des systèmes de REP, de résoudre les problèmes posés par les mesures et les programmes en place. La participation des pouvoirs publics s'explique aussi par l'obligation classique de suivre et de contrôler les mesures publiques. Pour résumer, les pouvoirs publics interviennent car les systèmes de REP nécessitent d'une part une conception saine des actions à mener et d'autre part, une gouvernance efficace pour pouvoir fonctionner correctement.

3.1.2. *Les approches volontaires en matière de REP*

Les approches volontaires concernant la responsabilité des producteurs pour la gestion en fin de vie existent sur plusieurs marchés et ajoutent ainsi une dimension supplémentaire à l'examen des dysfonctionnements du marché et de la gouvernance de la REP. La reprise volontaire du produit, forme la plus courante de la REP volontaire, se rencontre fréquemment sur les marchés des produits commerciaux durables et/ou pour lesquels les produits en fin de vie possèdent une valeur (prix positif), souvent au titre de la « valorisation des actifs ». Les photocopieuses constituent à cet égard un exemple souvent cité (Murray et Vietor, 1993 ; Reinhardt, 2000). La reprise volontaire peut aussi être effectuée par un producteur voulant éviter que ses propres produits ne soient achetés, réhabilités et revendus par des tiers (Ferguson et Toktay, 2006). On estime ainsi que la crainte de perdre des parts de marché au profit des entreprises de reconditionnement incite les fabricants de toners d'imprimantes et d'objectifs pour appareils photo jetables à reprendre leurs produits. Des avantages en termes de réputation et la volonté de devancer les mesures obligatoires peuvent aussi encourager les entreprises à reprendre leurs produits (Toffel, 2004 ; Nash et Bosso, 2013 ; Agrawal et al., 2015).

Les secteurs réglementés et potentiellement réglementés préconisent les approches volontaires, supérieures selon eux aux approches obligatoires examinées dans le présent chapitre, en raison notamment de leur potentiel de flexibilité et de leur coût inférieur (Galeano, 1996 ; Renckens, 2008). Bien que l'on dispose de peu d'informations quantitatives systématiques sur la proportion de produits en fin de vie gérés en vertu de la REP volontaire, celle-ci apparaît limitée à quelques produits ou catégories de produits spécifiques. Les forces du marché conduiront les entreprises à reprendre leurs produits si cette opération s'avère rentable. Se pose alors la question de savoir si le volume des produits repris pour répondre aux forces du marché suffirait pour satisfaire à des objectifs politiques. Les produits présentant une valeur en fin de vie inférieure ou contenant des substances dangereuses, ou ceux dont la collecte et le traitement sont coûteux doivent-ils également relever de la responsabilité des producteurs ? Dans ce cas, il convient de savoir si les producteurs adopteront des pratiques plus strictes que les règles en vigueur par le biais d'un engagement volontaire à la mesure de ce que préconisent les autorités. Autrement dit, la responsabilité sociale de l'entreprise fournit-elle le niveau de gestion en fin de vie continu recherché ou obligatoire dans le cadre dans REP ?[7]

Les approches volontaires en matière de REP peuvent pâtir de l'impossibilité de se détacher de la conduite habituelle des opérations, de l'emprise réglementaire, d'un suivi défaillant, du phénomène des passagers clandestins et des coûts de transaction (Barde, 2004). D'après une analyse des approches volontaires et obligatoires, les approches volontaires ne possèdent ni la portée ni la transparence permettant de réaliser des objectifs politiques ambitieux (Quinn et Sinclair, 2006). Elles rencontrent en effet des difficultés en termes de performance, ainsi qu'en matière de gouvernance – mise à disposition des données, évaluation et transparence notamment. L'efficacité de la REP volontaire peut dépendre des caractéristiques du produit concerné, des conditions de marché dans les secteurs associés et du degré de transparence et de supervision des programmes volontaires.

La gouvernance des initiatives environnementales volontaires a été étudiée (King et Lenox, 2000 ; Potoski et Prakash, 2013), mais nous n'avons trouvé aucune recherche sur la gouvernance de la REP volontaire en particulier. Plus généralement, les approches volontaires concernant la politique de l'environnement globale ont été largement qualifiées d'inefficaces dans les documents de recherche (Harrison, 1998 ; OCDE, 2003 ; Morgenstern et Pizer, 2007 ; Darnall et Sides, 2008). Leur efficacité paraît subordonnée à l'existence de menaces crédibles de l'adoption d'une réglementation (Khanna, 2001). Cependant, les arguments s'opposant à la REP obligatoire ne préconisent souvent pas l'application d'une REP volontaire à grande échelle, mais le recours à d'autres approches, la responsabilité municipale pour le recyclage notamment (par exemple, SAIC Energy, 2012a), ou remettent en cause la nécessité de renforcer la gestion en fin de vie (Scarlett et al., 1997, par exemple). Les débats délaissent désormais la question de l'adéquation des approches volontaires au profit de celles de la justification politique et/ou du choix des instruments, qui ne relèvent pas du domaine d'analyse du présent rapport.

3.1.3. *La REP et la défaillance du marché*

D'un point de vue économique, la gestion en fin de vie s'avère inadéquate en raison de l'incapacité à déterminer les effets externes en termes de prix. La solution préconisée en premier ressort par la théorie économique consiste à « assurer la vérité des prix », c'est-à-dire à internaliser les effets externes de façon à ce que les prix du marché reflètent les impacts sur l'environnement. Une grande variété de facteurs peut toutefois rendre cette démarche inapplicable ou inefficace. En particulier, les redevances calculées en proportion des quantités utilisées (systèmes « pay-as-you-throw »), un élément essentiel dans cette stratégie, peuvent conduire à la création de décharges illégales (Ino, 2007). Sans redevances variables, le signal envoyé aux producteurs de déchets pour qu'ils adoptent une gestion appropriée perd de sa puissance[8].

Concrètement, deux conséquences de la défaillance du marché concernant la gestion en fin de vie donnent une raison d'être à la REP. Premièrement, les producteurs sont insuffisamment incités à concevoir, ou revoir la conception, des produits et des emballages facilitant la gestion en fin de vie, c'est-à-dire à pratiquer l'éco-conception. Comme cela a été souligné précédemment, les mesures d'incitation à l'éco-conception sont limitées en raison de la structure même de nombreux systèmes de REP. Les éléments attestant de l'incidence de la REP sur la conception des produits sont rares (Tojo, 2004 ; Gottberg et al., 2006 ; Røine et Lee, 2006),[9] bien qu'il apparaisse que la REP influence le choix de la matière utilisée pour les emballages (voir le chapitre 4, l'annexe I et Bell, 2013). Deuxièmement, lorsque les niveaux de recyclage ou des autres formes appropriées de gestion en fin de vie sont considérés comme inadéquats, la REP figure parmi un éventail de stratégies politiques à même de les accroître (Hickle, 2014a)[10].

Il a été avancé que les pouvoirs publics s'étaient tournés vers la REP au début des années 90 en raison notamment de l'échec des initiatives volontaires prises par les industries pour résoudre les problèmes de gestion en fin de vie (Eichstädt et Kalhlenborn, 2002). Cette affirmation s'inscrit dans le droit fil de l'opinion selon laquelle les industries disposent de capacités techniques et managériales, et en particulier de ressources, pour modifier les produits et la gestion en fin de vie que ne possèdent pas les pouvoirs publics (Hickle, 2014a). L'argument qui défend la REP en vertu de ce point de vue s'appuie sur des questions de financement, de compétences institutionnelles et d'insuffisances politiques, plutôt que sur le dysfonctionnement du marché.

L'élargissement de la responsabilité des producteurs à la gestion en fin de vie repose sur un certain degré de privatisation des services de déchets solides. La REP a été envisagée comme un instrument de politique environnementale axée sur les performances et le marché (Lifset, 1993). Pour le dire simplement, il serait confié aux producteurs la responsabilité de collecter (dans une certaine mesure) et de traiter les déchets pour les recycler, en respectant souvent un objectif quantitatif. Les entreprises seraient libres d'organiser les différentes composantes de ces activités, en utilisant, espérait-on, les compétences managériales supérieures du secteur privé. Les municipalités et les contribuables seraient ainsi déchargés du fardeau financier du recyclage et des opérations associées, celui-ci étant transféré aux producteurs et aux consommateurs.

Alors que des systèmes de REP ont été créés dans le monde entier pour différents types de produits, le fait de définir un objectif politique, puis de laisser les producteurs s'organiser pour le réaliser, a engendré diverses difficultés et posé problème aux institutions en place. La participation des pouvoirs publics à l'administration de la REP a par conséquent pris de multiples formes. Dans certains cas, les problèmes provenaient d'un déséquilibre des mesures d'incitation, dans d'autres, de la nécessité d'appliquer un contrôle public classique. Il n'est pas surprenant que les pouvoirs publics jouent un rôle patent dans les systèmes de REP. Ainsi que le souligne une analyse récente des instruments axés sur le marché dans les situations de transition vers la durabilité (Parson et Kravitz, 2013), les instruments de marché ne suppriment pas la réglementation publique. Toute mesure est conçue, adoptée, mise en œuvre et contrôlée par l'autorité publique et nécessite de nombreuses décisions de la part des pouvoirs publics (...). Les pouvoirs publics doivent aussi décider comment suivre le comportement des acteurs ciblés et comment y répondre, notamment quel ensemble de rétributions et de sanctions ou quels autres modes d'influence utiliser.

3.1.4. *La REP lorsque certains produits possèdent une valeur*

La question du dysfonctionnement du marché et la place de la participation des pouvoirs publics lorsque certains produits en fin de vie, mais pas tous, possèdent une valeur, ont accru les difficultés rencontrées par la REP. Depuis quelques dizaines d'années, les déchets d'équipements électriques et électroniques (DEEE) ont pris de la valeur, ce qui signifie que les rebuts affichent un prix positif, et non négatif, dans les transactions de marché. C'est le cas pour beaucoup de téléphones mobiles et produits des technologies de l'information depuis de nombreuses années. Plus généralement, les biens susceptibles d'avoir une valeur positive sont ceux des entreprises, que l'on retrouve souvent dans les flux de déchets industriels, tertiaires et des administrations. Cependant, plus récemment, les

DEEE grand public, comme les ordinateurs de bureau ou les imprimantes, ont également acquis de la valeur, essentiellement parce qu'ils peuvent être revendus sur les marchés d'occasion, ainsi qu'en raison des métaux contenus dans leurs circuits et de l'amélioration des technologies de valorisation. Certains emballages et papiers imprimés présentent aussi une valeur positive.

Fondamentalement, la présence dans les flux de déchets relevant de la REP de produits et matières en fin de vie possédant une valeur positive soulève la question de savoir s'il s'agit d'une défaillance du marché et si, et comment, ces déchets pourraient être exclus de la REP (Kunz et al., 2014). Des difficultés pratiques se posent toutefois pour différencier les obligations liées à la REP selon qu'il existe ou non une défaillance du marché[11] ou que l'on se fonde simplement sur le prix en cours des produits en fin de vie. Ces difficultés incluent le suivi des déchets gérés en dehors des systèmes de REP et la définition des seuils à partir desquels les producteurs peuvent être relevés de leurs obligations au titre de la REP. L'un des problèmes majeurs pour la gouvernance et les mesures de REP concerne le risque d'une augmentation des coûts si la part des déchets de valeur est retirée des systèmes de REP, qui ne gèrent alors plus que le flux des déchets coûteux. La collecte des déchets des zones plus isolées pourrait poser le même type de problème. Il importe également de déterminer si les systèmes de REP pourraient être définis de façon à prendre en compte les changements apportés aux flux de produits en fin de vie, le prix et la rentabilité des déchets évoluant au fil du temps. Une approche différenciant les déchets en fonction de leur valeur dépendrait aussi de l'efficacité de la réglementation des entités chargées des services de collecte et de traitement des déchets en dehors des systèmes de REP afin de garantir que le prix des produits en fin de vie n'augmente pas en raison d'une gestion de l'environnement inadaptée.

Définir un prix positif pour les produits en fin de vie

La plupart des matières secondaires (c'est-à-dire les matières issues des produits en fin de vie, qui ont été traitées et rendues utilisables par les industries) ont un prix positif. Ce sont les produits en fin de vie présentant une valeur positive *avant* la collecte et/ou le traitement qui posent problème dans la REP. On trouvera en annexe 3.A.1 un examen des difficultés soulevées par la définition de ce qui constitue un « prix positif » au titre de la REP.

Fuites dans les systèmes de REP

La valeur des produits en fin de vie a entraîné des détournements légaux, semi-légaux ou illégaux des systèmes de REP. Nombre de ces derniers font état de vastes flux de produits en fin de vie traités par d'autres biais. Ainsi, en France, on estime qu'un tiers seulement des DEEE produits sur le territoire national est traité par les systèmes de REP, tandis que 45 à 75 % passent par d'autres canaux et/ou sont exportés (Monier et al., 2013). Au Japon, il ressort des estimations que près de la moitié des appareils domestiques soumis à la REP passent par des canaux différents (voir l'annexe H). D'après une étude réalisée récemment pour le compte de l'Union européenne dans le cadre du projet CWIT (lutte contre le commerce illégal de DEEE), sur les 9.45 millions de tonnes de DEEE produits en Europe en 2012, quelque 3.3 millions de tonnes ont été officiellement collectés et recyclés, 3.15 millions ont été collectés et recyclés sans être déclarés et/ou dans d'autres conditions non conformes aux dispositions en vigueur, et 1.3 million ont été exportés sans être déclarés[12] (Huisman et al., 2015).

Les fuites se produisent à différents stades du cycle de vie du produit. Les municipalités décident parfois officiellement de ne pas participer aux systèmes de REP, en s'adressant à des entreprises de traitement et de recyclage des déchets pour gérer leurs produits recyclables. En Allemagne par exemple, près de 65 % des DEEE sont collectés par des municipalités qui ont choisi de ne pas participer à l'EAR, le système de REP local (voir le graphique 3.1).

Graphique 3.1. **Proportion des municipalités allemandes qui ont choisi de ne pas gérer les DEEE par le biais de la REP, 2009-13**

REP et collecte municipale des DEEE en Allemagne

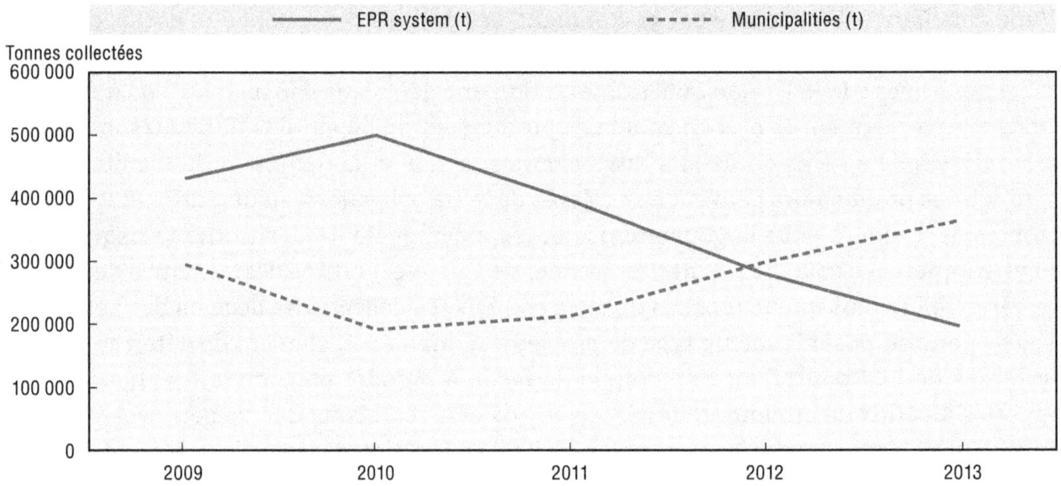

Source : Stiftung Elektro-Altgeräte Register (2014), *www.stiftung-ear.de/en/*.

Des fuites surviennent aussi lorsqu'une sélection des déchets est pratiquée, c'est-à-dire que seuls sont collectés ou gérés les éléments de valeur du flux de déchets, le traitement des plus coûteux étant laissé à d'autres. Ce phénomène se produit lorsque les municipalités, les distributeurs ou d'autres entités fournissant des sites de collecte ou de dépôt contournent les éco-organismes en vendant, officiellement ou de façon informelle, les déchets recyclables collectés présentant la valeur la plus élevée à des recycleurs qui ne sont pas partie prenante aux programmes de ces organismes. Il existe une forme de sélection encore moins structurée au terme de laquelle des intermédiaires interceptent les consommateurs alors qu'ils se rendent sur les sites de dépôt ou à la déchetterie afin de leur acheter les articles de valeur. Cela peut se produire s'il est possible de fouiller dans les déchets triés par le producteur avant qu'ils ne soient collectés. Des produits en fin de vie sont également détournés des systèmes de REP de façon plus systématique dans les pays en voie de développement, dans lesquels des marchands ambulants achètent des rebuts aux ménages ou à d'autres producteurs de déchets à un prix supérieur à celui offert par les systèmes de REP officiels. Cela constitue par exemple un défi de longue date pour la mise en place du système chinois de REP pour les DEEE (Yu et al., 2010a).

Aux États-Unis, les lois sur la consignation des bouteilles, qui sont considérées comme une forme de REP par certains acteurs, mais pas par tous, donnent lieu à des fuites. En l'occurrence, les conteneurs mis au rebut dans un État dépourvu d'une loi de ce type sont transportés vers les États voisins où il en existe une (voir par exemple CalRecycle, 2015). Cela aboutit au « remboursement » de consignes qui n'ont en fait jamais été versées, avec à la clé des répercussions considérables sur la situation financière des systèmes de consigne (Paben, 2015).

Enfin, les exportations illégales de produits en fin de vie peuvent être à l'origine de fuites, notamment lors de l'envoi de DEEE vers les pays en développement et du transfert en

Europe de l'Est de véhicules en fin de vie par d'autres pays européens. Ces transferts illégaux sont motivés par des facteurs qui vont du faible coût de la main-d'œuvre disponible pour démonter les produits en fin de vie à des normes environnementales de traitement de niveau inférieur, et par conséquent moins coûteuses, ou à l'existence de décharges simples.

D'après l'étude CWIT, les infractions liées au commerce des DEEE mettent en jeu 13 types d'acteurs de la chaîne de REP et prennent différentes formes : traitement inadapté, non-respect de la réglementation sur le commerce des DEEE, vol, défaut d'autorisation/de permis, contrebande, fausse déclaration, etc. L'étude a également mis en évidence des délits économiques – escroquerie, blanchiment d'argent, fraude fiscale, notamment – en connexion avec le commerce illégal de DEEE (Huisman et al., 2015).

Les différentes formes de fuites s'accompagnent souvent d'une gestion et d'un traitement inadaptés des déchets. Elles posent de surcroît un problème direct aux systèmes de REP dans la mesure où il s'avère difficile ou coûteux pour ces derniers de collecter une quantité de produits en fin de vie suffisante pour satisfaire à leurs obligations réglementaires. Plusieurs solutions ont été proposées pour y remédier, telles que permettre légalement aux producteurs d'accéder en priorité à certains déchets, comme le fait la Finlande (Kalimo et al., 2015). Une autre option consiste à prendre en compte les déchets collectés officiellement en dehors des systèmes de REP dans le calcul des objectifs réglementaires tout en veillant à ce que les entités qui ne sont pas des éco-organismes respectent les mêmes normes environnementales que celles intervenant dans le cadre du système de REP. C'est cette dernière approche qui a été retenue lors de la refonte de la directive européenne sur les DEEE (UE DG Environnement, 2014). Au Japon, afin de réduire les fuites, des pressions ont été exercées sur les collectivités locales pour qu'elles régulent les collecteurs informels (Hotta et al., 2015).

3.2. Structures de gouvernance de la REP

Pour comprendre le rôle des pouvoirs publics dans la gouvernance de la REP, il est utile d'examiner les systèmes de REP dans leur globalité. Tous attribuent des fonctions aux pouvoirs publics, aux producteurs et aux prestataires de services de collecte et de traitement. Ils présentent toutefois des différences en ce qui concerne le nombre d'éco-organismes concernés, des entités chargées de recouvrer et de distribuer les fonds, de suivre et de contrôler le respect des obligations, et des responsabilités et de l'autonomie accordées aux participants. L'on observe néanmoins que les différents systèmes de REP existant dans le monde suivent généralement des approches assez peu diversifiées : éco-organisme unique, éco-organismes en situation de concurrence, crédits négociables, dispositif dirigé par les pouvoirs publics.

Les graphiques 3.2, 3.3, 3.4 et 3.5 illustrent de manière simplifiée les liens juridiques et les obligations de rapports existant entre les différents intervenants dans ces quatre approches. Ils présentent les systèmes de REP pour une catégorie de produit donnée dans une juridiction[13] qui a adopté des mesures de REP.

Un pays peut disposer de plusieurs systèmes de REP pour les DEEE et les véhicules en fin de vie, par exemple, et ces systèmes peuvent de surcroît présenter des structures de gouvernance différentes. Comme on peut s'y attendre, la quantité de responsabilités ou d'activités confiée à chaque entité varie selon les systèmes : le suivi peut par exemple représenter un processus étendu et rigoureux dans tel pays, mais s'avérer nettement moins élaboré dans tel autre. Les graphiques montrent les principaux types d'entités participant à la REP, ainsi que les liens juridiques et réglementaires, les obligations de données et de rapports, et les processus financiers qui existent entre elles.

Ces graphiques ont pour objectif d'illustrer des approches représentatives générales et ne reflètent pas la variété et la complexité des systèmes effectivement en vigueur dans le monde. De même, les encadrés ne comportent pas de détails. Ils ne précisent pas par exemple si les fonctions publiques sont séparées par organisme (collecte des redevances par l'une et versement des fonds par une autre, comme en Chine par exemple) et la multitude d'entités secondaires qui peuvent être impliquées, ainsi que nous le verrons plus loin, ne sont pas mentionnées. Pour que les graphiques restent compréhensibles, les relations de gouvernance concernant la responsabilité individuelle des producteurs (RIP) et les industries utilisatrices ne sont pas indiquées. Avec 400 systèmes de REP recensés dans le monde (OCDE, 2013b ; Lifset, 2014), chacune de ces approches comporte de nombreuses différences et comprend un nombre de liens juridiques et de flux de données largement supérieur à ce qui est présenté.

3.2.1. Les systèmes à éco-organisme unique

Dans l'Union européenne et au Canada notamment, de nombreux systèmes de REP ont adopté une structure similaire : instauration d'un éco-organisme chargé d'organiser et d'exécuter les obligations des producteurs, création de registres destinés à recenser les producteurs soumis à obligation et à rassembler les données permettant de répartir les responsabilités, mise en place d'organismes publics pour certifier les éco-organismes, versement aux éco-organismes des redevances par les producteurs[14], souvent en fonction des parts de marché des produits soumis à obligation, sous-traitance de la collecte et du traitement de certains déchets par les entreprises de traitement des déchets et de recyclage ou les municipalités, supervision par les pouvoirs publics. Parmi les systèmes à éco-organisme unique, citons FOST Plus en Belgique pour les emballages ménagers et Multi-Material Stewardship Manitoba, au Canada, pour les emballages ménagers et le papier. Cette approche est illustrée au graphique 3.2.

Graphique 3.2. **Un éco-organisme avec des services de collecte et de traitement des déchets privés et/ou municipaux**

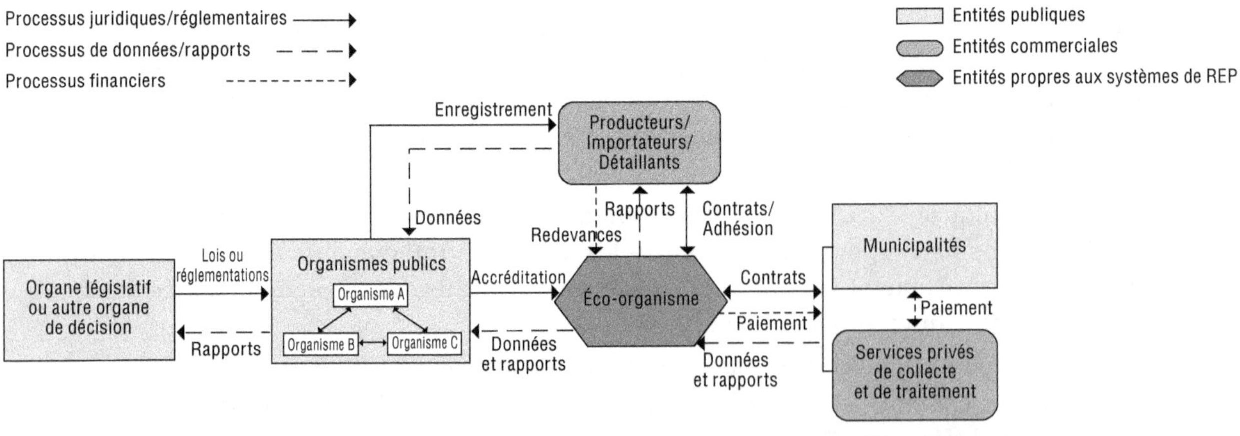

Note : Par souci de simplicité, les flux de matières ne sont pas représentés. Les relations concernant la responsabilité individuelle des producteurs (RIP) ou les industries utilisatrices ne sont pas mentionnées. Selon les dispositions du système de REP, les municipalités peuvent rémunérer des prestataires commerciaux au titre du service fourni et/ou être rémunérées au titre des recyclables. On peut considérer que l'enregistrement est effectué par les pouvoirs publics (qui enregistrent les producteurs) ou par les producteurs (qui s'enregistrent auprès des autorités publiques). Le choix du sens de la flèche correspondante est donc quelque peu arbitraire.

Cette structure est commune à de nombreux systèmes de REP de première génération (Monier et al., 2014d). La gestion collective des services et du respect des obligations de la REP – contrairement au respect individuel des obligations au titre de la responsabilité individuelle des producteurs (RIP) (Kalimo et al., 2012 ; 2014)[15] – minimise les coûts administratifs et législatifs (Atasu et Subramanian, 2012). Un éco-organisme unique pour un secteur donné est synonyme de simplicité administrative pour les producteurs et les autorités de réglementation publiques, et, dans les petites juridictions, il peut refléter la volonté de réaliser des économies d'échelles. La sous-traitance par les éco-organismes de la collecte et du traitement des déchets traduit le fait que les producteurs individuels ou les éco-organismes privilégient les entreprises et/ou leur manque d'expérience dans les services de gestion des déchets. Les registres (étudiés à la section 2.3.6 sur le rôle des organismes centralisateurs) sont apparus pour répondre à la nécessité de recenser les producteurs soumis à obligation et d'obtenir des données sur leurs ventes afin de calculer leurs redevances. Un organisme indépendant remplit parfois ces fonctions, comme l'illustre le graphique 3.3. Les registres peuvent aussi être tenus par des organismes publics, comme c'est le cas en Suède, où les producteurs s'enregistrent auprès de l'Agence suédoise de protection de l'environnement pour les DEEE, ou par des éco-organismes, comme au Québec, où Éco Entreprises Québec enregistre les producteurs d'emballages.

Graphique 3.3. **Éco-organismes multiples avec un organisme centralisateur et des services de collecte et de traitement des déchets privés et/ou municipaux**

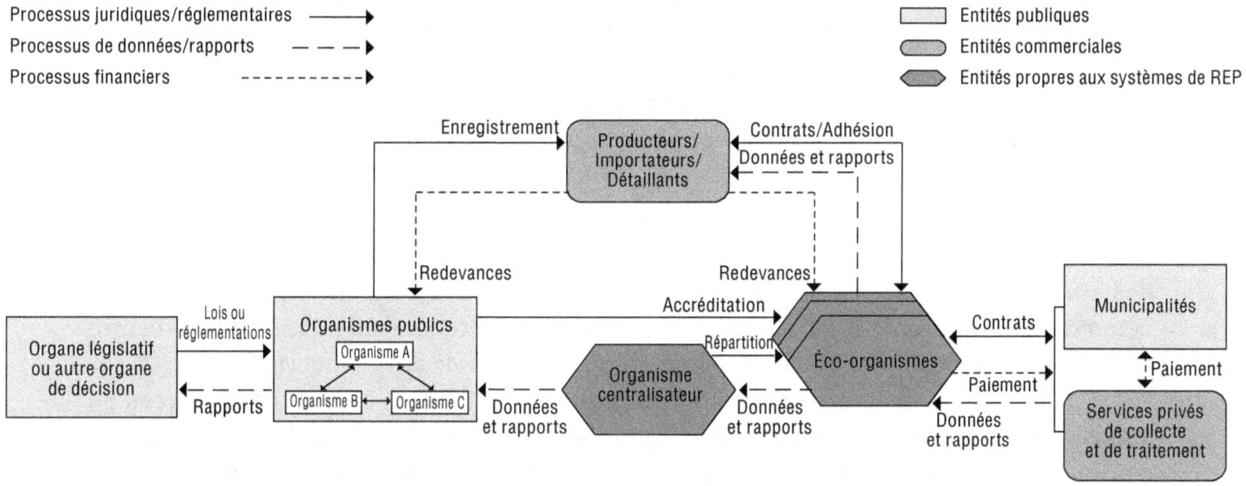

Note : Par souci de simplicité, les flux de matières ne sont pas représentés. Les relations concernant la responsabilité individuelle des producteurs (RIP) ou les industries utilisatrices ne sont pas mentionnées. Selon les dispositions du système de REP, les municipalités peuvent rémunérer des prestataires commerciaux au titre du service fourni et/ou être rémunérées au titre des recyclables. On peut considérer que l'enregistrement est effectué par les pouvoirs publics (qui enregistrent les producteurs) ou par les producteurs (qui s'enregistrent auprès des autorités publiques). Le choix du sens de la flèche correspondante est donc quelque peu arbitraire. Les éco-organismes peuvent être des organismes à but lucratif ou non lucratif.

Les relations entre les éco-organismes et les municipalités peuvent prendre plusieurs formes (Quoden, 2014). Le modèle « double », dont le système allemand de REP de la filière Emballages constitue le meilleur exemple, confère aux producteurs l'intégralité des responsabilités opérationnelles et financières de la collecte, du tri et du recyclage. Cette approche se distingue par un système de collecte distinct du système municipal et fonctionnant en parallèle, d'où le terme « double ». Les municipalités peuvent intervenir comme sous-traitants des éco-organismes en fournissant des services locaux, mais elles ne participent pas automatiquement au système. L'Autriche, l'Allemagne et la Suède utilisent également ce dispositif pour les emballages.

Dans le modèle parfois appelé « à responsabilité partagée »[16], les municipalités sont chargées de la collecte, et parfois du tri, des déchets. La répartition des responsabilités financières varie selon les systèmes de REP. Dans certaines juridictions, celle des responsabilités opérationnelles peut ne pas être le résultat d'un choix de conception du système de REP, mais découler d'une loi préexistante qui définit le rôle des autorités locales dans la gestion des déchets solides.

Ces approches sont présentées plus loin, dans la section sur le rôle des municipalités.

3.2.2. *Les systèmes à éco-organismes en situation de concurrence*

Il existe un grand nombre de régimes de gouvernance de la REP et par conséquent, beaucoup ne correspondent pas à la structure présentée par le graphique 3.2. L'une des principales variantes consiste en la présence de plusieurs éco-organismes qui se livrent concurrence sur un même territoire ou auprès des producteurs (graphique 3.3), comme en Allemagne pour les emballages et les DEEE. (Précisons que cela ne recouvre pas les juridictions dans lesquelles plusieurs éco-organismes traitent de catégories de produits différentes qui ne se chevauchent pas au sein d'un vaste secteur ou d'un large flux de déchets et qui ne se trouvent donc pas en situation de concurrence. Un exemple de cette cohabitation entre éco-organismes non concurrents est le cas de figure où les emballages ménagers et commerciaux sont gérés selon des dispositifs de REP différents[17].) Dans les systèmes à éco-organismes en situation de concurrence, les entreprises de gestion des déchets détiennent parfois les éco-organismes (Spasova, 2014). Dans la plupart des cas, un organisme centralisateur est mis en place pour organiser la collecte de données et assurer que les efforts soient correctement répartis (voir la section 3.3.6 consacrée aux organismes centralisateurs).

En Allemagne, la REP de la filière Emballages a été gérée par un éco-organisme unique, le Duales System Deutschland (DSD), de la mise en place de la REP en 1991 jusqu'au début des années 2000, lorsque des éco-organismes multiples ont été constitués (10 en 2015). Leur création a fait suite à des décisions prises par l'Office fédéral allemand de lutte contre les cartels et de la Commission européenne sur les pratiques anti-concurrentielles (OCDE, 2011). Les modifications apportées au système de la REP de ce secteur sont entrées en vigueur en 2003/2004 et ont entraîné le démantèlement des dispositions de gouvernance et contractuelles prises en 1993 pour répondre à la crise financière que connaissait alors le DSD (OCDE, 2006 ; 2013b).

Au Royaume-Uni, en revanche, les éco-organismes en situation de concurrence ont existé dès la création des systèmes de REP des emballages et des DEEE. Les structures de gouvernance traduisent un partage des responsabilités entre les entités de la chaîne de produit et un cadre axé sur le marché pour les objectifs définis dans les directives européennes (Cahill et al., 2011). Le système de REP britannique est ensuite devenu un système de crédits négociables, que nous examinons ci-après.

3.2.3. *Les systèmes de crédits négociables*

Un troisième type de système de REP représentatif s'appuie sur l'utilisation de crédits négociables. Selon cette approche, un producteur remplit ses obligations de REP lorsque le nombre de crédits obtenus en échange des produits en fin de vie collectés et traités équivaut à l'objectif qui lui a été attribué. Les opérateurs accrédités collectent une quantité définie de produits, qu'ils traitent ou exportent afin de générer un crédit.

En tant qu'instruments axés sur le marché, les crédits négociables ont été largement étudiés et sont utilisés pour satisfaire aux objectifs de diverses mesures environnementales concernant notamment la réglementation de la pollution atmosphérique, la gestion de la qualité et de l'approvisionnement en eau et l'attribution des droits de pâturage (Tietenberg, 2007). Ils ne sont toutefois guère utilisés pour la gestion des déchets solides (Salmons, 2002). Au début des années 90, ils ont été proposés aux États-Unis comme moyen de répondre aux obligations de contenu recyclé de la presse papier (Dinan, 1992). Ils peuvent réduire les coûts de mise en conformité, et partant, les frais à la charge de la société, en autorisant ceux qui peuvent accomplir une tâche donnée – réduire leurs émissions ou collecter des produits recyclables, par exemple – à moindre coût à dépasser leurs objectifs réglementaires et à vendre les crédits obtenus à ceux pour qui la même tâche revient plus cher.

La filière Emballages du Royaume-Uni se caractérise par le recours à des crédits négociables[18]. Dans ce dispositif, les obligations fixées au plan national pour la collecte et le recyclage des emballages sont définies de manière à satisfaire aux conditions de la directive européenne sur les emballages[19], même si certains objectifs dépassent ceux de la directive (OCDE, 2014a). Ces obligations sont réparties entre les acteurs de la chaîne d'approvisionnement des emballages : 6 % aux fabricants des matières d'emballage, 9 % aux sociétés de transformation (qui fabriquent les emballages à partir des matières), 37 % aux conditionneurs (les sociétés qui mettent les produits dans les emballages) et 48 % aux vendeurs des produits emballés. Il est alloué aux entreprises une part de l'obligation qui les concerne en fonction de leur position dans la chaîne d'approvisionnement et de l'objectif de valorisation fixé pour la matière utilisée pour la fabrication de l'emballage (de 22 % pour le bois à 81 % pour le verre).

Les crédits, appelés certificats de valorisation ou de recyclage des déchets d'emballage (PRN) ou certificats de recyclage à l'étranger des déchets d'emballage (PERN), sont générés lorsqu'une entreprise de collecte ou de traitement (dite de retraitement dans le cadre de ce dispositif) traite ou exporte une tonne d'emballages destinés au recyclage. Les producteurs adhèrent aux éco-organismes qui achètent des crédits en leur nom auprès des entreprises de retraitement, qui ont elles-mêmes acheté les emballages auprès de services de collecte, des municipalités ou d'entités privées (les producteurs de déchets).

Certains aspects de la gouvernance de ce système rejoignent celle des systèmes à éco-organismes multiples illustrés par le graphique 3.4. L'on dénombrait environ 30 éco-organismes accrédités en 2014 (Monier et al., 2014h). Il existe un organisme centralisateur, le National Waste Packaging Database, dont la tâche consiste à faciliter les échanges de flux d'information plutôt qu'à affecter les circuits de collecte. Il enregistre les producteurs, accrédite les entreprises de retraitement, émet les certificats, gère les rapports et suit les passagers clandestins.

Les municipalités jouent un rôle restreint et moins direct que dans d'autres systèmes. Dans le dispositif britannique, il est possible d'atteindre les objectifs fixés en collectant les emballages auprès de producteurs de déchets commerciaux ou domestiques. Il revient souvent moins cher de se procurer des emballages auprès des producteurs commerciaux qu'auprès des ménages. Les municipalités ne possèdent aucune prérogative en la matière, mais si elles collectent des matières d'emballage triées, elles peuvent les vendre à des entreprises de retraitement ou directement sur le marché. Le graphique 3.4 propose une

Graphique 3.4. **Structure de gouvernance des systèmes de crédits négociables**

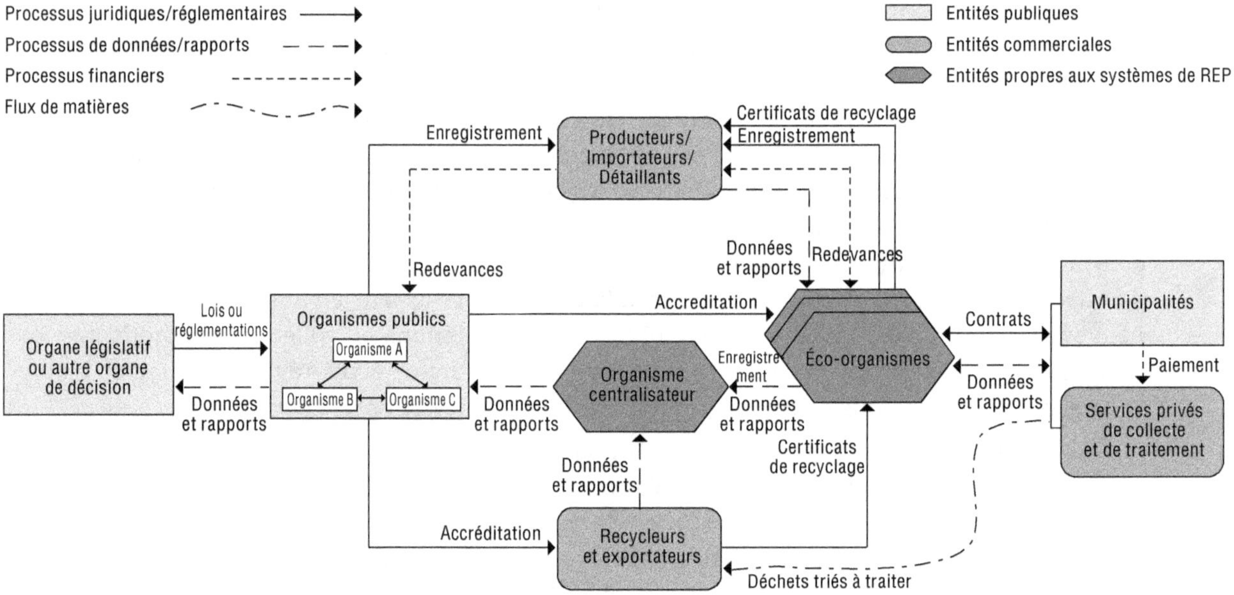

Note : Par souci de simplicité, la plupart des flux de matières ne sont pas représentés, pas plus que les certificats de recyclage à l'étranger. Les municipalités jouent un rôle limité, en envoyant les déchets aux recycleurs. Elles peuvent rémunérer des prestataires commerciaux au titre du service de collecte. On peut considérer que l'enregistrement est effectué par les éco-organismes (qui enregistrent les producteurs) ou par les producteurs (qui s'enregistrent auprès des éco-organismes). Le choix du sens de la flèche correspondante est donc quelque peu arbitraire. Les éco-organismes peuvent être des organismes à but lucratif ou non lucratif.

version schématisée du système des emballages au Royaume-Uni, qui comporte des éco-organismes multiples, ainsi qu'un dispositif individuel de respect des obligations, qui n'apparaît pas sur le graphique.

Le système britannique se distingue par le fait qu'il sépare les producteurs des autres acteurs et qu'il vérifie que les entreprises de retraitement respectent leurs obligations (OCDE, 2014). Ce sont les pouvoirs publics qui s'assurent que les entreprises de retraitement ont effectivement recyclé correctement une certaine quantité de déchets. Ni les éco-organismes ni les producteurs n'interviennent dans ce processus. La gouvernance de ce système est à cet égard assez différente de celle des deux approches décrites précédemment, dans la mesure où les producteurs n'occupent pas de fonctions opérationnelles ou de gestion directes. Le système de crédits négociables du Royaume-Uni n'impose pas d'obligations aux producteurs en matière d'éducation du public ou d'éco-conception.

3.2.4. Les systèmes de REP dirigés par les pouvoirs publics

Enfin, dans la quatrième approche, les pouvoirs publics exercent un rôle plus direct dans la collecte et le versement des redevances (graphique 3.5), comme c'est le cas pour les DEEE en Chine (voir l'annexe D) et pour tous les produits soumis à la REP au Taipei chinois, dans certains États des États-Unis et peut-être bientôt en Thaïlande (Manomaivibool et Vassanadumrongdee, 2011). Le fait que le recouvrement et le paiement des redevances soient effectués par les pouvoirs publics permet à ces derniers de contrôler l'exécution de leur action, souvent face à une industrie qui peut ne pas être suffisamment mature pour organiser et gérer un système privé de gouvernance. La Chine a envisagé un système de REP des DEEE reposant sur des éco-organismes collectant les redevances et sous-traitant les services de déchets. Cette approche a été rejetée car les autorités redoutaient qu'un organisme non gouvernemental ne parvienne pas à collecter les redevances ou à traiter les opérations de recyclage les plus basiques sans un soutien marqué des pouvoirs publics. Ces derniers ont par conséquent décidé de recouvrer les redevances directement auprès des producteurs, en même temps que les taxes sur la valeur ajoutée, en s'appuyant sur l'Administration publique de l'imposition (SAT) pour les entreprises nationales et l'Administration générale des douanes (GAC) pour les entreprises étrangères, et de verser les fonds par l'intermédiaire du ministère des Finances (voir l'annexe D ; Tong et Yan, 2013 ; Tong, 2014). Au Taipei chinois, le système de REP qui reposait à l'origine sur des éco-organismes a évolué vers un dispositif de type « les producteurs paient – les pouvoirs publics reversent l'argent » en raison des difficultés rencontrées, liées à la transmission de fausses données, à des scandales financiers, à un manque de transparence et à une définition insuffisante des responsabilités des éco-organismes (Ching-Wen, 2004 ; Fan et al., 2005). Dans les deux cas, le recouvrement et le versement des redevances par les pouvoirs publics ont répondu aux difficultés éprouvées par les pays lorsqu'ils ont essayé d'appliquer le système reposant sur un éco-organisme adopté en Europe et au Canada.

Graphique 3.5. **Système de REP dirigé par les pouvoirs publics**

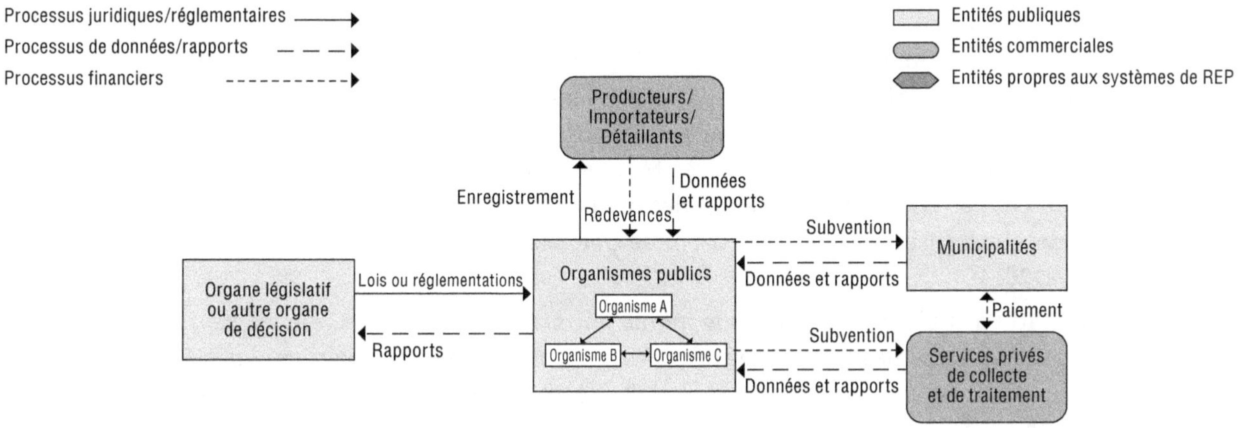

Note : Par souci de simplicité, les flux de matières ne sont pas représentés. Selon les dispositions du système de REP, les municipalités peuvent rémunérer des prestataires commerciaux au titre du service fourni et/ou être rémunérées au titre des recyclables. On peut considérer que l'enregistrement est effectué par les pouvoirs publics (qui enregistrent les producteurs) ou par les producteurs (qui s'enregistrent auprès des autorités publiques). Le choix du sens de la flèche correspondante est donc quelque peu arbitraire.

Certains pays et acteurs refusent qu'on accole le qualificatif REP à ces systèmes dirigés par les pouvoirs publics, parce qu'ils estiment que la REP suppose une prise de décision ou une fonction de gestion par produits, et/ou parce qu'ils craignent que le produit des taxes perçues auprès des producteurs dans le cadre de ces systèmes soit affecté par les autorités à des usages sans rapport avec la REP. Au Canada, les systèmes gérés par les pouvoirs publics, du type de ceux représentés dans le graphique 3.5, ne sont pas considérés comme des dispositifs de REP, mais comme des programmes de bonne gestion des produits.[20] Seuls les systèmes dans lesquels les producteurs gèrent la reprise des produits de manière collective ou individuelle relèvent de la REP (Environnement Canada, 2013 ; Bury, 2015).

Des systèmes de REP des DEEE gérés par les pouvoirs publics existent aussi dans plusieurs États des États-Unis, notamment dans celui de Washington où l'organisation multipartite quasi gouvernementale à but non lucratif Washington Materials Management Financing Authority assure un grand nombre des fonctions réalisées ailleurs par des éco-organismes, telles que le calcul des redevances et leur recouvrement auprès des producteurs

(Gui et al., 2013). Dans le Connecticut, le Department of Energy and Environmental Protection sélectionne les recycleurs répondant aux conditions requises et fixe des taux acceptables. La législation permet aux éco-organismes de participer, mais aucun n'a encore vu le jour (Metzner, 2015).

3.2.5. Rôle et statut juridique des éco-organismes

Les différents rôles des éco-organismes

En tant qu'entités fondées pour exécuter les obligations de la REP au nom des producteurs, les éco-organismes apparaissent inévitablement dans les discussions sur la gouvernance des systèmes de REP. En raison de leur caractère prépondérant dans la mise en place de la REP dans l'Union européenne, au Japon et au Canada, ils sont souvent considérés comme l'un des éléments distinctifs de la REP. Cependant, ainsi que le montre l'examen des structures de gouvernance de la REP, plus haut, leurs rôles diffèrent largement et peuvent même s'avérer totalement inexistants dans certains cas.

Les éco-organismes sont des organismes à but non lucratif (généralement), des organismes publics (plus rarement), des organismes quasi gouvernementaux à but non lucratif (quelquefois) ou des entreprises à but lucratif (quelquefois). Dans de nombreuses juridictions, comme en Colombie britannique, il est prévu par la loi que les éco-organismes soient à but non lucratif (British Columbia Ministry of the Environment, 2006). Les éco-organismes à but lucratif sont apparus dans les juridictions où plusieurs d'entre eux se trouvent en situation de concurrence, notamment en Allemagne et au Royaume-Uni pour les emballages et les DEEE. D'après Monier et al. (2014d), sur les 36 systèmes de REP qu'ils ont étudiés en Europe, 13 étaient des organismes à but lucratif. Il n'est pas rare qu'ils soient détenus en intégralité ou en partie par des entreprises de gestion des déchets (Spasova, 2014).

Le statut à but lucratif n'est pas le même dans tous les cas. Dans le système allemand, certains éco-organismes à but lucratif participent de l'intégration verticale des fonctions en relation avec les producteurs – comme la collecte des redevances auprès de ces derniers et la transmission de rapports aux autorités publiques – et des fonctions de gestion des déchets. Dans les systèmes décrits plus hauts comme gérés par les pouvoirs publics, au Connecticut et dans d'autres États américains par exemple, les fonctions de gestion des déchets sont réalisées par des entreprises qui ne s'occupent pas du tout des relations avec les producteurs. Pour compliquer encore le débat, précisons que de nombreuses entités des systèmes de REP font appel à des entreprises de traitement des déchets à but lucratif classiques pour leur confier les services de collecte, de tri et de traitement des déchets. Les municipalités s'occupant de la collecte au titre de la REP, ainsi que parfois du tri et du traitement, sous-traitent aussi fréquemment ces activités à des entreprises de traitement des déchets conventionnelles.

Dans ces derniers cas, les éco-organismes ne sont pas rémunérés par les producteurs, mais par une autre entité du système de REP. En Chine, au Taipei chinois ou dans l'État de Washington, c'est un organisme public qui traite directement avec ces entités commerciales, sans passer par l'intermédiaire d'un éco-organisme ou d'une municipalité. Les relations avec les entités commerciales tiennent parfois davantage de l'octroi d'autorisation que de la sous-traitance. Dans le système de la REP des DEEE du Vermont, aux États-Unis, l'État traite avec une entité, à but lucratif ou non, qui intervient comme organisme centralisateur, en enregistrant les prestataires de services, en effectuant des inspections sur site et en organisant des formations et des actions de sensibilisation auprès des prestataires. L'État traite également avec un recycleur de DEEE (Vermont Agency of Natural Resources, 2013 ; 2014). Les producteurs versent leurs redevances directement à l'Agency for Natural Resources, publique, qui paie ensuite l'organisme centralisateur et le recycleur.

Pour résumer, les éco-organismes à but lucratif ou les entités équivalentes à des éco-organismes regroupent :

- des éco-organismes intégrés verticalement ou des entreprises de traitement des déchets ;
- des éco-organismes sans lien avec une entreprise de traitement des déchets précise ;
- des sous-traitants dans le domaine des déchets d'un organisme public ou d'un intermédiaire connexe (différent d'un éco-organisme) créé au titre du système de REP ;
- des entreprises de traitement des déchets agréées par un organisme public au titre du système de REP ;
- des sous-traitants dans le domaine des déchets d'un éco-organisme ;
- des sous-traitants dans le domaine des déchets d'une municipalité.

Un statut à but lucratif ou non

La valeur et l'opportunité des éco-organismes à but lucratif, incluant ceux qui sont verticalement intégrés (les deux premiers types d'entités dans la liste ci-dessus) et ceux fournissant uniquement des services de relations avec les producteurs, suscitent un vif débat. Selon le principal argument favorable au statut à but lucratif, la recherche des bénéfices incitera les éco-organismes à se montrer efficaces et, si le système de REP est correctement structuré, les objectifs sociétaux seront remplis dans un souci de rentabilité. Ces arguments recoupent en fait ceux plaidant en faveur de la concurrence entre les éco-organismes. Le statut à but non lucratif peut par exemple permettre des niveaux de dépenses administratives ou de salaires très élevés, qu'une organisation à but lucratif s'efforcera plutôt de limiter pour répondre à la pression de ses actionnaires. D'autres affirment en revanche que le fait que les éco-organismes appartiennent aux producteurs et/ou que les finances et les activités des éco-organismes fassent l'objet d'un suivi attentif peut favoriser l'efficience (Bury, 2015). La concurrence entre les éco-organismes, quel que soit leur statut, peut aussi atténuer certains effets indésirables.

L'inquiétude des producteurs concernant les réserves financières détenues par les éco-organismes, perçues comme excessivement vastes, a fortement contribué à l'apparition d'éco-organismes en situation de concurrence, qui sont souvent des éco-organismes à but lucratif. Ainsi, d'après les données fournies par l'European Portable Battery Association, à la fin des années 1990, certains éco-organismes du secteur des piles accumulaient un excédent financier de l'ordre de 15 à 65 % de leur chiffre d'affaires (Mayers, 2007). Dans d'autres cas, les éco-organismes chargés des DEEE en Union européenne percevaient les redevances calculées à partir des quantités de nouveaux équipements électriques et électroniques vendus, sans consacrer un montant équivalent à la gestion des quantités de DEEE mis au rebut, qui restaient inférieures, et se constituaient ainsi des réserves importantes. Certains producteurs estimaient l'ampleur de ces réserves injustifiée et ont œuvré à la mise en place d'éco-organismes en situation de concurrence, afin d'exercer une pression baissière sur leurs prix (les redevances).

Certaines organisations possèdent à ce sujet une opinion très tranchée. Ainsi, en janvier 2013, un collectif d'éco-organismes de la filière Emballages[21] a publié un manifeste sur la REP qui expose quatre grands arguments contre les éco-organismes à but lucratif[22] (EPR Club, 2013 ; Anonyme, 2013) :

1. la distribution des bénéfices serait discriminatoire envers les personnes qui ne sont pas actionnaires de l'entreprise soumise à obligation ;
2. les bénéfices inciteraient les éco-organismes à accorder un traitement de faveur aux participants les plus importants ou rapportant le plus de bénéfices ;
3. les bénéfices pourraient constituer un frein à l'adhésion à l'éco-organisme des petits producteurs ou des producteurs qui n'accroîtront pas les bénéfices de l'éco-organisme ;
4. les activités à but non lucratif menées par un éco-organisme (l'éducation ou la prévention, par exemple) sont conduites plus efficacement en l'absence de bénéfices car elles peuvent se révéler coûteuses.

Dans le courant de l'année 2013, ces organisations ont constitué l'Alliance de responsabilité élargie des producteurs (EXPRA), association spécialement destinée à défendre les éco-organismes à but non lucratif. Elles ont également fait valoir depuis que les activités à but lucratif peuvent ne pas respecter les lois antitrust et que les éco-organismes pourraient être accusés de monopole. Elles estiment par ailleurs que les opérateurs de traitement des déchets ne devraient pas faire partie des éco-organismes puisqu'ils ont un intérêt financier à accroître le flux de déchets. Enfin, pour les détracteurs des éco-organismes à but lucratif, la recherche de la rentabilité incite à la fois à relever les objectifs chiffrés (Quoden, 2015) et à abaisser le niveau des performances environnementales afin de diminuer les coûts.

L'évaluation de l'impact des éco-organismes à but lucratif pâtit généralement de la qualité médiocre des données et de l'absence de données comparables sur la performance des éco-organismes (Monier et al., 2014d), et plus particulièrement de l'insuffisance de données précises concernant les systèmes de REP avec des éco-organismes en situation de concurrence ou à but lucratif, en raison des difficultés que suscitent le partage de données propriétaires[23]. Monier et al. sont, à notre connaissance, les seuls auteurs qui évaluent explicitement l'effet du statut juridique des éco-organismes dans différentes juridictions. Ils indiquent que le statut à but lucratif des éco-organismes « n'entraîne aucune incidence visible sur les performances techniques ou les coûts ». Surtout, ils affirment que les conditions nécessaires à une situation de juste concurrence se révèlent plus importantes que le statut juridique des éco-organismes. Ce dernier pourrait finalement ne pas exercer une influence décisive sur une possible recherche excessive des bénéfices par les éco-organismes (se traduisant par une recherche de leurs avantages personnels). Dans les cas extrêmes, la seule différence pourrait être que l'excédent de bénéfices dégagé par les éco-organismes à but lucratif sera versé aux actionnaires, alors que ceux générés par les éco-organismes à but non lucratif serviront à payer des salaires supérieurs au niveau du marché, des postes politiques et des infrastructures « dorées ». Selon ce point de vue, les questions soulevées par le manifeste sur la REP pourraient être réglées par la réglementation, les statuts des sociétés ou d'autres dispositifs similaires.

La façon dont les autorités de la concurrence abordent cette question va dans le même sens. Dans beaucoup de juridictions, notamment dans l'Union européenne et aux États-Unis, le droit de la concurrence s'applique aux entreprises quel que soit leur propriétaire – État, communes ou acteurs privés – et qu'elles aient un but lucratif ou non (voir le chapitre 4). Dans l'UE, par exemple, « toute entité exerçant une activité économique » est soumise au droit de la concurrence[24].

La question de l'opportunité du statut à but lucratif est également liée à celle qui se pose de manière croissante, et qui a été abordée plus haut (section 3.1.4), sur la manière de gérer au mieux les flux de déchets comprenant à la fois des produits et des matières coûteux et à même de rapporter un revenu. Comme on peut s'y attendre, les flux de déchets rentables intéresseront davantage les éco-organismes et peuvent servir de base à une activité commerciale, parfois sans le soutien financier apporté par les redevances versées par les producteurs. En ce qui concerne la concurrence en revanche, les résultats des systèmes de REP dotés d'éco-organismes à but lucratif traitant des flux de déchet de valeur pourraient refléter d'une part le statut juridique des entités et d'autre part, la structure et les actions menées par les systèmes de REP. Par exemple, des réglementations ciblant particulièrement le choix sélectif opéré par les entités dans les flux de déchets pourraient avoir des conséquences majeures, indépendamment du statut juridique de l'éco-organisme.

3.3. Principales fonctions de gouvernance des systèmes de REP

Les systèmes de REP comprennent des fonctions de gouvernance classiques, telles que la formulation des mesures, la consultation des parties prenantes, le suivi, la promotion et le contrôle du respect des obligations, ainsi que d'autres, qui concernent davantage les aspects de la gestion privée de la REP, comme la coordination par l'intermédiaire d'organismes centralisateurs. Cette section propose une présentation résumée de ces deux types de fonctions de gouvernance.

3.3.1. *Formulation et évaluation des mesures*

Ce sont généralement les niveaux les plus élevés du gouvernement qui formulent et promulguent les lois qui instituent la responsabilité élargie des producteurs et, à des échelles différentes, qui précisent les détails définissant la structure et les fonctions des dispositifs de REP. Dans la plupart des cas, cette mission est remplie par les autorités publiques nationales (comme en Europe et en Asie de l'Est), mais dans les pays où celles-ci ne jouent pas un rôle central dans la REP (Canada et États-Unis), elle est accomplie par les autorités des États ou des provinces. En Europe, c'est l'Union européenne, en tant qu'unité supranationale qui joue ce rôle (filière REP obligatoire pour les emballages, VHU, DEE et batteries), en laissant toutefois la définition de certains aspects politiques aux États membres. Aux États-Unis, les autorités locales ont promulgué des lois de REP dans trois endroits seulement (la ville de New York, le comté d'Alameda en Californie et le comté de King dans l'État de Washington)[25].

Lorsqu'ils ne figurent pas dans les lois instaurant la REP, les détails relatifs à la structure et aux fonctions des dispositifs de REP sont souvent élaborés par des organes administratifs (Green Manitoba au Canada, par exemple) ou d'autres niveaux du gouvernement (les États membres au sein de l'Union européenne). La limite entre la définition et la mise en œuvre des mesures, sur le plan théorique mais surtout sur le plan pratique, s'avère particulièrement floue. Dans de nombreuses juridictions, les fonctions de gouvernance sont pleinement prévues par la loi, alors qu'ailleurs, elles font l'objet de réglementations administratives, sont confiées à des intervenants non gouvernementaux ou ne sont pas définies. En outre, dans certains pays, les communes ont un rôle qui n'est pas seulement opérationnel, puisqu'elles participent à l'élaboration des politiques et peuvent jouir d'une certaine autonomie pour intervenir dans les services.

L'évaluation des mesures et des résultats du programme constitue un élément capital de la gouvernance de la REP, bien qu'il soit moins pris en compte. On peut supposer que les données issues du suivi (expliqué plus loin) peuvent permettre d'évaluer d'une part les résultats de chacun des acteurs du système de REP et d'autre part, ceux du système dans sa globalité. Les études réalisées dans l'Union européenne en vue de la refonte de la directive sur les DEEE (Sander et al., 2007 ; Huisman et al., 2007 ; Monier et al., 2014d) illustrent bien la manière d'évaluer la REP. Dans de nombreux systèmes, l'évaluation des programmes et de mesures semble plus occasionnelle que régulière et souvent freinée par des données inadéquates.

Si la formulation des mesures incombe principalement aux pouvoirs publics, conformément à ce qui se pratique pour les aspects privés de la REP, certains éléments peuvent être confiés à des entités non gouvernementales, en particulier des éco-organismes. Ils englobent souvent la structure des redevances acquittées par les producteurs en rétribution des services organisés par les éco-organismes et la sélection des prestataires de services de collecte et de traitement des déchets. Bien que pour certains, ces décisions ne relèvent pas de la « politique », la structure des redevances notamment peut s'avérer fondamentale pour que la REP génère des incitations à l'éco-conception.

3.3.2. *Opérations*

En raison de la logique de la privatisation de la REP, un grand nombre des fonctions des systèmes de REP sont attribuées à des organismes commerciaux et à but non lucratif. Elles incluent à la fois des activités administratives telles que le lancement d'appels d'offres pour les services de collecte et de traitement des déchets et l'exécution de ces services. Certaines autorités locales, principalement des municipalités[26], participent toutefois à la collecte et au traitement de certains produits dans le cadre des systèmes de REP (ainsi que l'explique la section 3.2.1, avec la présentation des systèmes à responsabilité partagée). Le rôle des autorités locales varie également très fortement et fait l'objet de nombreux débats dans le monde (ainsi que l'indique la section 3.4.1, plus bas).

3.3.3. *Consultation des parties prenantes*

La consultation est importante pour obtenir des informations et le point de vue des entités de la chaîne de produits de la REP (organismes publics, producteurs, éco-organismes, organisations spécialisées créées au titre du système de REP, municipalités, entreprises de gestion des déchets, recycleurs, industries d'utilisation finale et consommateurs/producteurs de déchets), et des autres parties intéressées et concernées (organismes publics participant indirectement, organisations professionnelles, société civile). La consultation des parties prenantes s'avère tout particulièrement essentielle lors de la mise en place de nouvelles dispositions institutionnelles au sein d'entités qui n'avaient pas nécessairement été associées précédemment. Dans la mesure où la REP constitue un système de gouvernance privée de l'environnement, les fonctions de consultation des parties prenantes sont souvent transférées aux éco-organismes et aux autres entités de la chaîne de la REP et parfois conçues de manière à refléter les activités de réglementation administrative des organes publics (Hickle, 2014a).

La consultation peut être effectuée lors de la constitution du système de REP et de manière régulière. Lors de leur examen de la REP en Union européenne, Monier et al. (2014d) ont constaté que dans la plupart des cas, il n'existe pas de structures spécialement définies pour la consultation des parties prenantes, mais qu'un dialogue informel est souvent en place. Lorsqu'elles sont explicitement instituées, les pratiques de consultation et les structures organisationnelles diffèrent considérablement. La consultation peut s'effectuer au sein de l'éco-organisme ou à l'extérieur. Elle peut être conduite par le conseil de direction d'un éco-organisme, comme c'est le cas pour le COOU et le CONOE, éco-organismes italiens non concurrentiels de la filière des huiles usagées, dans lesquels des représentants des ministères nationaux exercent un rôle minoritaire au conseil. En France, la filière REP papiers graphiques possède une commission consultative qui se réunit tous les trimestres pour contrôler et approuver les activités et la stratégie d'Ecofolio, l'éco-organisme accrédité par l'État. Cette commission compte des représentants de trois ministères et d'associations de consommateurs et de protection de l'environnement.

L'organe de consultation peut être extérieur à l'éco-organisme, comme dans le cas de la filière Emballages française[27], où la « Commission consultative d'agrément », composée des parties concernées (industries, consommateurs, ONG, éco-organismes, autorités locales, gestionnaires de déchets, etc.), remet aux autorités publiques des avis non contraignants dans l'intention expresse de garantir le bon fonctionnement du secteur des emballages ménagers dans le pays. En Belgique, l'organisation externe qui supervise le flux des emballages (la Commission interrégionale des emballages, CIE) comprend des membres des gouvernements régionaux qui reçoivent des avis non contraignants de la part de la « plateforme emballages », composée d'associations industrielles. La CIE sollicite aussi les entreprises qui ne sont pas représentées par cette plateforme, elle exerce un contrôle sur les activités des éco-organismes et délivre des autorisations à ces derniers.

3.3.4. *Enregistrement et accréditation*

La supervision prend généralement la forme d'un ensemble de mesures associant des processus ex ante de type octroi d'autorisations et l'obtention ex post de données.

Bien que la terminologie employée varie selon les pays, le terme « enregistrement » désigne souvent l'identification des participants (les producteurs) aux dispositifs de REP et l'acquisition des données relatives aux ventes des produits soumis à la REP[28]. Il permet aussi de détecter les passagers clandestins, ces producteurs qui ne participent pas aux éco-organismes ou ne respectent pas d'une manière ou d'une autre les réglementations relatives à la REP. L'enregistrement est souvent effectué par des organismes publics, comme en Finlande, où les producteurs de papier doivent s'enregistrer auprès du Centre de développement économique, du transport et de l'environnement de Pirkanmaa (ELY Centre Pirkanmaa) (Monier et al., 2014j), ou par des organismes quasi publics, tels que l'Alberta Recycling Management Authority (ARMA) dans la province canadienne d'Alberta[29] (CM Consulting, 2013). Ce processus peut toutefois aussi être administré par les éco-organismes eux-mêmes, comme au Royaume-Uni où ces derniers, appelés dispositifs de respect des obligations des producteurs, rassemblent les données d'enregistrement, puis les transmettent à l'organisme équivalent de l'agence pour l'environnement en Angleterre, en Écosse, au pays de Galles et en Irlande du Nord (Monier et al., 2014c).

Les pouvoirs publics peuvent suivre les activités et les résultats de la chaîne de la REP au moyen de l'accréditation ou de la certification des éco-organismes. Lorsqu'un éco-organisme veut opérer dans une juridiction donnée, il doit généralement en obtenir l'autorisation en soumettant aux autorités une demande présentant sa propre structure et la manière dont il entend fonctionner. Beaucoup de gouvernements exigent que les éco-organismes renouvellent régulièrement leur demande de certification. Ce processus fournit aussi l'occasion de rassembler et d'examiner les données les concernant. Dans le même ordre d'idées, une autre approche consiste à obliger l'éco-organisme à soumettre des rapports périodiques.

Il est difficile de comparer les critères d'accréditation, car ils sont souvent formulés de façon à laisser un pouvoir d'appréciation à l'entité de certification. Autrement dit, celle-ci peut demander à un éco-organisme de respecter certaines prescriptions, mais jouit d'une marge de manœuvre pour déterminer dans quelle mesure ces prescriptions sont effectivement imposées. En outre, les lois ou règlements en la matière emploient souvent des formulations générales qui confèrent à l'entité de certification une certaine flexibilité pour décider de la forme exacte et de l'étendue des obligations des éco-organismes.

Dans de nombreuses provinces canadiennes, les éco-organismes doivent soumettre pour approbation leurs plans de bonne gestion des produits à l'agence publique de la province concernée. Ils doivent aussi remettre au gouvernement ou à l'agence de l'environnement de la province un rapport annuel décrivant les résultats du programme. Dans la province de la Colombie-Britannique, ils sont tenus de présenter un plan de bonne gestion des produits[30] et un rapport annuel (Waste Reduction and Management Division, 2014). Le producteur[31] doit réexaminer son plan approuvé tous les cinq ans, puis soit proposer des modifications, soit signaler qu'il n'est pas nécessaire de le modifier. Les exigences à l'égard des plans de bonne gestion sont exposées dans la réglementation provinciale relative au recyclage et portent sur les aspects suivants :

- consultation des parties prenantes,
- système de collecte, accès des consommateurs et taux de valorisation,
- sensibilisation des consommateurs,
- gestion des coûts du programme,
- gestion des impacts environnementaux,
- règlement des différends,
- mesure des performances.

La réglementation provinciale relative au recyclage dresse une longue liste de facteurs que le directeur du ministère de l'Environnement de la Colombie-Britannique peut prendre en considération pour se prononcer sur un plan de bonne gestion qui lui est soumis pour approbation, dont son actualité et son efficacité par rapport aux objectifs définis, l'aire géographique et le marché à l'intérieur desquels le producteur vend ses produits, les plans de bonne gestion des produits de même catégorie présentés par d'autres producteurs, ainsi que la structure de la coopération financière et opérationnelle avec les autres producteurs (Province of British Columbia, 2004 ; British Columbia Ministry of the Environment, 2006).

Le fait que ces plans de bonne gestion des produits soient approuvés par les pouvoirs publics suscite un certain débat au Canada. Leur approbation implique en effet une prise de responsabilités qui peut poser problème aux autorités si le programme de REP rencontre des difficultés. C'est pourquoi certains avancent qu'il serait préférable que les pouvoirs publics se concentrent sur le suivi de la réalisation des objectifs et laissent aux éco-organismes la responsabilité de définir les moyens de remplir au mieux ces objectifs (Bury, 2015).

En Irlande, c'est le ministre de l'Environnement, de la Communauté et des Collectivités locales (DECLG) qui approuve les éco-organismes. Pour obtenir le statut d'éco-organisme, un demandeur doit soumettre des documents sur sa gouvernance et ses membres, prendre l'engagement de n'opérer aucune discrimination entre les producteurs sur la base de leur envergure ou de leur situation géographique, et donner l'assurance qu'il coopérera avec les autres éco-organismes pour atteindre les objectifs d'environnement (Philip Lee, 2014 ; Gorecki, 2014). Le ministre peut imposer à l'éco-organisme des conditions particulières : objectifs spécifiques, composition et représentativité du conseil de direction, dépenses d'éducation du public, sensibilisation et obligation de faire approuver les modifications apportées aux statuts, à la gouvernance d'entreprise et aux règles d'adhésion. Le DECLG joue un rôle de gestion/supervision et s'assure ainsi que l'éco-organisme atteint les objectifs (Gorecki, 2014).

L'approche de l'Irlande est particulière en ce qu'elle donne aux autorités publiques le pouvoir de revoir et d'imposer certains aspects de la gouvernance interne des éco-organismes. Dans un récent bilan de la REP en Irlande, il a été proposé de renforcer le processus de certification au moyen d'un code standard de gouvernance d'entreprise et du remplacement des lettres d'approbation aujourd'hui en vigueur par des contrats juridiques (« accords de niveau de service ») entre l'administration et les éco-organismes (Philip Lee, 2014).

En Lituanie, comme dans beaucoup de pays qui ont peiné à trouver leur voie en matière de REP, la réglementation des éco-organismes de la filière Emballages a beaucoup évolué. Avant 2013, la loi se contentait d'autoriser la création d'éco-organismes. À partir de 2013, il est devenu obligatoire pour ces organismes de conclure des accords avec les municipalités, les collecteurs de déchets d'emballages et les producteurs. Une commission de contrôle est chargée de superviser les accords et de veiller à leur application. Pour obtenir une autorisation d'exploitation en Lituanie, un éco-organisme doit représenter au minimum 25 % des fabricants et importateurs qui alimentent le marché national en emballages (République de Lituanie, 2012).

Même s'ils se différencient grandement sur d'autres aspects, les exemples ci-dessus indiquent que les obligations imposées via l'accréditation sont souvent d'ordre assez général et laissent ainsi à l'entité de certification un pouvoir d'appréciation pour déterminer les conditions particulières à remplir par les éco-organismes.

3.3.5. *Recouvrement et versement des redevances*

Les redevances payées par les producteurs pour la collecte, la réutilisation, le traitement et le recyclage des produits usagés et en fin de vie constituent le fondement des dispositifs de REP. Elles sont en principe perçues par les éco-organismes en fonction d'un calendrier défini à partir des données figurant dans les registres. Les éco-organismes sous-traitent les services de collecte, de réutilisation et de traitement au nom des producteurs, qui sont pour eux des membres ou des clients. Les redevances peuvent refléter différents types de niveaux de services et de collectes partagées de déchets ne relevant pas de la REP.

Lorsque les pouvoirs publics recouvrent et/ou versent les redevances selon le schéma illustrant le troisième type de gouvernance (graphique 3.4), soit dans les systèmes reposant sur des redevances d'élimination préalables, le mécanisme s'apparente à un dispositif classique de taxation et de financement des activités sociétales par le gouvernement. Les redevances d'élimination préalables peuvent être payées par le producteur ou par les consommateurs lors de l'achat. Le recouvrement des redevances par les pouvoirs publics implique davantage ces derniers dans la gestion et le contrôle des systèmes de REP. Certains producteurs s'opposent à la collecte des redevances par les autorités car ils redoutent que les fonds servent à d'autres fins que la gestion en fin de vie.

Il importe de souligner que tous les systèmes reposant sur des redevances d'élimination préalables ne relèvent pas d'une approche que l'on pourrait définir comme « les producteurs paient – le gouvernement distribue ». Si les redevances acquittées par les consommateurs au titre de certains systèmes constituent une forme de redevances d'élimination préalables, un grand nombre de ces systèmes ne nécessitent pas que le gouvernement perçoive ou reverse les fonds. C'est le cas notamment de beaucoup des dispositifs de REP canadiens des DEEE (Waste Reduction and Management Division, 2014) et de la loi sur le recyclage de certains appareils ménagers au Japon[32] (Hotta et al., 2014), en vertu de laquelle les consommateurs paient les redevances lors de l'élimination des produits, les fonds collectés étant gérés par les éco-organismes (voir l'encadré 3.1). Certains systèmes reposant sur les redevances d'élimination préalables, tels que la loi californienne sur les déchets électroniques, ne prévoient ni la participation des producteurs ni aucun financement de leur part (voir l'annexe K) et ne constituent donc pas une forme de REP.

Encadré 3.1. **La loi sur le recyclage de certains appareils ménagers au Japon**

Promulguée en juin 1998, la loi sur le recyclage de certains appareils ménagers au Japon est entrée en vigueur en avril 2001. Elle vise à faire baisser le volume des déchets et à améliorer leur valorisation matières. Elle cible quatre catégories d'appareils ménagers : climatiseurs ; téléviseurs ; réfrigérateurs et congélateurs électriques ; et lave-linge et sèche-linge électriques.

La loi dispose que tout fabricant d'appareils ménagers a l'obligation de reprendre et de recycler les produits qu'il fabrique lorsqu'ils sont arrivés au stade de déchets. Pour satisfaire à cette obligation, les fabricants ont créé deux groupes concurrents, qui réunissent chacun trois ou quatre des principaux producteurs et détiennent une part comparable du marché. L'un des deux groupes a créé ses propres installations de recyclage, l'autre a passé des contrats avec des opérateurs existants.

Les particuliers et les entreprises qui mettent au rebut un appareil en fin de vie versent à la fois une redevance de collecte et de transport et une redevance de recyclage. La traçabilité est assurée grâce à l'emploi de tickets de recyclage attachés aux appareils ménagers (« manifestes »), qui sont remis aux consommateurs après paiement de la redevance de recyclage. Ce système de manifestes assure que les appareils ménagers au stade de déchets sont remis à leur fabricant d'origine.

S'il n'y a pas de modulation des coûts de gestion des différentes marques à l'intérieur de chaque groupe de producteurs, il appartient aux producteurs de veiller à ce que des économies de coûts soient possibles grâce à un traitement efficient et à la conception des produits. Il y a donc une concurrence entre les deux groupes de fabricants dont l'enjeu est la minimisation des coûts de recyclage.

L'intégration verticale qui découle de l'application du système japonais de REP pour les appareils ménagers a pour avantage de créer un lien solide entre la gestion en aval des produits en fin de vie et le producteur. Il ressort de certaines données d'observation que ce système crée des incitations tangibles en faveur de l'éco-conception (Tojo, 2004).

Source : Dempsey et al. (2010), Hotta et al. (2014), et annexe G.

3.3.6. La coordination par les organismes centralisateurs

Dans les juridictions où plusieurs éco-organismes en situation de concurrence s'emploient à remplir les objectifs de la REP (graphique 3.4), une entité de coordination s'avère indispensable pour veiller à ce que la collecte des déchets soit assurée partout, qu'elle n'est pas effectuée de manière sélective et que tous les concurrents bénéficient de conditions équitables. Sans la présence de cette entité, les déchets risqueraient de ne pas être collectés dans certaines régions – notamment les régions rurales, où les circuits de collecte peuvent être longs pour de petites quantités de déchets –, les éco-organismes jugeant ces services trop onéreux. Elle améliore aussi l'efficacité en vérifiant que les éco-organismes en situation de concurrence ne proposent pas des services faisant double emploi, en collectant par exemple les déchets en fin de vie sur la même zone de couverture ou les mêmes points de collecte. Les organismes centralisateurs, qui sont souvent une organisation distincte à but non lucratif, mais parfois aussi un organisme public, contribuent ainsi à corriger les effets indésirables occasionnés par la concurrence entre les éco-organismes. Ils peuvent également recueillir les données auprès des producteurs et des prestataires de services et fournir un mécanisme de gestion des données propriétaires ou d'identification des passagers clandestins.

L'étendue des services et des activités d'organisation assurés par les organismes centralisateurs est très variable. Au Danemark, par exemple, où le même organisme centralisateur (DPA-System) s'occupe des systèmes de REP relatifs aux DEEE, aux piles et accumulateurs et aux VHU, celui-ci joue un rôle de premier plan et remplit de multiples fonctions (voir la description dans l'encadré 3.2). Dans le système de REP en place au Royaume-Uni pour les emballages, en revanche, les activités de l'organisme centralisateur sont plus restreintes en raison de la structure du système de crédits négociables.

Étant donné que ce système met en jeu des crédits pour le recyclage des emballages, il donne lieu à l'intervention de deux entités. Comme indiqué plus haut, la National Waste Packaging Database offre un système national d'enregistrement en ligne aux producteurs, accrédite les exportateurs et les entreprises retraitant les emballages, consigne les crédits, effectue le suivi et établit des rapports. En outre, il existe un nombre restreint de plateformes internet privées, exploitées par exemple par Environmental Exchange, qui offrent un marché pour échanger des crédits (Monier et al., 2014h ; OCDE, 2014a), même si la grande majorité des échanges a lieu ailleurs (Lange, 2015).

L'Irlande a opté pour une voie intermédiaire dans le domaine des DEEE en confiant certaines fonctions exercées par un organisme centralisateur à la WEEE Register Society. Comme son nom l'indique, celle-ci est avant tout un registre national créé pour consigner les producteurs qui commercialisent des EEE. C'est un organisme sectoriel indépendant qui est supervisé par un comité de gestion auquel sont représentés des organismes publics et qui est détenu par les producteurs (Monier et al., 2014e). La WEEE Register Society est en outre chargée de signaler à l'Agence pour la protection de l'environnement (EPA) les cas possibles de non-respect de la réglementation sur les DEEE et de vérifier les coûts visibles de gestion écologique (vEMCs) applicables aux DEEE (produits commercialisés avant l'entrée en vigueur de la directive sur les DEEE). Elle remplit donc l'une des fonctions premières d'un organisme centralisateur en contribuant à l'identification des passagers clandestins. Cependant, elle se distingue notamment des autres organismes de ce type par le fait qu'elle ne détermine pas la part de marché des différents producteurs. Cette détermination et celle des responsabilités financières sont en effet sous-traitées à une entité privée pour garantir la confidentialité des données communiquées via le site web « WEEE Blackbox » (WEEE in Ireland, 5).

Dans certains systèmes de REP, ce sont les organismes centralisateurs, plutôt que les éco-organismes, qui constituent le principal interlocuteur des municipalités. D'après une étude réalisée récemment pour l'Union européenne, les organismes centralisateurs nationaux existent dans tous les systèmes de REP des DEEE et des emballages en Autriche et au Royaume-Uni, que ce soit sous la forme d'une entité indépendante ou d'un organisme public (Monier et al., 2014d).

Encadré 3.2. **Centralisation des rapports, assignation des obligations et contrôle dans le cadre d'un organisme centralisateur au Danemark**

Au Danemark, le DPA-System fait office de registre et d'organisme centralisateur pour les éco-organismes des filières DEEE, piles et accumulateurs et VHU. Créé en 2006 sous l'appellation WEEE-System avant d'être rebaptisé en 2009, il est supervisé par un conseil dont les sept membres sont nommés par le ministre de l'Environnement.

Le DPA-System centralise les rapports et supervise les quatre éco-organismes du pays qui s'occupent des DEEE des particuliers et des entreprises. Il a entre autres pour fonctions de déterminer les parts de marché et les obligations de collecte et de vérifier les éco-organismes et les producteurs qui ne sont pas membres d'un éco-organisme (ayant opté pour la responsabilité individuelle des producteurs). Le DPA-System impute les DEEE collectés par les municipalités aux producteurs ou éco-organismes. Les municipalités font rapport directement au DPA-System, et les producteurs lui font rapport à titre individuel ou via les éco-organismes. Les éco-organismes communiquent aussi régulièrement les données des entreprises de traitement.

Au Danemark, le système de REP relatif aux piles et accumulateurs fait partie de celui visant les DEEE. Toutefois, c'est le Service danois des impôts et des douanes (SKAT) qui collecte les données sur la quantité de piles et d'accumulateurs portables mis sur le marché et qui les transmet ensuite au DPA-System, alors que dans le cas des DEEE, le DPA-System reçoit les données directement des producteurs.

Le DPA-System est supervisé par l'Agence danoise pour la protection de l'environnement et financé par les redevances des producteurs. Comme trois des éco-organismes de la filière DEEE remplissent le même rôle pour la filière des piles et accumulateurs et comme le DPA-System supervise l'une et l'autre de ces filières, on estime que l'engagement des acteurs concernés s'en trouve renforcé (Monier et al., 2014a ; 2014b).

3.3.7. Suivi

Le suivi, aussi bien public que privé, permet de garantir une mise en œuvre efficace des mesures, condition indispensable à leur exécution, et à fournir des informations servant à les évaluer et à examiner l'efficacité et l'évolution de la REP à l'avenir. Le suivi est également une composante de la coordination. Les principales fonctions des systèmes de REP, comme l'affectation des zones de services et des circuits de collecte, requièrent des informations opérationnelles. Le suivi concerne essentiellement trois entités clés de la chaîne de la REP : les producteurs, les éco-organismes et les opérateurs de collecte et de traitement des déchets, dont les municipalités. Les informations sur les producteurs portent principalement sur leur participation (pour détecter les passagers clandestins) et leurs ventes ou leurs activités sur le marché (pour répartir les responsabilités et les redevances). Pour les éco-organismes, il faut disposer d'informations plus complètes, qui traitent de l'étendue de leurs activités et de leurs résultats. Enfin, les informations sur les prestataires de services s'intéressent aux résultats opérationnels, au respect des obligations environnementales et aux activités financières. Le suivi nécessite donc des données techniques et financières. En outre, le suivi des acteurs hors REP est important pour maîtriser les fuites de produits et matières en fin de vie à l'extérieur du système de REP (voir la section 2.3). L'efficacité des systèmes de REP dépendra en effet de leur degré de transparence, de vérification des comptes, d'harmonisation et de contrôle (décrits ci-dessous).

Données sur les performances techniques

Les informations sur les performances techniques incluent principalement les quantités de déchets collectées et traitées, ainsi que parfois des données environnementales, telles que les émissions et les pratiques employées dans les usines de traitement. Ces données englobent selon toute vraisemblance au moins les éléments suivants :

- *Les quantités de produits mises sur le marché par les producteurs ou éliminées par les producteurs de déchets* – ces données servent généralement à attribuer les responsabilités physiques ou financières et à calculer les redevances des producteurs. Les données relatives aux quantités de produits mises sur le marché peuvent être obtenues auprès des producteurs eux-mêmes et/ou des organismes de statistiques et des associations sectorielles.
- *Les quantités collectées* – l'une des fonctions des éco-organismes consiste à recueillir et à transmettre des informations sur les quantités de recyclables gérées sous son égide. Dans les systèmes de REP autorisant les producteurs à exercer leur responsabilité sans s'affilier à un éco-organisme (soit une forme de responsabilité individuelle du producteur, RIP), il convient de prendre des dispositions afin d'obtenir ces données directement auprès des producteurs. Les rapports sur les quantités collectées par un éco-organisme ou un producteur individuel ne comprennent pas de données sur la collecte et le traitement des produits recyclables effectués en dehors du dispositif de la REP. Comme cela a déjà été souligné, de nombreuses juridictions estiment qu'une large part des produits recyclables ciblés qui sont collectés ne suivent pas la chaîne de l'éco-organisme. C'est pourquoi ces données sont importantes pour évaluer les mesures et suscitent une attention croissante dans la gestion et les systèmes de REP.
- *Les activités de collecte et l'accessibilité* – le nombre de sites de collecte, la fréquence des collectes et d'autres facteurs connexes témoignent de l'accessibilité et de la commodité des services fournis par les éco-organismes pour les producteurs de déchets.
- *Les quantités triées et traitées* – comme pour les quantités collectées, les données sur le tri et/ou le traitement des recyclables sont souvent recueillies par les éco-organismes (ou par les producteurs dans le cadre de la RIP) auprès des opérateurs et transmises aux organismes publics. La clarté des données relatives aux quantités arrivant sur un site donné (produits entrant) ou quittant le site (produits sortant), la différence correspondant aux résidus des activités de traitement, revêt ici une importance particulière (Waste Diversion Ontario, 2010).
- *La destination des différents flux de déchets (collecte, réutilisation, recyclage, utilisation finale, incinération, mise en décharge, etc.)* – les informations sur les flux de déchets dans la chaîne de la REP renforcent les possibilités de supervision des pouvoirs publics. La traçabilité est une source de préoccupation majeure car les agences publiques rencontrent parfois des difficultés à recenser toutes les entités de la chaîne, notamment les usines de traitement et les utilisateurs finaux (Monier et al., 2014d). Dans la province canadienne de la Colombie-Britannique, les rapports de DEEE établis par les éco-organismes comprennent des bilans massiques afin de détecter d'éventuelles disparités dans les données[33]. L'absence d'une autorité légale publique permettant de suivre les déchets en dehors des frontières de la juridiction peut nuire à la traçabilité.
- *Les quantités résiduelles* – les résidus incluent à la fois des matières collectées de façon inappropriée (non recyclables) et des matières appropriées mais dont la forme ne permet pas de les traiter (fragments trop petits). Les résidus ont une incidence sur les coûts étant donné qu'ils accroissent les activités de traitement et nécessitent d'être éliminés. Ils reflètent également la qualité des pratiques de collecte et des techniques de traitement.

- *La sensibilisation des consommateurs* – la connaissance de l'existence du système de REP et de son fonctionnement est un important déterminant des taux de collecte et de contamination et de la participation du public à l'élaboration des politiques. Au Canada, des enquêtes sont menées régulièrement sur la sensibilisation des consommateurs à la REP relative aux DEEE (Kerr, 2015).

Ces données peuvent ensuite servir à calculer le taux de recyclage et les taux connexes et constituent à l'évidence une composante primordiale de l'évaluation du rapport coût-efficacité des opérations.

Données financières et relatives aux programmes

Les informations financières nécessaires au suivi sont plus diversifiées en raison des différentes configurations des systèmes de REP et des pressions exercées par les participants privés pour protéger leurs données commerciales. Elles comprendront vraisemblablement les éléments suivants :

- les coûts à la charge des entités de la chaîne de la REP ;
- les paiements effectués entre ces entités et les recettes dégagées de la vente de produits usagés et matières de récupération.

Les informations sur les coûts sont importantes car elles permettent de calculer les subventions et les versements effectués entre les membres de la chaîne de la REP, elles fournissent des renseignements sur les actifs et les réserves financières et jouent un rôle majeur dans la supervision du système. Les données sur les paiements apportent des éléments qui complètent les données techniques sur le fonctionnement du système de REP et indiquent s'il s'avère nécessaire d'intervenir.

Les informations non quantitatives présentent également un intérêt, en particulier celles relatives à la structure et aux règles des organismes, à la gouvernance, aux critères d'affiliation, à la gestion des ressources financières, aux procédures d'établissement de rapports, à la R-D et aux initiatives d'éco-conception et aux activités de sensibilisation.

Transparence et vérification des comptes

Pour être efficace, le suivi doit être fiable et garantir la transparence. Celle-ci consiste à documenter et divulguer la manière dont opèrent les entités participant à la REP et le degré d'efficacité et d'efficience de leurs activités. Les données doivent par conséquent être générées, rassemblées, collationnées, enregistrées, vérifiées et mises à disposition ou envoyées aux parties prenantes concernées. La fiabilité des informations est souvent garantie par des audits conduits par les pouvoirs publics ou des tiers indépendants. Dans le système autrichien de la REP des emballages par exemple, les autorités vérifient les comptes des éco-organismes et de tous les producteurs individuels (Monier et al., 2014d). Au Taipei chinois, l'examen rigoureux des comptes des producteurs et des entreprises de recyclage représente un élément important du système de REP depuis les difficultés rencontrées dans les années 90 à la suite de la falsification des données et d'irrégularités financières. La comptabilisation par article, l'utilisation des bilans massiques, la mise en place d'un suivi par caméras 24 h/24 et d'autres méthodes ont contribué à maintenir la fraude à un bas niveau parmi les entreprises de recyclage (Fan et al., 2005).

Comme pour tous les autres processus administratifs, il convient de procéder à des arbitrages entre les données détaillées qui facilitent le suivi et la compréhension des résultats des dispositifs de REP et les coûts engendrés par ces données. Les orientations récemment proposées par l'UE recommandent une série de mesures relatives à la transparence et au suivi des éco-organismes (Monier et al., 2014d) :

- fournir une procédure d'autorisation (ou de reconnaissance) officielle pour les éco-organismes ;
- fournir des procédures de suivi et des audits des éco-organismes, dont des procédures d'auto-vérification ;
- définir un système favorisant le respect des obligations et de contrôle à même de décourager efficacement les passagers clandestins ;
- définir des objectifs ambitieux et concevoir des indicateurs et des obligations de rapport permettant leur suivi ;
- veiller à la qualité des statistiques établies ;
- définir et exécuter des procédures de suivi sur la qualité du recyclage des matières exportées.

Comme cela a déjà été mentionné, les impératifs de transparence concernant la communication des informations financières et techniques par les éco-organismes à but lucratif et les entreprises privées de collecte et de traitement des déchets génèrent des tensions. Pour les éco-organismes à but lucratif, la communication des données relatives à leurs redevances et à leurs relations commerciales dans la chaîne de la REP compromet leur position concurrentielle. Ils affirment remplir leur objectif de performance appropriée en procédant au suivi des résultats techniques (quantités collectées ou traitées) et du fait des conditions concurrentielles du marché. Sirena (2013) indique qu'il serait possible de remédier à ces tensions en imposant aux éco-organismes de communiquer leurs coûts lorsque leur part de marché dépasse un certain seuil (50 % des produits mis sur le marché, par exemple). Le regroupement et l'agrégation des données par un organisme tiers neutre et/ou la signature d'accords de non-divulgation par les organismes chargés de recueillir les données pourraient également contribuer à résoudre ces difficultés, ainsi que le souligne une étude menée récemment pour le gouvernement irlandais (RPS et al., 2014).

Harmonisation

Il est indispensable d'harmoniser les critères des rapports à fournir, en particulier la définition et le format des données, pour qu'il soit possible d'effectuer une analyse comparative des performances et pour minimiser les coûts de respect des obligations supportés par les entités de la chaîne de la REP (Monier et al., 2014d). Il s'agit d'une coordination entre les systèmes de REP, plutôt qu'au sein de chaque système, visant des catégories de produits identiques ou différentes. À l'échelle du gouvernement, la Colombie-Britannique, au Canada, et l'État du Maine, aux États-Unis, ont promulgué une loi cadre de bonne gestion des produits définissant les principaux paramètres des systèmes de REP applicables lors de l'introduction de nouvelles catégories de produits. Huit autres États américains envisagent d'adopter une loi équivalente (Hickle, 2014b). Dans le domaine de la REP du secteur de la peinture, une loi type votée par quatre États des États-Unis permet l'harmonisation entre les États. Au Canada et en Australie, une orientation fédérale, bien qu'essentiellement volontaire, incite les provinces/États et les dispositifs de produits à se montrer cohérents (CCME, 2009). Les entités non gouvernementales canadiennes jouent également un rôle dans l'harmonisation : les secteurs de l'électronique et de la distribution ont créé une nouvelle structure de gouvernance, l'Electronics Product Recycling Association (EPRA), qui s'occupe de la gestion des éco-organismes des DEEE dans huit des dix provinces du pays et met à la disposition de la plupart des entités concernées du pays des normes, des structures de gestion et des rapports (Waste Reduction and Management Division, 2014). Fonctionnant comme des associations professionnelles, des organisations comme le WEEE Forum et l'EXPRA, qui représentent respectivement les éco-organismes à but non lucratif des DEEE et des emballages, proposent des plateformes pour la communication et les initiatives sectorielles et la représentation politique.

Les efforts d'harmonisation portent aussi sur les normes de traitement dans le domaine du recyclage. Proposé par le WEEE Forum, WEEELABEX définit un ensemble de normes européennes communes pour le traitement et le recyclage des déchets électriques et électroniques et le suivi des entreprises de traitement (WEEELABEX, 2013). Le CENELEC, l'organe européen chargé de la normalisation du secteur électrotechnique, travaille aussi sur les normes en matière de collecte, de logistique et de traitement des DEEE (CENELEC, 2014). Chaque pays européen décidera s'il convient de rendre obligatoires ces normes ou d'autres pour les participants aux systèmes de REP. Ces initiatives visent à la fois à améliorer les pratiques de recyclage des DEEE, ainsi que le décrit la section sur le contrôle, plus loin, et à uniformiser les règles pour l'ensemble des éco-organismes. Les acteurs opérant en dehors de la chaîne de la REP appliquent parfois des normes inférieures, plaçant les régimes de REP dans une position concurrentielle défavorable. L'harmonisation des normes concourt aussi à diminuer les éventuels effets d'entraînement et à dissuader les entreprises d'acheter et d'éliminer des produits dans des juridictions différentes. Le droit de la concurrence et les règles du commerce international peuvent toutefois restreindre les possibilités d'imposer le respect de normes découlant de la législation, de contrats ou des pratiques du marché (voir le chapitre 4). Un exemple d'efforts en matière de consultation, de coordination et d'harmonisation dans le système de REP d'emballage belge est fourni dans l'encadré 3.3.

Encadré 3.3. **Consultation, coordination et harmonisation au sein du système de REP de la filière Emballages belge**

En Belgique, la Commission interrégionale de l'Emballage (CIE) assure la gestion harmonisée des déchets d'emballage des trois régions du pays (régions flamande, wallonne et de Bruxelles). Elle est chargée de délivrer les autorisations aux deux éco-organismes de la filière, de contrôler les prestataires de services et d'agréger les données pour établir des rapports (Monier et al., 2014g). Sa création a répondu à la nécessité de coordonner les régions semi-autonomes du pays (Marques et al., 2012) et a également permis de créer une plateforme favorisant le contrôle, l'harmonisation et la gestion des informations propriétaires. Dans le système belge, d'autres entités interviennent entre les municipalités et l'éco-organisme, les organismes intermunicipaux, qui veillent à la coopération entre les municipalités. Ils s'emploient à renforcer l'efficacité des services des déchets en partageant les savoir-faire et les opérations. D'un point de vue juridique, ils sont régis par la loi de la région. Des études ont été réalisées sur le rapport coût-efficacité de ces organismes, mais la corrélation entre la gouvernance et l'efficacité n'a pas été évaluée (De Jaeger et Rogge, 2014).

3.3.8. Contrôle

Le contrôle comprend la détection des cas de violation de la réglementation et l'imposition de sanctions. Dans le cadre de la REP, le contrôle porte essentiellement sur la réalisation des objectifs de collecte et objectifs connexes, le phénomène des passagers clandestins, le respect par les éco-organismes de leurs responsabilités de gestion et fiduciaires, la lutte contre le détournement de recyclables vers des filières inadaptées et la conformité des entreprises de collecte et de traitement des déchets avec les réglementations environnementales. Les consommateurs, les importateurs (agissant comme producteurs), les distributeurs (s'ils sont tenus d'accepter des produits en fin de vie), les municipalités et les exportateurs peuvent également violer les réglementations en vigueur et font donc aussi l'objet de mesures d'exécution. Selon une étude menée récemment pour le gouvernement irlandais, l'étendue des problèmes de non-respect des obligations dépend de la nature du système et du type de produits concernés. « Les systèmes comprenant de nombreux producteurs présentent davantage de risques de non-respect que les marchés plus étroits. Le non-respect des obligations est plus important et plus difficile à traiter lorsqu'un grand nombre de producteurs participent à une longue chaîne de production » (RPS et al., 2014). Les systèmes de la filière Emballages s'avèrent particulièrement sensibles à ce problème.

Le contrôle permet d'accroître le respect des obligations en matière de REP et de garantir des conditions équitables à l'ensemble des producteurs, des éco-organismes et des prestataires de services en situation de concurrence. L'absence de mesures d'exécution cohérentes confère des avantages indus aux entités qui ne respectent pas leurs obligations et peut aussi alourdir la charge de travail de celles qui doivent remplir des objectifs de collecte. Par exemple, les producteurs qui se soustraient au paiement des redevances aux éco-organismes diminuent leurs propres dépenses, mais augmentent parallèlement les coûts supportés par les autres producteurs. En cas de phénomène de non-paiement des redevances de grande ampleur, la viabilité financière d'un système de REP risque d'être mise en péril (Kalimo et al., 2012)[34]. De même, si les services de collecte ou de traitement des déchets opérant en dehors du système de REP ne subissent pas le même degré de contrôle, les dispositifs de REP sont désavantagés et, comme cela a déjà été mentionné plus haut, le niveau de services peut en pâtir. (Voir la section 3.1.4. pour un examen complémentaire dans le contexte des fuites.) Le contrôle peut dans ces cas comprendre un suivi des points de collecte gérés par les distributeurs et les municipalités (RPS et al., 2014, 343).

Ce sont généralement les organismes publics qui détiennent l'autorité juridique d'imposer des sanctions. Aux États-Unis, le Product Stewardship Institute et d'autres parties prenantes préparent une loi type concernant la REP de la filière des piles qui prévoit un droit d'action privée : elle accorde aux producteurs qui ne posséderaient pas le statut juridique pour poursuivre des entités participant à la REP pour manquement à leurs obligations le droit de le faire (Nash et Bosso, 2013). Dans le même ordre d'idées, les entités du système de REP peuvent contribuer à détecter les contrevenants même sans disposer d'une autorité juridique formelle, notamment en ce qui concerne l'identification des passagers clandestins (c'est-à-dire les producteurs qui ne payent pas les redevances et ne participent pas à un dispositif de REP).

Dans l'Union européenne, les parties prenantes s'accordent à penser que les États membres et les éco-organismes devraient être coresponsables du suivi des dispositifs de REP et veiller à l'existence de moyens d'exécution adéquats. Le consensus apparaît toutefois moins large concernant les particularités de la répartition des coûts et des responsabilités (le cofinancement du contrôle) (Monier et al., 2014d).

Les sanctions oscillent entre des peines d'ordre pénale ou civile, des amendes ou la révocation du droit d'un éco-organisme à opérer et la publication des noms des entités ne respectant pas leurs obligations (les passagers clandestins, par exemple) et de l'issue des poursuites. Il existe peu de recherches systématiques et surtout transnationales sur les mécanismes d'exécution, et notamment sur l'utilisation des sanctions et des peines dans les systèmes de REP[35]. Des analyses des exportations illégales de DEEE, de véhicules en fin de vie et d'autres déchets ont été réalisées (par exemple : Miller et al., 2012 ; Bisschop, 2012), mais elles ne sont généralement pas liées aux exportations effectuées dans le cadre des systèmes de REP. La question de la nature des sanctions concernant spécifiquement la REP se pose toutefois lorsqu'un éco-organisme unique traite une certaine catégorie de produit dans une juridiction. La menace de retirer à l'éco-organisme sa licence d'exploitation (son accréditation) apparaît dans ce cas moins crédible. L'Irlande recourt à un fonds de réserve équivalant à environ une année de charges d'exploitation géré par les éco-organismes pour diminuer les difficultés de remplacement d'un éco-organisme (RPS et al., 2014).

Dans certains pays, les municipalités exercent des fonctions de contrôle. Celles-ci peuvent englober le suivi des performances des dispositifs de REP, en particulier pour les sites et les activités partagés (points de collecte et déchetteries), ainsi que l'octroi des autorisations ou l'imposition de sanctions pour les activités de collecte et de traitement sur leur territoire. En Irlande par exemple, les points de collecte utilisés par les distributeurs doivent être déclarés auprès des autorités locales (RPS et al., 2014). Les municipalités qui jouent un rôle actif dans la chaîne de la REP sont parfois elles-mêmes suivies par les éco-organismes dans un souci de contrôle des coûts. Les autorités nationales antitrust et de la concurrence peuvent également effectuer un suivi des activités des éco-organismes et des prestataires de services pour garantir l'existence de marchés concurrentiels dans les services proposés par les éco-organismes, la collecte, le tri et le traitement des déchets. Les autorités de la concurrence peuvent intenter une action en justice à l'encontre d'un système de REP ou contester sa structure ou ses pratiques (voir le chapitre 4).

3.4. Structures de gouvernance et répartition des tâches dans les systèmes de REP

3.4.1. *Caractéristiques de la répartition des fonctions*

Répartition classique des fonctions de gouvernance

Les quatre différentes structures de gouvernance représentatives décrites plus haut – éco-organisme unique, éco-organismes en situation de concurrence, crédits négociables et dispositif dirigé par les pouvoirs publics – ne déterminent que partiellement la répartition des fonctions de gouvernance des systèmes de REP. D'une manière générale, l'attribution des fonctions associées à l'accréditation, au suivi, à l'établissement de rapports et au financement de l'administration décrites dans le présent rapport varie considérablement selon les systèmes de REP et les juridictions, et ce quelle que soit la structure de gouvernance. On peut noter que plusieurs fonctions sont exécutées par les organismes publics, les organismes centralisateurs et les éco-organismes des différentes juridictions sans suivre de schéma particulier :

- enregistrement des producteurs ;
- regroupement des données sur les ventes et les importations ;
- certification des éco-organismes ;
- affectation des zones de collectes, et
- suivi et vérification des comptes des entreprises de recyclage.

L'attribution de certaines fonctions répond en revanche à une logique précise : un éco-organisme ne pouvant par exemple pas certifier un autre éco-organisme[36], cette tâche incombe aux organismes publics ou parfois aux organismes centralisateurs, le cas échéant. Les organismes centralisateurs sont naturellement indispensables dans les systèmes à éco-organismes multiples. Dans de nombreux systèmes gérés par les pouvoirs publics, il n'existe pas d'éco-organisme. Étant donné qu'il requiert des pouvoirs légaux, le contrôle est pratiquement toujours exercé par les pouvoirs publics. Le tableau 3.1 résume les différentes façons dont sont attribuées les fonctions de gouvernance.

Tableau 3.1. **Répartition classique des fonctions de gouvernance dans les systèmes de REP**

Fonctions de gouvernance	Pouvoirs publics*	Éco-organismes	Organismes centralisateurs	Entreprises privées de traitement des déchets	Municipalités	Entités externes spécialisées
Formulation et évaluation des mesures	Principale	Parfois **	Rarement	Parfois **	Parfois **	Rarement
Opérations	Rarement	Parfois	Pas d'exemple	Principale	Principale	Pas d'exemple
Consultation des parties prenantes	Principale	Parfois	Parfois	Pas d'exemple	Principale ***	Parfois
Enregistrement des producteurs	Principale	Parfois	Parfois	Pas d'exemple	Pas d'exemple	Parfois
Accréditation des éco-organismes	Principale	Rarement	Rarement	Pas d'exemple	Pas d'exemple	Parfois
Recouvrement/versement des redevances des producteurs	Parfois	Principale	Rarement	Pas d'exemple	Pas d'exemple	Parfois
Coordination	Parfois	Parfois	Principale	Pas d'exemple	Rarement	Parfois
Suivi	Principale	Parfois	Parfois	Pas d'exemple	Parfois	Parfois
Contrôle	Principale	Pas d'exemple	Pas d'exemple	Pas d'exemple	Parfois	Parfois

Légende :
- Principale entité exerçant cette fonction
- Entité exerçant parfois cette fonction
- Entité exerçant rarement cette fonction
- Pas d'exemple d'entité exerçant cette fonction

* Le terme pouvoirs publics désigne les entités du secteur public participant à la formulation des mesures et à la supervision. Il n'inclut pas les autorités locales intervenant uniquement dans la fourniture de services.

** Ce sont les pouvoirs publics qui dirigent la formulation des mesures, mais les parties prenantes les plus importantes y participent souvent.

*** Les municipalités entretiennent des relations continues avec les citoyens, même s'ils n'occupent pas une position centrale dans les processus de consultation des parties prenantes.

Le tableau 3.1 souligne les nombreuses variations observées dans l'attribution des principales fonctions de gouvernance aux entités des systèmes de REP. Plusieurs sortes d'entités peuvent par exemple jouer un rôle dans la coordination ou le suivi. Cette variabilité et l'absence de commentaires sur les modalités d'organisation optimales dans les analyses portant sur les systèmes de REP de plusieurs juridictions laissent penser que ces modalités doivent refléter les conditions locales et que le critère des meilleures pratiques ne semble pas pris en compte ici. Autrement dit, on constate que pour nombre des fonctions principales de gouvernance, à quelques exceptions près, le type d'entité devant se charger d'une fonction donnée dans un système de REP n'apparaît pas clairement.

Néanmoins, des observateurs de la REP ont fait valoir qu'il importait de bien délimiter les fonctions des différentes parties prenantes pour assurer une bonne gouvernance (par exemple, Kalimo et al., 2012 ; 2014). Pour Monier et al. (2014d), s'il n'existe pas de modèle universel de répartition des responsabilités, « l'obtention de bons résultats dans le cadre de la REP résulte de la contribution de chaque partie prenante à un objectif commun, et des rôles précis devraient être définis à l'échelle nationale, en accord avec les obligations financières et/ou opérationnelles de chacun ». Quoden (2015) renvoie au « document de base sur le suivi des emballages »[37] élaboré aux Pays-Bas, où il a valeur juridique et présente une définition détaillée des rôles qui a vocation à servir de modèle pour assurer une répartition claire des fonctions.

Le rôle des municipalités dans les systèmes de REP

Le rôle des municipalités dans les systèmes de REP est un sujet controversé dans de nombreuses juridictions. L'un des objectifs de la REP consiste à décharger les autorités locales (et les contribuables) de la gestion des flux de déchets. La forme que prend ce recadrage soulève toutefois des questions importantes pour toutes les parties de la chaîne de la REP car elle suppose également un transfert du contrôle, des recettes et des coûts.

Contrôle municipal. Les municipalités affirment qu'elles assument les obligations légales et autres en matière de gestion des déchets et de santé publique dans leur communauté et devraient à ce titre avoir leur mot à dire sur la gestion des déchets au titre de la REP (Council of European Municipalities and Regions, 2013 ; Municipal Waste Europe, 2013). La collecte des déchets municipaux représente en outre souvent une importante source d'emploi que les autorités locales ne sont guère disposées à voir passer sous le contrôle d'entités extérieures (Tojo et Hansson, 2004). Elles peuvent par ailleurs se retrouver avec des actifs non amortis si des éco-organismes prennent le contrôle de la gestion des déchets. Les capacités utilisées dans les installations gérées ou financées par les pouvoirs publics pour le tri ou l'élimination des matières peuvent en effet être déplacées dans des installations gérées par d'autres entités ou bien les installations en place peuvent ne plus être utilisées, ce qui se traduit par une perte de recettes et des coûts de financement continus. Les questions de l'emploi et des actifs non amortis posent vraisemblablement plus de difficultés aux autorités locales qui fournissent directement des services de déchets qu'à celles qui sous-traitent ces services à des prestataires privés.

Dans la plupart des cas, la question centrale consiste à savoir si les autorités locales fournissent des services de collecte liés à la REP et dans quelle mesure leurs coûts sont pris en charge par les éco-organismes. Alors que certaines municipalités estiment que leur rôle s'avère essentiel pour garantir la santé publique et le contrôle démocratique, d'autres font valoir qu'un contrôle exercé par des entreprises est plus à même de favoriser l'efficacité et l'innovation (Valiante, 2015).

D'autres aspects du rôle des municipalités, tels que le financement des actions de sensibilisation du grand public et le degré de la consultation concernant les mesures et les opérations des systèmes de REP doivent également être pris en compte. La participation des municipalités aux différentes phases de la REP varie, elle peut ainsi :

- être obligatoire ou facultative ;
- être une prérogative de la municipalité ou s'effectuer en concurrence avec d'autres prestataires de services de collecte et de traitement ;
- comprendre une fonction de supervision et un rôle opérationnel ;
- être financé par le secteur ou les municipalités elles-mêmes, le financement pouvant dépendre des objectifs ou des performances.

En ce qui concerne la prestation de services, les municipalités ont généralement deux modes de fonctionnement à leur disposition (voir la section 2.2.1). Dans certains systèmes de REP, elles sont tenues, ou possèdent la prérogative, d'assurer la collecte et parfois le tri de certains déchets. Elles ont donc la possibilité de fournir elles-mêmes ou de sous-traiter ces services. C'est souvent le cas dans la filière Emballages, lorsque les programmes municipaux de collecte et de recyclage sont antérieurs aux réglementations sur la REP et aux obligations des producteurs. Les municipalités sont fréquemment remboursées de l'intégralité ou d'une partie des frais engagés pour les services fournis, le montant des remboursements étant fixé conformément à des règles précises. Dans d'autres systèmes de REP, les systèmes doubles décrits précédemment, elles peuvent se trouver en situation de concurrence avec des entreprises privées pour la collecte et le tri, et les éco-organismes ne sont pas obligés d'utiliser leurs services. Le graphique 3.6 illustre ces deux approches différentes.

Graphique 3.6. **Rôle des municipalités dans la collecte et le tri**

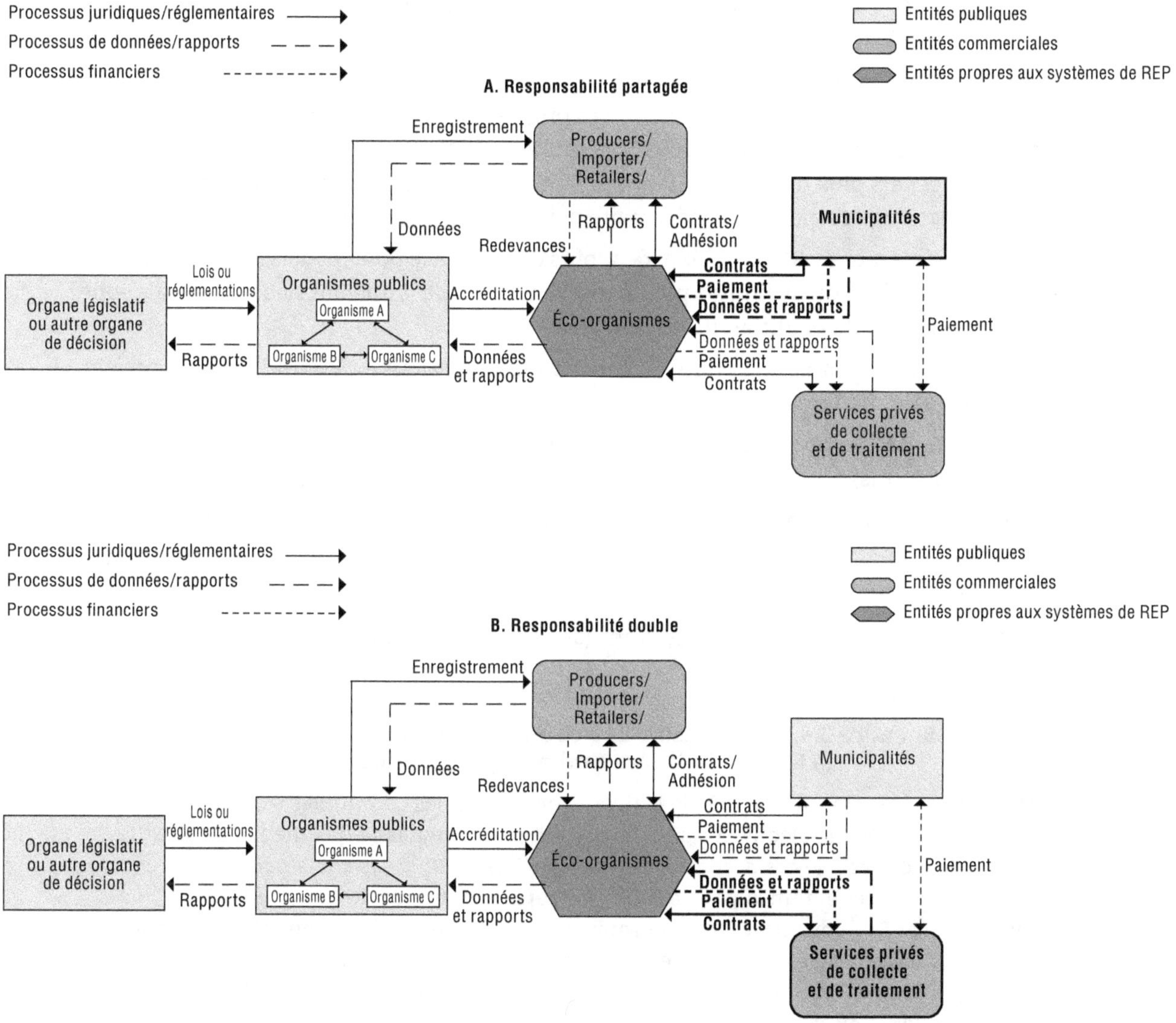

Note : Les entreprises privées de traitement des déchets peuvent être employées par l'éco-organisme si la municipalité décide de ne pas fournir ces services ou par la municipalité elle-même si elle sous-traite ces services. On peut considérer que l'enregistrement est effectué par les pouvoirs publics (qui enregistrent les producteurs) ou par les producteurs (qui s'enregistrent auprès des autorités publiques). Le choix du sens de la flèche correspondante est donc quelque peu arbitraire.

Note : L'éco-organisme sous-traite aux services privés de traitement des déchets ou y est intégré verticalement. Il peut aussi sous-traiter à la municipalité, mais n'y est pas obligé. Les éléments en gras indiquent la prééminence de la municipalité (2.6a) ou des services privés (2.6b).

Coûts et contrôle des coûts Les coûts représentent une source de litige majeure. Lorsque les municipalités ont pour mission de fournir des services de déchets, les producteurs (et les éco-organismes intervenant en leur nom) ne sont pas forcément en mesure de contrôler les coûts comme ils le souhaiteraient. Certains d'entre eux contestent ainsi la répartition même des coûts au sein du système local de la collecte des DEEE[38]. Ils s'efforcent parfois d'exercer un contrôle complet sur la collecte et le traitement des déchets, comme c'est le cas dans le système de REP des emballages et du papier imprimé de la Colombie britannique, où leur a été attribuée l'entière responsabilité financière et opérationnelle de la collecte et du traitement des déchets (Elliott, 2014 ; Sinoski, 2014). L'Ontario a procédé à un arbitrage formel entre les municipalités et les éco-organismes de la filière Emballages en raison de différends portant sur les coûts à la charge des producteurs (Armstrong, 2014). L'arbitrage a tranché en faveur des municipalités, mais les questions de fond n'ont pas été résolues (Bury, 2015).

Les tensions autour du coût des services fournis par les municipalités posent à la fois la question du rapport coût-efficacité des services proposés et des différences dans ces niveaux de services. Concernant ce dernier point, les municipalités souhaitent parfois assurer une collecte des déchets plus fréquente ou mettre en place un réseau de déchetteries plus vaste que ce que l'éco-organisme estime nécessaire pour remplir ses objectifs de REP.

Certains systèmes de REP ont défini des coûts de référence pour les services municipaux, qui servent de repères ou de limites pour déterminer ce qu'est un coût raisonnable. Ils sont fixés en tenant compte de différentes stratégies :

- remboursement de la municipalité en fonction d'une certaine quantité ou d'un certain pourcentage de matières collectées ;
- ajustements des remboursements en fonction de la qualité des matières collectées (niveau de résidus) ;
- définition d'un coût standard pour chaque composante des activités municipales ;
- définition d'un niveau de service standard au-delà duquel le remboursement n'est pas effectué ou est limité ; ou
- primes pour les services supplémentaires (sensibilisation du public, par exemple).

Encadré 3.4. **Attribution des coûts et niveau de services : la REP de la filière Emballages en France**

Dans le système français de REP de la filière Emballages, les communes sont chargées de procéder à la collecte sélective et au tri des déchets d'emballage des ménages. En 2012, l'objectif de recyclage de ces déchets a été porté à 75 %, et 80 % des coûts nets de référence supportés par les communes pour assurer un service optimisé de collecte et de tri sont remboursés par Eco-Emballages, l'éco-organisme de la filière et le système Point Vert chargé des déchets d'emballage des ménages, à condition que l'objectif de 75 % soit atteint. La majeure partie de la rémunération versée aux communes est constituée i) d'un paiement qui varie en fonction du niveau de performance (kilogrammes d'emballages recyclés par habitant et par an) (Cabral et al., 2013), ii) d'un paiement au titre des activités de sensibilisation, et iii) d'un paiement au titre de la déclaration des coûts liés aux objectifs environnementaux, économiques et sociaux, dont le but est d'inciter les communes à mieux surveiller leurs performances. Les contrats passés entre les communes et les prestataires de services ont une durée de 6 ans (Ministère français de l'Écologie, 2014). Les communes peuvent lancer des appels d'offres pour la reprise des matières (si elles souhaitent gérer la sous-traitance des services) ou faire appel à Eco-Emballages, qui garantit la reprise par l'intermédiaire d'opérateurs désignés par lui. Dans le second cas, les tarifs de reprise et les dispositions contractuelles sont les mêmes pour toutes les communes et non négociables (Monier et al., 2014e). Une étude récente a indiqué que les centres de tri étaient sans doute

Encadré 3.4. **Attribution des coûts et niveau de services : la REP de la filière Emballages en France** *(suite)*

trop nombreux, que les coûts supportés par les communes manquaient de transparence et que le calcul des coûts de référence ne tenait pas compte des différences observées entre les communes, si bien que les coûts de référence apparaissent supérieurs aux coûts réels (Monier et al., 2014e). La longue durée des contrats de service (6 ans) ralentit la mise en œuvre de changements dans l'organisation de la chaîne de la REP.

3.4.2. *Avantages et inconvénients des structures de gouvernance*

Dans une structure de gouvernance à éco-organisme unique (graphique 3.2), l'éco-organisme est presque toujours une entité à but non lucratif (l'éco-organisme italien du secteur des huiles usagées constitue l'une des rares exceptions en la matière). Une structure à éco-organisme unique présente l'avantage de simplifier le suivi, l'établissement de rapports et les consultations. Elle est également souvent plus transparente qu'une structure à éco-organismes multiples (EXPRA, 2013). On considère toutefois que l'absence de concurrence accroît le niveau des prix (les redevances demandées par l'éco-organisme aux producteurs). Certains craignent également qu'un éco-organisme unique ne détienne un trop grand pouvoir de marché sur les prestataires de services (situation de monopsone) (voir le chapitre 4) ou ne favorise les grands producteurs au détriment des petits. Il s'avère en fait aussi difficile de définir les avantages et les inconvénients d'une structure à éco-organisme unique que d'établir clairement s'il est préférable qu'un éco-organisme soit à but lucratif ou non (voir la section 3.2.5).

Dans une étude récente, Monier et al. (2014d) ont constaté que les DEEE étaient gérés par plusieurs éco-organismes dans chacun des sept systèmes de REP examinés. C'est souvent le cas des piles également. Les véhicules en fin de vie sont en revanche toujours gérés par un éco-organisme unique. La REP ne suit pas une tendance précise pour les autres catégories de produits.

Les autorités de la concurrence sont parfois à l'origine – entièrement ou en partie – du passage d'une structure de gouvernance à éco-organisme unique à un dispositif à éco-organismes multiples (voir le chapitre 5). Comme cela a déjà été indiqué plus haut, l'Office fédéral allemand de lutte contre les cartels a joué un rôle essentiel dans la transformation du système REP allemand de la filière Emballages, reposant initialement sur un éco-organisme unique à but non lucratif et comprenant désormais des éco-organismes multiples à but lucratif en situation de concurrence. Plus récemment, la Commission européenne a averti l'ARA, l'éco-organisme monopolistique à but non lucratif qui s'occupe des emballages en Autriche, qu'il abusait de sa position dominante sur le marché. La loi autrichienne régissant la gestion des déchets était déjà en cours de révision et une version modifiée a donc été promulguée ; en 2015, une nouvelle ordonnance sur les emballages, comprenant une définition plus claire des conditions, est entrée en vigueur, entraînant la création de plusieurs éco-organismes concurrents pour les emballages ménagers (Monier et al., 2014f ; Wollman, 2015).

Il est difficile de déterminer quel système, à éco-organisme unique ou à éco-organismes multiples, est préférable. On dispose de peu de données car les structures de gouvernance des systèmes à éco-organismes multiples tels qu'illustrés au graphique 3.3 reposent souvent sur des éco-organismes à but lucratif, qui limitent la communication des données financières et des autres informations de marché. En Allemagne, la mise en concurrence des éco-organismes de la filière Emballages a fait sensiblement baisser les coûts. Certaines parties prenantes font valoir que la concurrence a favorisé l'efficience et la flexibilité, entraînant ainsi une diminution des coûts. Pour d'autres, cette diminution est avant tout le reflet de la concurrence au niveau de la collecte et du traitement et non à celui des services fournis par les éco-organismes (Monier et al., 2014d). Par ailleurs, comme mentionné par Monier et al. (2014d), on observe peu de cas de concurrence réelle : lorsque coexistent plusieurs éco-organismes, le plus grand occupe généralement une position dominante. Ces auteurs ont examiné huit systèmes de REP à éco-organismes multiples et constaté que la part de marché de l'éco-organisme le plus important était de 48 % au moins et supérieure à 70 % dans bien des cas (Monier et al., 2014d). À partir d'une analyse de la REP sous l'angle du droit de la concurrence, le chapitre 3 fait valoir que la concurrence devrait être la règle dès lors que les systèmes de REP ont atteint un certain niveau de maturité.

Les systèmes comprenant des certificats de conformité négociables, comme le dispositif applicable aux emballages au Royaume-Uni, s'emploient à être efficaces et flexibles. L'efficience économique est mise en avant, les organismes affichant les coûts de mise en conformité les plus faibles ayant intérêt à dépasser leurs objectifs pour vendre leur excédent de certificats à ceux enregistrant des coûts plus élevés, ce qui contribue à diminuer les coûts moyens. La flexibilité provient du fait que les acteurs modifient leur stratégie de participation en fonction du coût à débourser pour obtenir ou pour acheter les certificats.

Comme cela a déjà été indiqué, le système britannique dissocie les producteurs du processus de vérification de la conformité. Certains déplorent ce procédé qui écarte totalement les producteurs de la réalisation des objectifs environnementaux et du respect des critères environnementaux. L'OCDE (2014a) souligne que rien n'empêche les entreprises d'adopter leurs propres normes pour préserver leur réputation par exemple. Cette dissociation des producteurs permet par ailleurs de concentrer le contrôle de la conformité réglementaire sur un nombre plus réduit d'entreprises (celles qui pratiquent le retraitement). Ce dispositif présente l'avantage – ou l'inconvénient – de ne pas tirer parti du sens des affaires des producteurs, considéré par certains comme inopportun mais par d'autres comme une composante importante de la REP.

Le système britannique est critiqué en raison de ses conséquences pour les municipalités (Cahill et al., 2011). Il n'est en effet pas conçu pour couvrir l'intégralité des coûts de la collecte et du traitement des déchets d'emballage et n'en prend généralement en charge que 5 à 10 % (Monier et al., 2014c). Dans la mesure où il est possible de respecter les obligations prévues par le dispositif en collectant des déchets auprès d'autres sources que les municipalités et que ces dernières peuvent toujours gérer des programmes de recyclage, elles bénéficient finalement assez peu du dispositif car une faible quantité des fonds apportés par les producteurs leur est reversée.

Les systèmes de REP dans lesquels les pouvoirs publics interviennent directement en recouvrant et en reversant les redevances, comme au graphique 3.5, sont moins fréquents. Ils existent en Chine pour les DEEE, au Taipei chinois pour tous les produits soumis à la REP, au Danemark et en Hongrie pour les emballages, ainsi que dans plusieurs États des États-Unis et dans la province canadienne d'Alberta. Le contrôle exercé par le gouvernement peut contribuer à intégrer les stratégies à d'autres objectifs de gestion des déchets. Cette forme de gouvernance est souvent envisagée par les pays en développement qui prévoient de mettre en place la REP (Manomaivibool, 2009). Le fait qu'aucune entreprise ne participe au recouvrement et au reversement des redevances indique toutefois que les obligations sociétales en matière de gestion des déchets ne sont pas transférées aux producteurs, qu'on ne tient pas compte du sens des affaires que ces derniers pourraient apporter et qu'on ne considère pas les forces du marché comme un facteur d'efficacité du système de REP[39]. Le secteur public ne se trouve par ailleurs pas nécessairement mieux placé que le privé pour assumer ces responsabilités. Il demeure néanmoins difficile de dégager des généralisations sur l'efficacité des structures de gouvernance dans lesquelles les pouvoirs publics perçoivent et reversent les redevances, telles qu'illustrées par le graphique 3.6, parce que la documentation relative à nombre de ces systèmes n'est disponible que dans la langue du pays concerné, que beaucoup sont récents et ne disposent pas d'un historique des données suffisant et que les contextes des pays adoptant ces systèmes sont extrêmement divers.

Selon Hickle, la REP représente une stratégie incitative, mais aussi une modification systématique de la mission des producteurs et des autorités locales et une transformation de la gouvernance de la gestion des déchets, qui peut refléter le dynamisme du marché mondial et favoriser le recours à des technologies à même d'améliorer la collecte, le tri et le traitement. À cet égard, les structures de gouvernance conservant aux pouvoirs publics un rôle central s'inscrivent peut-être dans une transition vers une autre stratégie plus ambitieuse.

3.5. Les ressources des pouvoirs publics

La littérature sur la REP examine avec beaucoup d'attention les coûts et les redevances dont doivent s'acquitter les producteurs et les autres acteurs de la chaîne de la REP, à juste titre car ces informations touchent au cœur des objectifs et du fonctionnement de la REP. La gouvernance des systèmes de REP nécessite toutefois l'intervention des organismes publics – formulation et évaluation des mesures, regroupement et gestion des données, accréditation, contrôle, etc. – qui ont besoin de ressources pour mener ces activités. Celles-ci, et les ressources correspondantes, sont séparées des services de gestion des déchets fournis par les autorités locales. Les ressources nécessaires à la gouvernance de la REP incluent l'autorité, le personnel et les moyens financiers.

Les systèmes de REP d'un bon rapport coût-efficacité diminuent les ressources nécessaires car ils permettent de dégager plus d'avantages sociaux et environnementaux nets que d'autres stratégies de gestion de l'environnement moins efficientes. Il importe de noter que lors de leur comparaison du rapport coût-efficacité des systèmes de REP, Monier et al. (2014d) ont constaté que les programmes les plus onéreux n'étaient pas forcément les plus efficaces. Bien que l'évaluation du rapport coût-efficacité soit indispensable à une utilisation optimale des ressources, elle n'est pas forcément évidente et peut ou non diminuer les dépenses d'administration des systèmes de REP à la charge des pouvoirs publics. C'est le coût supporté par la société dans son ensemble qui s'avère déterminant dans l'évaluation du rapport coût-efficacité. Le coût administratif des avantages sociétaux (les tonnes recyclées, par exemple) entre toutefois en considération dans l'élaboration des systèmes de gouvernance.

3.5.1. Autorité

Les organismes publics chargés de superviser les dispositifs de REP doivent posséder une autorité statutaire ou juridique suffisante pour pouvoir rassembler les données, définir des conditions et effectuer des contrôles auprès des entités de la chaîne de la REP. Dans le cadre du processus de demande de certification des éco-organismes, un grand nombre de systèmes de REP imposent à ces derniers de conclure des accords formels avec l'organisme public concerné, qui précisent leurs obligations respectives en matière de gouvernance, d'opérations, d'objectifs, de gestion financière, de collecte des données et d'établissement de rapports. Pour qu'une supervision efficace puisse être menée, l'organisme public doit être habilité à instituer ces accords et à les réviser, les révoquer, les amender et les remplacer (Philip Lee, 2014).

3.5.2. *Personnel*

Nous n'avons trouvé aucune étude portant sur les effectifs des organismes publics chargés de la supervision des dispositifs de REP. Il semble que les pouvoirs publics utilisent ou renforcent les effectifs déjà présents dans les organismes environnementaux ou apparentés pour remplir ces fonctions.

3.5.3. *Moyens financiers*

Le financement des activités de supervision de la REP par les pouvoirs publics n'est pas non plus bien documenté. Il n'est pas rare que les pouvoirs publics demandent aux producteurs de payer une redevance lors de leur enregistrement et/ou lors de la certification des éco-organismes (distincte de la redevance versée par les producteurs aux éco-organismes). Les redevances sont parfois prévues par la loi. En Californie par exemple, la loi sur la bonne gestion des peintures impose au producteur ou à l'éco-organisme le versement d'une redevance administrative pour couvrir l'intégralité des coûts d'administration et de contrôle (California Paint Stewardship Law, 2010). Cette redevance est intégrée à l'ensemble de celles payées par les producteurs. L'organisme chargé de la supervision du système de REP, le *Department of Resources Recycling and Recovery* (CalRecycle), prépare un budget administratif et facture ses dépenses à l'éco-organisme (Zarrehparvar, 2012).

D'après une étude conduite par SAIC (SAIC Energy, 2012b), les coûts[40] supportés par les autorités des États des États-Unis pour les systèmes de REP des DEEE, correspondant aux redevances d'enregistrement, s'échelonnaient de 0.05 à 0.28 USD par livre collectée. Dans les États enregistrant un taux de collecte supérieur, les coûts sont davantage de l'ordre de 0.01-0.02 USD par livre collectée. Il n'est pas précisé si les redevances d'enregistrement servent à payer l'intégralité ou une partie seulement des charges des pouvoirs publics.

Dans certains systèmes de REP, le financement des activités que l'on peut qualifier de secondaires, telles que la sensibilisation du public, les initiatives de prévention, la R-D associée à l'éco-conception, les campagnes anti-déchets, etc., incombe aux organismes publics (ou est demandé aux éco-organismes, aux organismes centralisateurs ou aux producteurs).

Les redevances imposées à titre de sanctions aux entités ne respectant pas leurs obligations de REP peuvent constituer des sources de financement supplémentaires. Il peut toutefois s'avérer problématique de compter sur ces sanctions dans la mesure où cela équivaut à une incitation maladroite à la mise en place d'un contrôle et où le flux de revenu demeure imprévisible.

Dans certains systèmes de REP, les pouvoirs publics utilisent une part des redevances payées par les producteurs pour financer leurs activités administratives. Le Taipei chinois impose ainsi aux producteurs une taxe utilisée ensuite pour mettre en place ou subventionner des services et des infrastructures dans le domaine des déchets. Une partie de ces recettes est employée pour les activités publiques (Ching-Wen, 2004). La Chine exige actuellement des producteurs une taxe sur les DEEE, dont le montant a été fixé de manière à ce que les recettes perçues soient inférieures au montant nécessaire pour la collecte et le traitement des déchets et que les autorités les reversent sans conserver aucun excédent (voir l'annexe D).

3.5.4. *Délégation et sous-traitance*[41]

Les pouvoirs publics diminuent souvent leur charge administrative, et indirectement, leurs coûts, en déléguant le suivi, la coordination et d'autres tâches administratives à des entités quasi et non gouvernementales. Cet aspect de la délégation se distingue largement du transfert des activités de gestion des déchets des municipalités aux producteurs.

Les éco-organismes sont généralement chargés d'organiser les services de collecte et de traitement auprès des entreprises de traitement des déchets et des municipalités. Ils s'occupent aussi souvent du suivi et des rapports relatifs à ces activités et transmettent ensuite les statistiques aux pouvoirs publics. L'étendue des services effectivement sous-traités aux éco-organismes par les organismes publics varie considérablement. Par exemple, l'éco-organisme responsable du recyclage des piles au Japon, le Centre de recyclage des piles rechargeables portables du Japon (JBRC), suit la remise des piles usagées par les distributeurs, entreprises et municipalités participant au système aux opérateurs qui les réceptionnent et les recyclent, et vérifie également les comptes des recycleurs (voir l'annexe G). Les éco-organismes du Danemark ont en revanche un rôle plus limité. Le système de REP des piles et des DEEE est supervisé par le ministère de l'Environnement par l'intermédiaire d'un organisme centralisateur, le Système danois de la responsabilité du producteur (Dansk Producentansvarssystem). La quantité de piles collectées est communiquée à ce dernier par les producteurs, les éco-organismes et les municipalités. La quantité des piles traitées lui est ensuite transmise directement par l'entreprise de traitement (Monier et al., 2014h).

Comme cela été précisé plus haut, le contrôle n'est généralement pas confié à des entités non gouvernementales car le pouvoir juridique ne peut pas être délégué. D'autres entités du système de REP peuvent toutefois être sollicitées de manière formelle ou non pour détecter les participants ne respectant pas leurs obligations. Ainsi, en République tchèque, la loi sur la REP impose aux détaillants et distributeurs de prendre en charge la reprise si leurs fournisseurs ne respectent pas la loi sur les emballages. Cette disposition s'avère très efficace pour lutter contre les passagers clandestins car elle incite fortement les distributeurs à s'assurer que leurs fournisseurs appliquent la loi (Monier et al., 2014g). Voir l'encadré 3.5 pour des informations plus détaillées.

Encadré 3.5. **Délégation de la gouvernance de la REP à des organismes extérieurs**

En Corée, la Korea Environment Corporation (KECO), entité publique instituée par la loi, supervise les activités concernant tous les produits soumis à la REP sur l'ensemble de la chaîne (voir l'annexe J). Ces activités incluent le regroupement des données sur les ventes de produits, le suivi et l'approbation des résultats du recyclage et l'administration de prêts à taux réduits accordés aux petites et moyennes entreprises de recyclage. La KECO est née de l'évolution des différents organismes fondés par les pouvoirs publics coréens. La Korea Resources Recycling Corporation (KORECO) a ainsi été créée dans les années 80 pour travailler sur le développement organisationnel et technologique. Elle a été remplacée en 2002 par la Korea Environment and Resources Corporation (ENVICO), consacrée principalement

Encadré 3.5. **Délégation de la gouvernance de la REP à des organismes extérieurs** *(suite)*

à la réglementation du système de REP. Enfin, en 2008, l'ENVICO est devenue la KECO, habilitée à contrôler le respect des critères d'éco-conception et de diminution des produits toxiques. Cette évolution illustre la transformation de la REP du pays. Dans les années 90, elle reposait sur un dispositif de remboursement des dépôts axé sur les producteurs, mis en place pour répondre aux difficultés que risquait de poser l'autonomie accordée depuis peu aux municipalités. Le système est devenu obligatoire en 2002, avec des responsabilités financières et physiques identiques à celles des dispositifs européens. Depuis 2008, le système, qui portait jusqu'alors essentiellement sur la collecte et le recyclage, comprend également des mesures favorisant l'éco-conception (Chung et Murakami-Suzuki, 2008 ; Manomaivibool et Hong, 2014).

Dans certains systèmes de REP, d'autres entités quasi et non gouvernementales jouent un rôle administratif, en s'acquittant de tâches habituellement dévolues aux organismes environnementaux. En Allemagne, la Chambre d'industrie et du commerce fait office de centre de données pour les emballages mis sur le marché conformément à l'ordonnance sur les emballages. La Société allemande de recherche sur le marché des emballages (Gesellschaft für Verpackungsmarktforschung, GVM), institut de recherche sur le marché des entreprises du secteur des emballages, réunit et classe les données transmises par les organismes publics allemands dans le cadre du processus de vérification du calcul des quantités d'emballages.

3.6. Observations sur les caractéristiques et les meilleures pratiques de la Gouvernance de la REP

3.6.1. Les difficultés à dégager des meilleures pratiques

Ainsi que l'a souligné l'examen de la répartition des fonctions au sein des systèmes de gouvernance de la REP (section 3.4.1), on relève peu de points communs entre les modes de participation des pouvoirs publics dans les différents dispositifs de REP. Qui plus est, il s'avère difficile de mettre en évidence les bonnes pratiques parmi les grandes tendances que l'on peut néanmoins observer, ce qui s'explique par la diversité des objectifs et des situations caractérisant les systèmes de REP dans le monde. Cela traduit aussi l'absence de données et d'analyses comparatives sur la gouvernance de la REP, à laquelle s'ajoute la multiplicité des facteurs influençant les résultats, qui rend d'autant plus difficile d'attribuer les performances d'un dispositif à une pratique de gouvernance donnée. Comme le notent Monier et al. (2014d), les systèmes de REP souffrent à la fois d'un manque de données et d'un manque d'harmonisation des données et des pratiques. Il convient de disposer de données précises pour parvenir à déterminer les causes et les effets des résultats de la gouvernance. Compte tenu du nombre de systèmes de REP existant dans le monde, les généralisations sont plutôt hasardeuses.

La limite entre politique et gouvernance s'avère tout aussi floue. Les questions relatives notamment à l'intégration ou non des produits en fin de vie aux dispositifs de REP, en incluant par exemple ceux issus des déchets ménagers ou des déchets commerciaux, ou encore un nombre limité de DEEE ou au contraire, une liste étendue de produits, relèvent a priori de la conception des mesures en la matière. Certains systèmes de REP comprennent toutefois une part de choix, laissée à la discrétion des producteurs et des éco-organismes.

La question de l'autorité chargée de prendre les décisions peut donc tenir à la fois de la politique et de la gouvernance. Elle s'ajoute à la liste des facteurs déterminant les résultats et les choix de gouvernance d'un système de REP donné, tels que, entre autres, la densité de population, la configuration historique et le degré de maturité des systèmes de gestion des déchets. L'avantage de cette situation est d'offrir de nombreux choix possibles, mais elle a pour inconvénient de ne pas faciliter les analyses.

Il convient d'examiner précisément même les pratiques de gouvernance qui semblent particulièrement intéressantes. On est tenté de rechercher des mécanismes qui se mettent en place sans intervention extérieure et génèrent les résultats attendus sans participation majeure des pouvoirs publics. L'exemple le plus parlant en la matière concerne les mesures incitant les producteurs participant aux dispositifs de REP à détecter les passagers clandestins qui se soustraient à leurs obligations. Il existe d'autres mécanismes visant à rendre une partie responsable de l'éventuelle défaillance d'un tiers, comme ceux qui reportent la REP sur les distributeurs si les producteurs ne respectent pas leurs obligations. Ces stratégies nécessitent toutefois de la volonté politique au moment de la formulation des mesures étant donné que les parties concernées par ce transfert des responsabilités y seront opposées.

3.6.2. Possibilités pour une meilleure gouvernance et une compréhension accrue

Tout n'est toutefois pas opaque ni irréalisable. La plupart des points importants mis en évidence par cette brève présentation des pratiques de gouvernance de la REP représentent en fait des éléments fondamentaux de bonne gouvernance : répartition claire des fonctions, suivi systématique et regroupement des données, transparence, contrôle, consultation des parties prenantes, ressources nécessaires à la supervision. Certaines caractéristiques sont propres à la REP. La transparence pose par exemple problème avec des éco-organismes à but lucratif, ce qui nuit à une évaluation bien documentée de la REP. Le contrôle, en particulier des entités qui collectent et traitent des produits en fin de vie en dehors des systèmes de REP, est indispensable à la protection de l'environnement mais aussi à la viabilité financière de la REP.

Il est possible de combler certaines lacunes générales des systèmes de gouvernance de la REP avec un investissement en temps et en efforts limité. De nombreux systèmes produisent des rapports d'évaluation des performances à l'intention des autorités de la juridiction compétente. Ils comprennent déjà des informations détaillées qui peuvent contribuer à améliorer l'appréhension des principales pratiques de gouvernance. La mise en place de quelques opérations supplémentaires permettrait de disposer d'informations sur les pratiques des différents systèmes. Par exemple, la compilation des redevances d'enregistrement demandées aux producteurs pourrait apporter des indications sur les fonds utilisés par les pouvoirs publics pour l'administration.

La réalisation d'études de cas comparatives précises pourrait résoudre certaines questions litigieuses. On pourrait ainsi comparer les systèmes à éco-organismes multiples à but lucratif et ceux à but non lucratif, ou les systèmes à éco-organisme unique à ceux à éco-organismes multiples. Pour que ces recherches soient véritablement utiles, elles devraient aller au-delà de la simple description des systèmes et du calcul du coût par tonne ou kilogramme de déchets collectés par habitant, afin de pouvoir prendre en compte les différents avis en présence et de les examiner dans le détail de manière empirique. Par exemple, dans leur critique des éco-organismes à but lucratif (voir la section 3.3.5), les éco-organismes à but non lucratif avancent des arguments bien précis. L'analyse de ces derniers pourrait faire progresser le débat opposant statut à but lucratif et statut à but non lucratif.

De même, les éco-organismes en situation de concurrence réduiraient les coûts de respect des obligations de la REP pour les producteurs (voir la section 3.5.2). Ces coûts pourraient faire l'objet d'un examen précis et être ajustés à l'ensemble des données pour refléter les différences de portée et de niveau de services des systèmes de REP. L'accès aux données serait problématique, mais la signature d'accords de non-divulgation et de rédaction des informations sensibles, comme ce fut le cas pour une étude sur la REP menée récemment en Irlande (RPS et al., 2014), pourrait atténuer ce problème.

Cependant, pour que des comparaisons complètes des systèmes de REP puissent être réalisées, il faudra disposer de données de meilleure qualité et mettre en place une plus grande harmonisation des systèmes.

3.7. Conclusion

Ce chapitre porte sur l'administration et la mise en œuvre de la REP du point de vue des pouvoirs publics. Il examine les fondements de la REP et le rôle des organismes publics dans les systèmes de REP, ainsi que les fonctions assumées par les parties prenantes, les différentes façons dont elles sont exercées et la manière dont sont financées ces activités. Le rapport s'intéresse avant tout aux composantes de la supervision assurée par les pouvoirs publics : suivi, coordination, contrôle et ressources. Il étudie également le rôle des municipalités et le statut juridique des éco-organismes (à but lucratif ou non).

Lorsque les pouvoirs publics ont adopté et mis en œuvre la REP, ils ont constaté que la simple délégation aux producteurs de la gestion en fin de vie ne permettait pas de réaliser leurs objectifs politiques. Des structures de gouvernance ont vu le jour, accompagnées parfois d'une révision de la politique en place, pour répondre aux besoins de suivi, de contrôle, de coordination et de consultation. Les gouvernements ont utilisé diverses formes de gouvernance pour les systèmes de REP de différents produits. Certains aspects de la participation des pouvoirs publics correspondent à la nécessité d'assurer la supervision des dispositifs de REP, tandis que d'autres corrigent des mesures incitatives manifestement déséquilibrées.

Quatre structures de gouvernance sont courantes dans la REP : un éco-organisme unique, des éco-organismes en situation de concurrence, des crédits négociables et un dispositif géré par les pouvoirs publics. Les systèmes présentent quelques types d'entités en commun : des organismes publics, qui définissent, contrôlent et évaluent les mesures et suivent et certifient les participants ; des éco-organismes, qui organisent et gèrent la collecte et le traitement des produits en fin de vie ; des organismes centralisateurs, qui rassemblent les données et allouent les zones de services ; des entreprises de gestion des déchets et des municipalités, qui fournissent les services de collecte et de traitement ; et, dans les pays en développement ou émergents, des recycleurs informels. Ces approches comportent de nombreuses variantes selon la nature et le nombre d'organismes en place et surtout selon la façon dont les fonctions de gouvernance leur sont attribuées.

Les conséquences du statut juridique des éco-organismes, à but lucratif ou non, sont largement exposées. Les éco-organismes à but lucratif sont apparus dans les systèmes de REP avec les éco-organismes en situation de concurrence, en particulier dans les filières DEEE et Emballages en Europe. Dans d'autres juridictions, la loi impose parfois aux éco-organismes d'être à but non lucratif. Il est difficile de distinguer les avantages et inconvénients des éco-organismes à but lucratif des effets provoqués par la décision de créer un éco-organisme unique ou des éco-organismes multiples.

Les fonctions de gouvernance de la REP englobent la formulation et l'évaluation des mesures ; les opérations (collecte et traitement) ; la consultation des parties prenantes ; l'enregistrement des producteurs et l'accréditation des éco-organismes ; le recouvrement et le versement des redevances ; la coordination des services ; le suivi des résultats techniques et financiers des producteurs, des éco-organismes, des entreprises de traitement des déchets, des recycleurs et des municipalités ; et le contrôle. L'obtention, la vérification et l'utilisation des données relatives aux performances et au respect des obligations sont des composantes essentielles de la gouvernance de la REP, qui nécessitent de profondes améliorations dans de nombreux cas. Un renforcement de la transparence et de l'harmonisation de la définition des données, ainsi que l'acquisition de bonnes pratiques sont indispensables pour améliorer le rapport coût-efficacité de la REP et parvenir à une bonne gouvernance.

Les ressources publiques nécessaires à la supervision des systèmes de REP incluent l'autorité juridique, les effectifs et les moyens financiers. Les redevances demandées pour l'enregistrement des producteurs constituent une source de financement courante, mais l'on dispose de peu d'informations sur les ressources employées par les pouvoirs publics à des fins administratives. Dans certains dispositifs de REP, les fonctions de gouvernance sont déléguées de diverses façons à des organismes non gouvernementaux et non environnementaux afin de diminuer les demandes de ressources affectées à la supervision de la REP dans les organismes centraux.

Le rôle des municipalités dans les systèmes de REP est aussi controversé. Le débat porte principalement sur le fait de savoir si, et de quelle façon, elles doivent participer à la collecte des produits en fin de vie au titre de la REP, ainsi que sur la manière de gérer au mieux les coûts si elles exercent effectivement cette fonction. Les systèmes de REP définissent de plus en plus des « coûts de référence », qui servent de repère ou fixent une limite aux coûts engagés par les municipalités et remboursés par les éco-organismes.

Cet examen de la gouvernance de la REP dément l'idée selon laquelle la REP serait une forme de privatisation et un moyen pour les pouvoirs publics de renoncer à leurs responsabilités. Les autorités de réglementation ont un rôle majeur à jouer et, au titre de la REP, les municipalités peuvent accroître leurs activités liées aux déchets ou les abandonner, selon de nombreux moyens différents. Dans le cadre de la REP, des municipalités peuvent collecter des déchets qui n'étaient pas gérés avant. Elles peuvent aussi exercer des fonctions réglementaires en supervisant les activités des producteurs et des éco-organismes de leur juridiction.

Les composantes traditionnelles de la bonne gouvernance – délimitation claire des fonctions, suivi systématique et regroupement des données, transparence, contrôle, consultation des parties prenantes et ressources nécessaires à la supervision – sont indispensables aux systèmes de REP mais font défaut dans nombre d'entre eux. Les meilleures pratiques propres à la gouvernance des systèmes de REP sont moins évidentes. La multiplicité des facteurs à prendre en compte limite et brouille les caractéristiques et les informations que l'on peut dégager sur le rôle des pouvoirs publics dans les systèmes de REP. Le présent rapport laisse entendre qu'il y a encore beaucoup à apprendre des stratégies et des structures de gouvernance de la REP.

ANNEXE 3.A.1

Définir un prix positif pour les produits et les matières en fin de vie

La présence dans les flux de déchets de produits et de matières ayant une valeur commerciale pose la question de savoir ce qu'est un déchet à prix positif.

Pour que le recyclage d'un déchet soit économiquement viable sans réglementation publique, subvention ou autre forme d'intervention sur le marché, la valeur du déchet doit couvrir la collecte, le tri, le traitement et le coût d'élimination des résidus. La collecte constitue un point particulièrement important car elle peut représenter une part disproportionnée du coût global du recyclage.

Les débats sur les produits en fin de vie de valeur n'établissent souvent pas clairement si le prix inclut le coût de la collecte ou s'il désigne simplement le prix proposé sur le marché du recyclage dès lors que les opérateurs de tri (installations de valorisation des matières), les intermédiaires ou les entreprises de traitement ont pris possession des produits en fin de vie. Il est difficile de prendre en compte les coûts de collecte de manière à définir un critère universel car certains produits en fin de vie sont déposés à un point de collecte par les ménages et autres producteurs de déchets (les DEEE, par exemple), alors que d'autres sont collectés à l'endroit où ils sont jetés, comme dans le cas de la collecte à domicile des déchets d'emballage.

Comme l'indique le tableau 3.A.1, la valeur des produits et matières varie selon leur position dans la chaîne de fin de vie.

Tableau 3.A.1. **Valeur des produits et matières aux différentes étapes de la chaîne de fin de vie**

Valeur des produits/matières aux différentes étapes de la chaine de fin de vie

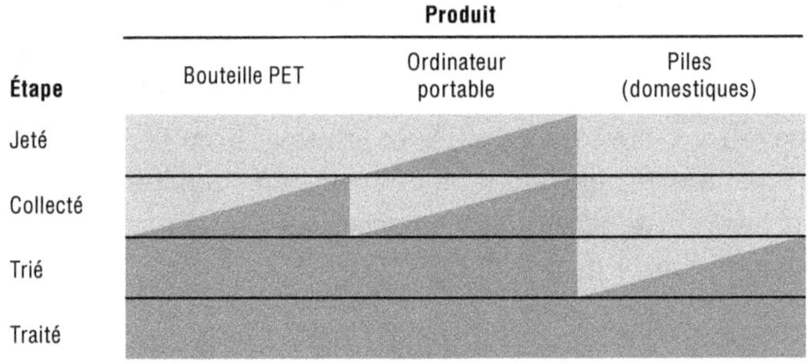

Note : Les cellules grises représentent des valeurs de marché négatives, les bleues, des valeurs de marché positives. Les cellules bicolores comprennent des valeurs négatives et positives, selon l'état des produits, les composants/matières et le marché.

Ce tableau indique les valeurs de marché positives ou négatives classiques de trois produits fréquemment gérés au titre de la REP. Il montre si les bouteilles PET, les ordinateurs portables et les piles (sèches) domestiques peuvent être vendus à un prix positif sans l'intervention des pouvoirs publics (avec un système de consignes par exemple) sur le marché des pays de l'OCDE. La situation s'avère très différente dans les pays en développement, où ce sont les marchands ambulants et les éboueurs qui collectent les produits en fin de vie, et n'est pas illustrée ici. Prenons l'exemple d'une bouteille PET : lorsqu'un ménage jette une bouteille usagée, c'est-à-dire vide, elle peut rarement être vendue. Si les bouteilles sont collectées de manière sélective, leur accumulation peut avoir un prix positif sur certains marchés (à l'entrée des installations de tri, disons). Si le flux des déchets comprend plusieurs types de produits recyclables, le fait que les bouteilles PET du flux aient une valeur positive dépendra fortement des conditions du marché. Une fois trié, lavé, puis transformé en flocons ou en granulés, le PET secondaire peut s'échanger entre 770 et 1 650 USD la tonne[42] sur n'importe quel marché.

Contrairement à ce qui se passe avec les bouteilles PET, les ménages peuvent avoir la possibilité de vendre un ordinateur portable, en fonction de son modèle, de sa vétusté et de son état. Lorsqu'ils sont déposés à un point de collecte et séparés des autres types de DEEE, les ordinateurs portables usagers non triés peuvent avoir un prix positif ou bien nécessiter de payer l'acteur qui se situe à l'étape suivante de la chaîne de fin de vie. Une fois triés (en fonction du modèle, etc.), les ordinateurs portables sont davantage susceptibles d'avoir une valeur positive selon les conditions du marché et le modèle en question. Après avoir été démontés et/ou retirés, certains composants ou matières ont généralement une valeur positive.

Comme les bouteilles PET, les piles domestiques usagées n'ont pas de valeur de marché pour les ménages qui veulent les jeter. Elles n'en ont pas non plus après avoir été triées par type. Seules certaines matières qui les composent, obtenues après les opérations de traitement, possèdent une certaine valeur de marché.

Notes

1. Dans le présent document, le terme « systèmes de REP » désigne les lois, les politiques, les structures de gouvernance et l'ensemble des organismes et des opérations impliqués dans la REP dans une juridiction donnée. Il englobe les institutions publiques et la chaîne de la REP, soit les entreprises de collecte et de traitement des déchets, les industries utilisatrices, les éco-organismes et les organismes centralisateurs. Les «dispositifs REP» est un terme plus étroit qui désigné les entités de la chaîne REP, en particulier les éco-organismes (PRO).
2. Sauf mention contraire, dans le présent rapport, le terme « produits » désigne à la fois les produits et les emballages soumis à la réglementation de la REP.
3. Dans quelques rares pays, des autorités locales appliquent une législation de REP qui leur est propre, ainsi que le décrit plus loin le présent rapport.
4. L'étude *Development of Guidance on Extended Producer Responsibility* (Monier et al., 2014d) réalisée récemment pour la Commission européenne par Bio-Deloitte constitue à cet égard une exception notable. Elle représente l'un des rares efforts déployés pour étudier les nombreux systèmes de REP de manière précise et systématique. Elle n'examine toutefois que 56 des 169 systèmes de REP existant dans l'Union européenne et ne traite pas des systèmes appliqués en Asie, en Amérique du Nord ou dans les pays en développement. Les recherches menées par Monier et al. constituent l'un des rares fondements permettant de dresser des conclusions sur les différentes juridictions.
5. Dans le présent document, le terme « systèmes de REP » désigne les lois, les politiques, les structures de gouvernance et l'ensemble des organismes et des opérations impliqués dans la REP dans une juridiction donnée. Il englobe les institutions publiques et la chaîne de la REP, soit les entreprises de collecte et de traitement des déchets, les industries utilisatrices, les éco-organismes et les

organismes centralisateurs. Les «dispositifs REP» est un terme plus étroit qui désigné les entités de la chaîne REP, en particulier les éco-organismes (PRO).

6. La gouvernance recouvre généralement les façons dont sont établies et exercées les autorités formelles et informelles. Le présent rapport s'intéresse surtout au rôle des pouvoirs publics et à la structure organisationnelle et à l'administration des systèmes de REP.

7. Les recycleurs peuvent refuser certains produits en fin de vie pour éviter les coûts ou les contraintes réglementaires liés à la dépollution, c'est-à-dire à l'extraction des substances ou éléments dangereux.

8. Par ailleurs, un grand nombre d'autres dysfonctionnements du marché non environnementaux peuvent concourir à l'inadéquation du recyclage et/ou à l'inefficacité d'une stratégie de définition du bon prix, tels que les coûts de transactions et de recherche sur les marchés des matières secondaires, les défauts d'information et l'incertitude quant à la qualité des déchets, les effets externes sur la consommation causés par produits dérivés des matières secondaires, les effets externes technologiques liés à la valorisation et à la réutilisation des matières secondaires et à la puissance du marché, et l'intégration verticale dans la valorisation des déchets (OCDE, 2005b). Les analyses n'établissent toutefois pas de lien entre les dysfonctionnements du marché non environnementaux et les caractéristiques particulières de la REP pour proposer une solution à ces dysfonctionnements, à l'exception de ceux associés aux effets externes technologiques (Nicolli et al., 2012).

9. Soulignons qu'il existe de nombreux comptes rendus anecdotiques portant sur l'éco-conception réalisée dans le cadre de la REP. Il manque des évaluations systématiques au plan national ou sectoriel reposant sur des méthodologies distinguant l'incidence de la REP sur l'éco-conception des autres facteurs susceptibles de modifier la conception. Pour un exemple des modifications de conception qui peuvent être associées à la REP, voir Klausner et al. (1998) et Lindhqvist et Lifset (1998). Dans une étude détaillée du programme japonais de REP concernant les appareils ménagers, Tojo (2004) fait valoir que les relations étroites entre producteurs et recycleurs suscitées par la REP ont encouragé l'éco-conception. Voir l'encadré 2.1 pour une description de la loi japonaise sur le recyclage de certains appareils ménagers.

10. Cette description ne tient pas compte du fait que le recyclage constitue en fait un objectif intermédiaire poursuivi pour parvenir à réduire différents types d'impacts sur l'environnement à divers stades de la chaîne de production. L'on peut ensuite considérer ces diminutions comme des moyens de réaliser d'autres objectifs sociétaux plus larges, comme l'amélioration de la santé humaine, la conservation des habitats et des écosystèmes, la protection des actifs économiques, etc.

11. Le prix positif d'un produit ou d'une matière en fin de vie ne traduit pas obligatoirement une absence de défaillance du marché si le recyclage est inférieur au niveau optimal. De même, un prix négatif n'indique pas nécessairement une défaillance du marché si le niveau du recyclage est approprié.

12. Le rapport CWIT souligne l'existence d'un large spectre de degrés de respect et de non-respect de la loi, qui vont d'infractions mineures commises de façon non intentionnelle par des individus à des activités illégales délibérées qui relèvent de la criminalité organisée. La catégorie statistique des exportations « non déclarées » recouvre donc à la fois des activités d'exportation anodines et d'autres qui sont plus problématiques (Huisman et al., 2015)

13. Dans le présent rapport, le terme « juridiction » désigne les autorités locales, les États, les provinces, les autorités nationales et supranationales, car l'utilisation de la REP ne se limite pas à l'échelle nationale.

14. Sauf mention contraire, dans le présent rapport, le terme « producteurs » regroupe les distributeurs, les détaillants et les importateurs lorsque la réglementation sur la REP prévoit leur participation.

15. La responsabilité individuelle des producteurs peut comprendre à la fois des systèmes gérés par des producteurs individuels et des systèmes dans lesquels les producteurs se partagent les responsabilités opérationnelles, mais demeurent responsables à titre individuel sur le plan financier (Dempsey et al., 2010 ; Mayers et al., 2013).

16. Le terme « responsabilité partagée » a plusieurs sens dans le contexte de la REP. Concernant le rôle des municipalités, il signifie qu'elles partagent un certain degré de responsabilité administrative ou opérationnelle, comme indiqué plus haut. Au Royaume-Uni, il désigne la répartition des responsabilités entre les acteurs de la chaîne d'approvisionnement (voir la présentation des systèmes de crédits négociables, plus loin). Aux États-Unis, la « responsabilité partagée des produits » a été préconisée par les industries opposées à la mise en œuvre d'obligation de REP (Lindhqvist et Lifset, 1997).

17. Les systèmes de consignation de récipients de boissons entrent également en concurrence avec les éco-organismes de la filière Emballages, mais cette concurrence porte sur les matières premières plutôt que sur les clients.

18. Certains voient dans le système de REP britannique ciblant les DEEE un système de crédits négociables. Or il existe entre lui et le système britannique de REP concernant les emballages des différences subtiles mais importantes, notamment en termes de transparence des tarifs. Pour plus de détails, voir Smith (2014).

19. *www.gov.uk/government/policies/reducing-and-managing-waste/supporting-pages/packaging-waste-producer-responsibility-regimes.*

20. Le terme « bonne gestion des produits » (« *product stewardship* » en anglais) prend un sens différent selon les pays et les groupes de parties prenantes. Aux États-Unis, il a souvent désigné dans les années 80 et 90 les programmes du secteur chimique destinés à gérer les produits et les substances potentiellement toxiques (tels que le programme Responsible Care), mais qui ne couvraient généralement pas les particuliers ni les déchets. Plus récemment, toujours aux États-Unis, des groupes de défense de l'environnement participant à la REP ont défini la bonne gestion des produits comme des mesures en vertu desquelles la responsabilité en matière de santé et d'impact sur l'environnement des produits pendant tout leur cycle de vie incombe en premier lieu aux producteurs. La REP constitue à cet égard un sous-ensemble de la bonne gestion des produits, portant sur la responsabilité du producteur pour la gestion en fin de vie des produits et des emballages (Upstream et al., 2012). Au Canada, les programmes de bonne gestion des produits affectent des responsabilités aux municipalités ou aux autorités des provinces, en utilisant les redevances prévues par la loi ou les fonds publics.

21. CONAI (Italie), EcoEmbes (Espagne), Ecopack (Bulgarie), ECO-ROM Ambalaje (Roumanie), EKO-KOM (République tchèque), Envipak (Slovaquie), Fost Plus (Belgique), Green Dot (Chypre), Greenpak (Malte), Nedvang (Pays-Bas) et Valorlux (Luxembourg).

22. Le manifeste abordait bien d'autres sujets que les arguments contre les éco-organismes à but lucratif.

23. Gorecki (2014) propose néanmoins une comparaison précise et intéressante des éco-organismes à but lucratif ou non dans le contexte irlandais.

24. Affaire C-41/90, Höfner et Elser contre Macrotron [1991] ECR I-1979 (« Höfner et Elser »), paragraphe 21, cité dans United Kingdom Office of Fair Trading (2011).

    Même si, par exemple, les entités à but non lucratif peuvent avoir des objectifs différents, à la marge, il est dans leur intérêt d'exploiter toute possibilité qu'elles peuvent avoir d'augmenter les prix, car les bénéfices ainsi engrangés servent à financer leurs objectifs (Philipson et Posner, 2009). Selon une analyse des travaux antérieurs sur les hôpitaux privés à but non lucratif aux États-Unis, aucune théorie économique ne corrobore l'hypothèse selon laquelle les entités à but non lucratif s'abstiendraient d'exercer leur pouvoir de marché au détriment du bien-être total ou de celui des consommateurs. Les études empiriques montrent que quasiment toutes exercent ce pouvoir en augmentant les prix (Dravone et al., 2012).

25. Pour des informations sur la loi de reprise des déchets électroniques adoptée, puis abrogée, dans la ville de New York, voir Cardwell et DePalma (2008). Concernant l'ordonnance de reprise des produits pharmaceutiques du comté d'Alameda, voir Almeda County Public Health (n. d.). Enfin, au sujet de l'ordonnance de reprise des produits pharmaceutiques du comté de King, voir King County & Seattle Public Health (2013).

26. Pour les besoins de ce rapport, il n'est pas nécessaire de différencier les formes d'autorités locales et les termes employés pour les nommer. De nombreuses appellations désignent des villes (municipalités, conseils, autorités locales), tandis que d'autres se réfèrent à un niveau d'administration situé entre la ville et l'État ou la province (le comté par exemple). Il importe surtout dans ce contexte de distinguer les niveaux d'administration qui formulent ou promulguent habituellement l'action à mener (autorités des États/provinces et nationales) de ceux qui fournissent les services (autorités locales).

27. Bien que la filière Emballages française soit techniquement gérée par deux éco-organismes, la principale partie prenante au second éco-organisme étant le premier éco-organisme, on peut estimer qu'il s'agit d'un système à éco-organisme unique.

28. Dans les systèmes de REP qui répartissent les responsabilités en fonction de la « part de retour », c'est-à-dire de la proportion des marchandises d'un producteur parmi toutes celles qui sont collectées pour le recyclage, les données nécessaires sont rassemblées par les éco-organismes ou les organismes centralisateurs, plutôt qu'au moyen de registres. D'autres systèmes attribuent les responsabilités selon les déchets produits, à partir d'un calcul de « mise sur le marché » dans lequel les chiffres des ventes sont corrigés de manière à refléter la durée de vie des produits. C'est le cas notamment des produits à longue durée de vie dont les ventes ne correspondent pas aux produits

mis au rebut enregistrés chaque année. Pour une discussion sur les modes de calcul de cette dernière approche dans la province canadienne de l'Ontario, voir Waste Diversion Ontario (2010).

29. Bien qu'elle soit une organisation à but non lucratif et dirigée par un conseil d'administration représentant les parties prenantes, l'ARMA est considérée au Canada comme un organisme gouvernemental parce qu'elle rend compte au ministère de l'Environnement (Alberta Recycling Management Authority, 2015 ; Lange, 2015 ; Kerr, 2015).

30. Les producteurs peuvent aussi choisir de ne pas présenter de plan et suivre à la place des prescriptions détaillées énoncées dans la réglementation.

31. Les plans de bonne gestion sont préparés et soumis par les éco-organismes pour le compte des producteurs participants. Ce sont donc les producteurs qui sont responsables au regard de la loi, ce qui transparaît dans la formulation des plans.

32. En vertu de cette loi, les consommateurs japonais paient une redevance destinée à financer la collecte et le transport des appareils ménagers. Le montant de la redevance est affiché au moment de l'achat, mais perçu au moment de sa mise au rebut (Hotta et al., 2014).

33. Les bilans massiques reposent sur le calcul des produits entrant et sortant (et des variations de stocks) sur les différents sites de la chaîne de la REP. Une différence entre les totaux obtenus indique que les données comportent des erreurs ou des disparités (Kleijn, 1999).

34. Le phénomène des passagers clandestins peut prendre des proportions considérables : en Allemagne, on estime que 25 à 30 % environ des emballages collectés auprès des ménages par le système de REP ne sont pas couverts par les redevances versées par les producteurs (Monier et al., 2014i). Il arrive que ce phénomène reflète les ambiguïtés de la législation sur la REP ou soit amplifié par celles-ci.

35. Au moment de l'élaboration du présent rapport, le résumé de l'étude *Countering WEEE Illegal Trade (CWIT)* venait d'être publié, mais l'examen détaillé de son contenu n'était pas encore achevé. Comme l'étude CWIT porte sur les DEEE dans l'Union européenne, où ces déchets sont gérés au travers de la REP, elle traite implicitement du contrôle dans le contexte de la REP. Des informations tirées de son résumé figurent dans le présent rapport, mais l'étude complète est susceptible de contenir davantage d'informations utiles dans l'optique du contrôle de l'application des lois et règlements en rapport avec la REP.

36. Sauf dans le Duales System Deutschland (DSD), en Allemagne.

37. *www.rijksoverheid.nl/documenten-en-publicaties/rapporten/2013/09/02/basisdocument-monitoring-verpakkingen.html.*

38. Des producteurs ont par exemple poursuivi la ville de New York lorsqu'elle a proposé la collecte à domicile des DEEE en vertu d'une nouvelle loi municipale sur les déchets électroniques (Gronewold, 2010).

39. Il importe de noter que les systèmes de REP comprennent trois sortes de concurrence : la concurrence entre les éco-organismes, celle entre les prestataires de services de collecte, de tri et de traitement et celle sur les marchés finaux des matières secondaires. L'absence de concurrence entre les éco-organismes n'empêche donc pas celle existant entre les autres acteurs du système de REP (Gorecki, 2014).

40. Les données concernent essentiellement 2010, mais celles de 2009 et 2011 sont également utilisées.

41. La délégation suppose un transfert des prises de décisions associées aux fonctions administratives. La sous-traitance, utilisée plus fréquemment dans le contexte des entreprises, indique que l'on passe un contrat avec une entité extérieure pour qu'elle réalise des activités pour lesquelles elle s'avère plus expérimentée. Cette distinction n'est pas significative dans le cadre du présent document.

42. Prix approximatifs aux États-Unis en 2014 (Dimino, 2015).

Références

Agrawal, V.V., A. Atasu et K.V. Ittersum (2015), « Remanufacturing, Third-Party Competition, and Consumers' Perceived Value of New Products », *Management Science*, vol. 61, n° 1, pp. 60-72.

Akenji, L., Y. Hotta, M. Bengtsson et S. Hayashi (2011), « EPR policies for electronics in developing Asia: An adapted phase-in approach », *Waste Management and Research*, vol. 29, n° 9, pp. 919-930.

Alameda County Public Health, Safe Drug Disposal (sans date), *www.acgov.org/aceh/safedisposal/index.htm?utm_source=Breaking+News+-+Alameda+Co.+PhRMA+Ruling&utm_campaign=alameda+co+lawsuit+ruling&utm_medium=email* (consulté le 21 septembre 2014).

Alberta Recycling Management Authority (2015), *www.albertarecycling.ca* (consulté le 9 septembre 2015).

Armstrong, R.P. (2014), *In the Matter of an Arbitration to Determine the 2014 Steward Obligation for the Blue Box Program*, Ontario.

Arnold, D. (2015), « Personal Communication with Arnold, D., Chief, Special Programs Branch, FAS Office of Acquisition Management », US Department of General Services, 5 octobre 2015.

Atasu, A. et R. Subramanian (2012), « Extended Producer Responsibility for E-Waste: Individual or Collective Producer Responsibility? », *Production and Operations Management*, vol. 21, n° 6, pp. 1042-1059.

Barde, J.-P. (2004), « Discussant Commentary on Political Economy of Implementing EPR-based Policy Instruments », in *Economic Aspects of Extended Producer Responsibility, Éditions OCDE*, Paris, *http://dx.doi.org/10.1787/9789264105270-en*.

Bell, V. (2013), « Better by Design: Evolving EPR fees call for better design choices », *Recycling Today*, 6 mai, *www.recyclingtoday.com/article/rt0513-extended-producer-responsibility-programs*.

Bisschop, L. (2012), « Is it all going to waste? Illegal transports of e-waste in a European trade hub », *Crime, Law and Social Change*, vol. 58, n° 3, pp. 221-249.

British Columbia Ministry of the Environment (2006), *Recycling Regulation Guide*, publié par B.C.M. o. t. Environment. British Columbia: British Columbia Ministry of the Environment.

Bury, D.R.W. (2015), Entretien avec Bury, D.R.W., Principal, Duncan Bury Consulting, 12 février 2015.

Cahill, R., S.M. Grimes et D.C. Wilson (2011), « Review Article: Extended producer responsibility for packaging wastes and WEEE – A comparison of implementation and the role of local authorities across Europe », *Waste Management and Research*, vol. 29, n° 5, pp. 455-479.

California Paint Stewardship Law (2010), « Chapter 420, Statutes of 2010 [Huffman, AB 1343] », State of California, États-Unis.

CalRecycle (2015), « Five Indicted in CRV Recycling Fraud Scheme: $14 million in fraud uncovered in multi-state investigation », *www.calrecycle.ca.gov/NewsRoom/2015/05May/10.htm* (consulté le 3 octobre 2015).

Cardwell, D. et A. DePalma (2008), « Two-Part Plan on Recycling of Electronic Gear Passes », New York Times, New York.

CCME (2009), *Canada-wide Action Plan for Extended Producer Responsibility*, Winnipeg, Manitoba, Canada.

CENELEC (2014), *Collection, logistics & Treatment requirements for WEEE. www.cenelec.eu/dyn/www/f?p=104:110:825655051826301::::FSP_ORG_ID,FSP_PROJECT,FSP_LANG_ID:1258637,55327,25* (consulté le 30 septembre 2014).

Ching-Wen, L. (2004), *Exploring Determinant Factors for An Extended Producer Responsibility Program in Taiwan: A Case Study of IT Productsthesis*, LUMES, Université de Lund, Lund, Suède.

CM Consulting (2013), *The WEEE Report: Waste Electrical and Electronic Equipment Reuse and Recycling in Canada -2013*, Peterborough, Ontario, Canada, CM Consulting.

Darnall, N. et S. Sides (2008), « Assessing the Performance of Voluntary Environmental Programs: Does Certification Matter? », *Policy Studies Journal*, vol. 36, n° 1, pp. 95-117.

Dempsey, M. et al. (2010), « Individual Producer Responsibility: A review of practical approaches for implementing individual producer responsibility for the WEEE directive », *INSEAD Faculty and Research Working Paper*, *www.insead.edu/facultyresearch/research/doc.cfm?did=45054*.

Dimino, R. (2015), « Entretien avec Dimino, R., Director of Public Policy », National Association for PET Container Resources, 23 janvier 2015.

Dinan, T.M. (1992), « Implementation issues for marketable permits: A case study of newsprint », *Journal of Regulatory Economics*, (Historical Archive), vol. 4, n° 1, pp. 71-87.

Dranove, D. et al. (2012), "Brief of *Amici Curiae* Economics Professors in Federal Trade Commission v. Phoebe Putney Health System (U.S. Supreme Court)," *Health Management Policy and Innovation*, vol. 1, *www.hmpi.org/pdf/HMPI-%20Town,%20Phoebe%20Putney.pdf; http://papers.ssrn.com/sol3/papers.cfm?abstract_id=2153979*.

Eichstädt, T. et W. Kalhlenborn (2002), « The Implementation and Technological Impact of Packaging and Packaging Waste Directive in Germany »,dans *A Directive Made to Fit: The Packaging and Packaging Waste Directive in Germany, France and Finland*, publié par W. Kahlenborn et R. Kemp, Berlin: Ecologic.

Environnement Canada (2013), « Responsabilité élargie des producteurs », *www.ec.gc.ca/gdd-mw/default.asp?lang=En&n=FB8E9973-1* (consulté le 9 mai 2015).

EPR Club (2013), « Manifesto for successful Extended Producer Responsibility for packaging », Bruxelles, Belgique : EPR Club, *www.eprclub.eu/upload/public/documents%20(public)/EPR%20Manifesto%202013%2001%2018.pdf*.

Extended Producer Responsibility Alliance (2013), *Best practices for successful EPR for packaging*, Bruxelles, Belgique.

Fan, K.S., C.H. Lin et T.C. Chang (2005) « Management and performance of Taiwan's waste recycling fund », *Journal of the Air and Waste Management Association*, vol. 55, n° 5, pp. 574-582.

Ferguson, M.E. et L.B. Toktay (2006), « The Effect of Competition on Recovery Strategies », *Production and Operations Management*, vol. 15, n° 3, pp. 351-368.

Galeano, S.F. (1996), *Extended product stewardship (EPS), a rational alternative to producer's sole responsibility*, Document présenté, Orlando, FL, USA.

Gorecki, P.K. (2014), « Competition in Extended Producer Responsibilty Schemes (Redacted): Review of the Producer Responsibility Initiative Model in Ireland: Annex to the Main Report », publié par l'Economic and Social Research Institute et Department of Economics and D. Trinity College, Department of Environment, Community and Local Government, Dublin, Ireland.

Gottberg, A. et al. (2006), « Producer responsibility, waste minimisation and the WEEE Directive: Case studies in eco-design from the European lighting sector », *Science of the Total Environment*, vol. 359, n° 1-3, pp. 38-56.

Gronewold, N. (2010), « Court Showdown Looms for NYC Electronics Recycling Law », The New York Times, New York City.

Gui, L.Y. et al. (2013), « Implementing Extended Producer Responsibility Legislation A Multi-stakeholder Case Analysis », *Journal of Industrial Ecology*, vol. 17, n° 2, pp. 262-276.

Harrison, K. (1998), « Talking with the donkey: Cooperative approaches to environmental protection », *Journal of Industrial Ecology*, vol. 2, n° 3, pp. 51-72.

Hickle, G.T. (2014a), « An examination of governance within extended producer responsibility policy regimes in North America », *Resources, Conservation and Recycling*, vol. 92, n° 0, pp. 55-65.

Hickle, G.T. (2014b), « Moving beyond the 'patchwork:' A review of strategies to promote consistency for extended producer responsibility policy in the U.S. », *Journal of Cleaner Production*, vol. 64, pp. 266-276.

Hotta, Y. (2013), « Recycling Policy: The Sound Material Cycle Society and 3R Concepts from Japan to Developing Asia », In *Waste as a Resource*, The Royal Society of Chemistry.

Hotta, Y., A. Santo et T. Otsuka (2015), « Entretien avec Hotta, Y., A. Santo, et T. Otsuka », Review comments on « The role of governance in extended producer responsibility », Paris.

Huisman , J. et al. (2007), *2008 Review of Directive 2002/96 on Waste Electrical and Electronic Equipment (WEEE), Final Report*, Université des Nations Unies, Bonn, Allemagne.

Huisman, J. et al. (2015), *Countering WEEE Illegal Trade (CWIT) Summary Report, Market Assessment, Legal Analysis, Crime Analysis and Recommendations Roadmap*, Lyon, France.

Ino, H. (2007), « Extended producer responsibility in oligopoly », *Economics Bulletin*, vol. 17, n° 6, pp. 1-9.

Kalimo, H. et al. (2012), « Greening the Economy through Design Incentives: Allocating Extended Producer Responsibility », *European Energy and Environmental Law Review*, vol. 21, n° 6, pp. 274-305.

Kalimo, H. et al. (2015), « What Roles for Which Stakeholders under Extended Producer Responsibility? », *Review of European, Comparative & International Environmental Law*, vol. 24, n° 1, pp. 40-57.

Kerr, S. (2015), « Entretien avec Kerr, S. », Review comments on « The Role of Government in Extended Producer Responsibility », Paris.

Khanna, M. (2001), « Non Mandatory Approaches to Environmental Protection », *Journal of Economic Surveys*, vol. 15, n° 3, pp. 291-324.

King County et Seattle Public Health (2013), « Overview of proposed Secure Medicine Return Rule and Regulation », *www.kingcounty.gov/healthservices/health/BOH/MedicineTakeback/overview.aspx* (consulté le 19 septembre 2014).

King, A.A. et M.J. Lenox (2000), « Industry self-regulation without sanctions: The chemical industry's responsible care program », *Academy of Management Journal*, vol. 43, n° 4, pp. 698-716.

Klausner, M., W.M. Grimm, et C.T. Hendrickson (1998), « Reuse of electric motors in consumer products: Design and analysis of an electronic data log », *Journal of Industrial Ecology*, vol. 2, n° 2, pp. 89-102.

Kleijn, R. (1999), « IN = OUT: The trivial central paradigm of MFA? », *Journal of Industrial Ecology*, vol. 3, n° 2-3, pp. 8-9.

Kunz, N. et al. (2014), « Extended Producer Responsibility: Stakeholder Concerns and Future Developments », Livre blanc, INSEAD Social Innovation Centre, Fontainebleau.

Lange, A. (2015), « Entretien avec Lange, A. », Review comments on « The Role of Government in Extended Producer Responsibility », Paris.

Lifset, R. (1993), « Take it Back: Extended Producer Responsibility as a Form of Incentive-Based Environmental Policy », *The Journal of Resource Management and Technology*, vol. 21, n° 4, pp. 163-175.

Lifset, R. (2014), « Extended Producer Responsibility: Insights from the Academic Literature », présentation faite au Global Forum on the Environment: Promoting Sustainable Materials Management through EPR. Tokyo, Japon, 17-19 juin 2014, Organisation de coopération et de développement économiques (OCDE).

Lindhqvist, T. (2000), *Extended Producer Responsibility in Cleaner Production: Policy Principle to Promote Environmental Improvements of Product Systems,* thèse, The International Institute for Industrial Environmental Economics, Université de Lund, Lund, Suède.

Lindhqvist, T. et R. Lifset (1997), « What's in a name: Producer or product responsibility? », *Journal of Industrial Ecology*, vol. 1, n° 2, pp. 6-7.

Lindhqvist, T. et R. Lifset. (1998), « A glimmer of success: EPR and the electronic data log », *Journal of Industrial Ecology*, vol. 2, n° 4, pp. 10-12.

Manhart, A. (2011), « International co-operation for metal recycling from waste electrical and electronic equipment », *Journal of Industrial Ecology*, vol 15, n° 1, pp. 13-30.

Manomaivibool, P. (2009), « Extended producer responsibility in a non-OECD context: The management of waste electrical and electronic equipment in India », *Resources Conservation and Recycling*, vol. 53, n° 3, pp. 136-144.

Manomaivibool, P. et S. Vassanadumrongdee (2011), « Extended Producer Responsibility in Thailand Prospects for Policies on Waste Electrical and Electronic Equipment », *Journal of Industrial Ecology*, vol. 15, n° 2, pp. 185-205.

Manomaivibool, P. et S. Vassanadumrongdee (2012), « Buying back household waste electrical and electronic equipment: Assessing Thailand's proposed policy in light of past disposal behavior and future preferences », *Resources, Conservation and Recycling*, vol. 68, pp. 117-125.

Mayers, C.K. (2007), « Strategic, financial, and design implications of extended producer responsibility in Europe – A producer case study », *Journal of Industrial Ecology*, vol. 11, n° 3, pp. 113-131.

Mayers, K. et al. (2013), « Implementing Individual Producer Responsibility for Waste Electrical and Electronic Equipment through Improved Financing », *Journal of Industrial Ecology*, vol. 17, n° 2, pp. 186-198.

Metzner, T. (2015), « Entretien avec Metzner, T. », Connecticut Department of Energy and Environmental Protection, 7 avril 2015.

Miller, T.R. et al. (2012), *Characterizing Transboundary Flows of Used Electronics: Summary Report*, Material Systems Laboratory, Massachusetts Institute of Technology, Cambridge, MA.

Monier, V. et al. (2013), « Study on The Quantification of Waste of Electrical and Electronic Equipment (WEEE) » dans *France: Household and Similar WEEE Arising and Destinations.*

Monier, V., M. Hestin, et J. Cavé (2014a), « WEEE in Denmark », in *Development of Guidance on Extended Producer Responsibility (EPR)*, Union européenne, Direction de l'environnement, Bruxelles, Belgique.

Monier, V., M. Hestin, et J. Cavé (2014b), « *Batteries in Denmark* », *dans Development of Guidance on Extended Producer Responsibility (EPR)*, Union européenne, Direction de l'environnement, Bruxelles, Belgique.

Monier, V., M. Hestin, et J. Cavé (2014c), « *Case Study on WEEE in the UK* » *dans Development of Guidance on Extended Producer Responsibility (EPR)*, Union européenne, Direction de l'environnement, Bruxelles, Belgique.

Monier, V., M. Hestin, et J. Cavé (2014d), *Development of Guidance on Extended Producer Responsibility (EPR)*, Union européenne, Direction de l'environnement, Bruxelles, Belgique.

Monier, V., M. Hestin, et J. Cavé (2014e), « WEEE in Ireland », *dans Development of Guidance on Extended Producer Responsibility (EPR)*, Union européenne, Direction de l'environnement, Bruxelles, Belgique.

Monier, V., M. Hestin, et J. Cavé (2014f), « Case Study on Packaging in Austria », in *Development of Guidance on Extended Producer Responsibility (EPR)*, Union européenne, Direction de l'environnement, Bruxelles, Belgique.

Monier, V., M. Hestin, et J. Cavé (2014g). « Packaging Waste in the Czech Republic », in *Development of Guidance on Extended Producer Responsibility (EPR)*, Union européenne, Direction de l'environnement, Bruxelles, Belgique.

Monier, V., M. Hestin, et J. Cavé (2014h), « Case Study on Packaging in the UK », in *Development of Guidance on Extended Producer Responsibility (EPR)*, Union européenne, Direction de l'environnement, Bruxelles, Belgique.

Monier, V., M. Hestin, et J. Cavé. (2014i), « Packaging Waste in Germany », in *Development of Guidance on Extended Producer Responsibility (EPR)*, Union européenne, Direction de l'environnement, Bruxelles, Belgique.

Monier, V., M. Hestin, et J. Cavé. (2014j), « Graphic Paper in Finland », in *Development of Guidance on Extended Producer Responsibility (EPR)*, Union européenne, Direction de l'environnement, Bruxelles, Belgique.

Morgenstern, R.D. et W.A. Pizer (2007), *Reality check : the nature and performance of voluntary environmental programs in the United States, Europe, and Japan*, Resources for the Future, Washington, DC.

Murray, F.E.S. et R.H.K. Vietor (1993), *Xerox: Design for Environment. In Business Management and the Natural Environment: Cases and Text*, publié par F.L. Reinhardt et R.H.K. Vietor, South-Western College Publishing, Cincinnati.

Nahman, A. (2010), « Extended producer responsibility for packaging waste in South Africa: Current approaches and lessons learned », *Resources Conservation and Recycling*, vol. 54, n° 3, pp. 155-162.

Nash, J. et C. Bosso (2013), « Extended Producer Responsibility in the United States Full Speed Ahead? », *Journal of Industrial Ecology*, vol. 17, n° 2, pp. 175-185.

Nicolli, F., N. Johnstone et P. Söderholm (2012), « Resolving failures in recycling markets: the role of technological innovation », *Environmental Economics and Policy Studies*, vol. 14, n° 3, pp. 261-288.

OCDE (2014a), « Instruments économiques innovants pour la gestion durable des matières », ENV/EPOC/WPRPW(2014)8.

OCDE (2014b), « The state of play on extended producer responsibility: Opportunities and challenges », *Issues Paper*, Forum mondial sur l'environnement, 17-19 juin 2014, *www.oecd.org/env/waste/gfenv-extendedproducerresponsibility-june2014.htm.*

OCDE (2013a), « Waste Management Services: Germany », DAF/COMP/WP2/WD(2013)47.

OCDE (2013b), « Quels enseignements tirer de la mise en œuvre de la responsabilité élargie des producteurs au cours de la décennie écoulée ? Revue de la littérature économique récente sur la REP », ENV/EPOC/WPRPW(2013)7/FINAL.

OCDE (2011), « Horizontal Agreements in the Environmental Context: 2010 », DAF/COMP(2010)39.

OCDE (2006), « Germany », dans *Environmental Regulation and Competition: Series Roundtables on Competition Policy*, OCDE, Paris, pp. 103-107, *www.oecd.org/regreform/sectors/37981581.pdf.*

OCDE (2005), « Improving Recycling Markets », ENV/EPOC/WGWPR(2005)3/FINAL.

OCDE (2003), *Les approches volontaires dans les politiques de l'environnement : Efficacité et combinaison avec d'autres instruments d'intervention*, Éditions OCDE, Paris, *http://dx.doi.org/10.1787/9789264101807-fr.*

OCDE (2001), *Responsabilité élargie des producteurs : Manuel à l'intention des pouvoirs publics*, Éditions OCDE, Paris, *http://dx.doi.org/10.1787/9789264289864-fr.*

Paben, J. (2015), « California beverage container program budget cuts off the table », *http://resource-recycling.com/node/5876* (consulté le 3 octobre 2015).

Parson, E.A. et E.L. Kravitz (2013), « Market Instruments for the Sustainability Transition », *Annual Review of Environment and Resources*, vol. 38, n° 1, pp. 415-440.

Philip, L. (2014), *Corporate Governance Report. In Review of the Producer Responsibility Initiative Model in Ireland*, Dublin, Irlande : Department of Environment, Community and Local Government.

Philipson T.J. et R.A. Posner (2009), "Antitrust in the Not-for-Profit Sector," *Journal of Law and Economics*, vol. 52, n°1, pp. 1-18.

Potoski, M. et A. Prakash (2013), « Green Clubs: Collective Action and Voluntary Environmental Programs », *Annual Review of Political Science*, vol. 16, n° 1, pp. 399-419.

Province of British Columbia (2004), *Recycling Regulation. In Environmental Management Act*, publié par M. o. t. Environment, Queen's Printer, Victoria, British Columbia.

Quinn, L. et A.J. Sinclair (2006), « Policy challenges to implementing extended producer responsibility for packaging », *Canadian Public Administration-Administration Publique Du Canada*, vol. 49, n° 1, pp. 60-79.

Quoden, J. (2014), « Experience from Packaging Recovery Organizations in Europe », présentation faite au Forum mondial sur l'environnement: Promoting Sustainable Materials Management through EPR. Tokyo, Japon, 17-19 juin 2014, Organisation de coopération et de développement économiques (OCDE).

Quoden, J. (2015), « Entretien avec Quoden, J. », Directeur général, Alliance de responsabilité élargie des producteurs.

Reinhardt, F.L. (2000), *Down to earth: Applying business principles to environmental management*, Harvard Business School Press, Boston, Mass.

Renckens, S. (2008), « Yes, we will! Voluntarism in US E-waste governance », *Review of European Community and International Environmental Law*, vol. 17, n° 3, pp. 286-299.

République de Lithuanie (2012), *Law on the Management of Packaging and Packaging Waste* dans n° IX-517, Vilnius, République de Lithuanie.

Røine, K. et C.Y. Lee (2006), « With a little help from EPR? Technological change and innovation in the Norwegian plastic packaging and electronics sectors », *Journal of Industrial Ecology*, vol. 10, n° 1-2, pp. 217-237.

RPS, ESRI, B. I. Service et Philip Lee Solicitors (2014), *Review of the Producer Responsibility Initiative Model in Ireland: Main Report (Redacted)*, publié par Trinity College Economic and Social Research Institute et Department of Economics, Department of Environment, Community and Local Government, Dublin, Irlande.

SAIC Energy, E. I., LLC. (2012a), *Evaluation of Extended Producer Responsibility for Consumer Packaging: Final Report*, Grocery Manufacturers Association.

SAIC Energy, E. I., LLC. (2012b), *Extended Producer Responsibility Evaluation*, Product Management Alliance.

Salmons, R. (2002), « A new area for application of tradeable permits: Solid waste management », *Implementing Domestic Tradeable Permits: Recent Developments and Future Challenges*, Éditions OCDE, Paris, *http://dx.doi.org/10.1787/9789264191983-en*.

Sander, K. et al. (2007), *Review of the WEEE-Directive: The producer responsibility principle of Directive 2002/96/EC on Waste Electrical and Electronic Equipment (WEEE) DG ENV*, Study Contract N° 07010401/2006/449269/MAR/G4. Ökopol GmbH.

Scarlett, L. et al. (1997), *Packaging, recycling, and solid waste*, Reason Foundation, Los Angeles, Californie, USA.

Sirena, H. (2013), « Is EPR harmonization sufficient/necessary? Why EPR guidelines at eu level are needed », dans *EPR revolution in the european context: On the Future of Extended Producer Responsibility Systems in the Waste Management Field*, ACR+, Bruxelles.

Spasova, B. (2014), *Competition among PROs and role of municipalities in an EPR system Case study of EPR for household packaging in Belgium, Germany and Austria*, thèse, International Institute for Industrial Environment Economics (IIIEE), Université de Lund, Lund, Suède.

Tietenberg, T. (2007), « Tradable Permits in Principle and Practice » dans *Moving to Markets in Environmental Regulation: Lessons from Twenty Years of Experience*, publié par J. Freeman et C.D. Kolstad, Oxford University Press, New York.

Toffel, M.W. (2004), « Strategic Management of Product Recovery », *California Management Review* vol. 46, n° 2, pp. 21.

Tojo, N. (2004), *Extended producer responsibility as a driver for design change: Utopia or reality?*, Université de Lund (Suède), Ann Arbor.

Tong, X. (2014), « Entretien avec Tong, X. », Professeur associé, Université de Pékin, 26 décembre 2014.

Tong, X. et L. Yan (2013), « From legal transplants to sustainable transition: Extended Producer Responsibility in Chinese Waste Electrical and Electronic Equipment Management Tong and Yan EPR in Chinese WEEE Management », *Journal of Industrial Ecology*, vol. 17, n° 2, pp. 199-212.

UE DG Environnement (2014), « Frequently Asked Questions on Directive 2012/19/EU on Waste Electrical and Electronic Equipment (WEEE) », Commission européenne, Direction de l'Environnement, Bruxelles.

Upstream, Product Stewardship Institute, and California Product Stewardship Council (2012), *Product Stewardship and Extended Producer Responsibility: Definitions and Principles*, Upstream, Product Stewardship Institute, California Product Stewardship Council, Athens, GA, USA.

Valiante, U. (2015), *Policy Brief: The Relative Economic Efficiency of Shared Responsibility versus the principled application of extended producer responsibility for printed paper and packaging*, Corporate Policy Group.

Varga, O. (2015), *Existing and Upcoming E-waste Legislations in Latin American Countries a Challenge for Producers of IT Equipment*, 1cc Compliance Consulting.

Vergara, S.E., A. Damgaard et D. Gomez (2015), « The Efficiency of Informality: Quantifying Greenhouse Gas Reductions from Informal Recycling in Bogotá, Colombia », *Journal of Industrial Ecology*.

Vermont Agency of Natural Resources (2013), *2013 E-Cycles Report to the Legislature*, Vermont Agency for Natural Resources.

Vermont Agency of Natural Resources (2014), *2014 E-Cycles Report to the Legislature*, Vermont Agency for Natural Resources.

Waste Diversion Ontario (2010), *Data Requirements for Monitoring Effectiveness and Efficiency of Waste Diversion Programs in Ontario: Program Targets and Reporting*, Waste Diversion Ontario, Ontario, Canada.

Waste Reduction and Management Division (2014), « Promoting Sustainable Materials Management Through Extended Producer Responsibility », *Canadian Waste Electrical and Electronic Equipment (WEEE) Case Study*, Environnement Canada.

WEEELABEX (2013), *Final Report: WEEELABEX*, LIFE Project Number: LIFE07 ENV/B/000041. WEEELABEX.

Wollman, H., Partner, Schönherr Rechtsanwälte gmbh (2015), « Entretien avec Wollman, H. », Partner, Schönherr Rechtsanwälte gmbh, 13 octobre 2015.

Yu, J. et al. (2010a), « Managing e-waste in China: Policies, pilot projects and alternative approaches », *Resources, Conservation and Recycling*, vol. 54, n° 11, pp. 991-999.

Yu, J. et al. (2010b), « Forecasting global generation of obsolete personal computers », *Environmental Science and Technology*, vol. 44, n° 9, pp. 3232-3237.

Zarrehparvar, M (2012), *California Architectural Paint Stewardship Program Plan*, PaintCare, Inc., Washington, DC.

Site web:

www.weeeblackbox.ie/website/faq.html.

La responsabilité élargie du producteur
Une mise à jour des lignes directrices pour une gestion efficace des déchets

PARTIE II

Chapitre 4

Concurrence et responsabilité élargie des producteurs

Ce chapitre examine les effets des systèmes de REP sur la concurrence dans les marchés. Alors qu'il y a consensus entre les différentes juridictions sur la manière d'évaluer ces effets, il y a aussi des différends. Entre autres choses, ce chapitre montre les idées largement répandues que : i) les mesures en matière de REP devraient favoriser la concurrence dans la mesure du possible ; ii) le monopole ne devrait pas être la structure par défaut pour les éco-organismes ; iii) les accords entre concurrents pour établir des éco-organismes devraient être évalués en externe ; iv) les autorités de la concurrence ne devraient pas opérer une distinction entre accords volontaires et accords parrainés par les pouvoirs publics ; v) les services tels que la collecte, le tri et le traitement des déchets devraient faire l'objet d'appels d'offre transparents et ouverts à la concurrence.

4.1. Introduction

La « responsabilité élargie des producteurs » (REP) est désormais un principe de politique environnementale largement reconnu à l'égard de certains produits. Nombreux sont les instruments qui peuvent encourager la mise en place de la REP, mais certains peuvent avoir un effet sur la concurrence sur les marchés de produits eux-mêmes et sur les marchés de gestion des déchets. Comment concevoir des dispositifs de REP à même d'atteindre les objectifs environnementaux et de protéger la concurrence sur les marchés ?

La REP implique que les producteurs s'acquittent des coûts de gestion de leurs produits lorsque ceux-ci deviennent des déchets. Des mesures de REP ont été mises en place dans de nombreux pays de l'OCDE pour les déchets d'emballage, les déchets d'équipements électriques et électroniques, les piles et accumulateurs, les pneus et les véhicules en fin de vie. Les produits pharmaceutiques, les meubles et les récipients de produits chimiques à usage agricole et vétérinaire en sont d'autres exemples. L'obligation de reprise imposée aux producteurs semble être l'instrument le plus utilisé, les redevances d'élimination préalables et le système de consigne étant les moins fréquents (OCDE, 2013).

La législation sur la concurrence des pays de l'OCDE et de beaucoup d'autres pays vise généralement à promouvoir l'efficience économique, très souvent en plus d'autres objectifs. Les lois définissent et interdisent les comportements anticoncurrentiels. Certaines interdisent en outre toute distorsion de la concurrence par les aides d'État ou par l'octroi de droits exclusifs par l'État. Les mesures de REP ont donné l'occasion aux autorités de la concurrence de rappeler l'importance d'une réglementation plus propice à la concurrence. Les entreprises et groupements d'entreprises engagés à assumer des obligations au titre de la REP ont parfois enfreint le droit de la concurrence :

> « Elles s'intéressent le plus souvent aux clauses limitant les services de collecte et de recyclage indépendants, aux clauses attribuant des quotas de produits recyclés aux producteurs en fonction de leurs parts de marché passées et aux clauses d'exclusivité ou assimilées empêchant les participants de traiter avec des tiers et contrecarrant ainsi la mise en place de systèmes concurrents de gestion et de recyclage des déchets » (OCDE, 2010, p. 13).

Ce chapitre se propose d'examiner les conséquences des dispositifs de REP pour la concurrence sur les marchés. Il s'inspire du chapitre sur la concurrence de l'ouvrage de l'OCDE intitulé Responsabilité élargie des producteurs : Manuel à l'intention des pouvoirs publics (2001).

La suite du chapitre se compose comme suit. L'introduction décrit les mesures de REP en mettant l'accent sur les systèmes collectifs de reprise. La deuxième section présente brièvement les principes de concurrence appliqués aux dispositifs de REP. La troisième section examine les problèmes de concurrence que les dispositifs de REP ont posé ou sont susceptibles de poser sur quatre marchés, à savoir les marchés des systèmes collectifs, de collecte des déchets, de valorisation et d'élimination des déchets et de produits. La dernière partie identifie les domaines dans lesquels un certain consensus semble se dessiner sur la manière de traiter les problèmes de concurrence, de même que les domaines dans lesquels des divergences d'opinions semblent subsister. Ces divergences peuvent être liées aux différences entre les législations sur la concurrence et entre les produits eux-mêmes.

4.1.1. *Les instruments de REP*

Le présent document s'intéresse particulièrement aux préoccupations concurrentielles liées aux systèmes collectifs de reprise. Deux autres mesures de REP – les redevances d'élimination préalables et les systèmes de consigne – sont également prises en compte dans certains cas. D'après une récente enquête, les exigences de reprise sont les mesures les plus courantes (72 % des dispositifs de REP couverts par l'enquête) et s'appliquent à une grande variété de produits. Les deux autres instruments sont utilisés moins fréquemment, et représentent respectivement 16 % et 11 % des dispositifs couverts par l'enquête (OCDE, 2013). Un concept connexe, celui de « bonne gestion des produits », couvre non seulement les systèmes dans lesquels les producteurs sont responsables, mais aussi les systèmes dans lesquels les municipalités conservent leurs responsabilités de gestion des déchets et les étendent au recyclage et à la réutilisation. Dans le présent document, le terme « systèmes collectifs de reprise » désigne des systèmes dans lesquels les communes mènent des activités de gestion des déchets en échange d'un paiement versé par un groupe de producteurs assujettis à la REP. D'une façon générale, la collecte, le commerce, la valorisation et l'élimination illicites des déchets ne seront pas abordés dans ce document ; la gestion illicite peut, si elle revient moins cher que les pratiques légales, nuire aux marchés officiels et aux entreprises qui se conforment à la loi.

Une mesure de reprise des produits exige des « producteurs » d'un territoire (le terme incluant toute personne qui met un produit sur le marché dans ce pays) qu'ils récupèrent le produit en fin de vie. La reprise du produit s'accompagne généralement de réglementations qui imposent des objectifs de réutilisation, de collecte ou de recyclage. La reprise peut s'organiser de différentes façons : les producteurs peuvent récupérer les produits eux-mêmes ou par l'intermédiaire d'un système coopératif, ou acheter le service. Une redevance d'élimination anticipée est une redevance supplémentaire prélevée à la vente, dont les fonds servent à assumer les coûts d'élimination. Une mesure de consigne implique le paiement par l'acheteur d'une redevance au moment de la vente, qui lui sera ensuite remboursée si le produit est rapporté dans un point de collecte.

Les mesures de REP ne s'excluent pas mutuellement, par exemple, les producteurs peuvent prélever une redevance d'élimination pour couvrir le coût d'une obligation de reprise. De même, en ce qui concerne les déchets ménagers, il n'est pas rare que leurs différentes fractions soient soumises à des redevances, des quotas de recyclage, ou des interdictions de mise en décharge. En effet, il est reconnu en économie les instruments d'action (redevances, quotas et interdictions) doivent être au moins aussi nombreux que les objectifs visés (part des différents déchets à recycler ou réutiliser) (Tinbergen, 1967). En conséquence, il n'est ni surprenant, ni foncièrement inefficient, d'appliquer plusieurs instruments aux flux de déchets.

4.1.2. *Les marchés et leurs acteurs*

Les dispositifs de REP peuvent porter atteinte à la concurrence sur plusieurs marchés. Le premier d'entre eux est le marché de l'organisation des systèmes ou des solutions visant à répondre aux obligations de la REP, en d'autres termes, le marché des éco-organismes.

Des organisations de producteurs responsables (OPR), ou éco-organismes, sont souvent mises en place pour remplir les obligations de reprise imposées aux producteurs. L'éco-organisme peut parfois être créé par un groupe de producteurs ou par des entreprises de gestion des déchets, ou il peut être une entreprise indépendante et non liée. Un éco-organisme achète fréquemment les services d'entreprises de ramassage, de tri et de traitement des déchets, et veille également à l'exécution des contrats de manière à attester du bon accomplissement de la REP. Un éco-organisme compte ainsi plusieurs groupes d'utilisateurs : des producteurs et des prestataires de services de ramassage, de tri et de traitement des déchets. Un éco-organisme peut aussi acheter certains services, de ramassage des déchets notamment, aux communes. La structure des marchés des éco-organismes est variable : beaucoup sont des monopoles mais certains sont des oligopoles ou des marchés concurrentiels. Selon que l'éco-organisme est ou non propriétaire des déchets, il dispose ou non de leur valeur résiduelle. Dans certains cas, les éco-organismes peuvent eux-mêmes exécuter quelques services de gestion des déchets, et les sous-traitent dans d'autres. Compte tenu des différences dans les législations nationales, les marchés des éco-organismes ne dépassent généralement pas la dimension nationale.

La deuxième série de marchés concerne la collecte et le tri des déchets. Ces marchés sont en général de dimension locale à nationale, selon la nature des déchets et la source auprès de laquelle ils sont collectés. La collecte des déchets d'emballage assujettis à la REP produits par les ménages peut s'opérer de diverses manières : ramassage sur le trottoir, obligation pour les ménages de les déposer à des points de collecte ou encore collecte des déchets recyclables par des opérateurs informels, mais non illicites. Dans les pays de l'OCDE, le ramassage des déchets ménagers collectés en bordure de trottoir est la plupart du temps un monopole naturel local. Un monopole naturel est un marché où les conditions de coûts et de demande sont telles qu'il est moins onéreux pour une seule entité plutôt que deux ou plus d'approvisionner le marché. Pour cette raison, ce service de ramassage des ordures ménagères est généralement assuré par un monopole privé réglementé ou par un monopole municipal. La collecte à des points de regroupement peut permettre des économies d'échelle et de densité variables.

À l'inverse, le marché du ramassage des déchets recyclables des entreprises est souvent oligopolistique, c'est-à-dire exposé à la concurrence d'une poignée d'entreprises rivales. Ces marchés peuvent avoir une dimension locale ou nationale. Par exemple, le marché de collecte des piles et accumulateurs usagés contenant du plomb est national en Italie et en Pologne, et aux Pays-Bas, le marché des épaves est local tandis que le marché des matières recyclables provenant des épaves est provincial. La dimension géographique des marchés de collecte des déchets des entreprises dépend de différents facteurs, en particulier des restrictions juridiques et des coûts de transport.

Les déchets sont triés après avoir été collectés auprès des ménages. Le tri est réalisé dans des installations à intensité capitalistique relativement forte, qui bénéficient de ce fait d'économies d'échelle. L'expérience tend à montrer que l'échelle minimale efficace pour le tri est plus grande que pour la collecte. En d'autres termes, le niveau auquel le coût associé au tri est réduit au minimum est plus élevé que le niveau auquel le coût associé à la collecte ne l'est. En général, la collecte des déchets d'emballages commerciaux est suffisamment sélective à la source pour ne pas nécessiter un tri supplémentaire. Les déchets triés sont généralement transportés jusqu'à un point de groupage, où les charges hétérogènes livrées sont réorganisées en charges homogènes avant d'être expédiées vers des installations de traitement spécialisées. Un point de groupage permet des économies d'échelle. Cela signifie qu'un éco-organisme établi dans une filière de déchets pourra plus facilement intervenir dans une nouvelle filière dans la même zone géographique que ne le pourrait un éco-organisme dépourvu de point de groupage situé dans un lieu approprié.

La troisième série de marchés concerne les services de valorisation et d'élimination des déchets. Ces marchés peuvent avoir une dimension nationale, voire internationale, qui peut être affectée notamment par des restrictions juridiques, des coûts de transport, et des économies d'échelle. Les données d'une affaire ont ainsi fait apparaître que même si le commerce international d'épaves est limité par des obstacles juridiques, les pièces de rechange font de plus en plus l'objet d'un commerce international (décision de la Commission européenne 2002/204/CE (*ARN*), JO L 68/18, points 17, 18 et 72). Les déchets dangereux sont soumis à des conditions commerciales internationales plus strictes que les déchets non dangereux. Le marché sur lequel les matières secondaires sont vendues peut aussi inclure des matières premières primaires, comme cela semble être le cas des récipients en verre et du plomb.

Ces trois marchés ne pèsent pas du tout le même poids dans les coûts de gestion des déchets en vue de leur recyclage ou leur réutilisation dans les systèmes de REP. Selon une estimation, les services des éco-organismes représentent entre 5 et 10 % du coût total de la REP et la collecte et le tri, entre 60 et 80 %, le restant correspondant à la valorisation et l'élimination[1].

La quatrième série de marchés concerne les marchés de produits, c'est-à-dire, les marchés des pneus, des véhicules ou des biens de consommation sous emballage. Les marchés de produits tels que les pneus, les véhicules et les produits électroniques sont généralement de dimension nationale sinon mondiale. Les fournisseurs d'un marché de produits peuvent être de tailles très différentes. Selon la filière de déchets, un éco-organisme donné peut servir des fournisseurs de nombreux marchés de produits.

La relation entre ces différents marchés est au centre du présent chapitre. Le graphique 4.1 illustre les relations entre ces marchés et les types d'entreprises ou d'entités qui y opèrent. Si le

Graphique 4.1. **Les relations entre les marchés et leurs acteurs**

Les OPR avec une résponsabilité opérationnelle

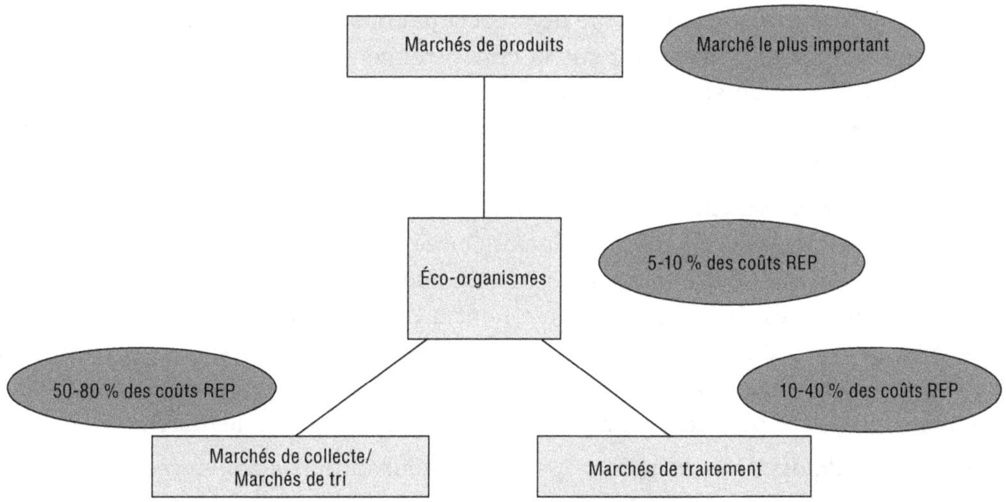

Note : Dans certains pays, la collecte, le tri, et parfois le recyclage, relèvent des compétences des communes. En conséquence c'est elles qui décident, et non les OPR, à qui confier ces services.

monopole est le moyen le plus efficace d'organiser la collecte, alors à quel moment la concurrence entre les éco-organismes est-elle efficace ? Les éco-organismes en situation de monopole sont-ils incités à préserver la concurrence sur les marchés où ils fournissent les services ? Quand est-il utile pour les entreprises qui exercent ces différentes activités de conclure un contrat exclusif avec un seul partenaire commercial ? Le comportement des éco-organismes peut-il affecter la concurrence sur les marchés de produits ?

4.1.3. *Le manuel de l'OCDE de 2001*

L'ouvrage de l'OCDE intitulé *Responsabilité élargie des producteurs : Manuel à l'intention des pouvoirs publics* (OCDE, 2001) relève un certain nombre d'effets potentiels sur la concurrence. Plusieurs d'entre eux concernent la concurrence sur les marchés de produits. En premier lieu, pour empêcher qu'une obligation de reprise ne constitue un obstacle à l'entrée sur le marché des produits, les éco-organismes doivent être ouverts à tout producteur des produits relevant de la compétence de l'éco-organisme. En effet, le Manuel met en garde non seulement contre le refus d'accès mais aussi contre la discrimination, qui peuvent tous deux désavantager certains concurrents sur les marchés de produits. Ces désavantages pourraient aussi fausser les marchés de produits. En second lieu, le Manuel met en évidence le risque de voir les producteurs se servir de leur coopération dans le cadre d'un éco-organisme pour couvrir une entente sur les marchés de produits. Dans le même ordre d'idées, les producteurs pourraient utiliser l'éco-organisme comme un moyen de répercuter les coûts inutiles liés au programme de REP, ou ils pourraient attribuer les surcoûts à l'éco-organisme pour augmenter le prix des produits et récupérer ces fonds sous forme d'excédent de dividendes en leur qualité de copropriétaires de l'éco-organisme.

Certains des autres effets potentiels sur la concurrence relevés dans le Manuel concernent le marché des éco-organismes eux-mêmes. Le Manuel encourage les pouvoirs publics à réduire autant que possible les obstacles réglementaires à l'entrée sur le marché des éco-organismes, par exemple en s'abstenant de donner un statut officiel à un éco-organisme particulier. De même, pour limiter le pouvoir de marché des éco-organismes vis-à-vis des producteurs et des vendeurs ou acheteurs des matières collectées, le Manuel invite les pouvoirs publics à mettre en concurrence les éco-organismes et les différentes organisations de producteurs.

Le Manuel soulève une autre série de préoccupations liée aux passations de marchés des éco-organismes et à leur effet sur la concurrence dans les services de collecte. Il encourage les éco-organismes à recourir à des procédures ouvertes, transparentes et concurrentielles, à signer des contrats qui ne soient pas d'une durée excessive, et à ne pas accorder de préférence aux municipalités ou aux opérateurs historiques.

Le Manuel relève également des problèmes de concurrence potentiels liés aux matières secondaires ou recyclées. L'un concerne la possibilité que les excédents de matières soient vendus « à un prix inférieur à leur valeur marchande », faisant ainsi du tort aux matières recyclées concurrentes. Un autre problème tient à l'obligation de donner préférence aux matières locales ou à l'indication d'utiliser des matières particulières, qui pourraient créer des obstacles à l'entrée. Le Manuel souligne aussi que la nécessité d'une inspection physique des matières recyclées peut constituer un obstacle à leur entrée sur le marché.

Après plus de dix ans, les préoccupations concurrentielles soulevées par le Manuel demeurent pertinentes. L'expérience montre que certains des problèmes identifiés se sont effectivement posés, de même que d'autres problèmes de concurrence qui n'avaient pas été envisagés.

4.2. Brève introduction aux principes de concurrence

Les législations sur la concurrence s'appliquent au comportement des entreprises. Elles imposent notamment des limites aux accords qu'elles peuvent conclure, aux informations qu'elles peuvent échanger et au comportement qu'elles peuvent adopter lorsqu'elles sont en position dominante sur un marché. Ces législations interdisent habituellement les fusions et acquisitions qui donnent ou peuvent donner lieu à une restriction de concurrence. Le droit de la concurrence de l'Union européenne et de quelques autres pays contient des dispositions sur les aides d'État, qui s'appliquent aussi aux subventions de l'État et à l'octroi de droits exclusifs. L'interaction entre la législation sur la concurrence et d'autres législations, par exemple sur l'environnement, est régie par les cadres juridiques nationaux.

La plupart des législations sur la concurrence visent à prévenir une dégradation du bien-être des consommateurs. La concurrence fait souvent baisser les prix, diversifie les choix et stimule l'innovation, autant d'effets qui améliorent le bien-être des consommateurs. Le droit de la concurrence vise à interdire les comportements qui empêchent le jeu de la concurrence, tout en étant conditionné par le cadre national quant à la façon de tenir compte des objectifs des autres lois. La législation nationale sur la concurrence a aussi souvent d'autres objectifs, lesquels varient d'un endroit à l'autre. Même si la plupart des évaluations d'impact sur la concurrence ne portent que sur les coûts et avantages économiques, certaines législations incluent un objectif d'intérêt général qui permet, dans un pays au moins, de prendre en compte les coûts et bénéfices environnementaux.

Dans de nombreux cas, notamment dans l'Union européenne et aux États-Unis, le droit de la concurrence s'applique aux entreprises indépendamment de leur appartenance (État, communes, secteur privé) et qu'elles soient ou non à but lucratif. Dans le droit communautaire, par exemple, toute entité menant une « activité économique » est assujettie au droit de la concurrence[2].

Le concept de « marché pertinent » revêt une importance capitale dans le droit et la politique de la concurrence. C'est un outil conceptuel qui structure l'identification des pressions concurrentielles qui s'exercent sur l'entreprise, ou les entreprises, visée(s) par une enquête. Lorsque le problème de concurrence concerne le comportement d'une entreprise du point de vue de l'offre et non de l'achat, les contraintes concurrentielles renvoient aux autres entreprises qui fournissent des biens ou services considérés comme substituables par les consommateurs. Les marchés pertinents sont redéfinis pour chaque enquête sur la concurrence. Dans le présent chapitre, on entend par marché pertinent un ensemble de produits suffisamment proches pour être jugés substituables entre eux par les consommateurs et qui mettent en concurrence leurs fournisseurs. La notion de « marché » désigne ici, de façon plus générale, des ensembles de marchés pertinents qui ont quelque chose en commun (services physiquement similaires par exemple), même si ces services sont fournis dans différentes zones géographiques. Les « marchés » sont également le lieu où s'opèrent des transactions, lesquelles ponctuent le processus physique. Dans le cas présent, si des transactions interviennent relativement fréquemment à un stade donné du processus physique, on parlera de « marché ».

Certains termes reviennent souvent dans ce chapitre et il peut être utile de les définir. Il y a monopole lorsqu'il existe un seul offreur sur le marché. Comparé avec une situation de concurrence parfaite, un monopole fixe des prix plus élevés, produit moins, et engrange des profits supérieurs à la moyenne. Il risque aussi d'être moins incité à réduire ses coûts ou à adopter de nouvelles technologies. Une entreprise se comporte en « passager clandestin» lorsqu'elle profite des actions menées par une autre sans payer sa part de coûts. Ce comportement peut arriver par inadvertance, par exemple lorsqu'un consommateur achète un produit assujetti à la REP à un fournisseur étranger ; dans ce cas ni le consommateur ni le fournisseur ne paye la gestion des déchets. Un obstacle à l'entrée peut être défini comme un facteur qui empêche ou dissuade l'entrée de nouvelles entreprises sur un marché alors que les opérateurs en place perçoivent des profits excessifs (OCDE, 1993, paragraphes 134, 91, 14). Un changement de coût fait référence à un même produit ou service ; si la qualité baisse mais que le coût nominal reste le même, le coût a augmenté.

Les trois sous-sections suivantes décrivent brièvement les caractéristiques du droit et de la politique de la concurrence, à savoir l'examen des accords, l'examen du comportement individuel des entreprises et, pour les pays européens, l'examen des règles en matière d'aide publique. Le présent document ne traite pas des questions liées aux fusions, dans la mesure où la REP ne semble pas soulever de questions particulières et sachant que l'examen des fusions est par ailleurs bien décrit dans les lignes directrices des différentes autorités. La dernière sous-section examine brièvement la façon dont les législations sur la concurrence interagissent avec d'autres lois.

La troisième section principale de ce document décrit les préoccupations concurrentielles que les dispositifs de REP soulèvent ou peuvent soulever. Des exemples viennent illustrer l'application de différents aspects du droit de la concurrence et mettent également en lumière les différences dans l'évaluation des accords entre concurrents et les compromis possibles entre les objectifs en matière d'environnement et de concurrence.

4.2.1. *Les accords*

Les accords sont répertoriés en fonction des liens entre les parties concernées. On considère généralement que les accords entre concurrents – accords horizontaux – représentent un risque plus important pour la concurrence que les accords entre fournisseurs à différents maillons de la chaîne d'approvisionnement – accords verticaux. Les accords entre concurrents sur les prix, la répartition des marchés ou des clients et les soumissions concertées – que l'on appelle collectivement des « ententes injustifiables » – sont généralement présumés anticoncurrentiels. De même, l'échange d'informations qui pourrait permettre de créer ou de surveiller une entente est généralement perçu comme contraire au jeu de la concurrence. Cela étant, un accord entre concurrents peut aussi générer des avantages économiques, raison pour laquelle des cadres analytiques ont été élaborés pour faciliter l'évaluation des effets sur la concurrence dans ces circonstances. Dans le contexte du droit de la concurrence, le terme « accord » a un sens large qui va bien au-delà du simple document signé et qui, dans certains pays, peut inclure les accords tacites.

L'accord de constitution d'un éco-organisme conclu entre des producteurs pour remplir leurs engagements de REP sera généralement considéré comme un accord de coentreprise fournissant des services de gestion et de recyclage des déchets. Contrairement aux ententes injustifiables, ces accords sont examinés au cas par cas, en se fondant sur les faits de chaque situation particulière pour procéder à une appréciation globale. Dans de nombreux pays, ces accords sont examinés dans un cadre analytique en deux temps, le premier visant à déterminer si l'accord est anticoncurrentiel, et le deuxième à évaluer les éléments de preuve fournis par ses partisans tendant à montrer que les avantages de l'accord l'emportent sur ses effets négatifs et qu'ils ne pourraient pas être atteints par des moyens moins anticoncurrentiels[3].

On peut citer comme exemple d'analyse en deux temps l'article 101 du Traité sur le fonctionnement de l'Union européenne (« TFUE »), qui est l'un des deux principaux articles sur la concurrence du droit de l'Union européenne. Le droit de la concurrence de l'UE est particulièrement pertinent dans la mesure où de nombreux accords de REP concernent des marchés de l'Union européenne. L'article 101, paragraphe 1, interdit les accords et les décisions d'associations d'entreprises susceptibles de contrarier la concurrence. Si un accord enfreint l'article 101, paragraphe 1, l'article 101, paragraphe 3, s'applique alors. Son objectif

> « consiste à déterminer les effets favorables à la concurrence produits par cet accord et à évaluer si ces effets favorables à la concurrence l'emportent sur les effets restrictifs sur la concurrence. La mise en balance des effets restrictifs et des effets favorables à la concurrence s'effectue exclusivement dans le cadre établi par l'article 101, paragraphe 3. Si une restriction de la concurrence n'est pas compensée par des effets favorables à la concurrence, l'article 101, paragraphe 2, stipule que l'accord est alors nul de plein droit » (Commission européenne, 2011, point 20, *notes de bas de page omises*).

Même si de nombreux pays suivent cette analyse en deux temps, ils ne prennent pas en compte les mêmes avantages. Pour de nombreux pays de l'OCDE, les avantages doivent être économiques, en termes par exemple d'économies de coûts, de qualité supérieure, de plus grande diversité ou d'innovation plus rapide, et doivent profiter aux utilisateurs du bien. Par exemple, l'amélioration de la gestion des déchets a été incluse dans la notion de « progrès technique ou économique », dans les avantages en termes de concurrence figurant à l'article 101, paragraphe 3, et dans les décisions de la Commission européenne dans les affaires VOTOB et DSD, décrites ci-dessous. En revanche, dans quelques pays, le droit de la concurrence applique un critère d'utilité publique qui tient compte des avantages et des inconvénients non économiques tels que les dommages causés à l'environnement, qui touchent les personnes qui n'utilisent pas le bien[4]. Lorsque les coûts – tels que les restrictions à la concurrence – sont importants, se pose alors la question de la manière d'évaluer les dommages non économiques tels que les dommages à l'environnement, et celle de savoir si l'autorité de la concurrence dispose des compétences nécessaires pour le faire (OCDE, 2010).

Les accords horizontaux aux États-Unis

Deux autres grandes juridictions, les États-Unis et le Canada, suivent des processus différents. Selon le droit de la concurrence américain, on examine d'abord si un accord entre concurrents relève de la catégorie des accords illégaux en soi (US FTC et Ministère américain de la justice, 2000). En effet, les accords relevant de cette catégorie ont toujours ou presque pour effet d'augmenter les prix ou de réduire la production, et à ce titre ne justifient pas la tenue d'une enquête. Les accords de fixation des prix ou de la production, les soumissions concertées ou les accords de répartition des clients, des fournisseurs, des zones géographiques ou des branches d'activité en sont des exemples. Tous les accords qui n'entrent pas dans cette catégorie doivent être examinés en appliquant la règle de raison. Elle consiste à mener une enquête factuelle sur les effets d'ensemble de l'accord sur la concurrence. L'enquête est modulable, en fonction de la nature de l'accord et de la situation du marché.

L'analyse basée sur la règle de raison est réalisée en comparant la situation de la concurrence selon que l'accord existe ou pas. La principale question est de savoir si l'accord donne la possibilité ou incite à tirer profit d'une augmentation des prix, d'une diminution de la production ou de la qualité, ou d'un ralentissement de l'innovation.

Lors de la première étape de l'analyse, l'absence de pouvoir de marché peut permettre de conclure que l'accord, selon sa nature, est légal. Le pouvoir de marché pour un vendeur est la possibilité d'élever ses prix au-dessus du niveau concurrentiel pendant une longue période. Il est peu probable qu'il y ait pouvoir de marché si la part de marché cumulée des parties à l'accord est faible ou si les conditions d'entrée permettent selon toute vraisemblance à un nouvel entrant de soutenir efficacement la concurrence. Certains accords portent sur des questions qui n'ont que peu d'incidences sur la concurrence. À l'inverse, si des atteintes à la concurrence ressortent clairement de la nature de l'accord ou si l'accord a déjà eu une incidence négative sur la concurrence, alors l'accord est illégal.

Si l'examen initial indique que des problèmes de concurrence peuvent se poser, alors l'accord est soumis à un examen plus approfondi. Si cet examen poussé ne révèle aucun risque d'atteinte à la concurrence, alors l'accord est légal. Dans le cas contraire, on cherche à déterminer si l'accord est « raisonnablement nécessaire » pour réaliser des « gains d'efficience vérifiables ». « Les 'gains d'efficience vérifiables' sont des gains d'efficience vérifiés par les autorités [de la concurrence], qui ne découlent pas de réductions anticoncurrentielles de la production ou du service, et qui ne peuvent pas être obtenus par des moyens pratiques sensiblement moins restrictifs » (US FTC et Ministère américain de la justice, 2000). « Raisonnablement nécessaires » ne signifie pas « essentiels ». Enfin, pour évaluer l'effet concurrentiel global d'un accord, on tient compte de l'ampleur et de la probabilité des atteintes à la concurrence et des gains d'efficience.

Les coûts et avantages environnementaux, comme d'autres objectifs de politique publique non liés à la concurrence, n'entrent pas dans le champ de l'analyse.

Les accords horizontaux au Canada

La loi canadienne sur la concurrence classe les accords entre concurrents en deux catégories, correspondant respectivement aux articles 45 et 90.1 de la loi (Bureau de la concurrence du Canada, 2009). La première catégorie comprend les accords conclus pour fixer les prix, attribuer des marchés ou limiter la production. Ils sont tous illégaux par définition. Cela étant, un accord de cette catégorie peut invoquer la défense fondée sur les restrictions accessoires s'il est directement lié à un accord légal plus large et s'il est raisonnablement nécessaire à sa réalisation. Il n'est pas nécessaire qu'il constitue la mesure la moins restrictive pour promouvoir l'objectif de l'accord plus large pour bénéficier de cette défense.

La deuxième catégorie d'accords comprend d'autres formes de collaboration entre concurrents. Ceux-ci sont interdits dans les seuls cas où ils sont susceptibles d'empêcher ou de réduire sensiblement la concurrence. Tout accord est évalué sur la base d'une enquête factuelle. S'il est anticoncurrentiel, alors il est illégal. Cela étant, si des économies de coûts et d'autres avantages tirés des gains d'efficience « dépassent et compensent » les éventuels effets anticoncurrentiels de l'accord, alors l'accord est légal. Comme aux États-Unis, ne sont pas prises en compte les économies de coûts découlant d'une baisse de production, de service, de qualité ou de diversité, non plus que la simple redistribution de gains ou les gains qui seraient réalisés si l'accord était interdit ou devait être modifié.

Cette brève description de la façon dont sont évalués les accords entre concurrents en vertu de trois différentes législations sur la concurrence montre des disparités subtiles mais importantes. Lorsque, par exemple, des concurrents se mettent d'accord pour facturer une redevance modique pour le recyclage, ces disparités peuvent aboutir à des décisions différentes quant à la légalité de l'accord.

Les accords verticaux

La plupart des législations sur la concurrence évaluent l'effet des accords verticaux sur les consommateurs et sur la concurrence au cas par cas[5]. Les accords verticaux facilitent en général une meilleure coordination entre les fournisseurs de produits complémentaires et ce, dans l'intérêt des consommateurs. En revanche, ils peuvent aussi écarter des concurrents ou affaiblir fortement la concurrence. Pour sa part, un éco-organisme peut mettre en place un réseau d'accords verticaux parallèles avec plusieurs autres entreprises, par exemple des entreprises de collecte. Certains accords verticaux imposent à l'une des deux parties de traiter en exclusivité avec l'autre. S'il est vrai qu'un accord exclusif peut inciter les parties à faire des investissements de nature à renforcer l'efficience, un contrat exclusif ou un réseau de tels accords peuvent aussi nuire à la concurrence. Le cas peut se présenter lorsque des entreprises rivales ont besoin de produits qui restent indisponibles trop longtemps en raison d'accords exclusifs. Le risque d'atteinte à la concurrence est plus grand si une part importante du marché est fermée, si les accords exclusifs sont de longue durée et si l'entrée simultanée sur les deux marchés est difficile (RIC, 2013)[6]. Plusieurs affaires ont montré les effets sur la concurrence des réseaux d'accords exclusifs des éco-organismes prédominants.

En résumé, les accords horizontaux visant à fixer les prix, attribuer des marchés ou des clients ou à truquer les offres – que l'on appelle collectivement des « ententes injustifiables » – sont généralement présumés anticoncurrentiels par de nombreuses législations sur la concurrence. De même, l'échange d'informations qui peut permettre de créer ou de maintenir une entente est anticoncurrentiel. Mais un accord horizontal visant par exemple à mettre en place un éco-organisme pour assurer des services de collecte des déchets et de recyclage qui n'existaient pas auparavant sera le plus souvent évalué sur la base de son effet d'ensemble. L'examen au cas par cas des éléments précis de l'accord et de son contexte visent à identifier ses éventuels avantages et inconvénients. Tous les pays ne prennent pas en considération les mêmes avantages et inconvénients. Les accords verticaux sont évalués au cas par cas. Même s'ils génèrent souvent des économies de coûts qui profitent aux consommateurs, ils peuvent malgré tout nuire à la concurrence et aux consommateurs dans certaines circonstances.

4.2.2. Le comportement individuel des entreprises

Le comportement d'une entreprise unique, agissant seule, peut enfreindre le droit de la concurrence. Ce comportement est désigné différemment selon les pays. On parle entre autres d'« abus de position dominante » dans les pays européens, de « monopolisation » aux États-Unis et d'« utilisation abusive de pouvoir de marché » en Australie. Les définitions sont elles aussi différentes, même si elles exigent toutes au moins qu'une entreprise soit puissante sur un marché, ce que peut dénoter le fait de disposer de parts de marché qui se maintiennent à un niveau élevé sur un marché difficile à pénétrer. Une entreprise en position dominante qui abuse de sa situation enfreint le droit de la concurrence. L'existence d'un comportement abusif est déterminée au cas par cas. Le plus souvent, le comportement abusif consiste à exclure les concurrents ou à rendre l'entrée sur le marché plus difficile, même si l'exploitation des consommateurs, notamment la tarification excessive, constitue un abus dans certaines législations. Pour éviter de décourager la concurrence, l'« abus » n'est pas défini d'une manière trop large.

4.2.3. Les aides d'État

Les aides d'État, ou le soutien public aux entreprises, de même que les droits exclusifs, peuvent fausser la concurrence en permettant à des entreprises inefficaces de rester sur le marché ou d'alimenter davantage un marché qu'elles ne le feraient autrement.

L'article 107, paragraphe 1, TFUE définit les aides d'État comme « les aides accordées par les États ou au moyen de ressources d'État sous quelque forme que ce soit qui faussent ou qui menacent de fausser la concurrence en favorisant certaines entreprises ou certaines productions », dans la mesure où elles affectent les échanges entre États membres. Dans le cadre des instruments de REP, notamment les redevances d'élimination préalables, la question clé est de savoir si la redevance est obligatoire (Commission européenne, 2012, points 34 et 35). Même si les fonds sont administrés par un consortium privé indépendant des pouvoirs publics, s'ils sont alimentés par des contributions obligatoires et gérés conformément à la législation, alors ils sont considérés comme des ressources d'État au sens des règles en matière d'aide publique. Ce point a été relevé dans deux décisions relatives à des redevances d'élimination préalables à des fins environnementales, les unes applicables aux produits à base de viande et les autres aux véhicules neufs[7].

La méthode utilisée pour déterminer le montant des redevances pourrait aussi permettre de déterminer si une redevance d'élimination constitue ou non une aide d'État. Le service pour lequel une compensation est perçue doit être réellement fourni, la compensation ne peut excéder ce qui est nécessaire pour couvrir les coûts occasionnés, et les paramètres utilisés pour le calcul de la compensation doivent être déterminés à l'avance d'une manière objective et transparente. Le montant des « coûts nécessaires » peut être déterminé par le recours à une procédure d'appel d'offres ou par une analyse des coûts d'une entreprise moyenne, bien gérée, tenant compte d'un bénéfice raisonnable (Commission européenne, 2012, points 42 et 43).

Le seuil de 200 000 euros versés sur une période de trois ans peut dissiper les préoccupations liées aux aides d'État dans des dispositifs d'importance mineure (Commission européenne, 2012, point 41).

En résumé, les règles en matière d'aide publique visent à garantir que les subventions et les monopoles légaux ne faussent pas la concurrence. Les aides d'État ne sont généralement pas traitées par le droit de la concurrence en dehors de l'espace économique européen, qui inclut l'UE, ou des pays candidats à l'adhésion à l'UE.

Cela étant, dans chaque pays doté d'une législation sur la concurrence, la question se pose de savoir comment différents objectifs sociaux et de concurrence peuvent s'adapter les uns aux autres.

4.2.4. La législation sur la concurrence n'est qu'une législation parmi d'autres

Les cadres juridiques nationaux régissent la façon dont les lois qui poursuivent des objectifs différents, comme les lois relatives à l'environnement et à la concurrence, interagissent. Dans les pays de l'Union européenne, la question des liens qui unissent les législations sur la concurrence au niveau de l'Union se pose aussi. Il est possible de résoudre les conflits dans une affaire en poursuivant, par exemple, des objectifs environnementaux de la manière la moins anticoncurrentielle qui soit.

Dans l'étude d'une affaire où, par exemple, la législation sur l'environnement influe sur le comportement d'une entreprise, une distinction essentielle est établie entre le comportement qui est autorisé et le comportement imposé par la législation sur l'environnement. Dans de nombreux pays, le comportement anticoncurrentiel ne peut être soustrait à l'application du droit de la concurrence que si l'« autre » législation exige un comportement anticoncurrentiel, ou exclut tout autre comportement[8]. L'importance accordée aux considérations de concurrence durant la préparation d'une législation ou d'autres mesures publiques peut influencer la conception de ces mesures de façon à atteindre les objectifs visés sans trop nuire à la concurrence.

Une entreprise qui offre un service public est, comme les autres entreprises, soumise au droit de la concurrence. Dans l'Union européenne, l'article 106, paragraphe 2, TFUE concerne les entreprises chargées de la gestion de services d'intérêt économique général ou bénéficiant d'un monopole fiscal. Les États membres ne peuvent pas adopter de mesures contraires notamment aux règles de concurrence. Ces entreprises sont soumises aux règles de concurrence pour autant que leur application ne fasse pas échec à l'accomplissement des tâches qui leur sont imparties. La législation doit définir les obligations des entreprises et de l'autorité qui leur confie la mission particulière (Commission européenne, 2012, point 51).

Une affaire italienne offre un exemple de résolution de conflit entre le droit de la concurrence et une loi sur le service public. L'article 8 (2) de la loi 287/90 stipule que les dispositions du droit de la concurrence italien :

> « [...] ne s'appliquent pas aux entreprises qui sont chargées par la loi d'assurer des services d'intérêt économique général ou qui opèrent sur le marché en situation de monopole uniquement dans la mesure où cela est indispensable pour mener à bien les tâches spécifiques qui leur sont confiées ».

L'autorité de la concurrence a estimé que COBAT, le consortium qui coordonne la collecte des batteries au plomb usagées, avait enfreint le droit de la concurrence en attribuant notamment des quotas de batteries usagées aux entreprises de recyclage. Le tribunal de première instance a considéré que COBAT avait été mis en place pour servir des objectifs d'intérêt public et que son comportement relevait donc de la disposition précitée. Statuant en appel, le Conseil d'État a considéré que les restrictions à la concurrence n'étaient pas indispensables pour atteindre ces objectifs, et a donc confirmé l'infraction (OCDE, 2010, p. 64 et 65)[9].

La Recommandation de 2009 du Conseil de l'OCDE sur l'évaluation d'impact sur la concurrence indique, dans la section relative à la révision des politiques publiques qui restreignent indûment la concurrence, que « les gouvernements devraient adopter l'alternative la plus favorable à la concurrence compatible avec les objectifs d'intérêt public poursuivis, tout en tenant compte des coûts et avantages de la mise en œuvre».

4.3. L'expérience acquise en matière de concurrence dans la REP

Les dispositifs de REP peuvent avoir des conséquences pour la concurrence sur les marchés de la gestion des déchets et sur les marchés de produits concernés par la REP. Cette section décrit et illustre certains problèmes de concurrence qui se posent ou peuvent se poser. On procédera comme on l'a fait à la section 1.2 en commençant par évoquer les marchés des éco-organismes, puis les marchés de collecte des déchets et ceux de la valorisation et de l'élimination des déchets. La dernière section est consacrée aux marchés de produits comme les pneus, les voitures et les piles et batteries, par exemple. Les marchés de produits peuvent faire intervenir de très grands volumes d'échange, et toute atteinte à la concurrence entraînant une hausse des prix ou une baisse de qualité ou de choix, ne serait-ce que faible, peut entraîner d'importantes pertes en termes de bien-être des consommateurs[10].

Même si elle ne dresse pas un inventaire exhaustif des dispositifs de REP, la liste assez complète compilée par Kaffine et O'Reilly (OCDE, 2013) indique que les dispositifs de REP sont plus couramment utilisés dans les pays européens et nord-américains qu'ailleurs. Sur les 385 dispositifs énumérés, 167 sont mis en œuvre au niveau national en Europe et 179 au niveau provincial ou fédéral au Canada ou dans un des États des États-Unis. Sur les 284 dispositifs de reprise, les chiffres sont de 144 et 115, respectivement. Malgré cela, il semble que les affaires de concurrence portant sur des programmes de REP soient européennes pour la plupart, avec quelques affaires provenant d'autres juridictions. La raison exacte de cette disparité n'est pas claire. Pour la refléter, les discussions des données d'expérience portent pour l'essentiel sur les marchés en Europe.

4.3.1. *Les marchés des éco-organismes*

Les éco-organismes remplissent les engagements de REP des producteurs en organisant notamment la collecte, le tri et le traitement nécessaires des déchets spécifiés. Un éco-organisme peut être en situation de monopole ou de concurrence avec d'autres éco-organismes. Les producteurs peuvent aussi prévoir de remplir leurs propres engagements de REP, mais cela reste rare en pratique. De nombreux éco-organismes ont été initialement établis sous forme d'entreprises communes, et remplissaient les engagements de REP de tous les producteurs qui vendaient des produits spécifiés dans un pays donné. Cette section évoque d'abord certains des facteurs qui permettent de déterminer laquelle des deux est la plus efficace, de la situation de monopole ou de la situation de concurrence. Trois arguments sont communément avancés à l'appui du monopole des éco-organismes : l'activité bénéficie d'économies d'échelle ; un monopole permet de contrôler plus facilement le comportement de passagers clandestins ; et un monopole peut plus facilement être surveillé par les organismes de réglementation. Mais les monopoles se caractérisent aussi par une réduction des incitations à l'efficacité et, lorsqu'un service dispose d'un monopole légal, les acheteurs qui n'ont pas d'autre choix que de négocier avec le fournisseur monopolistique peuvent être exploités. Cet examen des arguments pour et contre le monopole repose en grande partie sur la théorie. L'expérience de comparaison des situations de concurrence et de monopole entre les éco-organismes sur des marchés similaires se limite aux quelques cas où la concurrence a remplacé le monopole. Si la concurrence obtient de meilleurs résultats que le monopole, des obstacles importants à l'entrée ou des coûts élevés de changement de fournisseur peuvent alors protéger un monopole ou une entreprise dominante. Ces points font l'objet des deuxième et troisième sous-parties de cette section. S'il est difficile pour de nouveaux éco-organismes de rivaliser avec les entreprises en place, alors la concurrence ne sera pas toujours possible. S'il est difficile pour un utilisateur – producteur ou prestataire de services de ramassage, de tri et de traitement des déchets – de passer d'un éco-organisme à un autre, la concurrence s'en trouve alors découragée directement et indirectement, en rendant l'entrée encore plus difficile. Les comportements qui suscitent des obstacles à l'entrée et des changements de fournisseur font l'objet de procédures de concurrence.

Le marché des éco-organismes a soulevé les questions suivantes relatives à la concurrence :

- La première est de savoir à quel moment un monopole constitue le moyen le plus efficace de remplir les engagements de REP. Le coût de gestion des déchets d'emballage en Allemagne a chuté de manière significative après l'introduction d'un certain nombre de changements, notamment la mise en place d'un régime d'appels d'offres pour la collecte et le tri et la mise en concurrence des éco-organismes et des services aux éco-organismes.

D'aucuns ont en outre constaté une baisse de qualité. Cela étant, les études comparant la structure commerciale des éco-organismes dans différent pays et pour différents flux de déchets ne permettent pas de trancher, et les caractéristiques de chaque marché conduiront probablement à des réponses différentes. Les principaux sujets de préoccupation portent sur les économies d'échelle, le comportement de passager clandestin des producteurs et la surveillance réglementaire. Un autre argument – selon lequel le monopole temporaire peut s'avérer nécessaire pour encourager l'investissement – pourrait valoir dans la phase initiale d'un programme de REP, en particulier lorsque les coûts et recettes à venir sont très incertains.

- Deuxièmement, la concurrence sur le marché des éco-organismes peut être éliminée par les conditions d'entrée difficiles faites aux éco-organismes rivaux. Certaines peuvent être structurelles, et d'autres stratégiques, lorsque le comportement des éco-organismes en place complique l'entrée sur le marché. Les enquêtes de concurrence ont identifié les contrats d'exclusivité à long terme avec les entreprises de collecte de déchets comme des obstacles supplémentaires à l'entrée. La mise en commun des infrastructures de collecte a été reconnue comme un moyen de pénétrer plus facilement sur un marché, y compris à l'échelle nationale. Interdire les contrats à long terme ou exclusifs avec les entreprises de collecte de déchets est une autre option.
- Troisièmement, la difficulté à changer d'éco-organisme peut nuire à la concurrence entre éco-organismes. Le coût associé au changement d'éco-organisme peut être influencé par un certain nombre de facteurs, comme l'intégration verticale, la structure des redevances, les accords verticaux exclusifs à long terme, et la non-portabilité des réserves financières.
- Enfin, même si l'on manque à ce jour de données d'expérience sur la question, les règles de compensation peuvent avoir une incidence directe sur la concurrence entre les éco-organismes.

Le monopole

Plusieurs facteurs permettent de déterminer si un monopole constitue le moyen le plus efficace de mettre en œuvre la REP pour un ensemble de produits. Chaque cas est différent, mais les économies d'échelle dont peut bénéficier l'activité, ou la façon dont le nombre d'éco-organismes a des répercussions sur les coûts engendrés par les passagers clandestins et sur le rapport coût/efficacité de la surveillance réglementaire sont des facteurs à prendre en considération. En règle générale, le principal argument invoqué à l'encontre du monopole tient au fait qu'il est souvent inefficace d'un point de vue économique. Dégagé de toute pression concurrentielle – du risque que les utilisateurs le délaisse pour une meilleure offre – le monopole est en général plus lent à chercher des solutions plus conviviales ou à moindre coût, et est moins incité à répercuter les économies de coûts sur les consommateurs. Il est regrettable de ne pouvoir répondre de façon empirique à la question de savoir dans quelles conditions les éco-organismes en situation de monopole sont plus efficaces que les éco-organismes concurrentiels. Malgré les données recueillies, le trop grand nombre de facteurs de coûts, qui varient selon les flux de déchets et les pays, empêchent de répondre à la question[11]. En accord avec la Recommandation du Conseil sur l'évaluation d'impact sur la concurrence précitée, nombreuses sont les autorités de la concurrence qui considèrent que toute restriction à la mise en place d'éco-organismes multiples ou à l'entrée de nouveaux concurrents doit être soumise à un examen critique au cours de la phase de conception, et que si des restrictions sont mises en place, elles doivent être levées le plus rapidement possible[12] (OCDE, 2013, p. 126).

Lorsque des producteurs établissent collectivement un éco-organisme pour exercer leur REP et que celui-ci se trouve en situation de monopole, cet éco-organisme peut être considéré comme une coentreprise productrice d'intrants (input production joint-venture – IPJV). Ce type de coentreprises devrait normalement être évalué au regard du droit de la concurrence au cas par cas, comme on l'a vu plus haut. Même si des économies peuvent en résulter, la théorie économique indique aussi certains effets négatifs possibles : une IPJV peut être utilisée pour permettre aux sociétés-mères de pratiquer une entente sur les prix, ou certaines sociétés-mères peuvent parasiter les efforts accomplis par les autres, ce qui compromet l'efficience de l'IPJV[13].

En résumé, trois arguments sont généralement mis en avant en faveur du monopole sur le marché des éco-organismes, et un quatrième argument est invoqué à l'appui du monopole temporaire. Ces arguments sont les suivants : 1) l'activité affiche d'importantes économies d'échelle par rapport à la demande du marché ; 2) le monopole permet de limiter à moindre coût le comportement de passager clandestin des producteurs ; 3) le monopole réduit le coût de la surveillance réglementaire ; et 4) le monopole temporaire incite davantage à faire des investissements risqués.

Lorsque d'importantes économies d'échelle sont réalisées, par exemple dans certaines collectes, elles ne doivent pas entraîner un monopole tout le long de la chaîne d'approvisionnement : les infrastructures de collecte peuvent parfois être partagées, ou allouées à différents éco-organismes à différents moments. L'ampleur du problème des passagers clandestins dépend à la fois des incitations à adopter ce comportement et des incitations à y mettre un terme. Les bénéfices de ce comportement seraient moindres si les redevances des éco-organismes l'étaient aussi, ce qui est théoriquement le cas lorsque les éco-organismes jouent le jeu de la concurrence. Certaines des méthodes utilisées pour résoudre le problème des passagers clandestins ont fait l'objet d'études, mais celles-ci n'ont pas permis de comparer leur efficacité sur les marchés des éco-organismes en situation de monopole ou de concurrence. En ce qui concerne la surveillance réglementaire, le montant de certains coûts directs peut augmenter avec le nombre d'éco-organismes, mais il en irait de même des informations dont pourrait disposer l'organisme de réglementation.

Les arguments en faveur d'un monopole temporaire dès le départ sont quelque peu différents. Si la mise en place d'un éco-organisme entraîne des coûts irrécupérables élevés et si les futures charges et recettes de l'éco-organisme sont incertaines, un monopole temporaire peut alors s'avérer plus efficace. Une concentration de la demande initiale peut en partie atténuer l'incertitude inhérente à toute nouvelle entreprise. Les autorités de la concurrence sont généralement d'avis que toute restriction à la mise en place d'éco-organismes multiples ou à l'entrée de nouveaux concurrents doit être soumise à un examen critique au cours de la phase de conception, et que si des restrictions sont mises en place, elles doivent être levées le plus rapidement possible (OCDE, 2013, p. 126). D'une façon générale, un monopole qui n'est soumis à aucune réglementation économique peut exercer un pouvoir de marché en augmentant les prix ou en abaissant la qualité, et est moins incité à réduire les coûts. Il en résulte une baisse d'efficacité et une baisse du bien-être des consommateurs.

Le pouvoir de marché – monopole et monopsone. Le problème du monopole tient au fait qu'il n'est pas soumis au jeu de la concurrence, c'est-à-dire au risque de voir ses utilisateurs se reporter sur une meilleure offre. Même lorsque les monopoles sont détenus par leurs utilisateurs, l'absence de pression concurrentielle peut les rendre inefficaces

(Ross et Szymanski, 2006). Lorsque la demande est obligatoire, le pouvoir de marché d'une entreprise monopolistique s'en trouve encore grandi dans la mesure où les utilisateurs ne peuvent pas l'écarter (voir encadré 4.1).

Encadré 4.1. **Le pouvoir de négociation dans un achat de service obligatoire**

Le faible pouvoir de négociation des détenteurs de déchets vis-à-vis d'un monopole a fait partie des arguments qui ont permis de conclure au rejet d'une fusion. Les deux principales entreprises polonaises de collecte et de recyclage avaient proposé de fusionner. La fusion a été jugée anticoncurrentielle et rejetée. Il a en effet été estimé que le monopole aurait fait face à une demande presque totalement inélastique dans la mesure où les détenteurs de déchets ne pouvaient traiter qu'avec les principales entreprises de collecte et de recyclage, quel que soit le prix. Par conséquent, l'entreprise monopolistique aurait augmenté les prix de manière significative et rentable (acquisition de Baterpol Sp. z o.o. par Orzel Bialy S.A., 5 mars 2009, citée dans OCDE, 2010, p. 81). Les producteurs concernés par la REP peuvent disposer d'options supplémentaires qui ne sont pas disponibles aux détenteurs de déchets sur ce marché et ainsi se trouver dans une meilleure position de négociation.

Une faible concurrence a notamment pour conséquence que les fournisseurs ne répercutent pas les économies de coûts sur les acheteurs. La répercussion des économies de coûts générées par la fusion mentionnée ci-dessus sur les détenteurs de déchets a été jugée « très improbable ». Par ailleurs, les entreprises de collecte et de recyclage en situation de monopole sont peu incitées à améliorer leur efficacité sachant qu'elles peuvent recouvrer leurs éventuelles pertes en augmentant les redevances. L'autorité de la concurrence norvégienne a recensé plusieurs cas où des monopoles détenus par des producteurs/ importateurs actifs dans le secteur de la collecte et du recyclage étaient exposés à des surcoûts, suggérant une certaine inefficacité (OCDE, 2006, p. 135). Une autre conséquence d'une faible concurrence est que les fournisseurs sont moins incités à adopter de nouvelles technologies plus économiques. L'adoption de techniques permettant un meilleur tri est associée à la mise en concurrence des éco-organismes allemands de la filière emballage : « [d]e nouvelles techniques de tri existaient déjà à l'époque du monopole de DSD, mais elles ne se sont répandues qu'après l'introduction de la concurrence » (OCDE, 2013b, p. 107). En pratique, cependant, il est difficile d'évaluer si le changement technologique est trop lent ou trop rapide.

Un monopsone ou un acheteur unique (généralement le cas des éco-organismes uniques qui achètent des services) génèrent des problèmes d'efficacité analogues. En comparaison d'une situation où ils pourraient négocier avec plusieurs acheteurs potentiels, les fournisseurs faisant face à un acheteur unique doivent accepter des conditions plus strictes. Dans le pire des cas, les prix bas imposés par un monopsone peuvent conduire les fournisseurs à quitter le marché.

Si l'autonomie en matière de REP était une solution de rechange envisageable pour les producteurs, le spectre d'une mise en conformité volontaire pourrait alors empêcher les éco-organismes de tirer pleinement parti de leur pouvoir de marché. L'autorité suédoise de la concurrence a cherché à savoir si une entreprise prise isolément pouvait raisonnablement répondre à ses obligations de REP sans adhérer à un éco-organisme. Elle a relevé que les éco-organismes étaient généralement contrôlés par « les principaux acteurs du marché ».

L'enquête « a conclu que les chances [d'autonomie] étaient généralement peu probables voire inexistantes ». (OCDE, 2006, p. 146). Cette conclusion semble indiquer que l'autonomie ne fait peser aucune contrainte significative sur la conduite des éco-organismes et que les fournisseurs qui rivalisent avec les principaux acteurs du marché dépendent de leurs concurrents pour les intrants nécessaires à leur production.

En résumé, un monopole qui ne fait l'objet d'aucune véritable menace concurrentielle – ou réglementation – peut exercer un pouvoir de marché notamment en facturant des prix élevés et en ne luttant pas contre l'inefficacité. Un tel monopole est moins incité à réduire les coûts, à adopter de nouvelles technologies plus économiques, et à répercuter les économies de coûts sur les utilisateurs (voir les points 53 et 54). Des arguments similaires s'appliquent aux acheteurs uniques ou en position dominante. Bien que ces arguments soient davantage d'ordre théorique, ils sont soutenus par un certain nombre de données empiriques. Une étude a conclu que l'autonomie des services de collecte et de recyclage n'était pas une menace réaliste (OCDE, 2006, p. 146). Une autre étude a jugé que certains éco-organismes en situation de monopole étaient exposés à des surcoûts (OCDE, 2006, p. 135). Dans une décision relative à une fusion, il a été considéré qu'un fournisseur de services en situation de monopole légal pourrait augmenter les prix à un niveau extrême (acquisition de Baterpol Sp. z o.o. par Orzel Bialy S.A., citée dans OCDE, 2010, p. 81). Combinées, ces conclusions semblent indiquer que si un éco-organisme est en situation de monopole, il aura et exercera un pouvoir de marché. Lorsqu'un éco-organisme en situation de monopole est géré par le secteur soumis à obligation, il existe un risque que celui-ci l'utilise pour exercer son pouvoir de marché en augmentant les prix, et que certaines entreprises dudit secteur resquillent ce qui réduit l'efficience de l'éco-organisme.

Les économies d'échelle. Le monopole peut toutefois s'avérer la structure la moins coûteuse pour approvisionner un marché. Si la technologie est figée, si les produits sont assez homogènes et si les économies d'échelle sont importantes, le marché peut alors être approvisionné à moindre coût par un monopole. Les économies d'échelle impliquent que le coût moyen est réduit au minimum à une échelle importante comparativement à la taille du marché. Les économies d'échelle peuvent par exemple être importantes si les déchets traités nécessitent des systèmes hautement spécialisés et impliquent des procédures d'autorisation lourdes (les deux entraînant des coûts fixes élevés), mais si les quantités sont relativement faibles. Si les mouvements internationaux de déchets sont limités, la demande peut alors être suffisamment faible pour permettre à un monopole de fournir ces services à un moindre coût.

Les coûts fixes élevés constituent une source possible d'économies d'échelle. Se pose alors la question de savoir si les coûts fixes supportés par un éco-organisme pour organiser la collecte, le transport et le traitement des déchets, de même que les coûts récurrents de surveillance, sont importants. Si ces coûts représentent une part relativement faible des coûts totaux, ils n'impliqueront alors pas d'économies d'échelle. La collecte profite souvent d'économies d'échelle substantielles et pourrait de ce fait permettre à un éco-organisme verticalement intégré de réaliser des économies d'échelle. Cela étant, si un accès partagé à l'infrastructure de collecte est matériellement possible, les économies d'échelle dans cette branche d'activité n'impliquent pas nécessairement des économies d'échelle pour les services des éco-organismes intégrés. L'autorité suédoise de la concurrence a fait valoir qu'une distinction entre le financement de la responsabilité du producteur et le financement de la collecte permettrait d'assurer un accès égal à l'infrastructure (OCDE, 2006, p. 146).

L'infrastructure de collecte a été partagée de différentes manières[14]. Les économies à plus petite échelle peuvent limiter la possibilité pour les producteurs de remplir eux-mêmes leurs obligations de REP, dans la mesure où les producteurs individuels collectent généralement des quantités de déchets plus petites que le marché national dans son ensemble.

Le problème des passagers clandestins. La réduction des coûts induits par les passagers clandestins est un autre argument en faveur du monopole des éco-organismes. On parle de passager clandestin lorsqu'une entreprise tire profit des actions et des efforts d'une autre sans en supporter ou en partager les coûts. Ce problème se pose lorsqu'il est difficile d'exclure les utilisateurs qui ne paient pas. Le resquillage n'incite pas à fournir un bien ou à assurer un service et peut même dans un cas extrême entraîner leur retrait. Dans le contexte d'un éco-organisme, la principale crainte est que les producteurs ne payent pas toujours pour tous les services de collecte et de recyclage qu'ils utilisent. Ils peuvent, par exemple, ne pas signaler certaines quantités ou ne pas connaître les mouvements de leurs produits, et donc ne pas savoir quelle quantité déclarer pour tel marché. Les producteurs peuvent par ailleurs répartir leur REP entre plusieurs éco-organismes sur un marché donné. Pour apprécier cet argument, on peut notamment prendre en considération la façon dont la structure du marché des éco-organismes influe sur les incitations à resquiller, la difficulté à détecter le resquillage, et l'efficacité des tactiques de répression. Autre problème : les éco-organismes en situation de concurrence peuvent se soustraire à leurs obligations en matière de campagnes publiques d'information, ou d'inspection de la qualité des matières triées. Une surveillance réglementaire peut permettre de repérer le premier type de comportement, et une inspection indépendante, le second.

Une baisse des redevances réduirait les incitations à se comporter en passager clandestin, toutes choses étant par ailleurs égales. En principe, une concurrence accrue entraîne une baisse des coûts et une baisse des prix. Cela étant, comme nous l'avons souligné en introduction, le peu de littérature empirique dont nous disposons ne permet pas de démontrer une quelconque incidence du nombre d'éco-organismes sur les redevances de collecte et de recyclage. Certains affirment toutefois que, sur des marchés concurrentiels, les éco-organismes sont davantage incités à cibler les passagers clandestins, dans la mesure où ces producteurs n'auraient pas à supporter de coûts de changement.

Il semblerait qu'il soit plus facile de détecter les passagers clandestins lorsqu'il n'existe qu'un seul éco-organisme. Lorsque des éco-organismes multiples fournissent le même service sur un marché, il est nécessaire de veiller à ce que la quantité totale de déchets collectés auprès des différents producteurs n'excède pas la quantité totale déclarée mise sur le marché aux éco-organismes. Le mécanisme des registres nationaux tenus par les États membres de l'UE est trop récent pour permettre d'évaluer son efficacité.

Des études ont été menées sur l'efficacité des tactiques visant à lutter contre l'exploitation par des passagers clandestins des services d'un éco-organisme. Quatre études de cas portant sur les efforts déployés pour atténuer le comportement de passager clandestin des producteurs dans les systèmes d'emballage des déchets et de reprise des DEEE ont mis en lumière plusieurs éléments communs. Premièrement, les programmes étaient tous obligatoires et géraient les problèmes de passagers clandestins : même les petits producteurs devaient payer une certaine somme. Deuxièmement, les programmes étaient gérés par des éco-organismes en situation de monopole. Troisièmement, l'incapacité de l'État à assurer l'application des lois a été considérée comme déterminante dans la persistance des passagers clandestins. Une lecture plus attentive de ces études de cas montre que les adhérents des éco-organismes ont été chargés au moins partiellement de la détection des passagers clandestins, par exemple, les revendeurs avaient convenu avec les éco-organismes de contrôler auprès des fournisseurs la preuve de leur acquittement de la redevance de recyclage, et de les facturer en cas de non-paiement. De la même façon, les adhérents ont été encouragés à contrôler le respect des règles, ainsi les collecteurs étaient-ils payés en fonction du poids des matières pour lesquelles une redevance avait été acquittée, et non au titre de toutes les matières collectées. Dans le cas des machines de récupération des bouteilles, ils pouvaient déterminer si une consigne avait été acquittée, et ne payaient que dans ce cas (Marbek, 2007). La question de savoir si l'efficacité des instruments mentionnés – contrôle des fournisseurs par le revendeur, contrôle des matières collectées, paiement aux collecteurs pour les seuls déchets collectés pour lesquels la redevance a été acquittée – serait réduite en cas d'éco-organismes multiples n'a pas été étudiée, toutes les études de cas concernées ayant porté sur des éco-organismes en situation de monopole.

Le contrôle du respect de la réglementation. La facilité de la surveillance réglementaire est un autre argument invoqué en faveur des éco-organismes en situation de monopole. Certains avancent que les organismes de réglementation s'exposent à des coûts plus élevés lorsqu'ils doivent attribuer des licences multiples, contrôler des données de provenances multiples, et amener des éco-organismes multiples à rendre des comptes et qu'ils peuvent donc préférer traiter avec une entité unique. L'expérience montre cependant qu'ils ne rencontrent aucune difficulté insurmontable pour octroyer des licences à des éco-organismes qui ne sont pas des monopoles (RPS et al., 2014, p. D-13, 14 et 16). Cependant lorsque le différentiel de coût est élevé, les avantages pour les consommateurs d'une nouvelle entrée – baisse des coûts ou amélioration de la qualité ou accélération de l'innovation – doivent être évalués par rapport au coût de la surveillance réglementaire qu'elle implique.

La surveillance réglementaire peut se trouver renforcée en présence de plusieurs entreprises réglementées. En particulier, les diverses sources d'information que représentent les multiples entreprises (éco-organismes, dans ce cas) peuvent fournir davantage d'informations à l'organisme de réglementation, ce qui peut contribuer à l'amélioration de la réglementation.

En résumé, le rapport coût/efficacité de la surveillance réglementaire peut être influencé par le nombre d'entreprises réglementées. Le coût d'octroi des licences et des activités d'inspection peut être réduit avec moins d'entreprises, mais l'organisme de réglementation aurait accès à davantage d'informations, et peut-être à différents points de vue, si un plus grand nombre d'entreprises étaient placées sous sa surveillance. La réglementation pourrait en être améliorée.

Les mesures en faveur de l'investissement. Un argument souvent avancé en faveur du monopole temporaire au début d'un dispositif de REP est qu'il peut inciter à réaliser des investissements à risque irrécupérables. En cas d'incertitude, le fait que les coûts irrécupérables ne puissent pas être recouvrés si les choses tournent mal peut rendre l'investissement initial peu attrayant. Un monopole garanti et, en cas d'obligation légale d'acheter le service, une demande garantie réduisent le risque de manque de rentabilité.

Le monopole peut aussi servir à globaliser la demande initiale afin de tirer profit d'économies d'échelle qui à leur tour inciteront à faire des investissements irrécupérables. Même s'il ne concerne pas un éco-organisme, l'arrêt Sydhavnens Sten & Grus illustre les considérations dynamiques que soulève une nouvelle installation de valorisation des déchets. Dans son arrêt, la Cour de justice européenne a examiné si l'octroi de droits exclusifs pour traiter les déchets de chantier non dangereux sur le territoire de Copenhague violait le droit de la concurrence européen (arrêt du 23 mai 2000 rendu dans l'affaire C-209/98, Entreprenørforeningens Affalds/Miljøsektion (FFAD) contre Københavns Kommune, Recueil de jurisprudence p. I-3743). La Cour a conclu que même dans l'hypothèse où l'octroi de l'exclusivité conduirait à une restriction de concurrence, cette exclusivité pourrait être considérée comme nécessaire à l'accomplissement d'une mission de service d'intérêt économique général (*ibid.*, point 81). La restriction a permis aux entreprises choisies de recevoir un flux suffisamment important de déchets pour qu'elles soient intéressées à étendre la capacité limitée de traitement (*ibid.*, points 79 et 83). Dans cette affaire, le bénéfice de la restriction – création de la capacité de gestion des déchets de chantier qui aurait été impossible autrement – semblait l'emporter sur le coût en termes de concurrence pendant la durée de la restriction.

Un monopole temporaire peut être efficace au début du programme de REP. Parmi les éléments intéressants qui permettent d'en comparer les coûts et les avantages, on peut citer l'incertitude, le montant des coûts irrécupérables et l'existence d'économies d'échelle significatives supérieures à la demande. Il peut certes être plus efficace de créer un monopole temporaire, mais le fondement de cette décision devrait faire l'objet d'un examen critique au stade de la conception, et être ensuite réexaminé régulièrement de manière à vérifier si les conditions ont changé. Les restrictions à la concurrence devraient être supprimées le plus rapidement possible.

Les obstacles à l'entrée

L'exercice du pouvoir de marché peut être limité par de nouveaux entrants. Mais si l'entrée de nouveaux concurrents est peu probable, peu opportune, ou trop peu étendue, alors elle ne peut être utilisée pour comprimer les prix du marché ou maintenir une qualité élevée. C'est la raison pour laquelle un examen des obstacles à l'entrée fait très souvent partie intégrante de l'analyse de la concurrence et les commentaires relatifs aux obstacles à l'entrée sont très souvent intégrés à l'analyse de l'impact de la réglementation sur la concurrence sur un marché.

Un obstacle qui ne fait que ralentir l'entrée sans l'empêcher totalement peut affecter la concurrence sur un marché. Les obstacles à l'entrée sont généralement structurels ou stratégiques. Les obstacles structurels à l'entrée sont liés aux facteurs de coût et de demande. Ils comprennent les économies d'échelle et, le plus souvent, le temps et les coûts nécessaires au respect des exigences légales. Une loi qui octroie le droit exclusif de servir un marché est un obstacle à l'entrée. Les obstacles stratégiques, eux, sont délibérément créés ou renforcés par l'opérateur historique du marché. Ils peuvent prendre la forme de contrats exclusifs à long terme ou de certaines pratiques tarifaires qui incitent les acheteurs à ne pas changer de fournisseurs. Il peut être difficile de faire la distinction entre une conduite commerciale légitime et une conduite visant à entraver l'entrée de concurrents. Cette sous-section examine certaines des conditions des marchés des éco-organismes qui peuvent retarder ou même empêcher l'entrée[15].

Les obstacles structurels à l'entrée. Les coûts irrécupérables sont des investissements qui ne peuvent pas être recouvrés une fois engagés. Les coûts liés au respect des exigences légales en sont un exemple. Le niveau de risque associé à l'entrée dépend de l'interaction entre les coûts irrécupérables et l'incertitude liée aux conditions futures du marché. Si les coûts irrécupérables sont élevés, les bénéfices futurs sur le marché seront alors encore plus incertains et l'entrée moins attractive.

L'obligation d'entrer sur un marché de portée nationale augmente les coûts irrécupérables si la meilleure stratégie d'entrée consisterait sinon à entrer à échelle plus réduite dans une zone limitée. Une obligation de service universel est souvent imposée pour empêcher les nouveaux entrants de « choisir » les zones les plus rentables. De nombreuses expériences en matière de prestation de services universels, notamment dans les secteurs des livraisons postales et des télécommunications, montrent que ces obligations sont souvent inutiles et qu'elles peuvent protéger des opérateurs historiques inefficaces. Faire évoluer l'obligation de service pourrait réduire considérablement les coûts irrécupérables de l'entrée sur le marché, ce qui en améliorerait du même coup les perspectives. Plusieurs questions doivent être prises en compte pour évaluer une obligation de service universel, notamment celle de savoir si le service, de même que son prix, doivent être les mêmes dans les zones à coût élevé et dans les zones à faible coût (OCDE, 2004b). L'encadré 4.2 offre l'exemple d'une situation où le partage de certaines infrastructures de collecte des déchets a fait baisser le coût de couverture du service sur l'ensemble du pays.

Encadré 4.2. **L'utilisation partagée de l'infrastructure de collecte**

L'accès à l'infrastructure de collecte de l'opérateur historique posait problème en Suède. La réglementation obligeait les éco-organismes chargés du traitement des déchets d'emballage à servir l'ensemble du pays. Un entrant n'était pas en mesure de reproduire l'infrastructure de collecte de l'entreprise en place : en zone rurale, l'opération était coûteuse, et en zone urbaine, l'entreprise en place utilisait des emplacements municipaux qui ne pouvaient pas être reproduits. L'entreprise en place a été accusée de refuser tout accès. Le nouvel entrant a saisi l'autorité de la concurrence, accusant l'entreprise en place d'abus de position dominante. À l'issue de consultations avec l'autorité de la concurrence, les parties ont engagé des négociations commerciales aux termes desquelles les deux entreprises ont partagé l'infrastructure de collecte en cause, de même que les coûts. Cette solution a permis aux deux éco-organismes de proposer un service sur l'ensemble du pays (autorités nordiques de la concurrence, 2010, p. 51 et 52; affaire Plastkretsen/FTI dnr 152/2008 jugée le 10 juillet 2009).

Les subventions pour entrer sur un marché réduisent le niveau des coûts irrécupérables. En Norvège, les premiers éco-organismes mis en place dans certaines filières de déchets ont reçu un soutien économique direct ou d'autres services de l'État (OCDE, 2006, p. 122).

Deux autres obstacles structurels à l'entrée qui pourraient concerner les éco-organismes sont les économies d'échelle et les effets de réseau. Les premières constituent des obstacles à l'entrée dans le sens où les nouveaux concurrents exercent leurs activités généralement à plus petite échelle que les entreprises en place et assument donc des coûts moyens plus élevés qu'elles. Les effets de réseau se produisent lorsque la valeur d'un produit dépend pour son utilisateur non seulement de sa propre consommation mais aussi du nombre d'utilisateurs qui le consomment également. Ainsi, pour deux types différents d'utilisateurs A et B, la valeur du produit pour l'utilisateur de type A dépend du nombre d'utilisateurs de type B. Les lecteurs de journaux et les annonceurs en sont un exemple. Un nouvel entrant doit non seulement attirer les utilisateurs de type A, comme il se doit sur un marché de produits sans effets de réseau, mais aussi les utilisateurs de type B. De même, les producteurs et les collecteurs sont tous deux nécessaires au succès d'un éco-organisme.

Les obstacles stratégiques à l'entrée. À la différence des obstacles structurels, les obstacles stratégiques sont délibérément créés ou renforcés par les opérateurs historiques du marché.

Le fait de refuser aux nouveaux concurrents l'accès aux « installations essentielles » ou le fait d'augmenter de façon stratégique les frais de changement de fournisseur pour les utilisateurs ont été considérés comme des obstacles stratégiques à l'entrée dans des affaires de concurrence sur le marché des éco-organismes. Même si la définition des « installations essentielles » diffère quelque peu selon les pays, l'idée de base est que leur accès est nécessaire pour soutenir la concurrence sur le marché, qu'elles ne peuvent pas raisonnablement être reproduites ni partagées, et qu'elles sont contrôlées par une entreprise monopolistique ou une entreprise dominante. Si elle en refuse l'accès à un concurrent, l'entreprise monopolistique peut alors être tenue de concéder un accès à des conditions raisonnables – elles-mêmes difficiles à définir. On a constaté que l'accès ainsi ordonné pouvait dissuader l'investissement privé dans ces installations, et avoir pour effet de limiter la prescription d'un accès obligatoire par le droit de la concurrence.

Les infrastructures de collecte ont été considérées à plusieurs reprises comme des installations essentielles pour les éco-organismes de la filière emballage. Les exemples les plus parlants sont la décision de la Commission européenne sur les accords DSD, et ses décisions d'octroi de dérogations aux éco-organismes français Eco-Emballages et autrichien Altstoff Recycling Austria AG (« ARA »). Ces décisions interdisent essentiellement les contrats d'exclusivité à long terme entre les éco-organismes et les entreprises de collecte de déchets. Aux termes d'un contrat exclusif, l'une des parties ou les deux accepte(nt) de ne traiter, pour un certain produit, qu'avec l'autre partie. Ces décisions ont limité la durée des contrats (DG Concurrence, 2005, point 81) et ont interdit l'obligation faite aux entreprises de collecte d'envoyer tous leurs déchets à un éco-organisme unique (décision de la Commission n° 2001/837/CE, *DSD*, JO L 319/1, confirmée par l'arrêt du Tribunal du 24 mai 2007 rendu dans l'affaire T-289/01, Duales System Deutschland/Commission ; décision de la Commission n° 2004/208/CE, *ARA, ARGEV, ARO*, JO L 75/59 ; décision de la Commission n° 2001/663/CE, *Eco-Emballages*, JO L 233/37). Cependant, la décision de la Commission sur l'affaire DSD reconnaît explicitement le caractère indispensable du lien d'exclusivité à long terme dans les contrats de collecte et de tri des déchets d'envergure nationale pour encourager les investissements dans le tout premier système de reprise des déchets mis en place sur l'ensemble du territoire (Décision de la Commission n° 2001/837/CE *DSD* 2001 JO L 319/1, point 156).

Plus récemment, la communication des griefs adressée en 2013 à ARA par la Commission européenne porte notamment sur le refus supposé d'ARA de donner accès à son infrastructure de collecte des emballages ménagers. Cette infrastructure, consistant en conteneurs et sacs, est mise à disposition par le biais de contrats conclus avec les entreprises de collecte de déchets et les collectivités territoriales. La loi autrichienne fait obligation aux éco-organismes d'offrir un service de collecte à l'échelle nationale, mais la mise en place d'une deuxième infrastructure est impossible. Ainsi, tout concurrent dépend de l'accès à l'infrastructure d'ARA. S'il était attesté, le refus d'accès à une installation essentielle constituerait un abus de position dominante (Commission européenne, 2013). La procédure écrite est en cours. En Autriche, une nouvelle loi permettrait de satisfaire à l'obligation de couverture à l'échelle nationale en combinant l'utilisation propre et partagée de l'infrastructure de collecte (OCDE, 2010, p. 72).

Les conditions d'entrée sont des facteurs importants de la concurrence sur les marchés. Le droit de la concurrence permet de surmonter certains des obstacles dressés par les opérateurs historiques, comme le refus d'accès aux installations essentielles. Cela implique dans certains cas de partager les infrastructures ou de limiter la portée et la durée des contrats d'exclusivité (voir encadré 4.2). La réglementation peut par inadvertance rendre l'entrée plus coûteuse et fastidieuse, voire impossible si elle impose des restrictions numériques.

Les coûts de changement de fournisseur

Les coûts de changement de fournisseur peuvent constituer un obstacle à l'entrée et ralentir directement la concurrence. Même si certains de ces coûts sont inévitables, une entreprise dominante peut rendre l'entrée encore plus difficile si elle a la possibilité d'augmenter les coûts que les fournisseurs d'un intrant nécessaire encourent lorsqu'ils changent de clientèle. Des coûts de changement élevés peuvent aussi directement ralentir la concurrence. S'il est par exemple coûteux de changer de fournisseur, les autres fournisseurs seront alors perçus comme difficiles à substituer au fournisseur actuel de l'acheteur.

Plusieurs facteurs contribuant à augmenter ces coûts pour les producteurs sont ici passés en revue. Le premier d'entre eux est l'intégration verticale, c'est-à-dire les liens de propriété entre les producteurs ou les prestataires de services de ramassage ou de traitement des déchets et l'éco-organisme. Un deuxième facteur est lié à la structure des redevances facturées par un éco-organisme. Un troisième, qui fonctionne de la même façon, est l'obligation faite au producteur d'assumer toutes ses REP à travers un éco-organisme unique. Un quatrième facteur tient à la non-portabilité des réserves financières d'un éco-organisme. De même, les accords de longue durée qui font d'un éco-organisme le partenaire commercial exclusif des entreprises de collecte de déchets, considérés plus haut comme des obstacles stratégiques à l'entrée, peuvent aussi augmenter les coûts de changement des collecteurs.

Dans cette section, nous avons examiné quelques-unes des conditions difficiles que rencontrent les utilisateurs qui souhaitent choisir un éco-organisme concurrent et qui, à leur tour, peuvent compliquer l'entrée de nouveaux éco-organismes. L'intégration verticale produit un tel effet : les liens de propriété entre les producteurs ou les prestataires de services de ramassage ou de traitement des déchets et l'éco-organisme les dissuadent de transférer leur clientèle à un éco-organisme concurrent. La structure des redevances facturées par un éco-organisme, la non-portabilité des réserves financières constituées dans un éco-organisme et les contrats d'approvisionnement peuvent augmenter les coûts de changement d'éco-organisme pour les producteurs. Les contrats exclusifs à long terme entre un éco-organisme et des entreprises de collecte de déchets peuvent augmenter les coûts de changement pour les collecteurs.

D'un autre côté, ces régimes de propriété et ces accords peuvent avoir des effets positifs, comme celui d'encourager les investissements qui ne rapportent que si la relation est maintenue. Pour cette raison, comme cela est indiqué dans la section 4.2, ces types d'arrangements et de comportements sont appréciés au cas par cas.

L'intégration verticale. L'intégration verticale entre utilisateurs et éco-organismes peut empêcher les utilisateurs de s'orienter vers des éco-organismes concurrents. Par exemple, l'achat aux producteurs de l'éco-organisme allemand de la filière emballages DSD par un investisseur financier a été perçu comme une liberté donnée aux producteurs de choisir la meilleure solution de traitement des déchets sur une base strictement économique. Il a encouragé l'entrée de nouveaux fournisseurs de solutions en matière de déchets, et a aussi contribué à ce que DSD ne fasse plus l'objet d'ingérences en faveur des actionnaires. Les entreprises de gestion des déchets avaient préalablement mis un terme à leur participation dans DSD. Suite à la vente, l'autorité allemande de la concurrence a mis un terme à la procédure engagée contre DSD (OCDE, 2006, p. 105). L'autorité norvégienne de la concurrence a elle aussi estimé que « le fractionnement de la chaîne de gestion des déchets et la différenciation des divers sous-marchés de recyclage pouvaient résoudre les problèmes que rencontrent les systèmes actuels de recyclage des déchets » (OCDE, 2006, p. 138).

D'un autre côté, les producteurs à qui incombent les obligations de REP peuvent voir dans la propriété conjointe d'un éco-organisme le moyen le plus à même de garantir que l'organisation et l'infrastructure seront en place au moment de s'acquitter de ces obligations, et de les inciter à les assumer le plus efficacement possible. Les producteurs peuvent aussi craindre qu'un éco-organisme indépendant puisse exercer un pouvoir de marché à leur encontre sous la forme d'inefficacités et de redevances plus élevées.

La question de savoir si l'intégration verticale permet la mise en œuvre plus ou moins efficace de programmes de REP est empirique. À ce titre, il peut être utile de comparer la liquidité du marché des titres d'un éco-organisme détenu par les producteurs et la liquidité du marché des services d'un éco-organisme. Si le marché des capitaux est moins liquide, il empêche alors de changer de producteur. Cet effet sur les coûts de changement de fournisseur et donc sur la concurrence entre éco-organismes est intéressant, comme le sont d'autres effets sur la concurrence sur les marchés de produits. Ces effets sont abordés plus loin.

La structure des redevances. La structure des redevances peut augmenter les coûts de changement de fournisseur. Une remise ou un rabais de fidélité signifient que le prix dépend de la quantité ou de la proportion d'achats d'un fournisseur donné, de sorte que l'achat auprès d'un fournisseur différent est découragé. Les incitations économiques d'une remise ou d'un rabais de fidélité lient l'acheteur au fournisseur et ont le même effet qu'un contrat exclusif.

Encadré 4.3. **La structure des redevances augmente les coûts de changement de fournisseur**

Il a été constaté que la structure des redevances initialement facturées par DSD, l'éco-organisme allemand chargé de la valorisation des emballages, avait notamment eu pour effet d'écarter la concurrence sur le marché des éco-organismes en augmentant les coûts de changement pour les producteurs. Plus de détails sont présentés dans l'encadré 4.14. La Commission européenne a considéré que DSD avait abusé de sa position dominante en facturant ses clients en fonction du volume d'emballages portant le logo Point Vert™ et non sur la base du volume d'emballages pour lesquels DSD fournissait le service de reprise et de recyclage. Cette situation a découragé les producteurs de changer d'éco-organisme ou d'opter pour l'autonomie, sachant que ces options n'auraient pas réduit les redevances dues à DSD et auraient augmenté leurs coûts, en leur faisant par exemple supporter les redevances versées à un autre éco-organisme. DSD a été condamné à modifier ses formules de tarification de manière à ce que les redevances ne soient acquittées que pour les emballages bénéficiant des services de l'éco-organisme (décision de la Commission européenne n° 2001/463/CE, DSD, JO L 166/1, points 114 à 116 et 154).

Les contrats d'approvisionnement exclusif. L'obligation pour un producteur de recourir à un éco-organisme unique dans un flux de déchets plutôt que de fractionner le service entre plusieurs éco-organismes peut compliquer l'entrée sur le marché des éco-organismes. Un nouveau venu peut ne pas être en mesure d'offrir la gamme de services requis par un producteur donné. La Commission européenne a considéré cette pratique comme « nécessaire pour encourager des investissements vitaux ... dans les infrastructures de collecte de recyclage », mais elle ne la considérait avec autant de clémence si les objectifs de valorisation et de recyclage avaient été atteints (DG Concurrence, points 72 à 75).

Les réserves financières. La non-portabilité des réserves financières a été considérée par certains comme une entrave à la concurrence entre les éco-organismes pour les producteurs. Dans certains pays, les producteurs qui changent d'éco-organismes ne peuvent pas récupérer la part des provisions pour risques exceptionnels qu'ils ont versée, même s'ils conservent leurs obligations de REP auprès de l'éco-organisme nouvellement rejoint. Cela entraîne des coûts de changement élevés pour les producteurs. Un rapport commandé par le ministère irlandais de l'Environnement recommande l'élaboration d'un code de conduite applicable en cas de changement, de manière « à simplifier le transfert de la contribution du producteur au fonds de réserve d'un éco-organisme à un autre ». Le rapport indique que, bien que potentiellement complexes, d'autres secteurs comme les fonds de pension gèrent de tels transferts. La proposition prévoit que les paiements effectués par un producteur qui se retire du marché restent affectés à l'éco-organisme et soient utilisés pour le traitement des produits orphelins. Le rapport note que les réserves financières d'un éco-organisme doivent être suffisantes pour couvrir le coût associé à la collecte et au traitement des déchets en cas de cessation d'activité de l'éco-organisme (RPS et al., 2014, p. 61 à 66).

L'autorité norvégienne de la concurrence adopte une position similaire sur la portabilité des réserves financières. Elle recommande la modification de deux éléments de la réglementation environnementale nationale relatifs aux éco-organismes, à savoir l'absence de plafond pour les réserves financières qu'un éco-organisme peut accumuler et l'interdiction pour les adhérents d'un éco-organisme de partir avec « leur » part des réserves lorsqu'ils changent d'éco-organisme. La question de la non-portabilité des réserves financières des éco-organismes s'est posée en Norvège pour les épaves et les DEEE (Konkurransetilsynet, 2008c ; autorités nordiques de la concurrence, 2010, p. 51).

La non-portabilité des réserves financières n'est pas unanimement considérée comme une entrave à la réorientation des producteurs vers un autre éco-organisme. Un tribunal de district d'Oslo a traité la plainte d'un important producteur de DEEE qui avait changé d'éco-organisme sans prendre sa part des réserves financières du premier éco-organisme. Le producteur avait ensuite demandé à être remboursé de sa part, ce qui lui avait été refusé. Le tribunal a constaté que le producteur avait en effet changé d'éco-organisme, et que plusieurs petits producteurs avaient précédemment quitté l'éco-organisme sans demander leur part des réserves financières. Le tribunal a statué en faveur de l'éco-organisme[16].

Autres problèmes de concurrence

D'autres problèmes de concurrence se posent sur le marché des éco-organismes. Le premier est lié à l'effet des règles de compensation sur la concurrence. Le deuxième porte sur l'accord que peuvent conclure deux éco-organismes en vue de se spécialiser dans des domaines différents et de ne pas rivaliser sur le même flux de déchets. La possibilité d'une pratique de prix anticoncurrentiels constitue un troisième problème. Dans ce type de stratégie de tarifs abusifs, les prix sont d'abord peu élevés pour encourager une sortie du marché avant d'être exagérément augmentés, une fois que les concurrents se sont retirés du marché.

Compensation. Lorsqu'il existe plusieurs éco-organismes sur un marché, la « compensation » est nécessaire pour garantir le respect du seuil légal de reprise des déchets (Bio, 2014, p. 105). Les chambres de compensation recueillent et rassemblent les données des différents éco-organismes et veillent à leur exactitude et à leur précision. Elles assurent aussi la liaison avec les autorités publiques chargées de l'application de la réglementation et peuvent imputer des coûts, par exemple pour rembourser la mise à disposition et l'entretien par les autorités locales de plateformes d'assistance et d'espaces pour les conteneurs de collecte des déchets. Le système de compensation devrait être conçu de manière à tenir compte des mesures qui incitent les entreprises à créer et à exercer un pouvoir de marché; et ne devrait pas devenir un instrument propice à la constitution d'ententes à travers l'échange d'informations. La réglementation peut notamment accroître le pouvoir de marché en prévoyant des sanctions élevées en cas de non-conformité, de sorte que les entreprises n'aient pas réellement d'autre choix que de composer avec un monopole abusif.

Bien qu'il ait été aujourd'hui modifié, et bien qu'il semble constituer un cas isolé, l'ancien système d'élimination des DEEE au Royaume-Uni illustre la façon dont une situation de monopole des éco-organismes peut être créée sur un marché en apparence concurrentiel. Aux termes de l'ancienne réglementation, le traitement de chaque kilogramme de DEEE collecté auprès des ménages devait être financé par un éco-organisme. Or, l'obligation réelle de chaque éco-organisme n'était annoncée qu'à la fin de chaque période d'engagement (une année). À la fin d'une période, les différents éco-organismes faisaient les comptes, les éco-organismes excédentaires vendant alors des « preuves » de conformité aux éco-organismes déficitaires. La réglementation garantissait que la demande couvrirait 100 % des DEEE soumis aux objectifs. Un éco-organisme qui ne remplissait pas son obligation était passible de sanctions pénales. Dès lors, il était intéressant pour un éco-organisme d'avoir accès à des DEEE dépassant son obligation de prévision, sachant qu'il était alors certain qu'un autre éco-organisme aurait besoin de cet excédent pour respecter ses obligations. À ce stade, l'éco-organisme déficitaire subissait les prix abusifs de l'éco-organisme excédentaire. Par ailleurs, ce système dissuadait les éco-organismes de faire venir à eux les producteurs/importateurs engagés auprès de leurs concurrents (ministère britannique du Commerce, de l'Innovation et des Compétences, 2013, points 21, 43 et 38)[17]. Au total, ces réglementations n'ont guère incité à réduire les coûts associés à la collecte et au traitement des DEEE. Les nouvelles réglementations ont sur ce point apporté un certain nombre de changements. Tout d'abord, elles ont réduit la sanction en cas de non-respect de l'obligation : un éco-organisme déficitaire à la fin de l'année de référence doit s'acquitter d'une taxe au titre du respect de ses engagements, et n'est plus passible de sanctions pénales comme auparavant. Ensuite, les producteurs/importateurs ne peuvent pas se retirer d'un éco-organisme pendant l'année d'engagement (ministère britannique du Commerce, de l'Innovation et des Compétences, 2014, p. 13). Le premier changement réduit le pouvoir de marché des éco-organismes qui dépassent leurs objectifs, et le second supprime les facteurs défavorables à la mise en concurrence des producteurs.

L'accord de spécialisation. Un accord entre concurrents visant à se partager le marché est généralement présumé anticoncurrentiel. Cela étant, un accord entre concurrents visant une concentration sur différentes parties d'un marché peut dans certaines circonstances être considéré comme un accord de spécialisation, qui sera évalué dans le cadre général en deux étapes, applicable aux accords horizontaux qui n'entrent pas dans la catégorie des ententes injustifiables (voir encadré 4.2). Si un accord permet de réaliser des gains d'efficacité économique, ceux-ci résulteraient de la mise en commun par les parties de compétences et d'actifs complémentaires. Si ces compétences et actifs complémentaires manquent, il est peu probable que des gains d'efficacité soient réalisés. De la même façon, en l'absence de concurrence effective, par exemple de la part de tiers opérant sur le marché, alors il est peu probable que des économies de coûts soient répercutées aux consommateurs.

Encadré 4.4. **L'accord de spécialisation**

Un accord de partage du marché, ou de spécialisation réciproque, entre deux éco-organismes de la filière des DEEE a été autorisé par l'autorité suisse de la concurrence en 2005. Les deux éco-organismes avaient convenu de se spécialiser dans la collecte et le traitement de catégories spécifiques de biens d'équipement. Ainsi, l'un s'est retiré du marché de traitement des appareils électriques et l'autre du marché de traitement du matériel de bureau. L'autorité a considéré que cet accord pouvait être autorisé au motif qu'il améliorait l'efficacité économique. En particulier, il a réduit les coûts de transaction et permis aux entreprises de réaliser des économies d'échelle. La concurrence potentielle – la menace que constituerait l'entrée de nouveaux fournisseurs – a été considérée comme suffisante pour que l'accord n'entrave pas la concurrence effective. En vertu de la législation, les producteurs pouvaient s'assurer eux-mêmes de leur conformité à la réglementation (OCDE, 2006, p. 149 et 150 ; *Swico/Sens* DPC 2005/2, p. 251).

La fixation de prix d'éviction. La fixation de prix d'éviction est une stratégie qui consiste à facturer des prix faibles pendant une période pour forcer les petits concurrents à sortir du marché, et à facturer des prix plus élevés une fois les concurrents sortis. La définition du comportement d'éviction – le prix n'étant qu'un outil parmi d'autres – diffère d'un pays à l'autre et d'une période à l'autre, mais elle implique pour l'essentiel que le prédateur adopte un comportement – par exemple, la pratique de prix bas ou l'extension de sa capacité – qui encourage ses concurrents à sortir du marché où à faire profil bas, et qu'il puisse tirer des bénéfices supplémentaires – par exemple ultérieurement ou sur d'autres marchés – pour recouvrer au moins les sommes perdues par le jeu de l'éviction. Dans de nombreux pays, il est suspect de fixer un prix en deçà du coût variable moyen supposé du prédateur, mais la question du « bon » critère à utiliser dans telle ou telle circonstance fait l'objet de nombreux débats. De même, les obstacles à toute nouvelle tentative d'entrée, de même que les concurrents mal financés et faciles à chasser, favorisent le recouvrement des profits. L'analyse de la concurrence est effectuée au cas par cas et devient vite complexe. Parce qu'il est reconnu que des prix bas et une plus grande capacité profitent aux consommateurs et que l'intervention excessive à l'encontre des comportements d'éviction peut décourager la concurrence, les allégations de prédation doivent satisfaire des critères très élevés dans de nombreux pays. Un exemple de prix d'éviction est fourni dans l'encadré 4.5.

4.3.2. Le marché des services de collecte des déchets

Les marchés de la collecte et du tri des déchets peuvent avoir une portée locale et nationale. La collecte s'opère différemment selon les flux de déchets et selon le lieu. Les déchets recyclables des ménages peuvent être collectés sur le trottoir par un opérateur formel ou informel, mais pas par des acteurs illégaux, ou être déposés par les ménages à des

Encadré 4.5. **Allégation de prix d'éviction**

Un éco-organisme était accusé de pratiquer des prix d'éviction sur le marché de l'organisation de la collecte et de la gestion des DEEE en Norvège. Ragn-Sells prétendait qu'une entreprise rivale, Elretur, pratiquait des prix d'éviction. Elretur, qui avait constitué des réserves financières, a décidé à l'automne 2005 de les réduire en baissant de 75 % le prix de la redevance qu'elle facturait, pendant une période de 18 mois. L'autorité de la concurrence a reconnu que des circonstances identiques avaient été constatées sur d'autres marchés d'éco-organismes. Elle a fait savoir à l'autorité de contrôle de la pollution que ses réglementations, notamment en matière de réserves financières, pouvaient entraver la concurrence, mais n'a pris aucune mesure dans les affaires individuelles (Konkurransetilsynet, 2008a, 2008c).

points d'apport. La collecte implique de relever les points de ramassage et de transporter les déchets vers un centre de tri, ou si la collecte est suffisamment sélective, vers un point de groupage. Ainsi, la densité des points de ramassage et les coûts de transport sont importants pour déterminer l'étendue géographique de ces marchés. Les restrictions légales au commerce de déchets peuvent empêcher ces marchés de s'étendre au-delà des frontières nationales.

Certains marchés de collecte sont des monopoles naturels locaux. Un monopole naturel est un marché où les conditions de coûts et de demande sont telles qu'il est moins onéreux pour une seule entité plutôt que deux ou plus d'approvisionner le marché. En particulier, le ramassage des déchets ménagers collectés en bordure de trottoir est généralement un monopole naturel local dans les pays de l'OCDE. Les caractéristiques économiques qui expliquent cet état de fait sont souvent les économies de densité de population et les économies d'échelle. Les économies de densité de population sont liées à la baisse de la moyenne des prix qui accompagne les changements de densité de population. Une densité de population plus élevée permet de réduire les parcours entre les points ramassage. Les économies d'échelle signifient que la moyenne des prix baisse à mesure qu'augmente la quantité de production, sur une gamme significative de produits. Le ramassage des déchets ménagers collectés en bordure de trottoir est souvent assuré par un monopole privé réglementé ou un monopole municipal dans les pays de l'OCDE. Même si les aspects économiques de la collecte des emballages ménagers ont fait l'objet de moins d'études que la collecte de l'ensemble des déchets ménagers, ces deux activités ont le même nombre et la même densité de points de collecte, bien que la quantité collectée par point de ramassage soit plus faible pour les emballages. Ces caractéristiques laissent à penser que la collecte des emballages ménagers en bordure de trottoir est aussi un monopole naturel local. Quoi qu'il en soit, elle aussi est généralement assurée par une entité unique, d'ailleurs souvent la même que celle qui collecte les ordures ménagères résiduelles.

Les déchets qui sont collectés en plus grandes quantités ou qui nécessitent un traitement particulier ne semblent pas permettre de fortes économies de densité de population. On le constate en Suède où la collecte des fractions recyclables des déchets solides auprès des immeubles résidentiels est exposée à la concurrence, mais où la collecte de déchets auprès des ménages – qui implique de plus petites quantités à chaque point de ramassage – est assurée par un monopole municipal.

Le marché du ramassage des déchets des entreprises est généralement exposé à la concurrence d'une poignée d'entreprises rivales. Les points de collecte de ces déchets sont habituellement moins nombreux, ce qui explique qu'ils ne profitent pas d'importantes économies de densité de population. S'il est vrai que les déchets recyclables et les déchets résiduels sont collectés aux mêmes points de ramassage et à la même fréquence, seuls les premiers sont assujettis à des règles de notification particulières (CE, 2005, points 38 et 39). Plus exactement, des exigences de notification supplémentaires auraient pour effet d'augmenter les coûts fixes et auraient de ce fait tendance à réduire le nombre de concurrents.

Deux enseignements ont été dégagés de l'expérience récente :

- Ce sont les caractéristiques économiques qui déterminent si un marché de collecte des déchets est ou pourrait être concurrentiel, ou s'il constitue un monopole naturel. Les économies de densité de population et les économies d'échelle impliquent que certains marchés de collecte, comme le ramassage des déchets ménagers collectés en bordure de trottoir, sont généralement des monopoles naturels locaux. Dans ce cas, ces marchés sont servis plus efficacement par une entité unique. Mais de nombreux autres marchés de collecte et de tri n'ont pas ces caractéristiques et de ce fait ne constituent généralement pas des monopoles naturels. L'étendue géographique des marchés de collecte et de tri dépend entre autres des coûts de transport et des restrictions légales au commerce de déchets. Elle peut être locale ou nationale.
- De nombreux éco-organismes achètent des services de collecte et de tri des déchets. Une mise en concurrence équitable dans la passation des marchés publics peut permettre de retenir le fournisseur le plus efficace à un coût qui ne témoigne pas de profits excessifs. Il est prouvé que les appels d'offres ouverts à la concurrence réduisent de manière significative les coûts de collecte. En revanche, les appels d'offres discriminatoires, qui prévoient des délais inappropriés, ou qui n'attirent pas suffisamment de soumissionnaires qualifiés, ne donnent pas de bons résultats. Même les soumissionnaires peu fiables peuvent renforcer la concurrence dans les appels d'offres. Les changements apportés aux règles et procédures d'appel d'offres peuvent attirer un plus grand nombre de soumissionnaires potentiels. Ainsi, les règles et procédures utilisées par les éco-organismes dans leurs appels d'offres peuvent avoir un impact important sur le coût des services qu'ils achètent[18].

Les marchés peuvent être locaux, nationaux ou internationaux, selon le type de déchets

L'étendue géographique des marchés de ramassage des déchets recyclables des entreprises est variable. Si les marchés de collecte des déchets d'emballages commerciaux sont selon toute vraisemblance locaux ou nationaux (CE, 2005, point 45), on a constaté que les marchés de collecte des piles et accumulateurs usagés contenant du plomb étaient nationaux en Italie et Pologne (OCDE, 2010, p. 64 et 81). De même, les observations recueillies dans une affaire survenue aux Pays-Bas semblent indiquer que le marché de la collecte des épaves y est local, et que le marché des matières recyclables provenant des épaves est provincial[19]. D'autres affaires laissent à penser que les marchés des DEEE sont régionaux ou nationaux, et sont limités par les coûts de transport jusqu'aux points de groupage.

Le tri semble être opéré à plus grande échelle que la collecte

Les déchets sont triés après avoir été collectés auprès des ménages. Les centres de tri affichent des économies d'échelle, qui sont encore accrues par le coût d'obtention des permis de bâtir (Bureau britannique de la concurrence, 2006, p. 58 ; CE, 2005, points 39 et 40). En Allemagne, l'expérience acquise par DSD dans l'achat de services de tri et de collecte des déchets d'emballage, groupés et séparés, en 2003 et 2004 respectivement, tend à montrer que l'échelle d'exploitation minimale – l'échelle à laquelle le coût unitaire moyen est le plus bas – est plus grande pour le tri que pour la collecte. Les déchets d'emballages commerciaux font généralement l'objet d'un tri sélectif préalable à la source, et n'ont donc pas besoin d'être triés à nouveau (DG Concurrence, 2005, point 40). Les coûts de transport ont une influence sur l'étendue géographique des marchés. Le compromis entre les coûts de transport et les économies d'échelle joue un rôle important dans la détermination du nombre de concurrents.

Des appels d'offres concurrentiels peuvent susciter la concurrence

Même en cas de monopole, la collecte des déchets peut faire l'objet d'une concurrence « pour » le marché. En d'autres termes, il peut y avoir concurrence pour le droit d'être le fournisseur monopolistique pendant une période déterminée. Généralement, la concurrence prend la forme d'un appel d'offres officiel, où différentes entreprises soumettent leurs offres et où la meilleure offre se voit attribuer le marché. Dans le meilleur des cas, le monopole temporaire est accordé à l'entreprise qui peut fournir le service au moindre prix et les consommateurs ne payent pas de prix excessifs. La concurrence « pour » le marché peut permettre une prestation de services efficace si plusieurs conditions sont réunies. Notamment, la passation des marchés doit être équitable et concurrentielle, ce qui signifie entre autres que les opérateurs historiques ne sont pas avantagés, que les soumissionnaires potentiels reçoivent les même informations en même temps et disposent de suffisamment de temps pour préparer leur offre, et qu'un nombre suffisant de soumissionnaires potentiels soumettent des offres[20]. La portée et la durée du contrat sont d'autres facteurs qui influent sur l'efficacité. Bien sûr, l'octroi d'un monopole temporaire par voie d'appel à la concurrence peut être compromis par des soumissions concertées, ou si la formation excessive de consortiums réduit le nombre de soumissionnaires indépendants qualifiés.

Un éco-organisme peut se procurer des services de collecte de déchets au moyen d'un appel d'offres. ARN, l'éco-organisme néerlandais chargé de la collecte des épaves, organise des appels d'offres et retient une seule entreprise de collecte par province. Pour choisir l'entreprise retenue, ARN prend non seulement en compte le coût proposé pour la collecte mais aussi la qualité technique et l'organisation du soumissionnaire. Les soumissionnaires doivent montrer qu'ils respectent certaines conditions, par exemple, qu'ils disposent d'une autorisation de transport spéciale (décision de la Commission européenne n° 2002/204/CE (ARN) JO L 68/18, point 17).

La concurrence pour les monopoles temporaires peut donner lieu à d'importantes économies de coûts. L'ouverture des marchés publics à la concurrence est attribuée à la chute spectaculaire du coût de collecte et de recyclage des déchets d'emballage en Allemagne. Auparavant, DSD achetait des services de collecte et de tri en lot et sans mise en concurrence des offres. En 2003, DSD a commencé à se procurer ces services par voie d'appels d'offres concurrentiels distincts (OCDE, 2013, p. 104). Le prix payé pour certains types de collecte et de tri a immédiatement chuté de plus de 20 % (DG Concurrence, 2005, point 81). Actuellement, chaque zone de collecte est gérée par un collecteur unique sélectionné suite à une mise en concurrence pour une durée de trois ans. Comme plusieurs éco-organismes coexistent aujourd'hui dans la filière des emballages en Allemagne, ils se partagent les déchets sur la base de quotas pour lesquels ils ont été engagés par les producteurs (OCDE, 2013, p. 104).

Les communes ont également souvent le monopole de la collecte, ou de la collecte et du tri, des déchets recyclables des ménages. Par conséquent, les éco-organismes ne peuvent pas lancer d'appels d'offres concurrentiels mais doivent négocier avec elles les conditions de la collecte et du tri. Pour empêcher les communes d'abuser de leurs pouvoirs de monopole, le prix des services qu'elles facturent est souvent réglementé. L'une des formes de réglementation appliquée sur certains marchés, qui est une variante de la « concurrence par comparaison », consiste à utiliser un coût de référence[21]. La Belgique utilise un système de coûts de référence pour les piles et huiles usagées (Bio Intelligence Service, 2014, pp. 92-3). Le coût de référence est fixé d'après les coûts de collecte pratiqués dans les communes du pays, puis appliqué aux contrats de collecte entre les éco-organismes et les communes. La concurrence par comparaison peut encourager les gains d'efficience car la réduction des coûts permet d'accroître les recettes. Cependant, il est souvent difficile de tenir compte de l'hétérogénéité des entités réglementées et d'empêcher des baisses de qualité qui ne sont pas mesurées ou mesurables.

La discrimination dans le processus d'appel d'offres peut fausser la concurrence

La discrimination dans le processus de soumission peut fausser la concurrence dans l'offre de services de collecte, de tri, de valorisation et d'élimination des déchets faite à un éco-organisme. En 2005, l'autorité espagnole de la concurrence a donné son agrément à ECOVIDRIO, l'éco-organisme de la filière du verre d'emballage, sous réserve du respect de certaines conditions. L'une d'elle était de se procurer les services de collecte et de traitement par voie de mise en concurrence et d'appliquer des critères objectifs, transparents et non discriminatoires. En 2010, l'autorité a découvert qu'ECOVIDRIO avait truqué les offres de services de collecte et de traitement en favorisant des entreprises affiliées et en parvenant à écarter au moins un concurrent du marché de la collecte du verre d'emballage (OCDE, 2010, p. 85).

Il est possible d'éliminer les incitations à favoriser une entreprise de collecte de déchets plutôt qu'une autre et ce, en empêchant ces entreprises de posséder un éco-organisme lorsqu'elles se lancent dans la collecte. En Allemagne, par exemple, après l'annonce par l'autorité de la concurrence qu'elle ne tolérerait plus les accords restrictifs de concurrence au sein de l'éco-organisme de la filière de l'emballage de DSD, les entreprises de gestion des déchets ont mis fin à leur participation partielle en 2003. DSD a été vendu à un actionnaire financier quelques années plus tard (OCDE, 2010, p. 53).

La non-discrimination entre entreprises privées et publiques, autrement appelée « neutralité concurrentielle », est primordiale lorsque des entreprises des deux types de propriété se font concurrence (OCDE, 2009b, p. 35 à 42). Le risque est qu'une entreprise publique moins efficace puisse faire une offre plus intéressante d'une entreprise privée plus efficace. Le coût du capital d'une entreprise publique est plus faible – les prêteurs sachant qu'elles ne peuvent pas être déclarées en faillite – et elles peuvent compenser la moindre baisse de recettes par l'impôt. Dans le cas des services de collecte, elles peuvent aussi se voir accorder un monopole légal grâce auquel, en cas de surveillance insuffisante, elles peuvent compenser une baisse de recettes due à un marché concurrentiel. Ces avantages permettent à une entreprise publique de faire des offres plus modestes et peuvent ainsi dissuader des entreprises privées efficaces de faire une offre contre une entreprise publique.

La durée des contrats joue un rôle important

La durée des contrats entre les entreprises de collecte de déchets et les éco-organismes peut avoir un effet sur la concurrence sur les deux marchés. Le temps nécessaire pour récupérer les coûts devrait déterminer la durée des contrats de collecte. Dans les contrats de trop courte durée, les prix sont élevés pour permettre de récupérer les coûts plus rapidement. Dans les contrats de trop longue durée, certains bienfaits de la concurrence, par exemple l'adoption de technologies plus efficaces, sont perdus. Il y aura par ailleurs atteinte à la concurrence future si les entreprises de collecte de déchets qui n'obtiennent pas de contrat avec un éco-organisme une année ont du mal à « survivre » et à rester un soumissionnaire acceptable lors du marché suivant. Dans ses décisions sur DSD et ARA, la Commission européenne a estimé qu'une durée de trois ans était nécessaire pour les contrats entre les entreprises de collecte de déchets d'emballage et les éco-organismes (DG Concurrence, 2005, points 80 et 81).

Le nombre de soumissionnaires affecte la concurrence pour les concessions

Le succès d'un appel d'offres ouvert à la concurrence dépend grandement du nombre de soumissionnaires qui y participent. Lorsqu'il n'existe qu'une poignée de soumissionnaires potentiels, la perte d'un seul d'entre eux a alors des répercussions de taille sur l'issue d'une mise en concurrence, même lorsque le soumissionnaire exclu manque de dynamisme (OCDE, 2006b, p. 32 à 34). Les soumissionnaires peuvent être découragés si deux services distincts font l'objet d'un même lot ou si les contrats sont trop importants. Le groupage des services de collecte et de tri en est un exemple. S'ils font l'objet d'un même marché et non d'un marché distinct, alors seuls les soumissionnaires qui peuvent assurer les deux services – ou en assurer un et acheter l'autre – peuvent présenter une offre. Si l'échelle d'exploitation minimale de l'un des services est beaucoup plus grande, alors les soumissionnaires potentiels seraient généralement plus nombreux si les deux services faisaient l'objet de marchés distincts (voir l'exemple dans l'encadré 4.6).

Encadré 4.6. **La passation séparée des marchés de collecte et de tri a renforcé la concurrence**

L'éco-organisme allemand de la filière emballages, DSD, offre un exemple de la façon dont les changements apportés aux appels d'offres peuvent attirer un plus grand nombre de soumissionnaires. Son premier appel d'offres lancé en 2003 n'a pas suscité de véritable concurrence dans beaucoup de lots. En effet, pour près de la moitié des lots, seule une offre avait été reçue. Pour ces lots, les prix étaient en moyenne 70 % plus élevés que les prix les plus bas proposés dans les lots où au moins deux offres avaient été soumises (Bundeskartellamt, 2003). En 2004, DSD a modifié les modalités de ses appels d'offres pour attirer les petites et moyennes entreprises. En 2005, DSD avait réduit ses coûts de collecte et de tri de plus de 20 % par rapport à 2003 (OCDE, 2007b, p. 98). Plus récemment, l'autorité allemande de la concurrence a indiqué qu'il était « particulièrement important de garantir une procédure d'appel d'offres distincte pour les services de collecte, pour s'assurer que la concurrence sur le marché du tri ne soit pas faussée » (OCDE, 2013, p. 107).

4.3.3. Les marchés des services de valorisation et d'élimination des déchets

Des problèmes de concurrence se posent sur les marchés des services de valorisation et d'élimination des déchets. En raison d'une certaine concentration sur ces marchés, il devient rentable d'y pratiquer des prix élevés. En outre, la pratique consistant à affecter les déchets en fonction de la part de marché historique du produit peut être préjudiciable à la concurrence sur les marchés des produits. Les ententes à l'achat faussent le marché des déchets en abaissant les prix au-dessous du prix de l'équilibre concurrentiel. Ces deux derniers phénomènes peuvent être liés au caractère fermé de certains systèmes de collecte et de recyclage, dans lesquels des entreprises intervenant à différents niveaux de collecte, de tri et de traitement sont obligées de contracter uniquement au sein de l'éco-organisme. Un autre problème de concurrence se pose quand la collecte accrue de produits recyclables pour la récupération de matériaux risque de réduire la quantité d'intrants disponibles pour les producteurs de produits « recyclés » ou « reconditionnés », c'est-à-dire de produits qui ont été consommés et qui sont réutilisés : les cartouches d'imprimante reconditionnées en sont un exemple. Il s'avère que ces problèmes de concurrence ne concernent que des déchets ayant une valeur marchande positive. Un autre motif de préoccupation est le fait que l'application du principe de la REP sur les marchés oblige les petits prestataires de traitement des déchets à disparaître lorsqu'ils ne sont pas en mesure de s'adapter à l'échelle exigée par les éco-organismes.

Un certain nombre de conclusions peuvent être tirées de ces exemples. La première est que des marchés du traitement concentrés peuvent entraîner des coûts de valorisation et d'élimination élevés, ou bien des prix bas des déchets à traiter. Ainsi, une entente à l'achat est plus facile à organiser lorsqu'il n'existe qu'un petit nombre d'entreprises de traitement en concurrence. Une concentration combinée avec une intégration verticale sous forme d'éco-organisme peut aussi aboutir à une discrimination. Pratiquer des prix élevés pour le traitement ou payer des prix bas pour les déchets réduit les incitations à les recycler au-delà du minimum légal. L'appel à la concurrence peut réduire le pouvoir de marché des sociétés de traitement.

La deuxième conclusion concerne l'importance de permettre les échanges commerciaux au-delà du cercle fermé d'un éco-organisme. Si les collecteurs, par exemple, peuvent faire affaire directement avec des entreprises de valorisation, alors ces dernières, pour lesquelles la valeur des déchets est la plus élevée, sans doute en raison d'une plus grande rentabilité, bénéficieront d'un accès à davantage de déchets que dans le cas d'un dispositif d'attribution centralisé. L'élimination des restrictions au commerce des déchets avec des entreprises qui ne sont pas membres d'un éco-organisme peut être déterminante pour promouvoir l'entrée d'éco-organismes concurrents : les nouveaux entrants obtiennent l'accès aux déchets collectés et aux entreprises qui peuvent les traiter. Cependant, une « désintégration » verticale peut nécessiter un contrôle supplémentaire afin que les objectifs environnementaux ne soient pas compromis.

Le troisième problème est celui de la répartition des déchets au sein d'un éco-organisme. Lorsque leur affectation se fait à des prix inférieurs à ceux du marché, un système administratif basé sur les parts de marché historiques a pour effet de retarder les variations de la part de marché des produits. Il s'ensuit un affaiblissement de la concurrence sur le marché des produits. En revanche, des appels d'offres réguliers pour la fourniture de services de recyclage constituent un moyen d'encourager une prestation efficiente de ces services (Pays-Bas, OCDE, 2010, p. 76).

Le quatrième problème a trait à la concurrence entre les « nouvelles » matières premières et les matières secondaires ou recyclées. Lorsque les matières secondaires sont moins chères ou moins coûteuses à utiliser, la concurrence des nouvelles matières premières limite le pouvoir de marché pouvant être exercé par les entreprises de valorisation. Cependant, en cas de concurrence entre les produits reconditionnés ou réutilisés et les nouveaux produits, les produits reconditionnés ou réutilisés limitent souvent l'exercice d'un pouvoir de marché par les producteurs de nouveaux produits. Dans l'un et l'autre cas, la collecte de déchets à recycler pour obtenir des matières secondaires peut atténuer la pression concurrentielle exercée par les fournisseurs de produits réutilisés sur les fournisseurs de nouveaux produits.

Le pouvoir de marché

Les marchés du traitement des déchets sont parfois concentrés. En Espagne, par exemple, l'autorité de la concurrence a conclu que « le principal problème de concurrence est lié à la propriété des infrastructures de traitement, installations de valorisation et d'élimination principalement, et à leur accès ». Les propriétaires des usines de traitement peuvent imposer des prix abusifs aux entreprises qui sont légalement obligées de gérer leurs déchets mais qui n'ont pas accès à d'autres installations de traitement. Lorsque les propriétaires des installations de traitement forment des systèmes collectifs, cela leur permet de pratiquer une discrimination envers les entreprises qui choisissent de satisfaire à leurs REP en utilisant ces systèmes (OCDE, 2010, p. 87).

Le recours à des appels d'offres permet de réduire le pouvoir de marché des entreprises de traitement des déchets. Dans une étude de 2006 sur les éco-organismes en charge des DEEE, les entreprises ayant fait appel, pour le recyclage et le transport des déchets, à plusieurs prestataires qu'elles avaient mis en concurrence déclarent avoir réussi à réduire substantiellement leurs coûts, contrairement à celles ayant choisi un prestataire unique (Savage et al., 2006, p. 38). L'ouverture des marchés à la concurrence aurait aussi contribué à la mise au point de nouvelles technologies de recyclage, ce qui indique qu'une garantie de demande à grande échelle a permis d'encourager les investissements (Veerman in OCDE, 2004, p. 145).

Là où des petits prestataires de traitement des déchets étaient en activité avant la mise en place de la REP, celle-ci peut stimuler la demande de solutions de traitement à l'échelle nationale. Pour les éco-organismes, cela peut impliquer un arbitrage entre des coûts moins élevés en raison d'une concurrence accrue sur les marchés peu concentrés et des coûts plus élevés résultant de l'absence d'économies d'échelle et l'obligation de contracter avec davantage de prestataires.

Des quotas anticoncurrentiels

Il a été constaté à plusieurs reprises que les mécanismes d'attribution utilisés par les éco-organismes pour les déchets en verre et en plomb étaient anticoncurrentiels, les déchets valorisables ayant été attribués sur la base de la part de marché historique des producteurs à des prix inférieurs à la valeur de marché (voir l'exemple dans l'encadré 4.7). Il en résulte une protection des producteurs en place, une concurrence faussée sur le marché des produits, et un frein au développement de systèmes de collecte et de recyclage indépendants (OCDE, 2010, p. 13).

Une libéralisation antérieure des échanges commerciaux au sein de l'entreprise allemande DSD a eu pour conséquence l'entrée de nouveaux éco-organismes. Au début, les recycleurs recevaient de DSD les déchets à titre gracieux. Le système ayant été modifié, DSD a fait payer les recycleurs quand le prix de marché était positif et a autorisé la vente de matériaux recyclables en dehors de son système, moyennant le paiement de ristournes. La séparation verticale de la collecte et du recyclage a ouvert le marché aux entreprises d'emballage en concurrence (voir l'exemple dans l'encadré 4.8)

Encadré 4.7. **Des quotas anticoncurrentiels pour l'attribution des déchets à valoriser et éliminer**

La méthode employée par COBAT, Consorzio obbligatorio batterie al piombo esauste e rifiuti piombosi, le consortium exclusif pour la collecte des batteries au plomb usagées en Italie, consistant à attribuer les batteries au plomb usagées à des entreprises de recyclage, a été jugée anticoncurrentielle. Les batteries étaient attribuées aux différentes entreprises en fonction de leur capacité productive, celles-ci conservant ainsi leurs parts de marché historiques. Une entreprise de recyclage qui se fournissait en batteries directement auprès d'une entreprise de collecte se voyait réduire son quota en conséquence par COBAT. L'autorité italienne de la concurrence a décidé que cette pratique restreignait la concurrence en empêchant la mise en place d'autres systèmes de collecte et en bloquant les activités de recyclage indépendantes du système COBAT (affaire 1697, COBAT, citée par l'OCDE, 2013, p. 127).

Dans l'affaire COBAT, il a également été découvert une collusion sur le marché du recyclage des batteries au plomb usagées. Les entreprises de recyclage échangeaient régulièrement des informations sur les quantités de batteries usagées qu'elles recevaient de COBAT et concluaient des accords concernant l'attribution de ces batteries. Elles entravaient aussi toute tentative de créer une activité de recyclage indépendante du système COBAT, si bien que les fabricants de batteries ne pouvaient pas disposer d'une alternative moins coûteuse.

L'autorité italienne de la concurrence a aussi été saisie dans une affaire de quotas d'attribution de déchets d'emballage contenant de la cellulose par le consortium COMIECO. Des vieux papiers étaient attribués à chaque fabricant de papier proportionnellement à la quantité de papier que celui-ci avait mise sur le marché l'année précédente. Les parts de marché étaient ainsi conservées sur les marchés du papier. Après le début de l'enquête, COMIECO s'est engagé à attribuer 40 % de ses vieux papiers selon un processus d'enchères concurrentielles, tout en conservant l'ancien système pour les 60 % restants de manière à satisfaire aux objectifs d'intérêt public du consortium. Grâce aux enchères, il est apparu que ces vieux papiers avaient une valeur marchande, si bien que de nombreux producteurs ont quitté le consortium afin d'obtenir de meilleurs prix sur le marché. Par suite, le consortium a dû baisser de plus de deux tiers le droit de participation (1730 Gestione dei rifiuti cartacei COMIECO, affaire classée le 16 mars 2011, cité par l'OCDE, 2013, p. 128).

Encadré 4.8. **Entente à l'achat**

Il a été jugé que l'achat en commun de l'ensemble des déchets de verre collectés en Allemagne constituait une entente à l'achat et était illégal. En 1993, les producteurs allemands de récipients en verre avaient créé la Gesellschaft für Glasrecycling und Abfallvermeidung (GGA) en vue d'acheter conjointement tous les déchets de verre collectés par les sociétés de gestion des déchets auprès des ménages. Cette organisation gérait la livraison des déchets de verre aux usines de recyclage, lesquelles fournissaient aux producteurs une matière secondaire qui était moins chère et moins coûteuse à utiliser que la matière primaire initiale. L'autorité allemande de la concurrence a jugé que cette entente à l'achat éliminait la concurrence sur un pan substantiel du marché des déchets de verre et que cette entente n'était pas indispensable à la réalisation des objectifs environnementaux : l'objectif de recyclage était facile à dépasser, et les objectifs environnementaux pouvaient être atteints par des moyens moins anticoncurrentiels. Cette entente a donc été considérée comme constitutive d'une infraction (OCDE, 2013, p. 105, citant OCDE, 2010).

En Turquie, il a été jugé qu'une série d'interdictions de commercer avec des entreprises de collecte et de valorisation des déchets extérieures à un éco-organisme et la fixation des prix des échanges au sein de l'éco-organisme n'étaient pas nécessaires pour atteindre les objectifs environnementaux pour lesquels cet éco-organisme avait été créé (voir encadré 4.9).

Encadré 4.9. **Accords exclusifs et fixation des prix**

En Turquie, deux associations rivales pour la collecte et le recyclage du plomb des piles et des accumulateurs avaient été créées. Les membres de la première étaient des producteurs qui réalisaient environ 90 % des ventes d'accumulateurs. Les membres de la seconde étaient des importateurs. Les accords passés avec la plus grande association interdisaient la vente des accumulateurs collectés par ses membres à des tiers extérieurs, et les entreprises de valorisation des déchets ne pouvaient pas non plus s'approvisionner en accumulateurs provenant d'entreprises de collecte extérieures à l'association. Les prix auxquels les accumulateurs usagés étaient échangés au sein de la plus grande association étaient fixés par celle-ci. La plus petite association ne bénéficiait pas d'une telle exclusivité ni de restrictions du contrôle des prix. L'autorité turque de la concurrence a conclu que les fondateurs de la grande association, les gros producteurs, se servaient de cette association « pour s'assurer l'approvisionnement en déchets d'accumulateurs à des prix déterminés par eux-mêmes ». En outre, les dispositions d'exclusivité plaçaient les importateurs en position de désavantage concurrentiel sur le marché des accumulateurs, car elles les empêchaient d'assumer leurs responsabilités élargies de producteurs. Il a été jugé que les dispositions de fixation des prix et d'exclusivité n'étaient pas indispensables pour atteindre les objectifs environnementaux pour lesquels ces associations avaient été créées (décision relative aux accumulateurs n° 08-34/456-161 du 20.05.2008, OCDE, 2010, pp. 90-94).

Les affaires qui précèdent illustrent l'importance des dispositions d'exclusivité au sein d'un éco-organisme. La restriction des échanges entre les entreprises de collecte et de valorisation à celles qui sont « dans » un éco-organisme peut désavantager les non-membres qui ne peuvent pas atteindre l'échelle minimale efficace pour s'acquitter de leurs obligations légales, comme dans le cas des accumulateurs en Turquie. Des accords qui limitent les échanges avec des tiers peuvent aussi empêcher la mise en place d'autres systèmes de collecte et de valorisation, que ce soit sous la forme d'un éco-organisme ou sous la forme de marchés. Lorsque les échanges commerciaux sont restreints, ils ne se font pas nécessairement aux prix du marché. L'affaire des vieux papiers en Italie illustre l'utilisation des marchés pour « découvrir » la véritable valeur des déchets. Enfin, l'affaire du verre usagé en Allemagne illustre la manière dont les restrictions commerciales peuvent donner lieu à une concentration du marché. L'exemple suivant soulève la question de savoir si les systèmes de reprise peuvent porter un coup à la concurrence des fabricants de produits reconditionnés en les privant d'une partie de leurs intrants.

L'impact des produits reconditionnés sur la concurrence du marché des produits

Encadré 4.10. **La concurrence des produits reconditionnés**

La Commission japonaise pour des pratiques commerciales loyales a mené une consultation confidentielle concernant une proposition de collecte conjointe de conteneurs par cinq fabricants de matériel d'information. Ces entreprises fabriquent et vendent des

Encadré 4.10. La concurrence des produits reconditionnés *(suite)*

consommables B pour leur matériel d'information A. Le B d'une entreprise n'est pas compatible avec le A des autres entreprises. Des tiers collectent et fabriquent des produits B recyclés. Les cinq entreprises ont proposé de placer des conteneurs dans les bureaux de poste pour la collecte de B, de les trier par fabricant et de les réexpédier vers leurs usines respectives pour les recycler. Le prix exigé serait inférieur à 1 % des prix de vente de B. Les entreprises étaient libres de décider si et dans quelle proportion ce coût devait être répercuté. Il a été considéré que cela n'avait pas d'incidence sur la concurrence. Un autre problème était de savoir si la concurrence des fabricants de produits recyclés en souffrirait. Il a été conclu que la collecte par des tiers, assurée en grande partie par des entreprises de la grande distribution, n'en serait pas affectée de façon significative (OCDE, 2013, pp. 136-7).

4.3.4. *Les marchés de produits*

La formation et l'activité des éco-organismes peuvent avoir des répercussions portant préjudice à la concurrence sur les marchés des produits. Les marchés des produits étant vastes, un peu plus d'inefficience par suite d'une diminution de la concurrence peut avoir des effets notables sur le bien-être économique. Les producteurs peuvent profiter des éco-organismes pour créer une collusion, soit en s'en servant comme une couverture pour des réunions collusoires, soit en pratiquant des tarifs excessifs pour augmenter les prix des produits. Une discrimination pratiquée par les éco-organismes peut fausser la concurrence sur les marchés des produits. Les répercussions spécifiques sont étudiées ci-après. La première question traitée est de savoir dans quelles circonstances le fait que les producteurs conviennent de percevoir des frais « visibles » pour la gestion des déchets constitue une pratique anticoncurrentielle.

La protection de la concurrence sur le marché des produits est une priorité importante dans la politique de concurrence vis-à-vis des dispositifs de REP. Dans des affaires impliquant des éco-organismes, il a été fait état d'effets anticoncurrentiels potentiels ou réels tels que collusions, abus et discrimination ou exclusion du marché des produits. Les accords pour former et exploiter un éco-organisme sont souvent étudiés dans un cadre général de concurrence pour l'évaluation d'accords horizontaux pouvant avoir des effets aussi bien favorables que défavorables sur la concurrence. De tels cadres diffèrent, comme cela est expliqué dans la section 4.2. L'application de ces cadres à des exemples dans lesquels les producteurs conviennent de faire payer une petite redevance « visible » a donné des résultats variables. Dans certains cas, les petites redevances « visibles » sont considérées comme nécessaires et n'occasionnant pas une entrave perceptible à la concurrence. Dans d'autres cas, elles sont considérées comme non nécessaires dans le cadre plus général d'un accord de coopération et comme anticoncurrentielles.

Les autres préoccupations relatives à l'impact des éco-organismes sur la concurrence sur les marchés des produits concernent les risques de collusion, d'abus, d'amenuisement de la diversité, de discrimination, et une affectation des matières secondaires bloquant la variation des parts de marché. L'échange d'informations sensibles du point de vue de la concurrence au sein d'un éco-organisme peut faciliter la fixation d'un prix et la répartition des marchés. Les mécanismes utilisés pour éviter ce genre de situation ont consisté à faire appel à des entreprises indépendantes et fiables pour le recueil des informations, puis à n'adresser à chaque entreprise que les informations dont elle avait besoin pour pouvoir satisfaire à ses propres obligations. Lorsque les redevances d'un éco-organisme en situation de monopole sont élevées, notamment parce que le recyclage de certains déchets est très coûteux, alors les possibilités de concurrence sur le marché des produits risquent d'être réduites. Dans d'autres circonstances, les producteurs peuvent être incités à opter pour des modèles communs. Cela peut certes fausser la concurrence, mais pas nécessairement : il se peut que les consommateurs soient indifférents au domaine dans lequel la diversité s'amenuise. Des taxes de recyclage en excès peuvent servir à faire augmenter les prix à la consommation pratiqués par tous les distributeurs, dans une situation où ils ne pourraient pas le faire autrement. Lorsqu'un éco-organisme détenant un monopole pratique une discrimination entre les producteurs, par exemple dans la structure des redevances qu'elle leur facture, cela peut fausser la concurrence sur le marché des produits, ou même obliger certains concurrents à quitter le marché. L'affectation de matériaux rebutés ayant une valeur peut fausser la concurrence sur le marché des produits.

Une seconde série de préoccupations en termes de concurrence est liée au pouvoir que détiennent les pouvoirs publics d'accorder des subventions ou des droits exclusifs. Les facteurs essentiels qui interviennent pour déterminer si la concurrence est faussée par une avance sur une redevance d'élimination sont le fait que celle-ci soit ou non volontaire, le fait que le dispositif favorise ou non certaines entreprises ou certains biens, et le fait que le paiement dépasse ou non le coût de l'élimination.

Un accord pour percevoir un droit « visible »

Un accord pour répercuter sur les consommateurs les frais facturés par l'éco-organisme est généralement considéré comme une entente illégale sur les prix. Il en est ainsi même lorsque rendre des frais « visibles » est considéré comme nécessaire pour inciter les consommateurs à modifier leur comportement. Un accord pour répercuter les frais de l'éco-organisme réduit les possibilités de concurrence : en l'absence d'un tel accord, chaque concurrent déciderait individuellement quelle proportion du tarif de l'éco-organisme il doit répercuter sur les consommateurs[22]. Cependant, lorsque l'accord pour répercuter ces frais ne constitue qu'une partie d'un accord concernant un dispositif de collecte et de recyclage, c'est l'accord dans sa globalité qui est susceptible de faire l'objet d'une appréciation de son impact économique global dans les cadres généraux décrits précédemment. Au vu des décisions, il apparaît qu'un très petit montant convenu est souvent considéré comme bloquant la concurrence dans une moindre mesure qu'un montant convenu plus important. Dans certains cas, une législation différente autorise les producteurs à répercuter des frais convenus et « visibles ». C'est ce qu'illustre l'exemple ci-dessous, qui concerne les DEEE aux Pays-Bas.

Malgré l'avis général, des accords pour faire payer une redevance « visible » ont été acceptés dans certaines juridictions où la redevance était très réduite par rapport au prix total du produit. Deux exemples sont détaillés ci-dessous, une redevance de 45 euros sur les véhicules neufs et une redevance de cinq yens sur les sacs en plastique. Ces redevances, qui représentaient un pourcentage très réduit du prix total, ont été considérées comme ne pouvant pas affecter de façon perceptible la concurrence sur le marché des produits.

Le droit australien de la concurrence permet à l'autorité de la concurrence d'autoriser un accord anticoncurrentiel, à condition qu'il ne constitue pas une exclusion et qu'il présente un intérêt public plus important que le préjudice public lié à la diminution de la concurrence. En Australie, le test a été interprété comme permettant à l'autorité de prendre en compte tous les inconvénients et tous les avantages susceptibles de résulter de

Encadré 4.11. Quand des accords non nécessaires sur les redevances sont refusés

Les piles aux Pays-Bas

L'autorité néerlandaise de la concurrence a constaté que les dispositions prévoyant de répercuter le prix du recyclage des piles sous forme d'un élément distinct sur la facture n'étaient ni nécessaires ni profitables au consommateur. L'obligation de recycler les piles a amené l'association des fabricants et importateurs néerlandais de piles à créer Stibat, une organisation chargée de satisfaire à leurs obligations de collecte et de recyclage. Les fabricants et importateurs de piles devaient verser à Stibat une redevance afin de couvrir les coûts estimés du système. Cependant, le plan proposé comportait aussi l'obligation de répercuter la redevance au stade suivant de la distribution et de la faire apparaître sur la facture. Ces dernières dispositions ont été considérées comme non nécessaires dans le cadre de ce système et non profitables au consommateur (Batteries, cas 51 et cas 3142, cité par l'OCDE, 2010 p. 76 ; OCDE, 1998, pp. 4-5).

Le plastique au Japon

Selon la législation japonaise en matière de concurrence, un accord relatif à une taxe sur les matières premières pour financer le recyclage aurait été considéré comme une mesure anticoncurrentielle. Une association professionnelle japonaise de producteurs de matières premières, d'entreprises de traitement et de fabricants de matériel de moulage a créé un centre de recyclage. Il a été considéré que ce dispositif, tel qu'il était proposé lors d'une consultation avec la Commission japonaise pour des pratiques commerciales loyales, ne portait pas atteinte à la concurrence. Cependant, selon l'autorité de la concurrence, si cette association professionnelle avait décidé d'ajouter une certaine majoration au prix de vente des matières premières, cela aurait constitué une restriction relative aux prix aux termes de la loi contre les monopoles (OCDE, 2006, p. 112).

la pratique concernée. Le cas présenté ci-dessous illustre le fait que cette autorité de la concurrence prenne en compte les avantages environnementaux de façon directe dans sa décision d'autoriser à nouveau un plan de collecte et de recyclage. Cela fait contraste avec l'approche plus généralement adoptée dans d'autres juridictions, où l'évaluation concerne les avantages et les inconvénients du point de vue économique.

Autres considérations : volontarisme et exigences des autres lois Les « Directives concernant les activités communes de recyclage dans le cadre de la loi contre les monopoles » de la commission japonaise pour des pratiques commerciales loyales indiquent qu'un accord sur une redevance spécifique pour le recyclage s'ajoutant au prix existant du produit peut devenir un problème dans le cadre de la loi contre les monopoles (OCDE, 2006, p. 111). En revanche, une participation volontaire ne serait pas considérée comme une infraction. Dans un cas, une association professionnelle de fabricants japonais de matériel de bureau a fixé une norme volontaire selon laquelle ses membres devraient faire payer une redevance pour la collecte de produits usagés. Consultée, l'autorité de la concurrence a considéré que cette norme n'enfreignait pas la loi sur la concurrence dans la mesure où elle était volontaire (OCDE, 2006, p. 112).

Il arrive qu'une législation, contrairement aux exemples qui précèdent, stipule que les producteurs sont autorisés à répercuter une redevance « visible ». Dans un cas, l'autorité néerlandaise de la concurrence a exempté de la législation nationale sur la concurrence un

Encadré 4.12. **Des redevances jugées nécessaires et peu élevées**

Les épaves automobiles aux Pays-Bas

Aux Pays-Bas, un accord pour répercuter une redevance « visible » de 45 EUR pour les épaves automobiles a été considéré comme n'enfreignant pas la loi sur la concurrence. Les constructeurs automobiles ont mis en place un système collectif de recyclage des véhicules hors d'usage avant l'adoption de la directive européenne sur les véhicules en fin de vie. Il était alors moins coûteux de concasser les épaves et de les abandonner que de les recycler. Le nouveau système de recyclage allait inverser cette hiérarchie des préférences, avec un résultat bénéfique pour l'environnement. D'après l'analyse, l'accord allait déboucher sur la création d'un marché du recyclage des épaves automobiles, or aucune des parties en présence ne pouvait à elle seule créer un tel marché. Par ailleurs, la redevance de 45 EUR pour l'élimination des épaves automobiles a été considérée comme une harmonisation assez réduite d'un élément de coût pour ne pas accroître la coordination des agents sur le marché. Pour ces raisons, l'autorité de la concurrence a décidé que cet accord n'enfreignait pas la loi néerlandaise sur la concurrence (OCDE, 2010, p. 76 ; Commission européenne 2001c, 2002).

Les sacs à provisions dans une grande ville japonaise

Un accord pour fixer le montant d'une redevance « visible » sur les sacs à provisions en plastique a été considéré comme n'enfreignant pas la loi japonaise sur la concurrence. Un comité constitué de pratiquement tous les détaillants d'une grande ville et de groupements d'habitants a approuvé la facturation au consommateur d'une redevance de cinq yens sur chaque sac en plastique, afin d'en réduire l'utilisation. La municipalité a adopté un arrêté recommandant l'application de cette redevance. La fixation d'une redevance minimale a été jugée nécessaire pour éviter que les détaillants participant fassent payer une redevance inférieure ou ne fassent pas payer de redevance, comme cela s'était produit à la suite d'une initiative antérieure. Les partisans de la redevance ont consulté la Commission japonaise pour des pratiques commerciales loyales, laquelle a jugé que cette redevance fixe permettrait d'atteindre l'objectif de réduction de l'utilisation des sacs en plastique, qu'un accord était nécessaire pour garantir un montant de redevance suffisant pour atteindre l'objectif, et que le montant de la redevance n'était pas inacceptable. Par ailleurs, cette redevance ne pouvait pas être considérée comme une charge dans la mesure où les sacs en plastique ne sont pas indispensables, les acheteurs pouvant apporter leurs propres sacs, et les groupements d'habitants en ont convenu (OCDE, 2013, pp. 137-8 ; OCDE, 2010, p. 149).

Encadré 4.13. **L'avantage public d'un accord incluant une redevance « visible »**

En Australie, des agriculteurs, des fournisseurs de produits chimiques à usage agricole et vétérinaire et d'autres acteurs ont demandé à l'autorité de la concurrence d'autoriser à nouveau un dispositif de recyclage. Ce dispositif imposait une taxe de quatre cents par litre ou par kilo de produit chimique aux fabricants et aux revendeurs, à répercuter sur l'utilisateur final, en vue de financer la collecte et le recyclage des conteneurs vides. L'autorité de la concurrence a estimé que cette taxe impliquerait probablement une hausse des prix des produits agrochimiques pour l'utilisateur final, mais que cette taxe était raisonnable comparée au coût de la collecte et du recyclage. L'autorité de la concurrence a procédé à une comparaison de l'avenir avec et sans ce dispositif et a jugé que celui-ci allait produire des avantages appréciables du point de vue environnemental. En l'absence du dispositif, les utilisateurs des produits chimiques auraient besoin de mettre au point des solutions individuelles à un coût plus élevé, et ce coût plus élevé pourrait entraîner un mode d'élimination nuisible pour l'environnement sous forme de stockage, de combustion et d'enfouissement à la ferme. Une vaste majorité des parties intéressées ayant présenté des observations se sont prononcées pour la ré-autorisation du dispositif. L'autorité de la concurrence a jugé que les avantages publics « sous forme de bénéfices environnementaux significatifs » devaient l'emporter sur le préjudice public et a délivré une autorisation pour cinq ans (Commission australienne de la concurrence et de la consommation, 2009).

accord pour la répercussion d'une redevance « visible » sur les DEEE en raison de la directive européenne relative aux DEEE de 2003. Cette directive obligeait les États membres de l'Union européenne à autoriser les producteurs, au cours d'une période de transition, à faire connaître aux acheteurs le coût du mode écologiquement responsable d'élimination des déchets[23] (OCDE, 2010, p. 76).

Cependant, le droit de la concurrence varie, et il n'est pas possible de présenter ici tous les exemples de législation. L'autorité turque de la concurrence, par exemple, a autorisé la fixation et la facturation séparée aux consommateurs d'une redevance pour couvrir le coût de la collecte et de la valorisation par un éco-organisme des pneus usés. Les fondateurs de l'éco-organisme représentent environ 60 % du marché du pneu en Turquie. La redevance sur les pneus neufs représentait entre 0.6 % et 0.7 % du prix. L'autorité a accepté que la redevance soit facturée séparément de manière à éviter toute collusion en vue d'augmenter le prix des pneus neufs (OCDE, 2013, p. 218).

L'échange d'informations sensibles du point de vue de la concurrence qui facilitent la collusion

Un éco-organisme géré conjointement par les producteurs peut porter atteinte à la concurrence sur le marché des produits, en facilitant l'échange d'informations sensibles du point de vue de la concurrence. Or, cet échange peut faciliter la collusion. L'exploitation commune d'un éco-organisme peut impliquer des réunions régulières entre les concurrents, et les sujets abordés, plutôt que de ne concerner que l'éco-organisme, peuvent aussi avoir trait au marché du produit en question. En outre, afin d'assurer une répartition équitable des coûts, un éco-organisme peut recueillir des informations plus détaillées ou plus à jour sur les ventes que celles dont pourraient disposer les concurrents autrement[24].

Les autorités compétentes en matière de concurrence tiennent compte d'un certain nombre de facteurs lorsqu'elles évaluent les échanges d'informations dans le contexte d'une collaboration élargie entre les concurrents. Premièrement, elles prennent en compte la concentration du marché et l'étendue prévisible des informations échangées. Une plus forte concentration du marché et une couverture plus large par le mécanisme d'échange d'informations posent davantage de problèmes. Deuxièmement, il s'agit de savoir quelle sera la nature de ces informations. Plus les informations sont récentes et ventilées, plus cela pose de problèmes. Troisièmement, la question est de savoir quelle est la modalité de l'échange d'informations, sachant qu'un échange d'informations dans une sphère privée est généralement considéré avec davantage de scepticisme (OCDE, 2010b).

La coopération au sein d'un éco-organisme peut servir à couvrir une collusion sur le marché des produits. En 2003, l'autorité suédoise de la concurrence a attiré l'attention sur cette possibilité (OCDE, 2003b, p. 12), et quelques années plus tard, elle a cité deux affaires dans lesquelles des entreprises du même secteur avaient bénéficié d'une exemption pour coopérer dans le domaine de l'environnement, mais en avaient aussi profité pour se lancer dans une coopération anticoncurrentielle (OCDE, 2006, p. 147). L'autorité allemande de la concurrence avait constaté que la structure d'entreprise de DSD, l'éco-organisme allemand pour le traitement des emballages, avait permis aux représentants d'associations professionnelles qui fixaient le montant des redevances payées par les entreprises commerciales et industrielles et les entreprises de traitement des déchets membres du conseil de surveillance de DSD de coordonner les redevances sur l'élimination des déchets (Bundeskartellamt, 2005, p. 38).

Une solution institutionnelle appliquée par certains registres, par exemple la WEEE Register Society en Irlande, consiste à se servir d'une entité indépendante crédible pour collecter, rassembler et communiquer des données confidentielles. Chaque éco-organisme envoie les informations demandées et ne reçoit que les informations qui concernent ses propres obligations. Ainsi, seules les informations nécessaires au fonctionnement du registre national sont disponibles. En particulier, les informations qui sont spécifiques à une entreprise ne sont pas mises à la disposition des autres entreprises. Les éco-organismes peuvent aussi se servir d'un système institutionnel similaire pour préserver la confidentialité entre les différents producteurs.

Accroître la mise en commun des coûts

Lorsqu'un éco-organisme accroît significativement la mise en commun des coûts des producteurs, cela peut porter préjudice à la concurrence sur le marché des produits. Lorsqu'un éco-organisme détient une position dominante ou de monopole et lorsque les redevances représentent une part substantielle des coûts variables des producteurs, l'intensité de la concurrence sur le marché des produits peut s'en trouver réduite. Ce problème éventuel a été mentionné à propos de certains types d'ampoules électriques (DG-Concurrence 2005, point 158, citant ELCF 2003, p. 12)[25]. Lorsque la mise en commun des coûts représente une partie substantielle des coûts variables, il convient d'examiner le marché des produits pour savoir s'il présente d'autres caractéristiques rendant une collusion possible, « telles que, par exemple, sa transparence, sa stabilité et son degré de concentration ». (CE 2011, point 187). Lorsqu'une collusion apparaît envisageable, il convient d'évaluer tous les avantages et les inconvénients d'un éco-organisme monopolistique du point de vue du préjudice porté à la concurrence sur les marchés des produits.

Par ailleurs, un éco-organisme peut entraver la concurrence sur le marché des produits en incitant les concurrents à harmoniser davantage leurs modèles. Cela peut réduire la variété, qui est elle-même un aspect de la concurrence, et créer des barrières à l'entrée. Cela peut aussi faciliter la collusion, sachant cependant que ce risque « dépendra largement du niveau d'homogénéité du produit en question ». (Kienapfel et Miersch, 2006, p. 54). Le risque pour la concurrence en matière de variété semble dépendre du fait qu'une harmonisation dans le domaine du traitement des déchets implique ou non une harmonisation des caractéristiques qui influencent le choix du consommateur. Ainsi, il semble qu'une harmonisation des emballages n'affecte pas la concurrence sur les marchés des produits qui ne sont choisis qu'en fonction de leurs caractéristiques techniques. Lorsque l'emballage influence le choix des acheteurs, une harmonisation dans le domaine du traitement des déchets n'implique pas une harmonisation des modèles : l'emballage peut être plus ou moins attractif, mais avec les mêmes coûts de recyclage.

En principe, une harmonisation accrue des coûts ou des modèles peut réduire la concurrence sur les marchés de produits. Un facteur essentiel est le fait de savoir si les coûts mis en commun représentent une part importante des coûts variables des producteurs.

Des redevances excessives pour le recyclage

Une redevance de recyclage trop élevée peut servir à augmenter le prix payé par le consommateur et à accroître les profits des fournisseurs. Lorsque la demande sur le marché est plutôt inélastique et lorsqu'il est possible d'empêcher les concurrents de pratiquer un prix bas, il est profitable d'augmenter le prix du produit. Lorsque les fournisseurs du produit répercutent la redevance de recyclage sur le consommateur, ce dernier se retrouve confronté à une hausse de prix. En Norvège, à plusieurs reprises, un éco-organisme appartenant à un producteur a effectué des versements forfaitaires aux détenteurs des capitaux, le plus souvent après que l'éco-organisme ait constitué des réserves suffisantes. Ces réserves avaient été constituées parce que les redevances de recyclage dépassaient les coûts (OCDE, 2006, p. 123). La question de savoir si cette pratique constituait un abus de position dominante n'a pas été résolue.

Une discrimination entre les producteurs

La concurrence sur le marché des produits peut souffrir d'une discrimination entre les producteurs. Lorsque certains producteurs bénéficient de conditions avantageuses de la part d'un éco-organisme, leurs concurrents peuvent s'en trouver affaiblis, ou même obligés de se retirer du marché. La structure des redevances des éco-organismes peut être discriminatoire, par exemple à l'égard des fournisseurs étrangers ou des petits fournisseurs. Lorsque les coûts fixes de la participation à un éco-organisme sont élevés et la mise en conformité volontaire inenvisageable, les petits producteurs risquent de se retirer et les entrants de se décourager (voir encadré 4.14). Lorsque les producteurs en place forment un éco-organisme unique et lorsque cet éco-organisme impose des conditions inéquitables excluant les concurrents, alors une évaluation de ces conditions peut être effectuée pour savoir si elles empêchent l'accès à un dispositif essentiel (OCDE, 2006, p. 118).

Encadré 4.14. **Les possibilités qu'une discrimination entrave la concurrence sur le marché**

Un système d'emballage pour les bouteilles d'eau minérale jugé non préjudiciable

La Chambre syndicale belge des eaux de source ou minérales a déposé une plainte auprès de la Commission européenne concernant les pratiques de la coopérative allemande pour les eaux de source (Genossenschaft Deutscher Brunnen, ou GDB). La GDB avait créé un groupement normalisé d'emballage pour les bouteilles consignées. Le plaignant n'a pas pu démontrer que son accès au marché allemand s'en trouvait limité ou restreint. La Commission européenne a constaté que les distributeurs allemands, en général, ne protestaient pas lorsque les bouteilles d'eau minérale étaient différentes de celles du système de la GDB. Elle a jugé que cette entente n'entraînait aucun préjudice significatif pour les tiers ni pour les échanges entre les États membres, et a donc débouté le plaignant (Décision du 22 décembre 1987, non publiée ; Commission des Communautés européennes, 1987, point 75).

Une structure des redevances d'emballage discriminatoire

La structure de redevances initiale de Duales System Deutschland AG (DSD), le premier éco-organisme allemand de la filière des emballages, a été jugée discriminatoire envers les producteurs. DSD a abusé de sa position dominante en faisant payer aux clients des redevances correspondant au volume des emballages portant le logo du « Point vert » et non pour lesquels DSD fournit effectivement un service de reprise et de valorisation. La Commission européenne a estimé qu'il s'agissait d'une contrainte imposée aux producteurs et aux importateurs qui souhaitaient ne pas passer par DSD pour une partie de leurs emballages, afin de séparer leurs canaux d'emballage et de distribution. Ce système était peu pratique pour certains et disproportionné pour d'autres, et il a été conclu qu'il s'agissait d'un abus de position dominante. La structure de redevances entravait aussi la concurrence sur le marché de l'éco-organisme. Il a été enjoint à DSD de modifier ses formules de tarification de telle sorte que les redevances ne soient payables que sur les emballages bénéficiant des services de l'éco-organisme. Notons que dans les autres pays, les éco-organismes n'utilisent généralement pas le logo figurant sur l'emballage pour indiquer qu'une redevance a été acquittée.

Affectation des matières secondaires anticoncurrentielle

L'affectation aux producteurs des matières secondaires valorisables sous forme de quotas à des prix inférieurs au prix du marché peut fausser la concurrence sur le marché des produits. Cet effet a été décrit précédemment à propos des marchés de valorisation et de traitement des déchets.

L'aide de l'État

L'aide de l'État, ou subvention gouvernementale, peut aussi fausser la concurrence. Les avances sur les redevances d'élimination des déchets, un des instruments de la REP, ont fait l'objet d'au moins deux décisions en matière d'aide gouvernementale, la principale préoccupation ayant trait à la concurrence sur le marché des produits. La première est une Décision de la Commission européenne portant, notamment, sur la question de l'aide de l'État à propos de l'accord, évoqué précédemment, pour imposer une redevance d'élimination de 45 EUR sur les véhicules neufs aux Pays-Bas. La seconde est une décision préliminaire de la Cour de justice concernant une taxe sur l'élimination des déchets applicable à la viande en France (voir encadré 4.15). Ces décisions fournissent une structure bien définie pour déterminer dans quels cas l'aide gouvernementale existe.

Encadré 4.15. **L'aide d'État et les avances sur les redevances d'élimination**

La Commission européenne a examiné un accord passé en 2001 pour répercuter une redevance de 45 EUR destinée à financer l'enlèvement des véhicules hors d'usage aux Pays-Bas, afin de vérifier que cette redevance pouvait surcompenser le coût de l'enlèvement, du démontage et du recyclage des épaves. Le montant de la redevance était fixé de telle sorte qu'il devait être égal au coût moyen du démontage d'une épave de véhicule. Les principaux points de l'évaluation ont été les suivants :

- La redevance était-elle obligatoire ? Les constructeurs et les importateurs avaient la possibilité de créer leur propre système ou d'utiliser d'autres systèmes pour remplir leurs obligations en matière de REP, et il s'agissait de possibilités véritables, du moins pour les constructeurs et pour les gros importateurs. La redevance était donc volontaire, ou du moins, optionnelle. En conséquence, les recettes tirées de la redevance n'étaient pas des ressources de l'État.
- Même si les recettes tirées de la redevance avaient été des ressources de l'État, ce système n'aurait pas été considéré comme une aide d'État car il ne favorisait pas certaines entreprises, ni la production de certains biens. Il ne favorisait pas des constructeurs automobiles ni des importateurs, sachant que la redevance et le paiement concernaient le même bien, mais à deux moments différents. En outre, ce système faisait que les constructeurs et les importateurs finançaient une part importante des coûts d'enlèvement, conformément à la directive de l'UE relative aux véhicules hors d'usage.
- Bien que cela ne fasse pas partie de la conclusion, la Commission a aussi examiné la question de savoir si la redevance était supérieure au minimum nécessaire à la prise en charge des épaves. La réponse a été négative, en raison à la fois du processus (le responsable du système avait recours à des appels d'offres pour obtenir les prix les moins élevés possibles pour ces services) et du résultat (une seule entreprise de démontage recevait des paiements supérieurs aux coûts, et la différence était minime).

Encadré 4.15. **L'aide d'État et les avances sur les redevances d'élimination** *(suite)*

La Commission a conclu qu'il n'y avait pas d'aide d'État car aucune ressource de l'État n'entrait en jeu et même si cela avait été le cas, le système ne favorisait aucune entreprise ni aucun produit (Décision de la Commission n° 2002/204/CE (ARN) JO L 68/18 ; Commission européenne, 2001c).

Une taxe sur la viande pour financer l'élimination des parties impropres à la consommation

La seconde affaire en matière d'aide d'État concernait une taxe sur la viande destinée à financer un mode d'élimination des animaux morts qui soit approprié du point de vue environnemental. Une loi française instituait une taxe sur les achats de viande et de produits animaux, y compris les aliments pour animaux à base de viande ou d'abats, par les revendeurs de viande et de produits animaux. Le but de cette taxe était de financer la collecte et l'élimination des carcasses et des déchets d'abattoirs impropres à la consommation humaine et animale. Ces services sont fournis gratuitement aux abattoirs et aux éleveurs. Les détenteurs de carcasses de plus de 40 kilogrammes sont légalement obligés de recourir à un service d'équarrissage. S'il n'est pas immédiatement évident qu'il s'agit d'un cas d'avance sur une redevance d'élimination, les carcasses et déchets animaux impropres à la consommation sont cependant un co-produit de la viande, et la viande est le produit qui représente une valeur taxable. Or, d'un point de vue économique, si les déchets et la viande sont produits dans des proportions constantes, une taxe sur les premiers est équivalente à une taxe sur la dernière.

Il a été demandé à la Cour européenne d'émettre une décision préliminaire sur la question de savoir si ce dispositif constituait une aide d'État.

- L'intervention de l'État pour soulager les détenteurs de carcasses du coût de leur élimination était-elle un avantage économique susceptible de fausser la concurrence ? Oui, dans la mesure où le dispositif soulageait les éleveurs et les abattoirs d'une dépense inhérente à leurs activités économiques.
- Cette mesure gouvernementale favorisait-elle « certaines entreprises ou la production de certains biens » ? Oui, sachant que la loi n° 96-1139 profite essentiellement aux éleveurs et aux abattoirs.
- Les échanges intracommunautaires en étaient-ils affectés ? Oui, car le dispositif avantageait les producteurs français, les autres devant normalement s'acquitter des frais d'élimination des carcasses. Enfin, la viande produite à l'étranger et vendue en France était soumise à cette taxe.

En conséquence, « [Un] régime tel que celui en cause au principal, qui assure gratuitement pour les éleveurs et les abattoirs la collecte et l'élimination des cadavres d'animaux et des déchets d'abattoirs, doit être qualifié d'aide d'État. » (Ministère de l'économie, des finances et de l'industrie et GEMO SA, Affaire C-126/01, 2003, Recueil de jurisprudence I-13769 ; voir aussi l'avis de l'avocat général Jacobs.)

Une question importante dans les analyses est de savoir si la redevance est volontaire. Dans le cas des épaves de véhicules, le fait qu'il existe de véritables alternatives au paiement de la redevance rendait celle-ci volontaire, si bien que le dispositif pouvait être immédiatement considéré comme ne s'apparentant pas à une aide d'État. La seconde question essentielle est de savoir si le dispositif favorise certaines entreprises ou la production de certains biens. Dans le cas des épaves de véhicules, la redevance s'appliquait précisément au bien faisant l'objet du service en question, quoique à un moment différent.

Dans le cas de la viande, la taxe était applicable à la vente de viande pour la consommation humaine ou animale aux détaillants français, mais l'argent était reversé aux éleveurs et aux abattoirs français pour des services d'élimination concernant quelque chose de différent, les carcasses et les déchets impropres à la consommation humaine ou animale. La viande faisant l'objet d'un commerce international, la viande et les carcasses impropres à la consommation n'étaient pas nécessairement des co-produits : la viande produite à l'étranger était taxée quand elle était vendue en France, et la viande produite en France et exportée n'était pas soumise à cette taxe mais bénéficiait des services d'élimination. Cette non-coïncidence de la taxe et du bénéfice est ce qui distingue ce cas de celui des épaves de véhicules, et elle contribue à une conclusion différente. Un autre point essentiel en matière d'évaluation d'une éventuelle aide d'État est de savoir si les recettes dépassent le minimum nécessaire au paiement des tâches assignées.

Bien que toutes les lois sur la concurrence n'incluent pas des dispositions relatives à une aide d'État, la possibilité qu'une subvention gouvernementale ou des droits exclusifs faussent la concurrence fait que ce sont des points importants en matière de promotion de la concurrence.

4.4. Principales mesures pour résoudre les problèmes de concurrence

Le Conseil de l'OCDE, à plusieurs occasions, a examiné la relation entre différentes mesures de politique économique, notamment entre les mesures qui concernent la concurrence et les autres mesures. Par ailleurs, les autorités de la concurrence des pays de l'OCDE ont examiné l'application du droit et de la politique de la concurrence aux accords sur l'environnement et plus particulièrement aux éco-organismes, au niveau du principe et dans les cas particuliers. Un certain nombre des cas évoqués ici ont même été présentés au cours de ces examens. Il est évident qu'il se dégage un certain consensus sur la manière dont un certain nombre de problèmes de concurrence qui se posent doivent être résolus, mais aussi, qu'il existe des différences significatives en termes de droit et de politique de la concurrence. Sur ces bases et sur la base d'autres éléments, les points sur lesquels un consensus apparaît sont les suivants :

- Les mesures de REP doivent être aussi favorables à la concurrence que possible tout en atteignant leurs objectifs de politique environnementale. Cette approche est conforme à la Recommandation de l'OCDE sur l'évaluation d'impact sur la concurrence (2009). Les mesures de REP devraient faire l'objet d'études d'impact sur la concurrence, ce qui est en cohérence avec la Recommandation concernant la politique et la gouvernance réglementaires (2005)[26]. Les autorités de la concurrence doivent aider à l'élaboration de mesures moins anticoncurrentielles. Des mesures de REP qui, entre autres choses, limitent le nombre de participants sur le marché ou qui limitent leurs incitations à se livrer une concurrence peuvent réduire l'intensité de la concurrence, ce qui impose des coûts à la société.
- Le monopole ne doit pas être la structure du marché par défaut. Si le monopole d'un éco-organisme peut éventuellement se justifier dans un premier temps, les raisons d'un système unique doivent faire l'objet d'une analyse critique au stade de la conception. Une fois le processus engagé, les restrictions qui empêchent de nouvelles entrées sur le marché doivent être éliminées dès que possible. Un monopole initial temporaire peut se justifier en cas de coûts irrécupérables importants et d'incertitude relative aux coûts et aux recettes futurs. Une concentration de la demande à un stade précoce peut permettre de limiter cette incertitude.

- Les accords entre les concurrents pour la mise en place d'un éco-organisme doivent être analysés dans le cadre général de la juridiction pour l'évaluation des accords horizontaux susceptibles d'avoir sur la concurrence des effets favorables ou défavorables[27].
- Les autorités de la concurrence, dans leurs analyses, ne doivent pas faire de distinction entre les accords purement volontaires et les accords parrainés par les pouvoirs publics[28].
- La passation de marchés pour des services comme la collecte, le tri et le traitement des déchets doit se faire sous forme d'appels d'offres transparents, non discriminatoires et concurrentiels. Les facteurs à considérer sont la durée et l'étendue du contrat pour assurer les incitations à investir, et l'étendue et le degré d'agrégation pour permettre la soumission d'offres par toutes les entreprises qualifiées. Lorsqu'il existe des liens de propriété entre des prestataires de services et des éco-organismes, ce qui incite à pratiquer une discrimination, un examen spécial peut être nécessaire pour garantir une concurrence équitable dans les appels d'offres. Au moins une autorité de la concurrence va plus loin et estime qu'il est particulièrement important de procéder à un appel d'offres séparé pour la collecte si l'on veut éviter que la concurrence pour le tri et le traitement risque d'être faussée.
- Les contrats passés entre les prestataires de services et les éco-organismes doivent être évalués au cas par cas en se référant au cadre général d'analyse des accords verticaux. Ces analyses prennent en compte aussi bien les avantages que les inconvénients en termes de concurrence. Par exemple, il existe un lien entre la durée du contrat et le recouvrement des coûts irrécupérables. Selon une directive[29], par exemple, les contrats passés entre les entreprises qui collectent les déchets d'emballages et les éco-organismes dominantes dont la durée dépasse trois ans ne sont pas indispensables, et les entreprises de collecte et de recyclage ne devraient pas être obligées de contracter avec un éco-organisme unique.
- L'attribution des matériaux recyclés ne doit pas avoir pour conséquence des barrières à l'entrée ou une expansion sur le marché des produits. Un système d'attribution peut restreindre la concurrence si les matériaux sont attribués, par exemple, à des prix au-dessous des prix du marché et en fonction de la part de marché historique des attributaires[30].
- Les éco-organismes, les registres nationaux et autres chambres de compensation devraient éviter de partager avec les utilisateurs des informations commerciales confidentielles susceptibles de favoriser la formation d'une entente.
- Les autorités de la concurrence devraient publier des lignes directrices actualisées ou dispenser une autre forme d'aide facilement accessible. Les droits nationaux de la concurrence sont hétérogènes et varient dans le temps. Des lignes directrices actualisées pourraient aider les acteurs privés et les pouvoirs publics à élaborer des programmes environnementaux compatibles avec le droit de la concurrence et à éviter toute infraction involontaire.

Il n'y a pas de consensus sur un petit nombre de questions ayant fait l'objet d'un nombre de décisions ou d'observations suffisant pour que les différences soient détectées.

Les cadres généraux pour l'évaluation des accords de coopération horizontaux diffèrent. Un certain nombre de ces cadres limitent l'examen aux avantages et inconvénients qui sont de nature économique et qui s'observent au sein du même marché lorsque la restriction de la concurrence se matérialise, ou du moins, qui concernent le même ensemble de consommateurs. D'autres cadres prennent aussi en compte les avantages et inconvénients non économiques, par exemple ceux ayant trait à l'environnement. Enfin, ils prennent parfois en compte les avantages et les inconvénients qui sont plus courants que l'effet pénalisant d'une restriction de la concurrence sur le consommateur.

Le droit de la concurrence diffère du point de vue de la légalité des accords fixant le montant d'une petite redevance « visible » en vue de satisfaire à la REP. Il semble qu'en pratique, dans un certain nombre de juridictions, les redevances qui sont à la fois nécessaires et très réduites comparées au prix total du produit ne donnent pas lieu à des poursuites. Dans ces analyses, l'effet négatif sur la concurrence d'un accord portant sur une petite composante du prix total est considéré comme faible si on le compare à l'avantage du système de collecte et de recyclage qui est ainsi rendu possible. Dans d'autres juridictions, en revanche, de tels accords seraient considérés comme une fixation de prix illégale[31].

Sur les autres questions, le nombre de décisions ou d'observations est insuffisant pour que l'on puisse conclure s'il existe ou non un consensus.

- Une séparation verticale entre les entreprises qui produisent les déchets, celles qui les collectent et celles qui les traitent a été recherchée dans plusieurs juridictions. L'expérience de l'Allemagne, où les sociétés de gestion des déchets tout d'abord, puis les sociétés des secteurs commerciaux et industriels ont vendu leurs participations dans DSD, est perçue de façon positive, notamment par l'autorité allemande de la concurrence. En France, l'autorité de la concurrence a exprimé son opposition à l'intégration verticale de la collecte, du tri, de la valorisation et de l'élimination des déchets au sein des éco-organismes. En Norvège, l'autorité de la concurrence est d'avis qu'une « désintégration » verticale au sein de la chaîne de valeur de la gestion des déchets favoriserait l'efficience.
- L'obligation d'assurer des services de collecte à l'échelle nationale entrave l'entrée de nouveaux éco-organismes. La duplication des infrastructures dans les zones qui produisent peu de déchets recyclables est peu économique, ou impossible. Dans ce genre de situation, l'opérateur historique peut avoir l'obligation de garantir l'accès à son infrastructure. C'est la solution qui a été retenue en Suède, par exemple, et la combinaison d'une infrastructure propre et d'une infrastructure partagée serait autorisée dans le cadre d'une nouvelle loi autrichienne. Lorsqu'un partage n'est pas envisageable, alors la levée de l'obligation de service universel ouvrirait la voie à la concurrence sur certaines parties du marché.
- La non-portabilité des réserves financières a été identifiée par certains comme un obstacle à la concurrence des éco-organismes pour les producteurs. Un certain niveau de réserves financières est nécessaire pour garantir que les services obligés pourront être payés. Selon certains observateurs, la portabilité serait envisageable et la non-portabilité augmenterait le coût pour les producteurs du passage à un éco-organisme différent. Selon d'autres, la non-portabilité, en pratique, n'empêcherait pas du tout les producteurs de changer d'éco-organisme et ne serait donc pas anticoncurrentielle.

Notes

1. Estimation du Secrétariat de l'OCDE après examen et évaluation par des experts.
2. Affaire C-41/90 Höfner & Elser v Macrotron [1991] ECR I-1979 (« Höfner & Elser »), paragraphe 21, cité dans United Kingdom Office of Fair Trading (2011). Bien que, par exemple des entités sans but lucratif puissent viser des objectifs différents, elles ont intérêt, à la marge, à faire tout ce qu'elles peuvent pour faire augmenter les prix parce qu'elles utilisent les profits ainsi générés pour financer leurs objectifs. (Philipson et Posner, 2009). La documentation sur les hôpitaux privés sans but lucratif aux États-Unis montre qu'aucune théorie économique ne permet de dire que les institutions sans but lucratif ne feront pas usage de leur pouvoir de marché au détriment du bien-être total ou de celui des

consommateurs. Les études empiriques ont montré que presque toutes ont exercé leur pouvoir de marché en faisant augmenter les prix (Dravone et al., 2012). La théorie économique citée ne s'applique pas aux seuls hôpitaux, mais concerne toutes les institutions sans but lucratif susceptibles d'utiliser les profits qu'elles génèrent pour financer leurs activités.

3. Les Lignes directrices de la Commission européenne de 2011 sur les accords de coopération horizontale et, concernant plus précisément les objectifs environnementaux, le document de 2014 de l'autorité néerlandaise de la consommation et des marchés exposant une vision stratégique en matière de concurrence et de durabilité constituent deux exemples de ce processus.

4. La décision d'autorisation australienne ci-dessous donne un exemple de critère d'utilité publique en place.

   Le traitement des coûts et avantages non économiques et des coûts et avantages indirects – sur un autre marché – a évolué au fil du temps dans le droit de la concurrence européen. Dans sa contribution au rapport de l'OCDE (2010), le Royaume-Uni mentionne plusieurs décisions anciennes de la Commission dans lesquelles des avantages non économiques et indirects ont été reconnus, et évoque des arrêts plus récents du Tribunal de première instance (aujourd'hui le Tribunal) qui ont pris en compte des avantages indirects. Une mise en comparaison est également possible avec la reconnaissance des avantages d'une réduction des émissions polluantes dans une décision de la Commission de 2000 portant sur un accord entre des fabricants de machines à laver qui avait les avantages indirects mais économiques cités dans l'exemple légèrement masqué contenu dans les Lignes directrices de la Commission européenne de 2011 sur les accords de coopération horizontale, point 329 (décision de la Commission 2000/475/CE (CECED) JO L 187/47, point 56; Commission européenne, 2011).

5. Cette déclaration générale n'est pas tout à fait exacte. L'Union européenne, par exemple, prévoit l'exemption par catégorie pour les accords verticaux qui répondent à certains critères. Ces critères ont été conçus pour exempter d'une évaluation ponctuelle coûteuse les accords qui sont peu susceptibles de nuire à la concurrence.

6. La Communication de la Commission européenne de 2010 intitulée « Lignes directrices sur les restrictions verticales » donne des indications sur la façon dont les accords verticaux sont évalués. Les sections VI.2.2 et 2.6 visent les accords de distribution exclusive et de fourniture exclusive. Les lignes directrices renvoient au règlement (UE) n° 330/2010 de la Commission concernant l'application de l'article 101, paragraphe 3, du traité sur le fonctionnement de l'Union européenne à des catégories d'accords verticaux et de pratiques concertées, JO L 102/1.

7. Même si elle se rapporte au secteur des déchets, une étude de 2011 indique qu'aucun État membre n'a signalé à la Commission avoir accordé la moindre aide d'État à des services d'intérêt économique général liés aux déchets depuis 2005 (personnel de la Commission, 2011, p. 17 et 18).

8. « Ce n'est que si un comportement anticoncurrentiel est imposé aux entreprises par une législation nationale ou si celle-ci crée un cadre juridique qui exclut toute possibilité de comportement concurrentiel de leur part, que l'article 101 ne s'applique pas. Dans une telle situation, en effet, la restriction de concurrence ne trouve pas sa cause, ainsi que l'implique l'article 101, dans le comportement autonome des entreprises et celles-ci sont protégées de toutes les conséquences d'une infraction audit article » (Commission européenne, 2011, point 22, notes de bas de page omises). Aux États-Unis, ce que l'on a coutume d'appeler la « doctrine de l'acte de gouvernement » régit le lien entre les lois fédérales en matière de concurrence et les régimes de réglementation étatiques.

9. Le réseau international de la concurrence offre une introduction à la résolution des conflits entre le droit de la concurrence et d'autres législations (RIC, 2004).

10. La perte de bien-être pour les consommateurs sur un marché peut souvent être estimée en multipliant le volume de commerce par la hausse du prix unitaire.

11. En examinant uniquement les facteurs de coût, « [l]es redevances sont variables en raison des différents systèmes de collecte, objectifs, pourcentages de coûts de collecte, de tri et de revalorisation pris en compte dans les redevances et des différents types de filières de collecte, de tri et de reprise couvertes (par exemple, ménagère, industrielle et commerciale). Ensuite, les coûts de collecte, de tri et de revalorisation sont vraisemblablement fonction des coûts d'enfouissement, des frais d'incinération, etc., qui peuvent varier d'un État membre à un autre » (RPS et al., p. D-20).

12. La synthèse du Manuel de l'OCDE de 2010 fait observer que « [l]'expérience donne à penser au contraire que la concurrence entre plusieurs systèmes de recyclage produit des avantages substantiels et aboutit à une hausse, à moindre coût, des taux de recyclage, puisque les pressions concurrentielles contraignent les différents systèmes à gagner en efficacité et à répercuter les

avantages sur les consommateurs .... Certains arguments peuvent certes plaider en faveur de la mise en place, au départ, d'un unique système en vue de donner une première impulsion aux efforts de recyclage. Cela étant, tous les arguments en faveur d'un tel système doivent être soigneusement pesés afin de déterminer si la concurrence entre plusieurs systèmes ne serait pas au contraire, dès le départ, la meilleure solution et, si l'autorité de la concurrence approuve malgré tout la mise en place d'un système unique, il convient alors de veiller à supprimer le plus rapidement possible toute restriction susceptible d'empêcher l'arrivée de nouveaux entrants ».

13. Les arrangements qui permettent à des entreprises indépendantes d'organiser la production conjointe d'un intrant peuvent avoir des effets positifs et négatifs sur l'économie. La production conjointe peut réduire les coûts par rapport, par exemple, à une production individuelle. Cependant, les coentreprises productrices d'intrants (IPJV) peuvent permettre aux entreprises d'aval d'appliquer des prix monopolistiques (Chen et Ross, 2003). Cela peut se produire même lorsqu'une IPJV fonctionne de façon optimale, en l'absence de tout désaccord entre les sociétés-mères. Si l'IPJV disposait de pouvoirs décisionnels indépendants, les prix en aval seraient encore plus élevés et les bénéfices des sociétés-mères plus faibles. Shapiro et Willig (1990) ont anticipé les effets de l'application de prix monopolistiques, tout en intégrant le fait que certaines sociétés-mères peuvent parasiter les efforts consentis par les autres, ce qui réduit l'efficience de l'IPJV. Les ligues sportives, peuvent être également considérées comme des IPJV productrices d'intrants. Dans sa décision de 2010 concernant l'affaire *American Needle, Inc. v. National Football League*, la Cour suprême des États-Unis a souligné que les équipes étaient des entreprises indépendantes avec des intérêts économiques distincts, se livrant concurrence pour les supporters, le produit de la vente des billets et le personnel. Elles ont aussi en commun certains intérêts, comme par exemple la promotion de la marque NFL, et la nécessité de coopérer entre elles « offre une justification parfaitement raisonnable à la prise de nombreuses décisions collectives ». Hovenkamp (2010) commente cette décision en faisant remarquer que bien que chaque équipe soit incitée à livrer concurrence aux autres, l'organisation peut avoir intérêt à maximiser les profits conjoints en se comportant comme une entente. « Cette conclusion peut être vue sous un autre jour : certains membres pourraient être incités à profiter « en passager clandestin » des investissements réalisés par les autres membres, alors que l'organisation a intérêt à ce que chacun apporte sa contribution ». Compte tenu de ces effets positifs et négatifs en termes d'efficience, il n'est pas surprenant que l'examen des IPJV au regard du droit de la concurrence se fasse au cas par cas sur des faits précis. Pour reprendre la terminologie de ce chapitre, un dispositif collectif de reprise et de recyclage peut avoir pour effet négatif de faire payer plus cher aux consommateurs les produits assujettis à la REP, ou de présenter un degré d'efficience inférieur aux attentes des producteurs-propriétaires.

14. En Suède, les concurrents partagent les coûts des infrastructures utilisées en commun. En Allemagne, les différents éco-organismes de la filière emballage se voient attribuer des zones de collecte bénéficiant d'un monopole au prorata de la part de leurs producteurs qui ont acheté des services aux éco-organismes au niveau national. Sur d'autres marchés, les éco-organismes en charge des DEEE se voient attribuer différents types d'infrastructures de collecte dans des zones désignées, par exemple, des points de collecte pour les revendeurs, mis à disposition dans une zone pendant une certaine période.

15. Bon nombre des classifications et définitions mentionnées dans cette section s'inspirent du rapport de l'OCDE de 2005.

16. Elkjøp Norge Grossist AS contre Elretur AS and Hvitevareretur AS, Oslo Tingrett (tribunal de district d'Oslo), 13 mars 2011, p. 21.

17. Les coûts de changement étaient élevés du fait que le « nouvel » éco-organisme devait obtenir la quantité de preuves de recyclage des DEEE correspondant à la quantité de produits mis sur le marché par le producteur/importateur. Sachant que le coût lié à l'obtention de « preuves » sur le marché secondaire était généralement plus élevé que le coût lié à l'organisation de la collecte et du traitement des DEEE, et sachant qu'il était incertain, les éco-organismes n'étaient donc pas incités à faire venir à eux de nouveaux producteurs/importateurs (ministère britannique du Commerce, de l'Innovation et des Compétences, 2012, points 38 et 59).

18. Notez que les services de collecte nécessitent généralement moins d'investissements que les services de récupération et servent généralement une zone plus petite. Les services de collecte sont donc souvent locaux ou régionaux, alors que ce n'est pas le cas pour les services de récupération. Il existe généralement de nombreux appels d'offre pour les services de collecte pour différentes parties d'un pays, alors que les appels d'offre de services de récupération sont souvent régionales ou nationales.

19. L'éco-organisme néerlandais de la filière des véhicules hors d'usage, ARN, compte 267 entreprises de démontage automobile parmi ses affiliées. ARN organise des appels d'offres pour l'allocation de contrats pour la collecte des épaves et attribue un contrat par province (décision de la Commission

européenne n° 2002/204/CE (ARN), JO L 68/18, points 12 et 17). Cette dernière décision suggère qu'ARN estime qu'un monopole local de la collecte d'épaves automobiles est la forme la plus efficace.

20. Des indications supplémentaires sur les modalités des adjudications sont présentées dans une note de réflexion de l'OCDE (2014) et dans les publications qui y sont mentionnées.

21. La concurrence par comparaison est un outil réglementaire qui vise à inciter les entreprises qui ne sont pas en situation de concurrence à gagner en efficience. La concurrence par comparaison peut revêtir différentes formes selon la défaillance de marché à laquelle on veut remédier. La concurrence par comparaison consiste à déterminer un concurrent fictif (« shadow competitor ») ; plus la comparaison entre l'entreprise réglementée et ce concurrent fictif est performante, plus importants seront ses bénéfices (Netherlands Bureau for Economic Policy Analysis, 2000). Dans le dispositif de coûts de référence, le prix maximum applicable par une commune est déterminé d'après les coûts de collecte de différentes communes.

22. Les autorités de la concurrence sont depuis longtemps opposées aux accords sur des redevances « visibles ». En 1990, une association d'exploitants indépendants de systèmes de cuves de stockage pour le compte de tiers, Vereniging van Onafhankelijke Tankopslag Bedrijven (VOTOB), a décidé d'augmenter ses prix d'un montant fixe et uniforme à titre de « redevance environnementale », afin de couvrir en partie les coûts des investissements destinés à réduire les émissions de vapeurs provenant des réservoirs. Cette redevance devait être indiquée séparément sur les factures. La Commission européenne a émis un avis négatif, au motif que la redevance était fixe, uniforme et facturée en tant que poste séparé. La fixation du prix a été considérée comme éliminant la concurrence sur cet élément du prix et comme réduisant les incitations pour les membres à atteindre les objectifs au moindre coût. Le prix, étant uniforme, ne reflétait pas les différences en termes de niveau et d'incidence des coûts. Le fait qu'il s'agisse d'un poste séparé a été considéré comme laissant penser que le changement était imposé par le gouvernement. En conséquence, l'association a changé ses pratiques et la Commission a accepté de suspendre les procédures (Commission des Communautés européennes, 1993, paragraphes 177-186).

23. La Directive sur les DEEE de 2003 stipule : « Les États membres veillent à ce que, pendant une période transitoire de 8 ans [...] les producteurs aient la possibilité d'informer les acheteurs, lors de la vente de nouveaux produits, des coûts de la collecte, du traitement et de l'élimination non polluante. » (article 8, point 3, Directive 2002/96/CE du Parlement européen et du Conseil relative aux déchets d'équipements électriques et électroniques (DEEE), JO L 37/24). La Directive sur les DEEE de 2012 stipule que les États membres peuvent obliger les producteurs à présenter aux acheteurs, au moment de la vente de nouveaux produits, les informations sur les coûts (article 14, point 1, Directive 2012/19/UE du Parlement européen et du Conseil relative aux déchets d'équipements électriques et électroniques (DEEE), JO L 197/38)

24. Des problèmes similaires peuvent se poser concernant les registres nationaux. Aux termes de l'article 16 de la Directive 2012/19/UE, directive de refonte relative aux déchets d'équipements électriques et électroniques, les États membres de l'Union européenne ont l'obligation de disposer de registres nationaux. Les producteurs doivent rendre compte du poids des EEE mis sur le marché, par catégorie, pour chaque période de déclaration (JO L 197/38). Les catégories sont assez largement définies et le poids n'est pas nécessairement utile pour le contrôle des ventes d'EEE.

25. L'ELCF avait alors estimé que le coût du recyclage d'une ampoule usagée atteignait 60 %, voire même 80 % du prix de détail de l'ampoule.

26. La Recommandation du Conseil sur l'évaluation d'impact sur la concurrence (2009) identifie les mesures qui limitent le nombre ou l'étendue des acteurs du marché et leurs incitatifs à se comporter de façon concurrentielle, entre autres, comme étant des mesures auxquelles il convient de porter une attention particulière. La Recommandation du Conseil concernant la politique et la gouvernance réglementaires (2005) donne aux pays membres les conseils suivants : « Intégrer l'analyse d'impact de la réglementation (AIR) dès le début du processus visant à formuler des projets de réglementation. Définir clairement les objectifs de politique recherchés, déterminer si l'instrument réglementaire est nécessaire et dans quelles conditions il peut être le plus efficace et le plus efficient pour atteindre ces objectifs. Réfléchir à des moyens autres que la réglementation, et faire ressortir les avantages et les inconvénients des différentes approches analysées pour établir laquelle est la meilleure. »

27. D'après la synthèse du Manuel de l'OCDE 2010, « Les autorités de la concurrence de la plupart des pays de l'OCDE et des pays observateurs doivent contrôler les accords visant des objectifs environnementaux à l'aide du dispositif généralement applicable à toutes les analyses réalisées sous l'angle du droit de la concurrence. De ce fait, si elle estime qu'un accord est de nature à restreindre la concurrence, l'autorité de la concurrence retiendra uniquement comme justifications les avantages économiques directs, comme les réductions de coûts, l'innovation, l'amélioration de la

qualité et autres gains d'efficacité, qui sont généralement reconnus aux fins de l'analyse sous l'angle du droit de la concurrence. Les avantages non économiques et les avantages économiques plus périphériques dont ne bénéficient pas les utilisateurs des produits et services couverts par l'accord n'entrent donc pas en ligne de compte lorsque l'autorité de la concurrence doit déterminer si un accord environnemental est contraire ou non au droit de la concurrence national. »

28. Résumé de l'examen dans OCDE 2010.

29. Commission européenne, DG Concurrence 2005.

30. Dans OCDE 2010, le résumé indique que [les dispositifs d'attribution de quotas avec lesquels le produit recyclé a été attribué aux producteurs en fonction de leurs parts de marché passées] ont été jugés anticoncurrentiels car ils protégeaient la position des acteurs historiques du marché en leur garantissant un accès à moindre coût à cet intrant précieux ; ils faussent la concurrence pour ce produit recyclé et les nouveaux entrants ont de ce fait d'autant plus de mal à s'en procurer. »

31. Dans OCDE 2010, le résumé explique que « [l]es restrictions en matière de prix étant contraires aux principaux objectifs du droit de la concurrence, les autorités de la concurrence remettront généralement en cause les accords environnementaux conclus entre des concurrents qui ont un impact direct sur les prix auxquels ils vendent leurs produits aux consommateurs. Ainsi, les accords visant à répercuter les coûts environnementaux sur les consommateurs seront presque invariablement considérés comme illégaux, même si l'on peut faire valoir que cela pourrait inciter les consommateurs à adopter un comportement conforme aux objectifs de la politique environnementale. »

Références

Abbott, A. et J. Wright (2010), « Antitrust analysis of tying arrangements and exclusive dealing » dans *Antitrust Law and Economics* (K. Hylton, et col.), Edward Elgar Publishing.

Akerlof, G. (1970), « The market for 'lemons': Quality uncertainty and the market mechanism », *Quarterly Journal of Economics*, vol. 84, pp. 353-374.

Australian Competition and Consumer Commission (2009), Final Determination: Application for authorisation A91105, AgStewardship Australia Limited.

Bio Intelligence Service (2014), *Development of Guidance on Extended Producer Responsibility*, rapport final pour la DG Environnement de la Commission européenne, 25 mars 2014.

Bundeskartellamt (2003), Communiqué de presse, « Searches in the waste management sector », 11 septembre, *www.bundeskartellamt.de*.

Bundeskartellamt (2005), « Activity Report 2003/2004, Abbreviated Version », *www.bundeskartellamt.de*.

Bureau de la concurrence du Canada (2009), *Lignes directrices sur la collaboration entre concurrents*.

Bureau de la concurrence du Canada (2011), *Fusions – Lignes directrices pour l'application de la loi*.

Chen, Z. et T.W. Ross (2003), « Cooperating upstream while competing downstream: A theory of input joint ventures », *International Journal of Industrial Organization*, vol. 21, pp. 381-397.

Commission des Communautés européennes (1988), *Dix-septième Rapport sur la politique de concurrence*.

Commission des Communautés européennes (1993), *XXIIe Rapport sur la politique de concurrence 1992*.

Commission européenne (2001), Communiqué de presse IP/01/281, *La Commission enquête sur des éléments d'aide susceptibles d'être contenus dans le système néerlandais d'élimination des épaves automobiles*, 28 février.

Commission européenne (2001b), Communiqué de presse : IP/01/850, *La Commission définit les principes de la concurrence concernant l'organisation des marchés du traitement des déchets d'emballages*, 15 juin.

Commission européenne (2001c), Communiqué de presse IP/01/1518, *La Commission conclut que le système néerlandais d'élimination des épaves automobiles ne constitue pas une aide d'État*, 30 octobre.

Commission européenne (2002), Décision de la Commission du 30 octobre 2001 relative au système d'élimination des épaves automobiles mis en œuvre aux Pays-Bas, JO L 86/18.

Commission européenne (2010), *Communication de la Commission : Lignes directrices sur les restrictions verticales*, JO C 130/1.

Commission européenne (2011), Communication de la Commission : Lignes directrices sur l'applicabilité de l'article 101 du traité sur le fonctionnement de l'Union européenne aux accords de coopération horizontale, JO C 11/1.

Commission européenne (2012), Communication de la Commission relative à l'application des règles de l'Union européenne en matière d'aides d'État aux compensations octroyées pour la prestation de services d'intérêt économique général, JO C 8/4

Commission européenne (2013), Communiqué de presse, IP/13/711 du 18 juillet.

Commission européenne, Direction générale de la concurrence (2005), *DG Competition Paper concerning issues of competition in waste management systems, http://ec.europa.eu/competition/sectors/energy/waste_management.pdf*, consulté le 11 décembre 2014.

Document de travail des services de la Commission (2011), « Application des règles de l'UE en matière d'aides d'État applicables aux services d'intérêt économique général depuis 2005 et résultats de la consultation publique », SEC (2011) 397 du 23 mars 2011.

Dranove, D. et al. (2012), « Brief of *Amici Curiae* Economics Professors in Federal Trade Commission v. Phoebe Putney Health System (U.S. Supreme Court) », *Health Management Policy and Innovation*, vol. 1, *www.hmpi.org/pdf/HMPI-%20Town,%20Phoebe%20Putney.pdf; http://papers.ssrn.com/sol3/papers.cfm?abstract_id=2153979*.

European Lighting Companies' Federation (2003), *Let there be light*, document de synthèse, *www.elcfed.org/documents/let_there_be_light_brochure.pdf*, 27 mai (consulté le 11 décembre 2014).

Evans, D. et R. Schmalensee (2014), "The antitrust analysis of multi-sided platform businesses," chapitre 18 dans R. Blair et D. Sokol, et col. *Oxford Handbook on International Antitrust Economics*, Oxford University Press.

France, Autorité de la concurrence (2012), « Avis n° 12-A-17 du 13 juillet 2012 concernant le secteur de la gestion des déchets couvert par le principe de la responsabilité élargie du producteur ».

Heyes, A. (2009), « Is environmental regulation bad for competition? A survey », *J Regul Econ*, vol. 36, pp. 1-28.

Hovenkamp, H. (2010), « American Needle: the Sherman Act, Conspiracy, and Exclusion », *The CPI Antitrust Journal*, juin.

Japan Fair Trade Commission (2001), *Guidelines Concerning Joint Activities for Recycling under the Antimonopoly Act, www.jftc.go.jp*.

Kienapfel, P. et G. Miersch (2006), « Competition issues in waste management systems », *Competition Policy Newsletter*, n° 1, pp. 52-56.

Konkurransetilsynet (2008), « A2008-20 Ragn-Sells AS – konkurranseloven §12, jf. §§10 og 11 – avslag på anmodning om å gripe inn mot Elretur AS » (Ragn-Sells AS – Droit de la concurrence §12, jf. §§10 et 11– rejette la demande d'intervention contre Elretur AS), 2 juillet.

Konkurransetilsynet (2008b), « A2008-22 Veolia Miljø Metall AS – konkurranseloven §12, jf. §§10 og 11 – avslag på anmodning om å gripe inn mot Autoretur AS » (Veolia Miljø Metall AS – Droit de la concurrence §12, jf. §§10 et 11– rejette la demande d'intervention contre Autoretur AS), 2 juillet.

Konkurransetilsynet (2008c), « Påpekning – konkurranseloven § 9 første ledd e) – ordninger for produktgjenvinning » (faisant référence à la Loi sur la concurrence § 9, premier paragraphe) – dispositifs de valorisation des produits), 2 juillet.

Marbek Resource Consultants (2007), *Analysis of the Free-Rider Issue in Extended Producer Responsibility Programs, www.ccme.ca/files/Resources/waste/extended/free_riders_1.0_1380_e.pdf*.

Netherlands Authority for Consumers and Markets (2014), « Vision Document: Competition and Sustainability », *www.acm.nl*.

Netherlands Bureau for Economic Policy Analysis (2000), « Yardstick competition: Theory, design, and practice », *Working Paper* n° 133, décembre.

Nordic Competition Authorities (2010), *Competition Policy and Green Growth*, rapport commun n° 1/2010.

OCDE (2014), « Hearing on the Use of Tenders and Auctions: Issues Note by the Secretariat », DAF/COMP/WP2(2014)15, *www.oecd.org/officialdocuments/publicdisplaydocumentpdf/?cote=daf/comp/wp2(2014)15&doclanguage=en*.

OCDE (2013), « Quels enseignements tirer de la mise en œuvre de la responsabilité élargie des producteurs au cours de la décennie écoulée ? Revue de la littérature économique récente sur la REP », ENV/EPOC/WPRPW(2013)7/FINAL, *www.oecd.org/officialdocuments/publicdisplaydocumentpdf/?cote=ENV/EPOC/WPRPW(2013)7/FINAL&docLanguage=Fr*.

OCDE (2013b), « Waste Management Services », Tables rondes sur la politique de la concurrence, DAF/COMP(2013)26, *www.oecd.org/daf/competition/Waste-management-services-2013.pdf.*

OCDE (2010), « Horizontal Agreements in the Environmental Context », Tables rondes sur la politique de la concurrence, *hwww.oecd.org/competition/cartels/49139867.pdf.*

OCDE (2010b), « Information Exchanges Between Competitors under Competition Law », Tables rondes sur la politique de la concurrence, *www.oecd.org/competition/cartels/48379006.pdf.*

OCDE (2010c), « Standard Setting », Tables rondes sur la politique de la concurrence », *www.oecd.org/daf/competition/47381304.pdf.*

OCDE (2009a) « Two-Sided Markets », Tables rondes sur la politique de la concurrence, *www.oecd.org/daf/competition/44445730.pdf.*

OCDE (2009b), « State-Owned Enterprises and the Principle of Competitive Neutrality », Tables rondes sur la politique de la concurrence, *www.oecd.org/daf/competition/46734249.pdf.*

OCDE (2007), « Improving Recycling Markets », *http://dx.doi.org/10.1787/9789264029583-en.*

OCDE (2007b), « Public Procurement », Tables rondes sur la politique de la concurrence, OCDE, *www.oecd.org/competition/cartels/39891049.pdf.*

OCDE (2006), « Environmental Regulation and Competition », Tables rondes sur la politique de la concurrence, OCDE, *www.oecd.org/regreform/sectors/37981581.pdf.*

OCDE (2006b), « Competition in Bidding Markets », Tables rondes sur la politique de la concurrence, OCDE, *www.oecd.org/competition/cartels/38773965.pdf.*

OCDE (2005), « Barriers to Entry », Tables rondes sur la politique de la concurrence, OCDE, *www.oecd.org/competition/abuse/36344429.pdf.*

OCDE (2005b), « Predatory Foreclosure », Tables rondes sur la politique de la concurrence, OCDE, *www.oecd.org/competition/abuse/34646189.pdf.*

OCDE (2005c), Analytical Framework for Evaluating Costs and Benefits of Extended Producer Responsibility Programmes, OCDE, *http://dx.doi.org/10.1787/oecd_papers-v5-art13-en.*

OCDE (2004), Economic Aspects of Extended Producer Responsibility, Éditions OCDE, Paris, *http://dx.doi.org/10.1787/9789264105270-en.*

OCDE (2004b), Universal service obligations, tables rondes sur la politique de la concurrence, *www.oecd.org/regreform/sectors/45036202.pdf.*

OCDE (2003), Les objectifs du droit et de la politique de la concurrence, CCNM/GF/COMP(2003)3, *www.oecd.org/daf/competition/2486329.pdf.*

OCDE (2003b), Rapport annuel sur les développements en matière de politique de la concurrence en Suède 2003, *www.oecd.org/Sweden/34722334.pdf.*

OCDE (2001), Responsabilité élargie des producteurs : Manuel à l'intention des pouvoirs publics, Éditions OCDE, Paris, *http://dx.doi.org/10.1787/9789264289864-fr.*

OCDE (1998), « Rapport annuel sur les développements en matière de politique de la concurrence aux Pays-Bas », DAFFE/CLP(99)24/15.

OCDE (1993), Glossary of Industrial Organisation Economics and Competition Law, *www.oecd.org/regreform/sectors/2376087.pdf.*

OCDE (1992), *Objectifs de la politique de la concurrence*, DAFFE/CLP(92)2/REV1.

Philipson T.J. et R.A. Posner (2009), « Antitrust in the Not-for-Profit Sector », *Journal of Law and Economics*, vol. 52, n° 1, pp. 1-18.

RIC (2013), « Unilateral conduct workbook, Chapter 5: Exclusive dealing », avril.

RIC (Réseau international de la concurrence) (2004), « Antitrust Enforcement in Regulated Sectors Working Group, Subgroup 1: Limits and constraints facing antitrust authorities intervening in regulated sectors », rapport pour la troisième conférence annuelle du RIC à Séoul, avril 2004.

Ross, S. et S. Szymanski (2006), « Antitrust and Inefficient Joint Ventures: Why Sports Leagues should look more like McDonalds and less like the United Nations », *Marquette Sports Law Review*, vol. 16, n° 2.

RPS, ESRI, Bio Intelligence Service et Philip L. (2014), *Review of the Producer Responsibility Initiative Model in Ireland (Main Report, Redacted)*, Report for Ireland Department of Environment, Community and Local Government, juillet.

Savage, M. et al. (2006), « Implementation of the waste electric and electronic equipment directive in the EU » IPTS, Centre commun de recherche de la Commission européenne, *Technical Report Series*.

Shapiro, C. et R.D. Willig (1990), « On the Antitrust Treatment of Production Joint Ventures », *Journal of Economic Perspectives*, vol. 4, n° 3, pp. 113-130.

Tinbergen, J. (1967), *Economic Policy: Principles and Design*, Amsterdam, Hollande du Nord.

United Kingdom Department for Business, Innovation and Skills (2013), *Waste Electrical and Electronic Equipment (WEEE) System, Impact Assessment*, 11 octobre.

United Kingdom Department for Business, Innovation & Skills (2014), « WEEE Regulations 2013: Government Guidance Notes », mars.

United Kingdom Office of Fair Trading (2006), « More competition, less waste: Public procurement and competition in the municipal waste management sector » document d'étude n° 841.

United Kingdom Office of Fair Trading (2011), « Public bodies and competition law: A guide to the application of the Competition Act 1998 » décembre, OFT1389.

United States Federal Trade Commission and Department of Justice (2000), *Antitrust Guidelines for Collaborations among Competitors*.

Walls, M. (2004) « EPR policy goals and policy choices: What does economics tell us? », chapitre 1 dans OCDE (2004), *Economic Aspects of Extended Producer Responsibility*, Éditions OCDE, Paris, *http://dx.doi.org/10.1787/9789264105270-3-en*.

WEEE Register Society (2014), FAQs, *www.weeeregister.ie* consulté le 18 décembre 2014.

La responsabilité élargie du producteur
Une mise à jour des lignes directrices pour une gestion efficace des déchets

PARTIE II

Chapitre 5

Incitations financières pour l'eco-conception dans la responsabilité élargie des producteurs

Un des objectifs principaux de la responsabilité élargie des producteurs c'est de transférer la responsabilité dans la gestion de fin-de-vie vers les producteurs et par ce biais les encourager à investir dans l'éco-conception, afin de réduire les coûts dans la gestion des déchets. Pourtant, étant donné que la plupart des systèmes de REP ont été mis en place de manière collective, les incitations à l'éco-conception sont plutôt faibles. Ce chapitre examine les différentes mesures envisageables pour renforcer ces incitations, notamment la mise en place d'un recouvrement des coûts via les redevances acquittées par les producteurs, l'utilisation de redevances variables plutôt que fixes, ainsi que des tarifications modulées qui prennent en compte les caractéristiques de la conception du produit.

5.1. Introduction

La REP contribue à une gestion durable des matières en favorisant la réutilisation, le recyclage et la valorisation énergétique des déchets (PRO 2010, Rotter 2011, Bio IS 2012). Ainsi, les programmes de REP coréens ont fait passer le taux de recyclage des emballages et des pneus à respectivement 74 % et 62 % (voir l'annexe J). De même, ce sont les directives européennes sur les emballages (2004/12/CE) et les véhicules hors d'usage (2000/53/CE) qui expliquent en premier lieu la progression du recyclage de ces produits, dont les taux s'élèvent respectivement à 64 % et 84 % (UE27 – 2011, Eurostat).

Selon le manuel de l'OCDE (2001), la REP répond à deux objectifs bien définis. En premier lieu, elle vise à transférer la responsabilité de la gestion des déchets des municipalités aux producteurs. Dans la mesure où les producteurs intégreront les coûts de la REP dans le prix de leurs produits, les frais de gestion des déchets seront (partiellement) internalisés par les consommateurs qui achètent des biens générateurs de déchets. Par conséquent, la REP applique de manière indirecte le principe pollueur-payeur. Son second objectif est d'inciter implicitement les producteurs à investir dans la conception pour l'environnement, plus communément appelée « écoconception".

L'écoconception désigne une approche globale de la conception qui vise à réduire l'incidence que les produits ont sur l'environnement tout au long de leur cycle de vie, c'est-à-dire de la phase de fabrication à la fin de vie. Il est d'usage de se fonder sur la roue des stratégies de conception sur le cycle de vie (LiDS), telle que représentée sur le graphique 5.1 (Brezet et Van Hemel 1997). Dans le contexte de la REP, les quatre principaux aspects à prendre en compte sont la sélection de matériaux à faible impact environnemental (par exemple, non-utilisation de substances dangereuses ou recours aux ressources recyclées), la

Graphique 5.1. **La roue des stratégies de conception sur le cycle de vie (LiDS) illustre les différents aspects de l'écoconception**

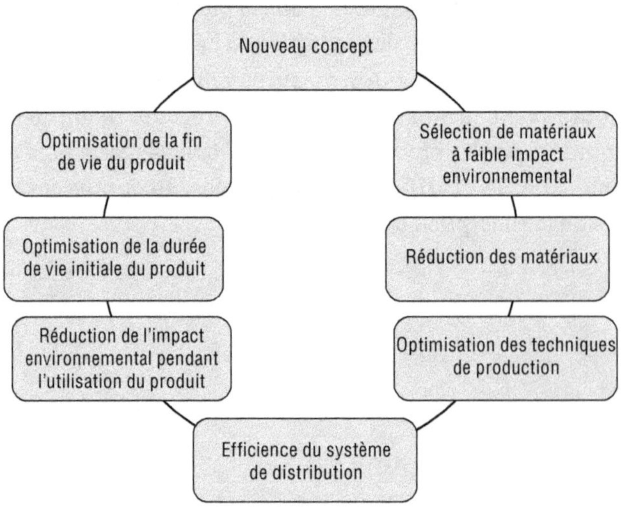

réduction des matériaux (création de produits légers ou diminution des emballages), l'optimisation de la durée de vie initiale du produit (augmentation de sa durabilité ou réutilisation de certains de ses composants) et l'optimisation de la fin de vie du produit (prise en compte du démontage ou fabrication de produits mono-matériau).

Bien souvent, les mesures liées à la REP mettent l'accent sur la nécessité d'encourager l'écoconception. Ainsi, aux termes de l'article 8 de la directive-cadre européenne 2008/98/CE, la REP devrait « *encourager la conception de produits aux fins d'en réduire les incidences sur l'environnement et la production de déchets au cours de la production et de l'utilisation ultérieure des produits* ». De même, la loi de l'État de Washington sur le recyclage des produits électroniques (RCW 70.95N) dispose que « *le système doit encourager la conception de produits électroniques moins toxiques et plus recyclables* ».

L'efficacité de la REP eu égard à l'écoconception est néanmoins controversée. Nombre de contributions universitaires et d'études des mesures prises par les pouvoirs publics critiquent la structure des programmes de REP et jugent encore (trop) faibles les incitations à l'écoconception de la REP (Lindhqvist et Lifset 2003, Sachs 2006, Gottberg et al., 2006, Roine et Lee 2006, Walls 2006, Rotter 2011, Gui et al. 2013, Tong et Yan 2013). Le contraste semble donc très marqué entre les attentes et les résultats.

Compte tenu de la disparité des politiques des déchets menées dans le monde et de l'étendue de la gamme des produits concernés, la diversité des programmes de REP existants est particulièrement grande. Se posent dès lors les questions suivantes : quel type de REP encourage le plus l'écoconception ? Les incitations à l'écoconception fournies par la REP sont-elles les mêmes pour tous les produits ? Comment améliorer les incitations à l'écoconception apportées par la REP ? Pour y répondre, on analysera dans le présent chapitre les travaux publiés sur les incitations à l'écoconception procurées par la REP en s'appuyant sur des études de cas à titre d'illustration. On s'appuiera en particulier sur les enseignements tirés du forum de l'OCDE *Promoting sustainable materials management through Extended Producer Responsibility*, qui s'est déroulé à Tokyo du 17 au 19 juin 2014. Étant donné que les produits sont généralement conçus au niveau des entreprises, on s'intéressera essentiellement aux incitations financières destinées aux producteurs.

Le chapitre est composé de quatre sections. La section 5.2 porte sur les difficultés rencontrées pour déterminer dans quelle mesure la REP favorise l'écoconception. Dans la section 5.3, les programmes de REP sont divisés en trois groupes en fonction des incitations financières offertes aux producteurs, tandis que dans la section 5.4, l'incidence des six grandes caractéristiques des programmes de REP collective est étudiée plus en détail. La section 5.5 présente les conclusions.

5.2. Évaluer l'incidence de la REP sur l'écoconception

Il est particulièrement difficile d'évaluer l'incidence de la REP sur l'écoconception pour trois raisons. Premièrement, bien que la roue LiDS permette dans une certaine mesure de comparer les produits eu égard aux différents aspects de l'écoconception, il n'est pas facile d'associer une évaluation environnementale à une comparaison pluridimensionnelle. En outre, il n'est pas rare que les modifications apportées à la conception d'un produit influent simultanément sur plusieurs phases du cycle de vie. D'un côté, il peut se produire des effets concomitants, de nature favorable. Par exemple, en limitant l'utilisation des matériaux et en facilitant leur valorisation, l'écoconception réduit les impacts environnementaux du traitement des déchets en aval tout en prévenant ceux qu'auraient entraînés, en amont, l'extraction et le raffinage des ressources (Damgaard et al., 2009, Dubois 2013, Acuff et Kaffine 2013). D'un autre côté, ces effets peuvent aussi être négatifs. Ainsi, une voiture tout en acier sera facile à recycler en fin de vie, mais elle aura consommé une quantité d'énergie beaucoup plus importante qu'une voiture en fibres de carbone (Duflou et al., 2009). L'application de l'écoconception exige donc d'opérer des arbitrages entre les différents impacts environnementaux pendant toute la durée de vie du produit, alors que plusieurs parties prenantes auront probablement des priorités différentes en matière de conception.

Deuxièmement, divers facteurs incitent les fabricants à recourir à l'écoconception : demande des consommateurs pour des produits verts, pression exercée par les parties prenantes, responsabilité sociale de l'entreprise, valeurs personnelles des dirigeants et des concepteurs, augmentation du prix des ressources, obligations légales, découlant par exemple de la directive RoHS[1] (limitation de l'utilisation des substances dangereuses – 2002/95/CE) et incitations financières des programmes de REP ou d'autres instruments de politique économique (van Hemel et Cramer 2002). Ces facteurs sont interdépendants et peuvent se renforcer mutuellement. Certaines tendances de conception, comme la miniaturisation, répondent par exemple aux demandes des consommateurs, mais permettent également de réduire l'utilisation de matériaux et les coûts de gestion des déchets. Une diminution du poids des emballages réduit aussi le coût de la REP tout en optimisant le transport. L'utilisation de ressources recyclées pour fabriquer de nouveaux produits peut répondre à une hausse des prix provoquée par une pénurie de ces ressources, mais aussi aux objectifs de l'entreprise en matière de responsabilité sociale. Il est donc difficile de déterminer la contribution d'un facteur donné, comme la REP, à la réussite de l'écoconception.

Troisièmement, une partie des retombées de la REP sont difficiles à mesurer. Des observations ponctuelles montrent qu'elle favorise la communication entre producteurs et recycleurs (Van Rossem et al., 2006, Dempsey et al., 2010). Au Japon, les entreprises qui exploitent à la fois des usines de production et de recyclage d'appareils électroniques, comme Sharp, Sony et Mitsubishi Electric, proposent des formations, des visites d'usines et des conseils sur les pratiques de recyclage à l'intention des concepteurs. La REP est également à l'origine d'une communication active entre constructeurs automobiles et entreprises chargées du recyclage en Suède (OCDE, 2004). Les lignes directrices relatives à la conception des bouteilles en PET et les procédures d'essai, que les fabricants d'emballages pour boissons ont proposées en vue de perfectionner le recyclage du PET, sont un autre exemple de l'amélioration de la communication entre acteurs à l'intérieur d'une chaîne logistique. La communication entre les producteurs peut également faciliter la normalisation et l'harmonisation de l'étiquetage de façon à simplifier les recommandations destinées aux consommateurs. Ainsi, au Japon, la normalisation de l'étiquetage des piles rechargeables permet d'en trier quatre types : plomb-acide, nickel-cadmium, hybride nickel-métal ou lithium-ion (voir l'annexe G). En outre, l'information sur les substances ou éléments « dommageables pour l'environnement » ou « perturbateurs du recyclage » – comme en France, les bouchons en céramique des bouteilles en verre – pousse les producteurs à se tourner vers d'autres matériaux afin de protéger leur réputation. Bien que ces exemples mettent en relief l'importance d'aspects intangibles, comme la communication ou l'image de marque, il est difficile d'en chiffrer l'incidence.

Compte tenu de ces obstacles à l'évaluation quantitative, l'incidence de la REP sur l'écoconception a été étudiée sous l'angle qualitatif. D'après Tojo (2004) et Van Rossem et al. (2006), les fabricants d'électronique grand public insistent sur l'importance de la REP dans la mise en œuvre de l'écoconception. Yeo (2005) pointe également les améliorations apportées à la conception des appareils depuis le début du programme de REP coréen. Cependant, ainsi que l'indique Walls (2006), la plupart des modifications de conception citées ont été réalisées bien avant l'application de la REP aux déchets électroniques. Sur la base de plusieurs études de cas, Gottberg et al. (2006) et Roine et Lee (2006) concluent que la REP participe à l'écoconception, mais en est rarement le facteur déclenchant.

Contrairement aux répercussions intangibles, comme la sensibilisation accrue des concepteurs et des responsables sectoriels aux problèmes de gestion des déchets, les incitations financières sont facilement observables. Vu que celles fournies par les programmes de REP dépendent fortement des caractéristiques des produits et de la gestion opérationnelle, la section qui suit portera sur les différents types de REP.

5.3. Types de REP

Du point de vue de l'écoconception, les incitations financières fournies aux producteurs par les programmes de REP peuvent être divisées en trois catégories (OCDE, 2005) : la responsabilité individuelle des producteurs (RIP), la responsabilité collective des producteurs (RCP) à redevance variable et la RCP à redevance fixe. On les examinera plus en détail dans les sous-sections qui suivent.

5.3.1. *Responsabilité individuelle des producteurs (RIP)*

Dans le cadre de la RIP, chaque producteur est tenu de collecter et de recycler les déchets issus des produits qu'il fabrique. Ainsi que l'illustre le graphique 5.2, le producteur peut reprendre les produits ou payer un opérateur tiers qui les recueillera et les recyclera. Ce qui fait la particularité de la RIP, c'est que les coûts de gestion des déchets supportés par le producteur ne dépendent pas du comportement de ses concurrents. Les avantages économiques de l'écoconception sont donc totalement internalisés. En d'autres termes, l'entreprise verra ses coûts de gestion des déchets diminuer en parvenant à fabriquer des produits plus légers, plus durables ou plus faciles à recycler.

Graphique 5.2. **Flux physiques et financiers dans le cadre de la responsabilité individuelle des producteurs (RIP)**

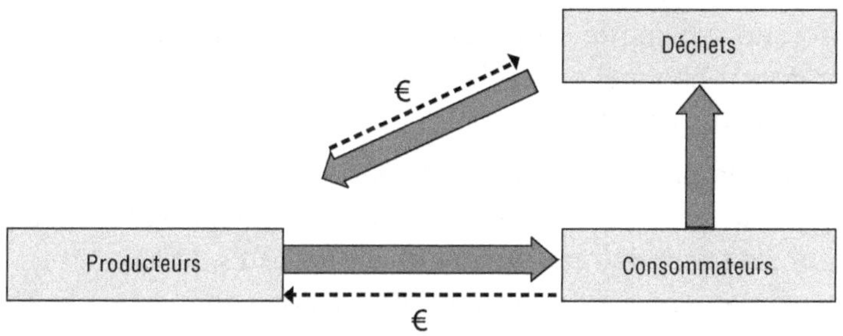

Correspondant à la « responsabilité des producteurs » dans sa plus pure expression, la RIP est préconisée par un grand nombre de chercheurs et de parties prenantes en raison de ses effets favorables sur l'écoconception (OCDE 2004, Dempsey et al. 2010). Elle encourage en particulier le reconditionnement et le démontage des produits aux fins de la réutilisation de leurs composants, dans la mesure où les produits en fin de vie peuvent être repris par le producteur d'origine (Atasu et Subramanian 2012). Des entreprises comme Electrolux, Fujitsu, HP, Sony ou Samsung développent la RIP car il est rentable d'investir dans l'écoconception (McKerlie et al., 2006). D'autres parties prenantes favorables à la RIP sont les ONG environnementales (Van Rossem et al., 2006).

Parallèlement à ses bienfaits pour l'environnement, l'application de la RIP peut en revanche exacerber les distorsions de marché sous l'effet d'un pouvoir de monopole : les programmes de RIP peuvent réduire la concurrence sur les marchés concernés en faisant obstacle à l'entrée de nouveaux intervenants et en mettant en difficulté les petites entreprises (Short 2004, Didier et Sittler 2014). De fait, les économies d'échelle associées à la gestion des déchets permettent aux entreprises déjà très présentes sur un marché de consolider davantage encore leur position concurrentielle.

Malgré leurs avantages du point de vue de l'environnement et le soutien des parties prenantes, les programmes de RIP sont peu nombreux (Lindhqvist et Lifset 2003, Sachs 2006, Mayers et Butler 2013). Dans la plupart des pays, les producteurs mettent en place des programmes collectifs par secteur, qui sont examinés ci-après.

5.3.2. *Responsabilité collective des producteurs (RCP)*

Mettre en place des programmes de RCP à l'échelle d'un secteur pour collecter et recycler conjointement les déchets présente plusieurs avantages :

- La gestion des déchets étant généralement porteuse d'économies d'échelle (densité), les programmes collectifs offrent le meilleur rapport coût-efficacité. Sur la base d'une étude de la gestion des déchets électroniques en Suisse, Khetriwal et al. (2009) montrent que les coûts de transport sont nettement plus faibles lorsque la collecte concerne l'ensemble des marques que lorsqu'elle est organisée pour chacune marque prise individuellement.
- Un dispositif de collecte commun facilite la gestion administrative pour plusieurs acteurs. D'une manière générale, les consommateurs ne sont guère disposés à apporter les produits en fin de vie sur les différents sites prévus à cet effet (voir l'annexe G et Hickle 2013). Par ailleurs, les centres de collecte municipaux et les distributeurs multimarques qui reprennent les produits en fin de vie dénoncent le temps passé à trier les déchets par marque (voir l'annexe G et Hotta et al., 2014). Les programmes de RCP simplifient les procédures administratives des producteurs, notamment des entreprises implantées dans plusieurs pays. Sur la base d'une étude de cas, Mayers (2007) souligne la difficulté de composer avec une mosaïque de programmes nationaux de REP. C'est pourquoi les producteurs préfèrent habituellement la RCP, pour sa commodité, à la mise en place d'un programme de collecte dans chaque pays.
- Au démarrage d'un programme de REP, son coût global est difficile à évaluer en raison de l'incertitude qui entoure le volume de déchets à collecter, les procédés de recyclage et le prix des ressources secondaires (Mayers et Butler 2013, OCDE 2014). Les producteurs optent donc généralement pour une solution collective qui permet au moins de partager les risques avec la concurrence.
- Quatrièmement, la RCP présente également des avantages pour les pouvoirs publics, par exemple, au moment du démarrage d'un programme de REP concernant les biens durables, puisque le traitement des produits orphelins, mis sur le marché par des entreprises qui n'existent plus, est normalement financé par l'État. Les autorités confrontées à des restrictions budgétaires opteront certainement pour un programme de RCP visant tous les produits, indépendamment de leur marque, d'autant que les fabricants peuvent se retirer du marché local ou faire faillite. Comme il est peu probable que l'ensemble des producteurs se retirent en même temps du marché, les pouvoirs publics

considèrent généralement que la RCP garantit la prise en charge future des coûts de gestion des déchets (OCDE 2004, Van den Abeele 2006, Séguin 2014, Grgulovà 2014).

Graphique 5.3. **Flux physiques et financiers dans le cadre de la responsabilité collective des producteurs (RCP)**

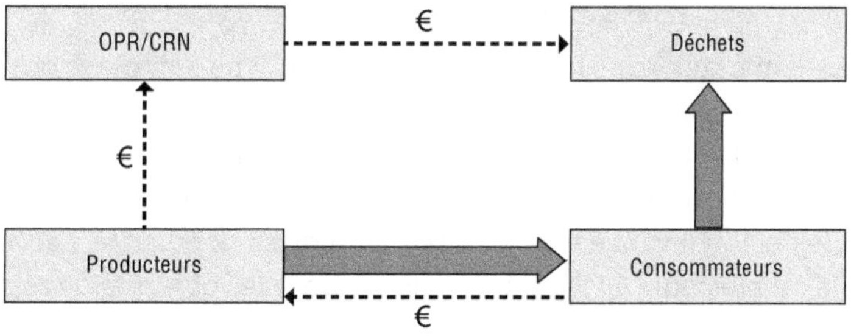

La plupart des programmes de RCP reposent sur une organisation de producteurs responsables (OPR), ainsi qu'on le voit sur le graphique 5.3 (OCDE, 2013). Lorsque les pouvoirs publics fixent des objectifs chiffrés de reprise (pour la collecte ou le recyclage), les producteurs créent et financent en commun une OPR collective afin de répondre à leurs obligations de REP. Il appartient ensuite à l'OPR de négocier les contrats avec les entreprises indépendantes de ramassage et de recyclage des déchets. L'OPR fonctionnant généralement avec un budget équilibré, tous les coûts sont imputés aux producteurs. L'OPR intervient donc comme prestataire de services collectifs, pour optimiser et faciliter la mise en œuvre de la REP. Du fait de la disparité des produits, des marchés et des politiques, différents types de programmes de RCP ont vu le jour :

Selon les cas, un flux de produit donné sera géré par une seule ORP – comme en Belgique dans le cas des piles et batteries – ou par plusieurs, mises en place par des entreprises concurrentes – comme au Japon, dans le secteur de l'électronique grand public (Bouteligier et al., 2014, Hotta et al., 2014).

Des dispositifs de RCP, comme les certificats de conformité appelés *Packaging Recovery Notes* (PRN) au Royaume-Uni, reposent sur les certificats de recyclage négociables. D'un côté, les distributeurs et les producteurs sont tenus d'acquérir des crédits auprès d'une plateforme d'échanges, en proportion avec le volume d'emballages mis sur le marché. De l'autre, les recycleurs d'emballages peuvent vendre les crédits générés en proportion de la quantité de déchets recyclés (Matsueda et Nagase 2012). Cette plateforme d'échange des certificats remplace ainsi l'OPR du point de vue financier.

Certains États limitent la participation du producteur au paiement d'une redevance d'élimination préalable, taxe versée lors de l'achat d'un bien générant des déchets. Ce dispositif ne nécessite pas de recourir à une OPR ou à des certificats de recyclage négociables. Toutefois, la redevance d'élimination préalable est généralement assimilée à un programme de REP car les incitations financières qu'elle procure sont équivalentes à celles fournies par la redevance versée à une OPR (OCDE, 2013). Associé à des subventions de recyclage, comme dans le cas du fonds chinois pour les déchets électroniques (voir l'annexe D), ce dispositif ressemble au système de consigne habituellement présenté dans la littérature économique (Fullerton et Wu 1998, Calcott et Walls 2000).

Les programmes de RCP peuvent comprendre des redevances visibles, c'est-à-dire facturées de façon explicite. Partant du principe que consommateurs et producteurs font preuve d'une rationalité limitée, on considère parfois que la visibilité et le traitement de la redevance peuvent influer sur les incitations à l'écoconception. Ainsi, le Québec a interdit les redevances visibles afin d'encourager l'écoconception. Étant donné que les producteurs reçoivent l'argent mais doivent le transférer aux OPR, ils peuvent se montrer plus sensibles aux avantages financiers procurés par l'écoconception (Bury 2013). Il n'existe toutefois pour l'instant aucun consensus sur les effets des redevances visibles.

Bien que très disparates, tous les programmes de RCP mis en place ont un coût pour les producteurs. La répartition des coûts entre producteurs est un élément essentiel à prendre en considération lorsque l'on étudie les incitations financières à l'écoconception. Les deux sections suivantes portent sur les implications d'une répartition des coûts via la RCP à redevance variable ou à redevance fixe. Compte tenu de sa popularité, l'accent est mis sur la RCP gérée par une ou plusieurs OPR chargées d'atteindre les objectifs de reprise imposés par les décideurs.

Responsabilité collective des producteurs (RCP) à redevance variable

Les programmes de RCP à redevance variable sont principalement utilisés pour les produits mono-matériau à durabilité limitée, comme les emballages ou le papier graphique. Les importateurs, les producteurs ou les distributeurs paient une redevance proportionnelle au poids du produit, comme illustré dans le tableau 5.1, qui indique les redevances demandées par Fost Plus, l'OPR belge responsable des emballages.

Tableau 5.1. **Fost Plus, l'OPR belge pour les emballages, impose des redevances au poids par matériau**

Matériau d'emballage	Redevance au poids (EUR/kg)
Verre	0.0227
Papier – carton	0.0167
Aluminium	0.0371
PET	0.1064
Mixe – à valoriser	0.2593
Mixe – à éliminer	0.4084

Source : Fost Plus (2014), redevances, *www.fostplus.be/fr/entreprises/votre-declaration/tarifs*.

Afin d'optimiser la gestion des déchets, Fost Plus applique un taux de redevance nettement plus important pour les emballages pluri-matériaux que pour les emballages mono-matériau. La redevance applicable aux pluri-matériaux éliminés après utilisation est par ailleurs plus élevée que celle demandée pour les pluri-matériaux valorisables. Pareillement, l'OPR chargée de la collecte et du recyclage des emballages en France, Eco-Emballages, majore de 50 % la redevance appliquée dès lors que les emballages comportent des éléments qui compliquent le recyclage. Par exemple, elle est plus chère pour les bouteilles en verre pourvues d'un bouchon en céramique, car ce matériau perturbe le recyclage du verre (Didier et Sittler 2014, FME 2014).

La redevance au poids incite, pour des raisons financières, à fabriquer des produits plus légers. D'où la multiplicité des cas d'« allégements » réussis dans le domaine des emballages. L'organisation belge Preventpack tient à jour une base de données publique répertoriant plus d'une centaine d'exemples d'écoconception des emballages. Comme indiqué dans le tableau 5.2, PRO Europe, la fédération des OPR européennes pour les emballages, constate qu'en Europe le poids des bouteilles en PET, des canettes en aluminium, des bouteilles en verre, des boîtes de conserve, des sacs en plastique et des boîtes en carton a fortement diminué au cours des dix dernières années. De même, au Japon, entre 2004 et 2010, le poids des bouteilles en PET (corrigé en fonction de la taille) a diminué dans une proportion comprise entre 0 % et 19 % selon le type (taille et nature du contenu) (voir l'annexe K). En France, l'OPR qui s'occupe du recyclage du papier, Ecofolio, fait état d'une baisse de 15 % du poids moyen des prospectus commerciaux depuis que le programme de REP a démarré, en 2007 (Didier et Sittler). Comme exposé dans la section 5.2, ces résultats étant le fruit d'une combinaison de plusieurs facteurs, il est impossible de quantifier le rôle des incitations financières provenant de la REP.

Tableau 5.2. **Les tendances observées en Europe dans le domaine des emballages alimentaires, 2006-10**

Emballages et produits	Poids 2000 (kg)	Poids 2010 (kg)	Variation en %
Bouteille d'eau plate de 1.5 l en PET	0.0318	0.0280	-12
Canette en aluminium de boissons non alcoolisées de 330 ml	0.0158	0.0131	-17
Bouteille d'huile d'olive en verre de 250 ml	0.2236	0.2002	-10
Boîte de conserve de poisson de 125 g	0.0343	0.0319	-7
Sachet en plastique pour 1 kg de pâtes	0.00903	0.00785	-13
Boîte en carton de 500 g d'aliments secs	0.01388	0.01132	-18

Source : www.proeurope4prevention.org/packagings-trends.

Comme les programmes de RCP à redevance variable portent généralement sur le poids ou le type de matériau, les incitations liées aux autres aspects de l'écoconception sont faibles. Ainsi, alors que l'enlèvement des déchets volumineux revient plus cher, le barème des OPR est rarement fondé sur le volume ou sur la teneur des produits en matières recyclées. En revanche, le cas des bouteilles de thé vert en PET fabriquées au Japon montre que la REP peut favoriser l'écoconception concernant d'autres aspects que la taille ou le type de matériau. Auparavant, ces bouteilles de couleur verte devaient être collectées séparément pour éviter la dégradation du PET transparent classique. Après consultation des fabricants, elles ont été remplacées par des bouteilles en PET transparent porteuses d'une étiquette verte (Hosoda 2004). Ce changement a fait baisser les coûts de collecte et réduit les impuretés dans les ressources secondaires. Autre exemple, en France, pour encourager l'écoconception concernant d'autres aspects que le poids, Eco-Emballages applique une ristourne de 10 % aux emballages papier et carton qui contiennent plus de 50 % de fibres recyclées (Didier et Sittler 2014).

Responsabilité collective des producteurs à redevance fixe

La RCP à redevance fixe s'applique généralement aux biens pluri-matériaux ou durables, comme les appareils électroniques, les voitures et les meubles. Son montant est le même pour tous les produits concurrents présents sur le marché. Aux Pays-Bas par exemple, la redevance de recyclage appliquée aux véhicules hors d'usage s'élève à 45 EUR, toutes marques et tous types de véhicule confondus (ARN 2012). De même, Le fonds chinois pour l'élimination des déchets électroniques impose aux fabricants une redevance fixe de 13 CNY pour les téléviseurs et de 7 CNY pour les lave-linge (voir l'annexe D). Il convient néanmoins de signaler que dans certains programmes de REP, le montant de la redevance imposée par l'OPR pour le recyclage des appareils électriques grand public comme les ordinateurs et les imprimantes, est calculé en fonction du poids (Séguin 2014).

La RCP à redevance fixe est souvent appliquée aux biens pluri-matériaux en raison de la difficulté des arbitrages qu'il convient d'effectuer entre différents critères lors de l'écoconception. Par exemple, dans un lave-linge, le stabilisateur peut être en métal ou en béton. Quoique les modèles dotés de pièces métalliques soient généralement plus lourds et donc potentiellement plus nuisibles à l'environnement du fait du transport, leur recyclage présente un plus grand intérêt compte tenu de la valeur de ces pièces. Par ailleurs, de par la multitude des métaux employés et la diversité des modèles il est difficile de comparer l'incidence sur l'environnement des différents types d'appareils électroniques grand public, comme les téléphones portables.

En général, c'est également la RCP à redevance fixe qui est appliquée dans le cas des biens durables, du fait de l'incertitude qui entoure les coûts de collecte des déchets, l'évolution des procédés de recyclage et la valeur des ressources secondaires. C'est pourquoi nombre d'OPR pratiquent une tarification fixe, sans distinction de marque, et appliquent le principe de la répartition (*pay-as-you-go*) : les sommes dont les fabricants s'acquittent lors de la mise sur le marché de leurs produits servent à financer non pas la prise en charge des déchets qui seront issus de ces produits, mais celle des déchets déjà générés (OCDE 2004, Van Den Abeele 2006). La plupart des OPR utilisent les revenus perçus au cours d'une période pour couvrir les dépenses engagées durant la même période. Par exemple, la redevance versée par un fabricant lorsqu'il vend un réfrigérateur est affectée à la gestion des déchets déjà produits et non à celle des déchets qui seront produits dans dix ans, lorsque le réfrigérateur en question sera devenu obsolète. À l'évidence, si le montant de la redevance est le même pour tous les produits et ne dépend pas du coût des déchets de demain, l'incitation à l'écoconception sera faible (Van Rossem et al., 2006, Atasu et Subramanian 2012).

5.3.3. *RIP ou RCP ?*

Certains programmes de REP concernant les biens durables différencient les marques pour répartir les coûts de la REP entre les producteurs. Au Japon, par exemple, les déchets électroniques sont triés par marque après avoir été collectés et envoyés à l'une des deux OPR du programme (Dempsey et al., 2010, Hotta et al., 2014). Aux États-Unis, dans l'État de Washington, il est régulièrement procédé à des prélèvements d'échantillons de déchets électroniques afin de répartir les coûts de traitement entre les marques (Hickle 2013, Gui et al., 2013). Dans le Maine, les déchets électroniques sont répertoriés par marque après la collecte et les fabricants peuvent choisir de récupérer leurs produits ou d'en confier le traitement au programme collectif (voir l'annexe K et Dempsey et al., 2010, Gui et al., 2013). Il importe de ne pas confondre différenciation des marques et RIP : dans le cas du Japon, il s'agit davantage d'une RCP à redevance fixe appliquée par deux OPR concurrentes (Atasu et Subramanian 2012). L'échantillonnage périodique et la consignation par marque, comme pratiqués dans les États de Washington et du Maine, peuvent améliorer la répartition des coûts, mais dès lors que le coût unitaire de traitement est identique pour toutes les marques, on a affaire à un programme collectif.

En l'absence de législation sur la REP, des fabricants ont commencé à reprendre leurs produits parvenus en fin de vie, au titre de la responsabilité sociale de l'entreprise. Ainsi, Best Buy et Dell reprennent gratuitement les ordinateurs en fin de vie sur tout le territoire des États-Unis et quelles que soient les obligations légales. Hyundai a offert son concours à la mise en place d'un programme de recyclage pour les véhicules hors d'usage en Mongolie. Enfin, les producteurs d'électronique grand public ont mis au point des programmes de reprise au Brésil (Neto et Van Wassenhove 2013). Comme ces mesures volontaires favorisent le recyclage et déchargent les municipalités des frais de traitement, il conviendrait de les encourager. En revanche, elles ne favorisent guère l'écoconception car la plupart des programmes acceptent les produits en fin de vie de toutes les marques et ne collectent généralement qu'une petite fraction des modèles de leur propre marque. C'est pourquoi, du point de vue l'écoconception, ces programmes relèvent de la RCP et non de la RIP.

La location et les systèmes produits-services applicables aux biens durables suscitent un intérêt croissant (Isaksson et al., 2009 ; Subramanian et al., 2014). Dans le cadre de ces nouveaux contrats, les consommateurs paient le service tandis que le producteur (ou la société de location) reste propriétaire du bien utilisé. Par exemple, Rolls Royce propose aux opérateurs aériens de payer pour des heures de vol et non pour un moteur d'avion ou la maintenance , Philips offre aux entreprises des « heures de lumière », en remplacement des lampes, de l'électricité et de la maintenance ; enfin, les systèmes d'autopartage permettent, surtout en zone urbaine, de louer une voiture à l'heure et de payer au kilomètre. Si le producteur reste propriétaire du produit pendant toute sa durée de vie, les incitations à l'écoconception procurées par ces systèmes sont les mêmes que celles apportées par un programme de RIP. Cela dit, les systèmes de location et les systèmes produits-services répondent généralement à des considérations de nature non pas environnementale, mais financière (Lifset et Lindhqvist 2000, Plambeck et Wang 2009, Agrawal et al., 2012). Ils peuvent encourager l'écoconception, mais les incitations qu'ils fourniront réellement dépendront des conditions des différents contrats (Subramanian et al., 2009, Pangburn et Stavrulaki 2014).

5.4. Caractéristiques des programmes de RCP

Dans la mesure où la plupart des programmes de RCP sont organisés par secteur, on examinera en détail dans la section ci-après les six principales caractéristiques dont dépend l'attrait financier de l'écoconception : uniformité des redevances, niveau des incitations financières, controverse liée à l'internalisation totale des coûts, portée des programmes de RCP, disparité internationale des programmes de REP et rôle de l'innovation technologique.

5.4.1. *Redevances modulées*

Lorsque l'ORP applique une tarification uniforme à l'ensemble des marques et des modèles d'une catégorie de produit donné, les entreprises ne sont guère incitées à recourir à l'écoconception. Il serait possible d'y remédier en instaurant une tarification modulée, c'est-à-dire en fondant sur une caractéristique donnée la redevance applicable à chaque type de produit (Gui et al., 2013). D'autres critères que le poids seront abordés dans le présent chapitre. Par exemple, l'OPR belge fait payer 2.7 EUR pour des détecteurs optiques de fumée et 30 EUR pour les détecteurs ioniques (tarifs 2013). Cet écart de prix vise à décourager l'utilisation des détecteurs ioniques, en raison de leur radioactivité potentielle en fin de vie. Comme précédemment indiqué, la plupart des programmes de REP reposent sur une tarification unique. Cependant, il ressort du tableau 5.3 que la France applique avec succès une tarification modulée dans le cas des emballages, des appareils électroniques et du papier graphique.

La mise en œuvre et le suivi des redevances modulées occasionnent des frais administratifs supplémentaires. Elles ne devraient donc être appliquées que si elles procurent d'importants avantages environnementaux ou financiers. D'après Peeters et al. (2014), le temps de démontage des téléviseurs LCD peut être réduit de 70 % lorsqu'ils sont munis d'attaches en élastomère, ce qui, selon le coût de la main-d'œuvre, représente une baisse du coût de démontage comprise entre 0.07 EUR et 0.91 EUR par téléviseur. Ils montrent également qu'une modulation de la redevance inférieure à 0.1 EUR par téléviseur LCD peut déjà suffire à renforcer les incitations à l'écoconception dans les pays où le coût horaire du travail est supérieur à 7 EUR. Mayers et al. (2013) ont conçu un dispositif à tarification modulée pour les réfrigérateurs, selon qu'ils contiennent des CFC ou du pentane, et pour les écrans LCD selon qu'ils renferment ou non du mercure. Ces propositions montrent qu'une tarification modulée peut améliorer les incitations à l'écoconception procurées par la RCP à redevance fixe.

Tableau 5.3. **Tarification modulée appliquée en France, 2015, dans le cas des emballages, des appareils électroniques et électriques et du papier graphique**

	Emballages : Barème 2015 d'Eco-Emballages
Réduction de 10 %	Emballages en papier-carton dont plus de 50 % du poids est en matière recyclée
Majoration de 10 %	Emballages en verre pourvus d'un bouchon en porcelaine ou céramique Emballages pour liquides constitués de moins de 50 % de fibre Emballages en papier-carton « armé » Bouteilles en PET contenant du PVC ou du silicone de densité supérieure à 1
Majoration de 100 %	Emballages non valorisables (par exemple, grès, porcelaine, céramique)
Réduction de 8 %	Emballages porteurs d'un message de sensibilisation au geste de tri à l'intention des consommateurs Applicable si le producteur organise des campagnes de sensibilisation supplémentaires
Réduction de 8 %	Réduction du poids supérieure à 2 % sans changement de matériau ou de fonctionnalité. Réduction du volume supérieure de 2 % sans changement de matériau ou de fonctionnalité Applicable aux entreprises qui mettent au point des systèmes de recharge
	Appareils électroniques et électriques : Barème 2015 d'Eco-Systèmes
Majoration de 20 %	Aspirateurs contenant des retardateurs de flamme bromés (0.50 EUR au lieu de 0.42 EUR par unité) Ordinateurs portables contenant des retardateurs de flamme bromés (0.30 EUR au lieu de 0.25 EUR par unité) TV contenant des retardateurs de flamme bromés (en fonction du poids de l'unité : > 25 kg : 8 EUR au lieu de 6.67 EUR, > 13 kg : 4 EUR au lieu de 3.33 EUR, > 7 kg : 2 EUR au lieu de 1.67 EUR, < 7 kg : 1 EUR au lieu de 0.83 EUR)
Majoration de 100 %	Téléphones mobiles équipés d'un chargeur standardisé (0.02 EUR au lieu de 0.01 EUR par unité)
	Appareils électroniques et électriques : Barème 2015 de Récylum
Réduction de 20 %	Lampes à LED (0.12 EUR au lieu de 0.15 EUR pour les lampes standards) compte tenu de l'absence de mercure et de leur longévité
	Papier graphique : Barème 2015 d'Ecofolio
Réduction de 10 %	Papiers contenant majoritairement des fibres recyclées (47 EUR au lieu de 52 EUR par tonne)
Majoration de 5 %	Papiers contenant majoritairement des fibres provenant de forêts non certifiées Présence d'éléments perturbateurs du recyclage : la teinte de la fibre, les encres, les colles et les éléments non fibreux comme les vernis ou les plastiques (la présence cumulée d'inhibiteurs peut entraîner une majoration de 15 %, ce qui représente 60 EUR au lieu de 52 EUR par tonne).

Étant donné que les produits polluants seront pénalisés, les redevances modulées influeront sur la concurrence. Selon toute vraisemblance, les fabricants de produits polluants accuseront une baisse de leurs ventes, tandis que ceux de produits plus écologiques bénéficieront d'un avantage concurrentiel. Sachant que les producteurs sont les membres fondateurs des OPR, il pourrait être difficile de parvenir au consensus nécessaire à l'introduction d'une modulation des redevances (Didier et Sittler 2014). À l'inverse, autoriser les producteurs à moduler eux-mêmes les redevances pourrait donner lieu à des collusions ou à des abus de position dominante (Fleckinger et Glachant 2010). Par conséquent, ce sont les responsables publics qui devraient promouvoir et suivre la modulation des redevances.

5.4.2. *Ampleur des incitations financières*

Le niveau de la redevance demandée par l'OPR (ou le montant des certificats de recyclage négociables ou de la redevance d'élimination préalable) s'avère aussi important que sa répartition. Des redevances élevées inciteront bien évidemment à investir davantage dans l'écoconception que des redevances faibles. Didier et Sittler (2014) indiquent par exemple que les redevances payées en France pour les emballages peuvent correspondre à 4 % du chiffre d'affaires des fabricants d'emballages. Mayers (2007) cite l'exemple de la redevance demandée en Allemagne pour les emballages-coque en plastique des jouets électroniques, qui représente 8 % du prix de l'emballage. Il apparaît dans le tableau 5.4 que l'OPR belge responsable des appareils électroniques grand public, Recupel, applique une redevance de 10 EUR aux réfrigérateurs. Ces cas montrent que les incitations découlant de la RCP peuvent suffire pour faire changer la conception. Il ressort aussi du tableau 5.4que le montant de la redevance appliquée par l'OPR est souvent négligeable par rapport au prix du produit. Par exemple, une redevance de seulement 0.05 EUR n'incitera que peu de fabricants d'ordinateurs à investir dans l'écoconception.

Tableau 5.4. **Barème de l'OPR belge chargée de l'électronique grand public, Recupel**

Cotisation Recupel (Belgique, TVA incluse)	2002	2013
Réfrigérateur	20 EUR	10 EUR
Lave-linge	10	1
Fer à repasser	1	0.05
Ordinateur portable	2	0.05
Téléviseur	11	1
Perceuse	2	0.35

Source : Recupel (2013), liste des appareils, Bruxelles.

Plusieurs choses expliquent que les redevances de Recupel ont reculé entre 2002 et 2013, comme le montre le tableau 5.4. Premièrement, l'OPR a revu sa stratégie financière. Alors qu'auparavant, elle constituait des provisions pour financer la prise en charge future des biens durables mis sur le marché, depuis une dizaine d'années, c'est le principe de la répartition qui est appliqué (*pay-as-you-go*) : les cotisations perçues servent à couvrir les dépenses de gestion des déchets engagées au cours de la même période. L'utilisation des provisions initiales a bien évidemment fait reculer le niveau des cotisations. Deuxièmement, les matières secondaires ont gagné en valeur, ce qui abaisse naturellement le coût global de la gestion des déchets. Un troisième élément important concerne les effets d'apprentissage souvent entraînés par la mise en œuvre d'un programme de REP. Depuis sa création en 2001, Recupel a pu réduire le montant de ses cotisations grâce aux gains d'efficience dégagés et aux nouvelles techniques de recyclage. De nombreux autres programmes de REP enregistrent des diminutions de coût similaires. Ces gains d'efficience, qui devraient être encouragés, montrent qu'en général, les coûts à long terme sont initialement surestimés. Malheureusement, cette baisse des coûts affaiblit aussi les incitations à l'écoconception.

5.4.3. *Internalisation totale des coûts*

L'internalisation totale des coûts est matière à controverse. Il s'agit d'intégrer la totalité des coûts liés à la gestion des déchets dans le cadre de programmes de REP (Mc Kerlie et al., 2006, OCDE 2014). Comme le soulignent Monier et al. (2014), il est généralement admis que les programmes de REP (et les redevances appliquées par les OPR) devraient couvrir les coûts de collecte et de traitement des déchets préalablement triés par les ménages, déduction faite des revenus tirés de la valorisation des matériaux. Cependant, la répartition des autres coûts fait débat : coûts de collecte et de traitement des déchets non préalablement triés par les ménages (par exemple, déchets mixtes résiduels collectés par les municipalités dans des sacs réservés à cet effet) ; coûts des campagnes de sensibilisation ; coûts de ramassage des ordures ; coûts d'exécution et de suivi du programme REP (audit et mesures « anti-profiteurs » inclus) ; et coûts de R-D dans l'écoconception.

L'éparpillement du contrôle dans la chaîne de gestion des déchets plaide en faveur d'une limitation des coûts imputés aux producteurs. Les producteurs hésitent à compenser la totalité des dépenses engagées par les municipalités car cela ferait disparaître les incitations en faveur de l'efficience économique. De plus, considérant que le contrôle relève d'une autorité publique, ils s'estiment inaptes à s'acquitter de cette tâche. À l'inverse, une raison pour laquelle il serait justifié de faire supporter la totalité des frais de gestion des déchets aux producteurs est que la REP a pour but de libérer les municipalités des frais de gestion des déchets. En outre, vu que les incitations à l'écoconception dépendent du montant de la redevance imposée par les OPR, l'internalisation totale des coûts joue un rôle central. Du point de vue de l'écoconception, le partage des coûts entre les municipalités et d'autres échelons administratifs est à éviter. En France par exemple, les fabricants de matériaux d'emballage assument seulement 80 % des coûts de gestion des déchets, le reste étant pris en charge par les municipalités (OCDE 2014). Au Japon, l'État finance des campagnes d'information et de sensibilisation en vue d'encourager la collecte des batteries rechargeables compactes (voir l'annexe G). Bien que ces dispositifs de partage des coûts puissent favoriser la collaboration entre les parties prenantes et éviter tout engagement financier échappant au contrôle des producteurs, une internalisation incomplète atténue les incitations à l'écoconception. Si les producteurs, et non les pouvoirs publics, étaient chargés de mener à bien ou de financer les campagnes de sensibilisation, les activités d'élimination des déchets et le suivi administratif, les coûts supplémentaires seraient internalisés et les incitations à l'écoconception renforcées.

Les OPR sont de plus en plus présentes dans les consortiums de **R-D**. Par exemple, l'association européenne des OPR pour les appareils électroniques, WEEE Forum, participe activement aux projets de recherche européens. Alors que, pour l'instant, leur mission consiste surtout à prodiguer des conseils, Didier et Sittler (2014) proposent de l'élargir au financement de la recherche. Comme le montre le modèle numérique de Brouillat et Oltra (2012), un financement accru de la recherche de la part des OPR doperait l'écoconception en favorisant les innovations technologiques. La participation des OPR stimulerait aussi la collaboration entre tous les acteurs de la chaîne de valeur, ce qui renforcerait la mise en adéquation des processus tout au long du cycle de vie du produit. Une hausse des coûts des OPR ferait par ailleurs grimper les redevances demandées et renforcerait ainsi l'efficacité des incitations à l'écoconception procurées par la RCP, comme précédemment exposé. Une partie des dépenses engagées par les OPR dans la R-D peut donc rendre la REP plus efficace dès lors que tous les coûts externes des produits ne sont pas encore internalisés.

La question de l'internalisation des coûts touche aussi les **objectifs de reprise**, présents dans la plupart des programmes de REP (Acuff et O'Reilly 2013). Ainsi que le montrent Palmer et Walls (1997) et Dubois (2012), ces objectifs de collecte et de recyclage n'aboutissent qu'à une internalisation partielle. Par exemple, si l'objectif est de recycler 35 % des emballages plastiques mis sur le marché, cela signifie que 65 % de ces déchets seront soit collectés par les municipalités avec les déchets mixtes, soit abandonnés. Or, il serait probablement inefficace de revoir à la hausse cet objectif de reprise dans la mesure où les frais supplémentaires occasionnés ne seraient pas nécessairement compensés par les avantages obtenus du point de vue de l'environnement. Plus précisément, un objectif de 100 % serait non seulement de l'ordre de l'impossible, mais de surcroît excessivement onéreux à obtenir. En revanche, à 35 %, l'objectif de reprise ne permet pas d'internaliser la totalité des coûts ni d'encourager l'innovation en matière de recyclage. Une solution consiste à taxer les producteurs (ou les OPR) pour les déchets non collectés. En conjuguant objectifs de reprise et taxes sur les déchets non collectés, on bénéficierait à la fois des avantages de la REP et de l'internalisation totale des coûts. C'est ce que faisait la Slovaquie jusqu'à une date récente en combinant des objectifs de reprise et une taxe (ou redevance d'élimination préalable) pour plusieurs produits (Grgulovà 2014), avant de finalement supprimer cette taxe, jugée superflue bien qu'elle permette de remédier au problème de l'internalisation incomplète des coûts due aux objectifs de reprise (Dubois et Eyckmans 2014).

5.4.4. *Champ d'application*

Pour que les producteurs internalisent davantage les coûts, il faudrait qu'un plus grand nombre de produits entrent dans le **champ d'application de la REP** (Van Rossem et al., 2006, Mayers et Butler 2013). Par exemple, dans la mesure où la presse imprimée représente près de 34 % du papier graphique mis sur le marché en France, la dispense des obligations de REP pour ce secteur limite considérablement l'efficacité de la REP (Didier et Sittler 2014). Les mesures d'incitation peuvent aussi avoir un effet pernicieux dans le cas des produits difficiles à recycler. Comme la plupart des États imposent des objectifs de reprise, les biens non recyclables sont rarement ciblés par la réglementation de la REP. Cependant, dès que l'apparition de nouveaux modèles ou l'écoconception facilite le recyclage, les producteurs encourent le risque d'être subitement soumis à la REP. Dans ces conditions, la logique voudrait qu'ils évitent d'investir dans l'écoconception. La Corée est l'un des rares pays à appliquer des redevances d'élimination préalable pour internaliser les coûts de gestion des déchets liés aux produits difficiles à recycler, comme le chewing-gum, les couches jetables, les cigarettes, les plastiques hors emballages ou les ustensiles de cuisine (voir l'annexe J). L'application d'une redevance d'élimination préalable aux produits non recyclables peut inciter à revoir leur concevoir pour en permettre la valorisation future. La redevance d'élimination préalable peut également aider à internaliser les coûts afférents aux petits volumes de déchets, pour lesquels la mise en place d'un système de reprise entraînerait des frais administratifs trop élevés.

Les programmes de REP applicables aux biens durables affichent généralement de faibles **taux de collecte** (Nash et Bosso 2013). En dehors des pays scandinaves, les volumes de déchets électroniques collectés en Europe occidentale sont inférieurs à 10 kg par habitant et par an (Eurostat 2013 – données 2010). En Australie, pour les téléviseurs et les ordinateurs, ce chiffre avoisine 2 kg depuis la récente mise en place d'un programme de recyclage, tandis qu'aux États-Unis, le volume de déchets électroniques collecté par habitant et par an se situe entre 0.3 kg et 4 kg selon les États (voir l'annexe K et Department of the Environment 2014). Étant donné qu'il se vend environ 25 kg d'appareils électroniques par habitant et par an en Europe occidentale, 30 kg en Australie et plus de 30 kg aux États-Unis, il est indispensable d'intensifier les activités de collecte et d'enregistrement (Eurostat 2014, données 2010, *http://step-initiative.org/*). De même, le taux de collecte des batteries compactes est inférieur à 30 % au Japon (voir l'annexe G). L'écart observé entre le volume des déchets collectés et celui des produits mis sur le marché trouve plusieurs raisons : sur un marché en expansion, le volume des ventes de biens durables dépasse celui des déchets générés ; les petits appareils électroniques et les piles s'entassent dans les foyers au lieu d'être éliminés par les voies prévues à cet effet ; les exportations de véhicules et d'appareils électroniques d'occasion ne sont pas déclarées ; de petites entreprises de recyclage collectent des déchets contenant du métal sans autorisation. Ces tendances concernent essentiellement les flux de déchets qui affichent une valeur de marché positive, comme les batteries automobiles ou certains appareils électroniques ménagers. Les petits déchets électroniques et les piles sont éliminés avec les ordures ménagères, voire de façon illégale (Hotta et al., 2014). Comme précédemment souligné, il convient d'internaliser tous les coûts pour renforcer l'écoconception. D'où la nécessité d'améliorer l'enregistrement des déchets électroniques et de définir des objectifs de REP plus ambitieux. Il était donc grand temps de modifier l'objectif dérisoire de 4 kg par habitant dans la directive européenne sur les déchets d'équipements électriques et électroniques (2012/19/EU). Ainsi, les nouveaux objectifs de collecte fixés pour 2019 sont 65 % des produits électroniques grand public mis sur le marché ou 85 % les déchets électroniques disponibles.

En principe, les incitations sont les mêmes selon que le programme de REP est volontaire ou imposé par la loi, puisque, dans les deux cas, les coûts seront internalisés. Néanmoins, ainsi qu'il ressort d'un examen des **programmes de REP volontaires** instaurés aux États-Unis à l'égard de l'électronique grand public, des piles rechargeables, des thermostats au mercure et des commutateurs automatiques, leur envergure reste généralement limitée (Nash et Bosso 2013). Par exemple, alors que les types d'appareils électroniques se comptent par centaines, nombre de programmes volontaires portent uniquement sur des produits à forte visibilité, comme les téléviseurs ou les ordinateurs. De surcroît, ils affichent souvent de faibles taux de collecte (Hickle 2013). Bien évidemment, même si les volumes de collecte sont faibles, cette solution est toujours préférable à une absence totale de programme. Vu la portée généralement limitée des programmes, il semble toutefois, au moins dans certains cas, qu'ils constituent une manœuvre stratégique destinée à éviter une intervention plus contraignante du législateur (Maxwell et al., 2000).

5.4.5. *Marché mondial et programmes locaux de REP*

Certains produits, comme les téléphones portables, sont **conçus pour le marché mondial**. En revanche, les programmes de REP sont déployés au niveau national, régional ou local. Étant donné que les mesures d'incitation adoptées sur les marchés locaux de petite envergure ne sont pas prises en compte dans la conception des produits destinés au marché mondial, les programmes de REP, pris individuellement, n'auront qu'une incidence limitée (Didier et Sittler 2014, Vanderstricht 2014, Séguin 2014). Par ailleurs, comme les fabricants mondiaux passent généralement par des distributeurs nationaux pour la mise en vente, ils ne sont qu'indirectement concernés par les incitations à l'écoconception.

De par la diversité des modes de consommation existants dans le monde, de nombreux produits sont déjà adaptés aux **préférences locales.** Par exemple, l'emballage alimentaire d'un produit varie d'un pays à l'autre en fonction des habitudes alimentaires. De même, l'assemblage automobile requiert une grande flexibilité pour pouvoir répondre aux exigences du marché national (par exemple, conduite à droite à gauche, optimisation fiscale de la taille du moteur). De toute évidence, les programmes de REP locaux pèseront davantage sur la conception de produits adaptés aux habitudes nationales de consommation. Les retombées des programmes de REP peuvent donc être considérables. Les enseignements tirés de la commercialisation, sur un marché donné, d'un produit conçu dans le souci de l'environnement peuvent facilement se traduire par des innovations sur d'autres marchés.

Une harmonisation internationale renforcerait l'incidence des redevances modulées visant les produits destinés à la consommation mondiale. L'établissement d'un classement international des produits en fonction de leur impact environnemental, comme leur facilité de démontage, pourrait y contribuer. La directive RoHS a ainsi conduit à des changements de conception en mettant clairement l'accent sur six substances dangereuses. La définition des priorités de l'écoconception faciliterait ce classement et aiderait les autorités et les OPR à moduler les redevances en fonction de ces catégories et des spécificités locales, comme le coût du travail. Les incitations à l'écoconception seraient ainsi plus homogènes et efficaces.

5.4.6. *Innovation technologique*

La mise au point des **technologies de reconnaissance des marques ou des modèles**, comme la radio-identification (RFID), ouvre la voie à une amélioration de l'internalisation des coûts. La RFID utilise les ondes radio pour lire à distance des marqueurs apposés sur les produits. D'un bon rapport coût-efficacité, cette technique de reconnaissance permet aux opérateurs chargés du recyclage de détecter les produits faciles à démonter ou à recycler. Par ailleurs, les informations sur le produit (composition ou instructions de démontage) sont faciles à consulter, soit directement à l'aide du lecteur RFID soit dans une base de données. Surtout, la reconnaissance permet de répartir les coûts de gestion des déchets entre les producteurs (O'Connel et al., 2013). Malgré l'existence d'un marché pour ces technologies, leur déploiement dans le secteur de la gestion des déchets n'en est encore malheureusement qu'à ses débuts (Dempsey et al., 2010).

5.5. Conclusions

Trois raisons font qu'il est difficile d'évaluer dans quelle mesure la RPE favorise l'écoconception. Premièrement, la diversité et l'interdépendance des questions environnementales empêchent de comparer directement le degré d'écoconception de deux produits. Par exemple, comparer les véhicules facilement recyclables avec ceux moins gourmands en énergie suppose d'analyser en détail les différentes incidences environnementales et d'attribuer à chacune un poids subjectif. Deuxièmement, l'écoconception peut être motivée par bien d'autres éléments que la REP, comme les coûts de matériaux ou de transport, et il s'avère difficile de distinguer le rôle de chacun d'eux. Troisièmement, la REP peut contribuer à l'écoconception moyennant des incitations financières, mais aussi de façon moins tangible, par exemple en améliorant la communication entre producteurs et opérateurs chargés du recyclage. Bien que des observations ponctuelles montrent l'importance d'améliorer l'échange d'information, l'incidence de ce facteur est difficile à mesurer. Afin de surmonter les obstacles à l'évaluation quantitative, il est recouru à des méthodes de recherche qualitative pour étudier l'impact de la REP sur l'écoconception. Les résultats montrent que la REP contribue à l'écoconception, mais qu'elle en constitue rarement le déclencheur.

Pour ce qui est des incitations financières à l'écoconception, les programmes de REP se divisent en trois groupes : responsabilité individuelle des producteurs (RIP), responsabilité collective des producteurs (RCP) à redevance variable et RCP à redevance fixe. Dans le cadre de la RIP, chaque producteur est responsable des déchets provenant de ses produits. S'il ressort des travaux publiés sur la question que la RIP encourage efficacement l'écoconception, les programmes de ce type sont rares, en raison des économies d'échelle et de la facilité offerte par les programmes sectoriels de RCP. La répartition des coûts en fonction du poids, qui caractérise la RCP à redevance variable, est généralement appliquée aux biens mono-matériau à rotation rapide, comme les emballages ou le papier graphique. Si ces programmes peuvent effectivement encourager la fabrication de produits plus légers ou l'utilisation d'autres matériaux, ils contribuent rarement à développer d'autres aspects de l'écoconception, comme le recours à des ressources secondaires. Les programmes de RCP à redevance fixe concernent généralement des biens durables ou pluri-matériaux, comme les voitures ou l'électronique grand public. Comme le coût unitaire est identique pour tous les modèles d'une même catégorie de produits, les incitations à l'écoconception procurées par ces programmes sont faibles.

Outre la nature du programme RPE, six autres éléments influent fortement sur les incitations financières à l'écoconception fournies par les programmes de RCP. Premièrement, les redevances fixes fréquemment prévues dans les programmes de RCP pour matériaux multiples ou biens durables affaiblissent les incitations à l'écoconception. Pour y remédier, il conviendrait de moduler les redevances en fonction de l'impact environnemental du produit. Par exemple, les produits à moindre teneur en matériaux toxiques pourraient faire l'objet de redevances fixes plus faibles. Or, pour que les frais administratifs ne s'en trouvent pas trop alourdis, cette modulation devrait uniquement concerner les aspects de la conception porteurs d'importants gains financiers ou environnementaux. Deuxièmement, l'ampleur de l'incitation financière est décisive. La faiblesse des redevances, comme celles applicables à un grand nombre de petits appareils électroniques grand public, n'incitera guère à revoir la conception des produits. Troisièmement, l'importance de ce facteur met en exergue l'intérêt du débat en cours sur l'internalisation totale des coûts, c'est-à-dire le principe selon lequel tous les coûts liés à la gestion des déchets sont internalisés dans le cadre de la REP. Il est généralement admis que les programmes de REP devraient couvrir les coûts de collecte et de traitement des déchets préalablement triés par les ménages, déduction faite des revenus tirés de la valorisation des matériaux. Cependant, la répartition des autres coûts fait débat. Il s'agit des coûts de collecte et de traitement des déchets non préalablement triés par les ménages (par exemple, déchets mixtes résiduels collectés par les municipalités dans des sacs réservés à cet effet) ; des coûts des campagnes de sensibilisation ; des coûts de ramassage des ordures ; des coûts d'exécution et de suivi du programme REP (audit et mesures « anti-profiteurs » inclus) ; et des coûts de R-D dans l'écoconception. Plus il y a de coûts imputés aux producteurs, plus les incitations financières à l'écoconception sont fortes. Quatrièmement, l'écoconception gagnerait en attrait si nombre de programmes REP étaient plus ambitieux en termes de gamme et de volume des produits repris. Par exemple, le taux de collecte des appareils électroniques grand public via la RPE est faible à l'échelle mondiale. Cinquièmement, la RPE est appliquée à l'échelle de pays, de régions ou de provinces. Dans le cas de certains produits, comme les produits alimentaires, la conception et le conditionnement sont déjà adaptés aux préférences locales. Lorsque tel est le cas, les producteurs prendront donc en considération les éléments du programme local de REP qui encouragent l'écoconception. Par ailleurs, les applications obtenues dans un pays pourront facilement être étendues à d'autres marchés. À l'inverse, l'hétérogénéité des politiques nationales font que les programmes de REP locaux auront une faible incidence sur les produits de consommation conçus pour le marché mondial. Par exemple, il ne sera pas tenu compte des incitations financières fournies par un programme de REP local lors de la conception de téléphones portables. Pour accroître les incitations à l'écoconception de ces produits, il convient d'harmoniser davantage les programmes de REP à l'échelle internationale. Enfin, la répartition des coûts entre producteurs rivaux étant déterminante pour l'efficacité des incitations à l'écoconception, l'apparition de nouvelles technologies, comme la radio-identification (RFID), pourrait à terme faire évoluer la conception des produits, voire rendre rentable l'application de la RIP.

Note

1. La directive RoHS vise à supprimer progressivement six substances dangereuses des appareils électroniques.

Références

Acuff, K. et D.T. Kaffine (2013), « Greenhouse gas emissions, waste and recycling policy », *Journal of Environmental Economics and Management*, vol. 65, pp. 74-86.

Agrawal, V.V. et al. (2012), « Is leasing greener than selling? », *Management Science*, vol. 58, n° 3, pp. 523-533.

ARN (2012), « Waste disposal fee », disponible à l'adresse : *www.arn.nl/english/ARN-Auto-Recycling/Waste disposal fee* (dernière consultation le 10 juin 2012).

Bio IS (2012), « Use of economic instruments and waste management performances », rapport destiné à la Commission européenne, DG ENV, Bio Intelligence Service, Paris.

Bouteligier, S., R. Bracke et K. Dierick (2014), « Extended producer responsibility. The case of used tyres in Flanders (Belgium) », étude de cas établie à l'attention de l'OCDE, disponible à l'adresse *www.oecd.org/env/waste/gfenv-extendedproducerresponsibility-june2014.htm.*

Brezet, H. et C. Van Hemel (1997), « Ecodesign. A promising approach to sustainable production and consumption », Programme des Nations Unies pour l'environnement (PNUE), France.

Brouillat, E. et V. Oltra (2012), « Extended producer responsibility instruments and innovation in eco-design: an exploration through a simulation model », *Ecological Economics*, n° 83, pp. 236-245.

Bury, D. (2013), « Canadian Extended Producer Responsibility », *Journal of Cleaner Production*, vol. 17, n° 2, pp. 167-169.

Calcott, P. et M. Walls (2000), « Can downstream waste disposal policies encourage upstream 'Design for Environment'? », *American Economic Review*, n° 90, pp. 233-237.

Calcott, P. et M. Walls (2005), « Waste, recycling and 'Design for environment': Roles for markets and policy instruments », *Resource and Energy Economics*, n° 27, pp. 287-305.

Damgaard, A., A.W. Larsen et T.H. Christensen (2009), « Recycling of metals: accounting of greenhouse gases and global warming conditions », *Waste Management & Research*, n° 27, pp. 773-780.

Dempsey, M. et al. (2010), « Individual producer responsibility: A review of practical approaches to implementing individual producer responsibility for the WEEE directive », INSEAD, Fontainebleau.

Department of the Environment, « The Australian national television and computer recycling scheme », Étude de cas préparée pour l'OCDE, disponible à l'adresse : *www.oecd.org/env/waste/gfenv-extendedproducerresponsibility-june2014.htm.*

Didier, E. et E. Sittler (2014), « Mieux concevoir les produits pour mieux valoriser les déchets », Rapport d'information fait au nom de la Commission du développement durable, des infrastructures, de l'équipement et de l'aménagement du territoire.

Dubois, M. (2012), « Extended Producer Responsibility for consumer waste: the gap between economic theory and implementation », *Waste Management & Research*, vol. 30, n° 9 (suppl.), pp. 36-42.

Dubois, M. (2013), « Towards a coherent European approach for taxation of combustible waste », *Waste Management*, n° 8, pp. 1776-1783.

Dubois, M. et J. Eyckmans (2014), « Efficient waste policies and strategic behaviour with open borders », document non publié, KU Leuven, Louvain.

Duflou, J.R. et al. (2009), « Environmental impact analysis of composite use in car manufacturing », CIRP Annals – *Manufacturing Technology*, vol. 58, n° 1, pp. 9-12.

Fleckinger, P. et M. Glachant (2010), « The organization of extended producer responsibility in waste policy with product differentiation », *Journal of Environmental Economics and Management*, n° 59, pp. 57-66.

Gottberg, A. et al. (2006), « Producer responsibility, waste minimization and the WEEE directive: Case studies in eco-design from the European lightning sector », *Science of the Total Environment*, n° 359, pp. 38-56.

Gui, L. et al. (2013), « Implementing extended producer responsibility legislation », *Journal of Industrial Ecology*, pp. 1-15.

Grgulova, A. (2014), « Extended producer responsibility – packaging and packaging waste in Slovakia », Étude de cas préparée pour l'OCDE, disponible à l'adresse : *www.oecd.org/env/waste/gfenv-extendedproducerresponsibility-june2014.htm*.

Hickle, G.T. (2013), « Comparative analysis of extended producer responsibility policy in the United States and Canada », *Journal of Industrial Ecology*, vol. 17, n° 2, pp. 249-261.

Hosoda, E. (2004), *Evaluation of EPR programmes in Japan*, dans *Economic Aspects of Extended Producer Responsibility*, OCDE, Paris.

Isaksson, O., T.C. Larsson et A. Ohrwall Ronnback (2009), « Development of product-service systems: challenges and opportunities for the manufacturing firm », *Journal of Engineering Design*, vol. 20, n° 4, pp. 329-348.

Khetriwal, D.S., P. Kraeuchi et R. Widmer (2009), « Producer responsibility for e-waste management: Key issues for consideration – learning from the Swiss experience », *Journal of Environmental Management*, vol. 90, n° 1, pp. 153-165.

Lifset, R. et T. Lindhqvist (2000), « Does leasing improve end of product life management? », *Journal of Industrial Ecology*, vol. 3, n° 4, pp. 10-13.

Lindhqvist, T. et R. Lifset (2003), « Extended Producer Responsibility, Can we take the concept of individual EPR from theory to practice? », *Journal of Industrial Ecology*, n° 7, pp. 3-6.

Matsueda, N. et Y. Nagase (2012), « An economic analysis of the packaging waste recovery system in the UK », *Resource and Energy Economics*, n° 34, pp. 669-679.

Maxwell, J.W., T.P. Lyon et S.C. Hackett (2000), « Self-regulation and social welfare: the political economy of corporate environmentalism », *Journal of Law and Economics*, vol. 43, n° 2, pp. 583-618.

Mayers, K. (2007), « Strategic, financial and design implications of extended producer responsibility in Europe », *Journal of Industrial Ecology*, vol. 11, n° 3, pp. 113-131.

Mayers, K. et S. Butler (2013), « Producer responsibility organizations development and operations », *Journal of Industrial Ecology*, vol. 17, n° 2, pp. 277-289.

Mayers, K., R. Lifset, K. Bodenhoefer et L.N. Van Wassenhove (2012), « Implementing individual producer responsibility for waste electrical and electronic equipment through improved financing », *Journal of Industrial Ecology*, vol. 17, n° 2, pp. 186-198.

McKerlie, K., N. Knight et B. Thorpe (2006), « Advancing extended producer responsibility in Canada », *Journal of Cleaner Production*, n° 14, pp. 616-628.

Monier, V. et al. (2014), « Development of guidance on extended producer responsibility », rapport établi à l'attention de la DG Environnement de la Commission européenne.

Nash, J. et C. Bosso (2013), « Extended producer responsibility in the United States », *Journal of Industrial Ecology*, vol. 17, n° 2, pp. 175-185.

Neto, J.Q. F. et L.N. Van Wassenhover (2013), « Original equipment manufacturers' participation in take-back initiatives in Brazil », *Journal of Industrial Ecology*, vol. 17, n° 2, pp. 238-248.

O'Connel, M. et al. (2013), « Feasibility of using radio frequency identification to facilitate individual producer responsibility for waste electrical and electronic equipment », *Journal of Industrial Ecology*, vol. 17, n° 2, pp. 113-169.

OCDE (2014), « The state of play on extended producer responsibility (EPR): Opportunities and challenges », disponible à l'adresse : *www.oecd.org/env/waste/gfenv-extendedproducerresponsibility-june2014.htm*.

OCDE (2013), « Quels enseignements tirer de la mise en œuvre de la responsabilité élargie des producteurs au cours de la décennie écoulée ? Revue de la littérature économique récente sur la REP », ENV/EPOC/WPRPW(2013)7/FINAL, *www.oecd.org/officialdocuments/publicdisplaydocumentpdf/?cote=ENV/EPOC/WPRPW(2013)7/FINAL&docLanguage=Fr*.

OCDE (2005), « Analytical framework for evaluating the costs and benefits of extended producer responsibility programmes », *Documents de l'OCDE*, vol. 5, n° 3, *http://dx.doi.org/10.1787/oecd_papers-v5-art13-en*.

OCDE (2004), *Economic Aspects of Extended Producer Responsibility*, Éditions OCDE, Paris, *http://dx.doi.org/10.1787/9789264105270-en*.

OCDE (2001), *Responsabilité élargie des producteurs : Manuel à l'intention des pouvoirs publics*, Éditions OCDE, Paris, *http://dx.doi.org/10.1787/9789264289864-fr*.

Palmer, K. et M. Walls (1997), « Optimal policies for solid waste disposal: Taxes, subsidies and standards », *Journal of Public Economics*, n° 65, pp. 193-205.

Pangburn, M.S. et E. Stavrulaki (2014), « Take back costs and product durability », *European Journal of Operational Research*, n° 238, pp. 175-184.

Peeters, J.R. et al. (2014), « Design for dissassembly for consumer products », document de travail, KU Leuven, Louvain.

Plambeck, E. et Q. Wang (2009), « Effects of e-waste regulation on new product introduction », *Management Science*, vol. 55, n° 3, pp. 333-347.

Recupel (2013), « Liste des appareils » (traduction de *Apparatenlijst*), Bruxelles.

Roine, K. et C.-Y. Lee (2006), « With a little help from EPR? Technological change and innovation in the Norwegian plastic packaging and electronics sectors », *Journal of Industrial Ecology*, vol. 10, n° 1-2-, pp. 217-237.

Rotter, V.S. (2011), « Waste management and producer responsibility: A score behind – a new ahead », *Waste Management & Research*, n° 29, p. 889.

Sachs, N. (2006), « Planning the funeral at the birth: Extended Producer Responsibility in the European Union and the United States », *Harvard Environmental Law Review*, n° 30, pp. 51-98.

Séguin (2014), « Promoting sustainable materials management through extended producer responsibility: Canadian waste electrical and electronic equipment », Étude de cas préparée pour l'OCDE, disponible à l'adresse : *www.oecd.org/env/waste/gfenv-extendedproducerresponsibility-june2014.htm*.

Short, M. (2004), « Taking Back the Trash: Comparing European extended producer responsibility and take-back liability to us environmental policy and attitudes », *Vanderbilt Journal of Transnational Law*, n° 37, pp. 1217-1254.

Subramanian, R., S. Gupta et B. Talbot (2009), « Product design and supply chain coordination under extended producer responsibility », *Production and Operations Management*, vol. 18, n° 3, pp. 259-277.

Tojo, N. (2004), « Extended Producer Responsibility as a driver for design change – utopia or reality? », IIIEE dissertations, vol. 2004, n° 2, Université de Lund, Lund.

Tong, X. et L. Yan (2013), « From legal transplants to sustainable transition », *Journal of Industrial Ecology*, vol. 17, n° 2, pp. 199-212.

Van den Abeele, P. (2006), « 'Pay as you go' recyclage », *Industrie – Technisch management*, n° 32, Agoria, Bruxelles.

Van Hemel, C. et J. Cramer (2002), « Barriers and stimuli for ecodesign in SMEs », *Journal of Cleaner Production*, n° 10, pp. 439-453.

Van Rossem, C., N. Tojo et T. Lindhqvist (2006), « Extended producer responsibility », rapport commandé par Greenpeace International, les Amis de la Terre et Bureau européen de l'environnement (BEE).

Vanderstricth, C. (2014), « What have we learned about extended producer responsibility in the past decade? », Étude de cas sur le Chili préparée pour l'OCDE, disponible à l'adresse : *www.oecd.org/env/waste/gfenv-extendedproducerresponsibility-june2014.htm*.

Walls, M. (2006), « EPR policies and product design: economic theory and selected case studies », document préparé pour l'OCDE, Paris, *http://papers.ssrn.com/sol3/papers.cfm?abstract_id=901661*.

Yeo, J.H. (2005), « Evaluation of extended producer responsibility performance: Korean case study », Korea Environment Institute, rapport préparé pour l'OCDE.

Sites internet

http://app.leg.wa.gov/RCW/default.aspx?cite=70.95N&full=true#.

http://designguiden.grontpunkt.no/.

http://global.epson.com/SR/csr_topics/201408_01.html.

http://group.electrolux.com/en/category/sustainability/products-and-sustainability.

http://proeurope4prevention.org/packagings-trends.

http://reduction.ecoemballages.fr/catalogue/.

http://step-initiative.org/index.php/Overview_USA.html.

http://worldwide.hyundai.com/wcm/idc/groups/sggeneralcontent/@hmc/documents/sitecontent/mdaw/mdm2/~edisp/hw033151.pdf.

www.apple.com/benl/environment.

www.bestbuy.ca/en-CA/for-kids-environment.aspx#tab-1.

www.conai.org/hpm00.asp?idcanale=99.

www.dell.com/learn/us/en/uscorp1/dell-environment-greener-products?c=us&l=en&s=corp&cs=uscorp1.

www.ecoemballages.fr/.

www.ecofolio.fr/adherents/le-bareme.

www.eco-systemes.fr/documents/Bareme.pdf.

www.epbp.org/.

www.fostplus.be/SiteCollectionDocuments/Leden/GP%20tarieven/Groene%20Punt%20tarieven%202014.pdf.

www.fujitsu.com/global/about/environment/index.html.

www.lighting.philips.com/main/projects/rau.wpd.

www.nedvang.nl/#!/bedrijven/preventievoorbeelden/overzicht.

www.oneteamoneplanet.com/americas/tires4ward.

www.preventandsave.ie/CaseStudyexamples.html.

www.preventpack.be/exampleswww.recylum.com/enjeux/eco-conception-des-equipements/.

www.samsung.com/us/aboutsamsung/sustainability/environment/takebackrecycling.

www.sony.net/SonyInfo/csr_report/environment/recycle/policy.

www.unesda.org/.

www8.hp.com/us/en/hp-information/environment/product-recycling.html#.U_MU5GM6Lm4.

La responsabilité élargie du producteur
Une mise à jour des lignes directrices pour une gestion efficace des déchets

PARTIE II

Chapitre 6

La responsabilité élargie des producteurs et le secteur informel

Ce chapitre examine le rôle que le secteur informel joue dans les systèmes de responsabilité élargie des producteurs dans les pays à revenu intermédiaire. Il entend augmenter le Manuel de l'OCDE de 2001 sur la responsabilité élargie des producteurs qui s'était concentré sur la REP dans les pays développés, mais qui n'examinait pas en profondeur le rôle du secteur informel. Les principaux enseignements de ce chapitre sont que, en dépit des graves préoccupations suscitées par les activités en aval de démantèlement et de recyclage informels qui peuvent avoir des retombées négatives sur l'économie et l'environnement, on reconnaît de plus en plus que les activités informelles de ramassage et de tri des déchets peuvent avoir des effets positifs. Par conséquent, l'objectif de l'action publique s'est déplacé : il s'agit désormais moins de « secourir » les travailleurs informels que de les intégrer dans les filières de gestion officielles des déchets. L'expérience récente montre en plus que l'échec dans ce domaine peut sérieusement affecter les systèmes de REP.

6.1. Introduction

De nombreux pays à revenu intermédiaire envisagent de mettre en place ou d'élargir les systèmes de REP pour les différents flux de déchets, dans le contexte de la modernisation rapide de leurs systèmes de gestion des déchets. Les pays émergents et en développement qui souhaitent mettre en œuvre des politiques de REP sont tous confrontés au même problème, à savoir l'absence de systèmes de gestion des déchets bien établis. Ces pays ne disposent pas toujours de tels systèmes et les grands acteurs de la filière, fabricants, éco-organismes, communes et recycleurs, que l'on trouve en principe dans les pays développés et qui peuvent jouer un rôle important dans les filières REP, n'y sont pas toujours présents (Akenji et al., 2011). L'une des autres difficultés à laquelle ils sont souvent confrontés est la manière de traiter le vaste secteur informel qui s'appuie sur ces flux de déchets pour assurer ses moyens de subsistance. Plusieurs groupes de décideurs souhaiteraient tirer parti de l'expérience acquise et identifier les bonnes pratiques : les autorités des pays à revenu intermédiaire où se situent la plupart des quelque 20 millions de récupérateurs informels ; les donneurs qui aident les pays à revenu intermédiaire à développer le secteur de la gestion des déchets solides (Lerpiniere et al., 2014) et certains pays de l'OCDE à revenu élevé où des observations ponctuelles suggèrent que la crise financière mondiale a favorisé le développement d'un vaste secteur informel du réemploi et du recyclage très actif.

Si, dans les pays de l'OCDE, le secteur informel est en général assez peu développé et souvent considéré comme ayant une influence négative sur les filières officielles de gestion des déchets qui fonctionnent bien (parce qu'il prélève illégalement des produits et matières de grande valeur présents dans les flux de déchets, par exemple), il joue souvent un rôle utile (collecte des déchets ayant une valeur et récupération des matières qu'ils contiennent, notamment) que n'assure pas le secteur officiel dans les pays à revenu intermédiaire et en développement où les systèmes de gestion des déchets restent limités. La mise en place d'un système de REP dans ces pays bouleverse les moyens d'existence des récupérateurs informels qui se trouvent alors en concurrence avec lui pour récupérer les matières présentant une valeur. Ce rapport s'intéresse plus particulièrement à ce dernier cas et aux opportunités et défis qui s'y attachent.

Le principal message de ce chapitre est que l'inclusion du secteur informel dans les systèmes de REP pourrait présenter des avantages importants en termes d'efficacité des opérations de gestion des déchets, de réalisation des objectifs de valorisation et de financement (coût abordable dans la durée) dans les pays à revenu intermédiaire, où les systèmes de gestion des déchets sont limités. Elle permettrait aussi d'assurer aux travailleurs informels des moyens de subsistances durables et une meilleure protection sanitaire et sociale.

La première section de ce chapitre présente les concepts-clé de chaîne de service publique et de chaîne de valeur privée dans les domaines des déchets solides et du recyclage, et retrace l'évolution historique de la gestion des déchets dans les pays de l'OCDE. La seconde partie traite le recyclage et la gestion des déchets, et notamment le rôle du secteur informel, dans les pays à revenu intermédiaire. L'exemple du Botswana est utilisé pour illustrer certaines composantes du recyclage et de la gestion des déchets dans ces pays. La troisième partie examine les différentes formes de recyclage informel et présente de façon synthétique ce que l'on sait des travailleurs de ce secteur. Les approches alternatives visant à intégrer les travailleurs informels dans les systèmes de gestion des déchets sont exposées. L'expérience d'une approche d'inclusion des travailleurs informels en Colombie est mise en regard d'une expérience conduite en Bulgarie, où le secteur informel a été exclu de la mise en place et du fonctionnement d'un système de REP. La quatrième partie propose une conclusion reprenant les principales leçons tirées de l'implication des travailleurs informels dans les systèmes de REP et formule des recommandations sur la manière dont cette relation peut bénéficier à la fois aux travailleurs informels et aux systèmes de gestion des déchets.

6.2. La gestion et le recyclage des déchets solides

6.2.1. *Chaînes de service et de valeur*[1]

La gestion durable, intégrée et moderne des déchets se décline en deux secteurs sensiblement différents :

- La chaîne de service : Ce secteur est géré en premier lieu par le secteur public et comprend une variété de services comprenant le nettoiement urbain, le balayage des rues, la gestion de l'espace public, et la collecte, le transport et l'élimination des déchets.
- La chaîne de valeur : Ce secteur est principalement géré par des entités du secteur privé, notamment des microentreprises, des moyennes et grandes entreprises et des multinationales négociant des matières premières. Les entreprises actives dans la chaîne de valeur du recyclage ou industrielle participent à l'extraction et à la commercialisation (valorisation) de matières de valeur issues du flux des déchets. La valorisation comprend l'extraction ou la séparation des matières de valeur des déchets, leur nettoyage et leur transformation, puis leur commercialisation sur les marchés. Il est utile de distinguer la *chaîne de valeur industrielle*, qui traite les matières recyclables, la *chaîne de valeur agricole*, dans laquelle les déchets de cuisine, de jardin et ceux issus de la transformation des aliments sont valorisés pour devenir des aliments pour animaux ou des éléments nutritifs du sol, et le *système du réemploi ou des biens d'occasion*, un secteur gagnant en importance dans les pays à revenu intermédiaire de la tranche supérieure. Ce chapitre est consacré à la chaîne de valeur industrielle, qui est de première importance pour les systèmes de REP[2].

Les deux chaînes et les liens qui les unissent sont représentés dans le graphique 6.1, qui constitue un diagramme des opérations fortement conceptualisé.

6.2.2. *Perspective historique : facteurs d'évolution et modernisation*

Wilson (2007) distingue trois facteurs d'évolution dans la gestion des déchets : la santé publique, la protection de l'environnement et la gestion des ressources. La protection de la santé publique a été le principal élément déclencheur de la modernisation de l'assainissement qui a eu lieu au 19e siècle. Les préoccupations concernant la protection de l'environnement ont été l'élément déclencheur de la vague de recherches et de législations sur l'environnement qui a débuté dans les années 70. La meilleure gestion des ressources naturelles, y compris les déchets, est le principal moteur des politiques actuellement menées pour promouvoir la productivité des ressources et la gestion durable des matières dans les pays de l'OCDE et au-delà.

Graphique 6.1. **Chaîne de service et chaîne de valeur**

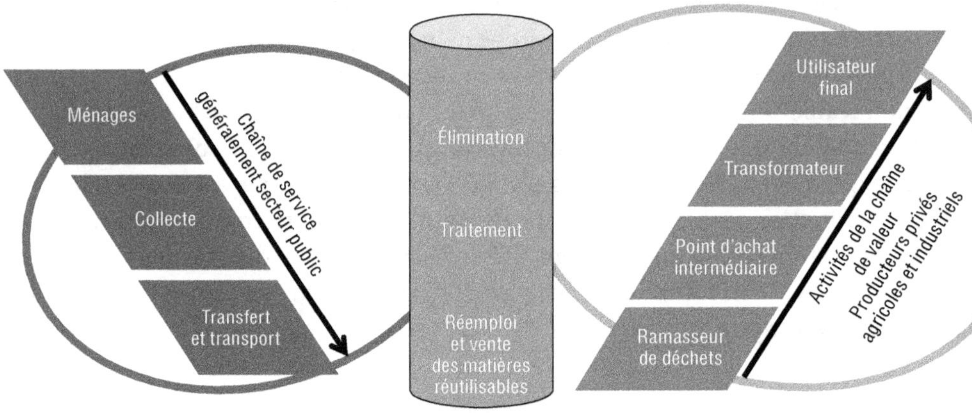

Source : Adapté de WASTE (2010), « Training materials on Integrated Sustainable Waste Management », Gouda, The Netherlands.

Le graphique 6.2 représente la chaîne de valeur du recyclage. Il s'agissait de la norme dans les zones urbaines dans les pays de l'OCDE jusqu'à l'émergence de la gestion intégrée des déchets dans les années 80. C'est le contexte dans lequel les pays à revenu intermédiaire ont mis en place leurs systèmes de gestion des déchets. C'est également la situation dans laquelle se trouvent la plupart des pays à faible revenu avant de mettre en place une première législation sur les déchets solides ou un ministère de l'environnement (De Swaan, 1988 ; Scheinberg et van de Klundert, 2005 ; Scheinberg, 2011 ; Strasser, 1999 ; Poulussen, 1987 ; Velis et al., 2009 ; Melosi, 1981 ; Wilson, 2007 ; Gille, 2007).

Graphique 6.2. **Cadre de la chaîne de valeur du recyclage**

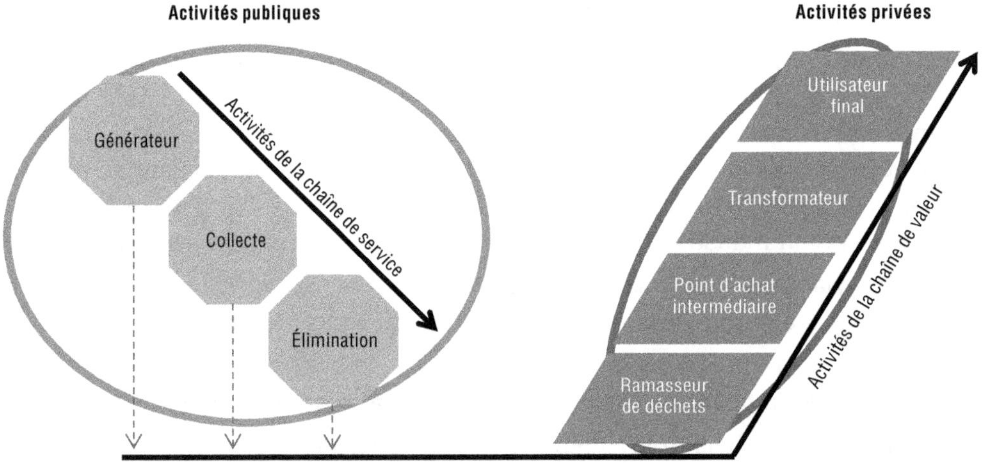

Source : Adapté de WASTE (2010), « Training materials on Integrated Sustainable Waste Management », Gouda, The Netherlands.

Dans la chaîne de valeur du système de recyclage, la gestion publique des déchets et le recyclage du secteur privé appartiennent à deux univers différents, qui interagissent ou se reconnaissent à peine. Sur la droite du graphique, les entreprises privées collectent les matières et les valorisent dans la chaîne de valeur. Le seul mouvement de matières recyclables de la chaîne de service publique vers les chaînes de valeur privées a lieu par le biais d'activités informelles. Le système public de gestion des déchets solides, représenté sur la gauche du graphique, assure la propreté de la ville et ignore les faibles volumes de matières extraites, soit par des ramasseurs de déchets, soit par les employés de services d'assainissement eux-mêmes, et vendus à la chaîne de valeur.

Depuis le début des années 80, la plupart des pays de l'OCDE ont introduit des variantes du recyclage municipal, en réponse aux coûts élevés de l'élimination associée à l'enfouissement sanitaire par région et/ou à l'incinération massive et également à la demande du public et aux pressions des ONG environnementales souhaitant réduire au minimum la mise en décharge et l'incinération. Le recyclage municipal était motivé par la nécessité de réduire les coûts d'élimination et connexes financés par la chaîne de service. En ce sens, le taux de recyclage est souvent élevé lorsque la densité de population est forte, le foncier peu disponible, et l'élimination coûteuse. Les avantages du recyclage ou du compostage en termes de conservation des ressources sont souvent cités comme étant de fortes motivations du point de vue environnemental. Néanmoins, on a constaté dans la pratique que les communes avaient véritablement cherché des destinations alternatives dans la chaîne de valeur pour les déchets municipaux lorsque le prix de l'élimination dépassait 40 USD par tonne (Scheinberg, 2011 ; Scheinberg et al., 2010b ; PNUE, 2015). À ce stade, et comme l'illustre le graphique 6.3, la chaîne de service dans les communes se développe et peut à terme éliminer et remplacer les niveaux inférieurs de la chaîne de valeur privée.

Graphique 6.3. **Recyclage municipal classique mis en place dans les années 80 aux États-Unis et au Canada**

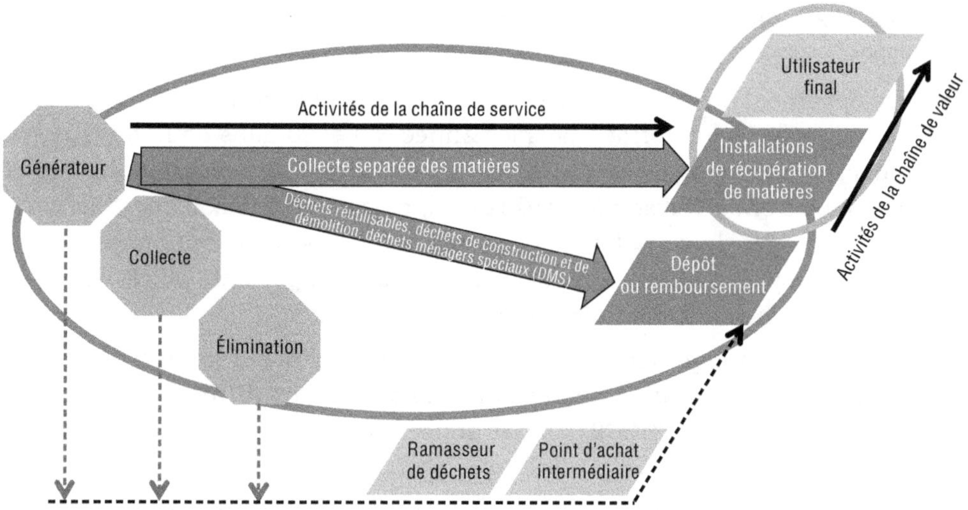

Certains éléments contenus dans le graphique 6.3, tiré des expériences de l'Australie, du Canada et des États-Unis, méritent que l'on s'y attarde.

Tout d'abord, le secteur municipal a remplacé les niveaux inférieurs de la chaîne de valeur par deux nouvelles institutions et installations publiques : les centres de dépôt ou de remboursement et les installations de récupération de matières. Les centres de dépôt ou de remboursement remplacent les petits points d'achat intermédiaires. Les installations de récupération de matières introduisent une nouvelle fonction, la séparation postérieure à la collecte des matières recyclables composites, qui se place au même niveau qu'un commerçant de la chaîne de valeur du niveau intermédiaire ou qu'une installation de traitement intermédiaire. Ces deux institutions, associées à une troisième innovation, la collecte séparée des déchets recyclables par le secteur public, ont permis dans les années 80 aux autorités locales de commencer à extraire des matières recyclables propres des déchets ménagers. Ces évolutions dépendaient du changement de comportement des ménages, qui sont les utilisateurs du système. Néanmoins, la période caractérisée par des niveaux élevés d'innovation dans les systèmes de communications et les technologies de stockage des déchets ménagers a également été bénéfique (Scheinberg, 2011)[3].

La seconde conséquence a été que la sphère d'influence de la chaîne de valeur privée présentée dans le graphique 5.3 s'est fortement réduite en comparaison avec celle présentée dans le graphique 6.2. Les points d'achat intermédiaires du secteur privé et le réseau des ramasseurs de déchets qui les fournissent se sont marginalisés et retrouvés en dehors du système. Leur nombre s'est considérablement réduit dans les grandes villes des pays de l'OCDE dans les années 90.

Le troisième résultat a été l'augmentation de la pression exercée sur les industries utilisatrices finales dans la chaîne de valeur existante pour absorber le volume en constante augmentation des déchets recyclables, et éliminer toutes les matières dangereuses ou difficiles à recycler. On peut trouver là l'origine de la hiérarchie qui caractérise le concept de la gestion des déchets, et une motivation pour s'orienter vers la prévention des déchets, d'une part, et le cycle « du berceau au berceau » (C2C) ou la conception en vue du recyclage (design for recyclability), d'autre part. Cette évolution a également favorisé l'émergence des systèmes de responsabilité des producteurs, ou des programmes de bonne gestion des produits, leur équivalent non obligatoire. L'expérience acquise par la première génération de systèmes de REP a servi de base pour la rédaction du document d'orientation sur la REP publié en 2001 par l'OCDE (OCDE, 2001).

Le développement du recyclage municipal a également conduit à l'élimination et/ou à l'intégration du recyclage informel dans les années 80 et 90 dans de nombreux pays de l'OCDE. Lorsque le ramassage des ordures est devenu illégal, de nombreux ramasseurs de déchets individuels ont été absorbés dans la chaîne de service. Aux États-Unis, la plupart d'entre eux ont trouvé du travail dans des installations de récupération de matières et, dans des pays européens comme les Pays-Bas, une part importante de ces ramasseurs a trouvé une activité dans le secteur des produits d'occasion.

Cette série de changements commence à se produire dans les pays à revenu intermédiaire, mais les circonstances sont sensiblement différentes de celles qui prévalaient dans les pays de l'OCDE dans les années 80 :

- Le PIB et les niveaux moyens de revenu des ménages sont plus faibles dans les pays à revenu intermédiaire aujourd'hui qu'ils ne l'étaient dans les pays de l'OCDE dans les années 80, et dans de nombreux pays, l'inégalité des revenus est plus grande.
- Les chaînes de service se développent de façon plus inégale et le principe de l'utilisateur-payeur est moins bien établi. Les systèmes publics de gestion des déchets disposent de moins d'argent et d'un accès moindre aux financements publics, et nombre d'entre eux ne sont pas en mesure de couvrir les coûts opérationnels des infrastructures de déchets.
- La pression de l'opinion publique en faveur de la protection des eaux souterraines et des autres ressources environnementales menacées par une gestion inadéquate des déchets et de la fermeture des décharges est moins forte.
- Près de 30 ans ont été nécessaires pour mettre au point la génération actuelle d'installations et d'équipements de traitement des déchets solides de haute technologie, ce qui les rend

bien plus coûteux, en termes absolus et relatifs, qu'ils ne l'étaient dans les années 80 et 90.

- Les produits et emballages présents sur le marché sont plus divers et fabriqués avec des matières plus complexes et moins recyclables qu'il y a 40 ans. Ces matières complexes créent de grands volumes de déchets difficiles à traiter.
- La catégorie des appareils ménagers (et commerciaux) et des produits électroniques s'est considérablement élargie, en raison du plus grand nombre de dispositifs et d'applications disponibles aujourd'hui à faible coût et des taux de remplacement élevés.
- Le nombre de recycleurs informels et les effets qu'ils produisent sur le système sont vastes et croissants dans les pays à revenu intermédiaire. On estime que, dans le monde, environ 20 millions de personnes travaillent dans le secteur du recyclage informel, auxquelles on peut ajouter certains membres de la famille (ISWA, 2014).

Ces différences forment la toile de fond de l'analyse de la REP et du secteur informel présentée dans ce rapport.

6.3. La gestion des déchets et le recyclage dans les pays à revenu intermédiaire

Cette partie examine les principaux aspects des chaînes de service et de valeur dans les pays à revenu intermédiaire, et notamment le rôle du secteur informel.

6.3.1. *La chaîne de valeur du recyclage et le secteur informel*

Dans les pays à revenu intermédiaire, le recyclage ne concerne généralement que la portion des déchets présentant une valeur, le reste étant éliminé ; cette activité est généralement assurée par le secteur privé et non par les communes. Sa complexité et son intensité sont illustrées dans le graphique 6.4. Les marchés du recyclage, ainsi que les activités du secteur privé dans la chaîne de valeur, varient de manière significative en fonction à la fois de la proximité des grands acheteurs de la chaîne de valeur et de la valeur économique intrinsèque du flux des déchets. Cette valeur intrinsèque dépend généralement du PIB, du pouvoir d'achat et de facteurs socio-culturels qui définissent le contenu desdits déchets (Gille, 2007 ; Bauman, 2002).

Graphique 6.4. **Schéma de la chaîne de valeur**

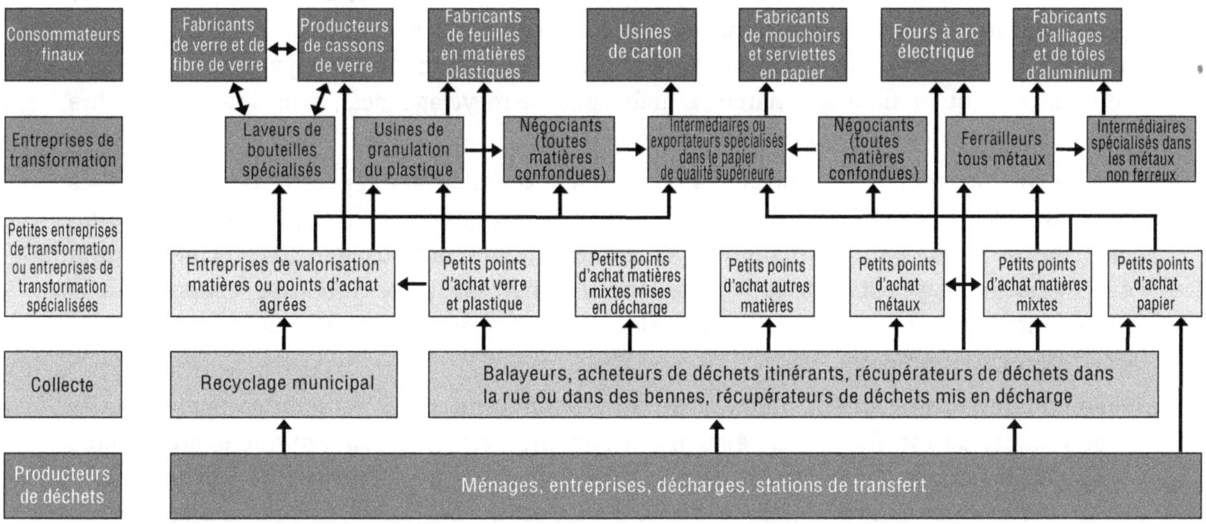

Source : Adapté de WASTE (2010), « Training materials on Integrated Sustainable Waste Management », Gouda, The Netherlands.

Les grandes capitales attirent des milliers de recycleurs informels, tandis que la situation dans les villes moins importantes est plus variable (Gerdes et Gunsilius, 2010 ; Lardinois et Furedy, 1999). En Asie et en Amérique latine, il existe un niveau inférieur dans la chaîne de valeur du recyclage qui ne traite habituellement pas plus de 15 % des déchets domestiques, dans de nombreuses villes de taille moyenne[4].

Outre le fait de se procurer des moyens de subsistance pour eux-mêmes et leurs familles, et ainsi participer à l'économie, les recycleurs informels fournissent un certain nombre d'avantages économiques, environnementaux et sociaux. Ils contribuent à réduire les quantités de déchets destinées à l'enfouissement ; ils fournissent un service de collecte alternatif et gratuit, qui constitue un avantage économique direct pour les entreprises et les ménages et permet réduire les coûts de collecte et d'élimination pour les communes ; enfin, ils contribuent à réduire la demande d'extraction des ressources primaires et leur activité aide à limiter les émissions de gaz à effet de serre (Chaturvedi et al., 2009).

Ainsi, le recyclage privé informel dans les pays à revenu intermédiaire crée des externalités économiques et environnementales positives. Dans un certain sens, les recycleurs informels subventionnent les systèmes municipaux de gestion des déchets en fournissant gratuitement à la ville des modes d'élimination alternatifs (DEAT, 1998 ; Scheinberg et al., 2010a, 2010b ; Wilson et al., 2006). Si les recycleurs informels bénéficient d'avantages économiques directs, les communes tirent par ailleurs des avantages indirects de leurs activités. Reconnaissant ces avantages indirects, des communes telles que Bogota, en Colombie, rémunèrent des recycleurs informels agrées pour les déchets recyclables qu'ils collectent (données ARB et CEMPRE Colombie).

6.3.2. Matières et défaillances du marché

La chaîne de valeur du recyclage est un modèle de gestion viable lorsque les matières issues du flux de déchets ont une valeur *économique intrinsèque* et qu'il existe une demande de marché ou une demande économique pratique pour ces matières. Les métaux ont une forte valeur et peuvent être extraits et commercialisés dans la plupart des régions du monde pour générer des profits. Le papier de qualité supérieure fait également l'objet d'une demande à bon prix, mais il s'agit d'une matière périssable et les marchés ne sont pas toujours suffisamment proches pour assurer la rentabilité des activités de collecte et de commercialisation. Les plastiques ont quant à eux une valeur marchande à la fois mondiale et locale et leur capacité à être commercialisés dépend par conséquent du type de plastique dont il s'agit, de la méthode de transformation, et de la qualité de la séparation. Le verre à bouteille est une matière bon marché et fiable pour le recyclage local, mais il représente une part de plus en plus faible du marché de l'emballage.

La viabilité économique de la chaîne de valeur du recyclage est souvent limitée par les défaillances du marché, qui donnent lieu à une demande économique locale faible ou inexistante, même pour les matières qu'il est techniquement possible de recycler. On peut distinguer trois types communs de défaillances du marché. La demande de programmes de responsabilité des producteurs est généralement la conséquence de l'un ou de plusieurs de ces dysfonctionnements.

- Le goulot d'étranglement : ce type de dysfonctionnement se caractérise par une offre abondante de matières, mais également par une demande économique solide, tandis que les capacités de collecte et de traitement pour mettre en adéquation cette offre et cette demande sont insuffisantes. Les investissements, le micro-financement et les accords facilités par la REP peuvent remédier à ce type de défaillance et relier à nouveau la demande et l'offre.

- La quadrature du cercle : cette défaillance du marché consiste en l'incapacité du vendeur de répondre aux exigences de l'acheteur et est souvent créée par un manque de connaissance locale des besoins de l'industrie utilisatrice finale. Le renforcement des capacités et certaines formes de commercialisation coopérative peuvent traiter ce type de difficulté, souvent sans système de REP ou de bonne gestion des produits.
- L'inondation du marché : ce type de défaillance du marché a lieu lorsque l'offre augmente rapidement et dépasse la demande. Les marchés peuvent être inondés localement ou mondialement et la situation peut résulter d'une loi volontariste sur le recyclage promulguée par une autorité locale ou un gouvernement national, ou d'une crise socio-économique conduisant de nombreuses personnes à pratiquer le recyclage comme moyen de survie. Cela s'est produit dans le marché du papier aux États-Unis en 1990, lorsque de nombreux programmes de recyclage municipal bien installés ont commencé à produire des volumes importants de papier de qualité supérieure (et de forte valeur). En général, ce type de défaillance se résorbe de lui-même au fil du temps, car les chaînes de valeur trouvent des moyens d'utiliser l'offre pour augmenter leur production (Scheinberg, 2011 ; WASTE, 2010).

Le tableau 6.1 montre les liens entre les différents types de matières, leur valeur économique, les dysfonctionnements habituels du marché et les réponses privilégiées.

Les gouvernements nationaux et les autorités locales commencent à s'intéresser au recyclage lorsqu'ils estiment pouvoir en tirer des revenus supplémentaires utiles pour financer leurs systèmes de traitement des déchets solides ou lorsqu'ils sont juridiquement tenus de le faire. Leur objectif est de réduire le coût de l'élimination. Néanmoins, il serait irréaliste de s'attendre à produire un revenu positif net (Scheinberg et al., 2012, 2010a ; Chikarmane et Narayan, 2007).

Des éléments contenus dans l'analyse de 20 villes réalisée dans la publication d'ONU-Habitat de 2010 intitulée *Solid Waste Management in the World's Cities*[5] suggèrent que le recyclage mis en œuvre par le secteur public sans une élimination chiffrée peut créer un cercle vicieux réduisant les taux de recyclage et augmentant les volumes de déchets soumis à l'élimination (Scheinberg, 2011; Scheinberg et al., 2010b). Le volume total de matières recyclées tend à diminuer car les villes ne disposent pas d'une expérience suffisante dans la commercialisation des matières recyclables. Ainsi, l'augmentation de l'élimination induit une réduction des revenus et une augmentation des risques environnementaux. Dans le même temps, la chaîne de valeur perd son accès à des matières recyclables correctement préparées et les ramasseurs de déchets et leurs familles voient réduire leurs moyens de subsistance.

Cette approche, que l'on peut dénommer « recyclage exclusif », est illustrée dans le graphique 6.5. On y voit l'expansion de la sphère d'influence municipale sans la réalisation des investissements correspondants dans le recyclage que l'on trouve plus haut dans le graphique 6.3. Le recyclage dans un cadre exclusif est minoritaire et existe selon les deux modalités que sont le « recyclage symbolique » et le « recyclage vache à lait » (voir encadré 6.1). Des sommes d'argent de plus en plus importantes sont destinées au recyclage de quantités de moins en moins importantes de matières par les circuits formels, les recycleurs informels consacrent de plus en plus de temps à travailler dans des conditions de plus en plus mauvaises pour assurer leurs moyens de subsistance, et les conflits entre

Tableau 6.1. Comprendre la valeur des différents types de matières dans le recyclage

Type	Exemples de matières	Valeur économique	Défaillances du marché	Aspects politiques
Type 1 : Forte valeur intrinsèque, marchandises échangées à l'échelle mondiale	Vieux papiers de haute qualité, canettes usagées en aluminium, métaux ferreux et non ferreux. Ces dernières années, PET propre en Chine. Représentent ± 10 à 20 % des déchets ménagers.	Le prix payé pour les matières couvre ou dépasse le coût de la main d'œuvre et de l'équipement nécessaires à l'extraction, à la collecte, au transport, et à la commercialisation de ces matières.	Les défaillances habituelles du marché sont celles du type « inondation », qui disparaissent souvent avec le temps.	Ces matières sont la plupart du temps recyclées à un niveau avancé, ce qui explique que les interventions puissent avoir des effets pervers. Lorsque le taux de récupération est faible, une certaine forme d'intervention peut être utile en augmentant les économies d'échelle ou en finançant l'exportation.
Type 2 : Valeur intrinsèque modérée, marchandises échangées à l'échelle locale	Verre, boîtes de conserve, papier de qualité moyenne et inférieure, caoutchouc, polyoléfines PET et non PET (PP, PEBD, PEHD), certains DEEE, textiles. Au total 10 à 15 % des déchets ménagers.	Ont une certaine valeur mais pas de façon suffisamment homogène pour couvrir le coût de l'extraction, du traitement et de la commercialisation. Le recyclage n'est pas « rentable », ni même susceptible de couvrir les coûts à lui seul.	Les défaillances du marché du type « goulot d'étranglement » peuvent se résorber grâce à des investissements dans les capacités locales de traitement.	Nécessite des interfinancements issus de l'évitement du coût de l'élimination grâce au « recyclage municipal ». Produits adaptés aux systèmes de REP/bonne gestion des produits avec soutien des prix ou autres de formes de facilitation.
Type 3 : Faible recyclabilité, absence de demande claire ou de définition des produits, à la fois dans les chaînes de valeur agricole et industrielle, pas de seuil de prix clair, valorisation grâce à des subventions, coût d'élimination évité, et/ou soumis à l'évolution du marché.	3A : Déchets non séparés de construction et de démolition, matières réutilisables, biens et composants durables avec des possibilités locales de « réutilisation profitable des produits », décyclage, utilisation de biens d'occasion, réparation organisée, etc. Exemples : réfrigérateurs, pièces de véhicules et d'automobiles, éléments architecturaux. À l'heure actuelle, le conditionnement de l'eau en sachet plastique est classé dans cette catégorie dans certains pays.	Les produits peuvent être réparés, réutilisés, vendus à des prix fortement réduits. Les coûts du démontage et du prétraitement sont généralement plus élevés que la valeur intrinsèque de la marchandise, mais il existe une valeur d'usage et une valeur environnementale.	Les trois types de dysfonctionnement du marché, mais principalement l'absence de marché viable. Les interventions sur le modèle du « goulot d'étranglement » peuvent aider dans certains cas.	Les pièces automobiles et certaines parties des déchets électroniques peuvent être recyclées lorsque les producteurs financent une partie ou la totalité du coût du démontage. Certains systèmes de dépôt/retour fonctionnent pour les pneus, la reprise des huiles, les redevances d'élimination préalables pour les appareils électrodomestiques. Éco-conception/prévention des déchets pour les emballages.
	3B : Cuisines, jardins, restaurants, gestion des espaces verts et déchets issus du petit bétail destinés au compostage (± 20-70 % des déchets ménagers).	La valorisation dépend en grande partie des règles d'hygiène, par exemple, du fait que le petit bétail soit ou non autorisé dans les zones urbaines. Également forte tendance en faveur d'expériences sans REP mais qui pourraient impliquer les fournisseurs.	L'inondation du marché ou simplement l'absence de marché est habituelle pour le compostage, qui n'est généralement pas un produit reconnu ayant un prix clair.	Action des pouvoirs publics pour créer une demande et « acheter » du compost pour une utilisation publique : cimetières, parcs, terrains de sport, restauration de sites miniers, contrôle de l'érosion, couverture de sites d'enfouissement et sur les autoroutes. Programmes subventionnés par les donneurs ou les pouvoirs publics pour le biogaz ou d'autres formes de valorisation.

Tableau 6.1. **Comprendre la valeur des différents types de matières dans le recyclage** *(suite)*

Type	Exemples de matières	Valeur économique	Défaillances du marché	Aspects politiques
Type 4 : Matières spéciales/toxiques/ dangereuses associées à des externalités environnementales négatives. L'utilisation de la valorisation comme mode d'élimination sûr dépend des paiements de transfert de la chaîne de service.	4A : Déchets bio-sanitaires (protections hygiéniques, couches) ; films laminés (emballages multicouches fins pour chips, aliments transformés), déchets médicaux.	Une certaine valeur ajoutée résiduelle, mais pas suffisante pour couvrir les coûts d'une gestion sûre avec ou sans valorisation.	Le modèle du « goulot d'étranglement » peut s'appliquer en raison des coûts et des risques sanitaires élevés de l'extraction de fractions commercialisables.	Principales « cibles » de la prévention et la réduction des déchets, nouvelle conception ou éco-conception/conception en vue du recyclage. Indiqués pour la REP.
	4B. Déchets dangereux, emballages toxiques contenant des huiles, sols contaminés, produits chimiques, ampoules fluorescentes, huile de moteur usagée, déchets électroniques en fin de cycle (DEEE), réfrigérateurs contenant des CFC, accumulateurs, piles, produits blanc/bruns non-CFL, soit environ 5 % des déchets ménagers.	Valeur négative, peut être monétisée grâce à une redevance d'élimination préalable ou des systèmes volontaires d'étiquetage ou de dépôt-retour.	En ce qui concerne les DEEE, certaines fractions étaient concernées par des défaillances de type « goulot d'étranglement » et les politiques de reprise des REP ont été utiles.	La règlementation, l'autorisation et la certification des utilisateurs, et les conditions d'étiquetage et d'utilisation définissent les conditions s'appliquant à la vente, au traitement et également à une gestion en fin de vie sûre.
Type 5 : Fractions résiduelles des déchets solides municipaux : toxiques/ non valorisables	Litières des animaux domestiques, semelles, ampoules, polystyrène expansé.	Valeur économique négative, inutile pour tout type de retraitement ou de réutilisation.	Pas de marché, ces matières ne sont pas (encore) valorisables.	Prévention des déchets, taxes sur les produits, éco-conception.

Source : Données adaptées et mises à jour d'après : Scheinberg et al., (2008), Closing the Circle, *Bringing Integrated Sustainable Waste Management Home*, Association of Dutch Municipalities, The Hague, The Netherlands.

Graphique 6.5. **Recyclage exclusif – Recyclage dans le secteur public lorsque le coût de l'élimination n'est pas évalué**

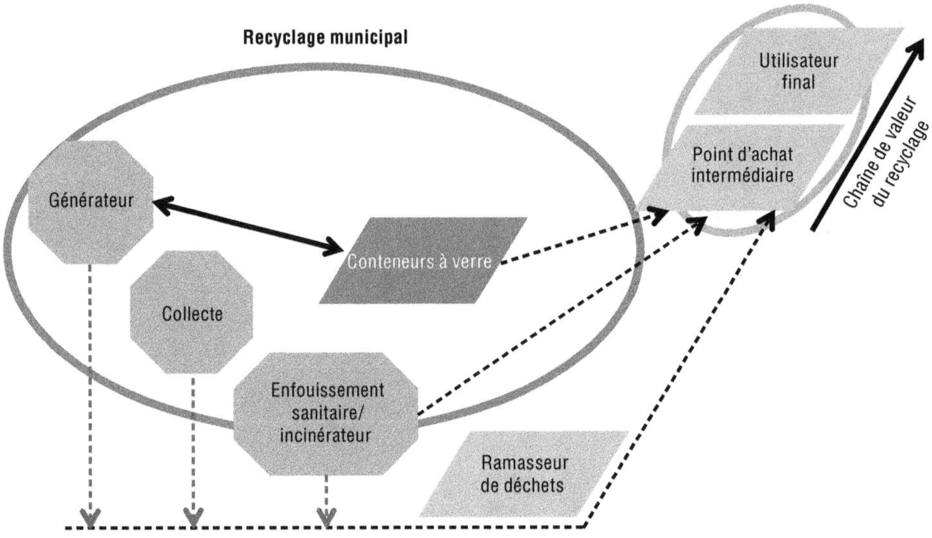

Encadré 6.1. **Relever les taux de recyclages visés**

Le *recyclage symbolique* résulte habituellement de la pression exercée par les donneurs et les ONG. Le principal investissement concerne des actions de sensibilisation, plutôt qu'un changement du système de collecte. En conséquence, la plupart des ménages n'y participent pas. Ce type de recyclage reste minoritaire et se marginalise dans la planification et l'investissement. Des conteneurs à verre et des dépôts symboliques conçus à l'échelle mondiale peuvent attirer de faibles quantités de matières à un coût par tonne très élevé. Le recyclage formel n'est pas économique. Le recyclage informel peut alors être freiné par la mise en place de clôtures, de contrôles d'accès et d'une règlementation sur les sites d'enfouissement. Une certaine forme de chaîne de valeur du recyclage peut se poursuivre en marge du système de traitement des déchets solides, mais sous la menace constante d'une disparition.

Le *recyclage vache à lait* a pour but de générer des revenus pour financer le coût de l'élimination et de la collecte. Pour produire ces revenus, les communes revendiquent le monopole de la récupération des matières recyclables. Le recyclage informel est considéré comme un délit et les entreprises de la chaîne de valeur sont placées sur une liste noire. Les autorités locales établissent un système de recyclage formel parallèle en mettant en place des conteneurs à verre, le remboursement, la consigne, ou la collecte séparée, tout en menant des campagnes de sensibilisation. Ces autorités font souvent appel aux organisations de producteurs pour obtenir un appui financier. Les ramasseurs de déchets, les points d'achat intermédiaires et les acheteurs itinérants n'ont légalement accès aux matières que de façon restreinte. Ils vandalisent parfois des conteneurs fermés ou franchissent sans autorisation les clôtures placées autour des sites d'enfouissement. La valorisation formelle diminue, la quantité de déchets destinés à l'élimination croît, et les coûts augmentent, tandis que des ressources croissantes sont destinées à l'application de la réglementation instituant l'exclusivité. La pression exercée sur les communes pour générer des revenus et contrôler les ramasseurs de déchets augmente.

les systèmes formel et informel grandissent. Alors que le niveau de conflit augmente, le « recyclage vache à lait » peut donner lieu à du harcèlement par les forces de police, à des dégâts causés aux biens ou à des actes de violence. Comme cela est expliqué ci-dessous, c'est la situation qui prévaut actuellement dans certains pays des Balkans (ISWA/EXPRA/RDN, 2014 ; Scheinberg et al., 2010a ; Gunsilius et al., 2010 ; Chaturvedi et Scheinberg, 2010 ; Chaturvedi, 2009 ; Bhaskar et Chikarmane, 2012 ; Scheinberg, 2011).

6.3.4. Contexte de la REP dans les pays à revenu intermédiaire

Comme on l'a vu précédemment dans l'introduction, cette étude s'intéresse plus particulièrement aux pays à revenu intermédiaire dotés de systèmes de gestion des déchets limités et dans lesquels des systèmes de REP sont mis en place alors qu'il existe un secteur informel actif. Les pays dotés de filières à REP bien établies assurant une bonne gestion des déchets sont confrontés à d'autres types de problèmes qui ne seront pas examinés ici.

La situation qui prévaut dans les pays à revenu intermédiaire qui ne possèdent pas de système bien établi de gestion des déchets peut être résumée comme suit :

- Les économies qui connaissent une croissance rapide génèrent :
  - Des quantités croissantes de déchets de plus en plus complexes, associées à la fois à une consommation en augmentation et à des schémas de distribution des grossistes qui évoluent, produisant de nombreux déchets visibles et peu de voies d'élimination prévues pour ces déchets,
  - Une forte demande de la part des citoyens, notamment ceux qui entrent dans la classe moyenne, qui souhaitent de meilleures conditions de vie, ce qui inclut généralement davantage de biens de consommation, de meilleures infrastructures de logement, et un cadre de vie plus propre. Dans certains cas, cela se traduit par une pression politique forte en faveur d'une amélioration de la situation, ainsi que par une résistance à la mise en place d'installations d'élimination,
  - Une volonté généralement forte des ménages de payer pour des services de traitement des déchets solides, notamment d'enlèvement, tant que le prix est inférieur à 2 % de leurs revenus[6].
- Une chaîne de service en cours de modernisation, caractérisée par les éléments suivants :
  - Une collecte des déchets bien organisée, avoisinant un degré de couverture de 100 % dans les centres-villes,
  - Des capacités d'élimination hétérogènes avec des sites d'enfouissement sanitaire dans un nombre de lieux limités, des décharges à ciel ouvert, des installations d'élimination contrôlée, de nombreuses fuites dans le système, et une élimination non évaluée ou sous-évaluée,
  - Des institutions instables disposant de capacités d'élimination limitées, d'un financement provenant des redevances versées par les usagers et des ressources publiques qui ne couvre généralement pas les coûts opérationnels, et d'une faible supervision ministérielle.
- À l'échelle des communes, des conflits ouverts ou latents concernant l'accès aux matières recyclables entre le service de gestion des déchets ou le service des travaux publics et les recycleurs informels et les petits points d'achat intermédiaires.
- Des décharges non contrôlées situées en dehors des centres urbains, des quantités significatives de déchets dans l'eau, des quantités massives de plastique dans l'environnement.

- Une chaîne de valeur privée du recyclage fonctionnant correctement avec un secteur informel extrayant jusqu'à 90 % de tout ce qui atteint la chaîne d'approvisionnement, avec des niveaux de valorisation variant largement en fonction de la proximité avec les grands centres de l'industrie du recyclage, et une implication limitée de la chaîne de service (Scheinberg et al, 2010a).
- Défiance, suspicion réciproque, et manque de connaissance mutuelle des parties prenantes des chaînes de valeur, ramasseurs de déchets, chaîne de service, ONG et agents publics.

On vient de décrire la toile de fond de la REP dans les pays à revenu intermédiaire comme le Botswana, la Colombie, l'Inde, la Malaisie, le Brésil, et les petits États insulaires en développement (PIED) des Caraïbes et du Pacifique. D'une certaine manière, elle s'apparente à la situation en Europe du nord occidentale et en Amérique du Nord au début des années 80, lorsque la vague de modernisation en cours se renforçait, mais elle comporte des différences importantes en termes de niveau de revenu et de nombre de recycleurs informels.

6.3.5. *Chaînes de service et chaînes de valeur – Cas du Botswana*[7]

Le système de traitement des déchets solides de Gaborone (Botswana) revêt de nombreux aspects communs aux pays à revenu intermédiaire et peut permettre d'illustrer de quelle façon la gestion des déchets, le recyclage, le développement institutionnel et les flux financiers interagissent dans ces pays. Le Botswana fournit également un exemple de programme volontaire de bonne gestion des produits qui prévoit la participation du secteur informel.

Le graphique 6.6 représente le système de traitement des déchets solides du Botswana, une distinction claire étant faite entre les chaînes de service et les chaînes de valeur. Les ramasseurs de déchets présents sur les sites d'enfouissement connectent les deux chaînes grâce à un système correctement conçu et géré autorisant le ramassage des déchets. Ce système comprend des points d'achat intermédiaires agréés autorisés par les conseils de districts à envoyer vers une décharge sous leur supervision des ramasseurs de déchets autorisés, qui bénéficient d'un équipement approprié, de vêtements de protection et d'un accès aux soins médicaux.

Graphique 6.6. **Bonne gestion des produits associée au recyclage inclusif, Gaborone (Botswana), 2012**

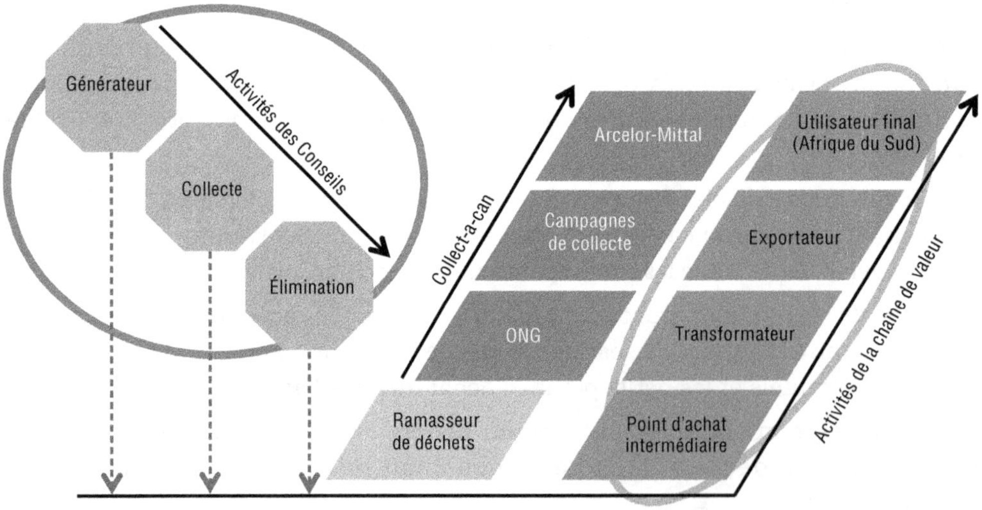

La *chaîne de service* fournit des services municipaux de gestion des déchets limités. La commune de Gaborone, en coopération avec des entreprises privées, est chargée de la collecte des déchets ménagers, des déchets commerciaux et des déchets institutionnels. Cependant, ce service est irrégulier et soumis à des interruptions qui donnent lieu à des accumulations de déchets non collectés. Le service de collecte dans les zones rurales et tribales est très limité. Il existe une confusion au niveau des ménages concernant les rôles de l'autorité compétente et de l'agence de mise en œuvre, ainsi que concernant les programmes de collecte et les charges à payer. Les installations d'élimination sont en cours de modernisation pour devenir des sites d'enfouissement sanitaire disposant d'un accès contrôlé, d'une plate-forme de pesée, d'un revêtement géotextile et de zones séparées en fonction des matières, mais sans contrôle effectif des limites des sites ou système de récupération des lixiviats[8]. L'incinération sur site des déchets médicaux est assurée, ainsi que la collecte des huiles de moteurs automobiles. Bien que l'élimination soit évaluée et qu'il existe un barème des frais de décharge en fonction du type de matériau, le coût de l'élimination ne couvre pas la totalité des frais de fonctionnement.

La *chaîne de valeur* du recyclage au Botswana fonctionne assez bien car des marchés existent pour la quasi-totalité des matières. Le secteur privé du recyclage est prospère : les matières sont achetées, traitées et vendues à l'importante industrie du recyclage de l'Afrique du Sud. Toutefois, les agents publics à l'échelle des districts et du pays se méfient des opérations de la chaîne de valeur, en partie parce qu'elle est perçue comme génératrice de richesses en Afrique du Sud plutôt qu'au Botswana. Le manque de confiance entre les secteurs public et privé est également visible dans la gestion incomplète des informations et les compte rendus insuffisants. Le Service de gestion des déchets solides et de lutte contre la pollution a évalué à 821 tonnes la quantité de déchets récupérés par des ramasseurs de déchets autorisés sur les sites d'enfouissement, soit 1,9 % du total des déchets collectés en 2012. Les opérations de recyclage interentreprises ne font l'objet d'aucun compte rendu et ne sont donc pas reconnues (Scheinberg, 2011 ; Scheinberg et al., 2010b, 2012).

Si le recyclage municipal pratiqué au Botswana reste insuffisant, il existe un système de bonne gestion des produits pour les canettes usagées en acier appelé « Collect-a-Can », qui encourage le recyclage inclusif décrit dans le graphique 6.6. Ce système est présenté dans l'encadré 6.2 ci-dessous.

Encadré 6.2. **Le système « Collect-a-Can » au Botswana**

Le Botswana participe à un système régional volontaire de bonne gestion des produits pour les canettes, qui bénéficie aux ONG et au secteur informel.

L'objectif de « Collect-a-Can » est d'encourager la collecte de l'acier et des autres métaux, dont l'aluminium, de plus en plus utilisés dans les canettes de bière, d'eau, de jus et de boissons gazeuses. Ce système de bonne gestion des produits est une coentreprise formée par l'industrie régionale des boissons et l'entreprise sidérurgique sud-africaine Arcelor Mittal. La participation du géant de l'acier Arcelor Mittal suggère qu'il s'agit d'un système axé sur la chaîne de valeur. Toutefois, il semble que l'acier collecté n'est pas réutilisé pour la production d'acier. En revanche, les canettes collectées sont fournies à l'industrie minière du cuivre du Botswana et de la Zambie pour être utilisées dans la fonte du cuivre, bien que peu de données soient disponibles sur la manière dont les matières sont réellement utilisées. Selon les concepts internationaux, ce type de gestion relève plutôt du décyclage ou de l'incinération que du recyclage, mais l'on peut également considérer qu'il s'agit de gestion en fin de vie.

Encadré 6.2. **Le système « Collect-a-Can » au Botswana** *(suite)*

Le principal instrument utilisé dans ce système est le soutien des prix, selon lequel un prix fixe est garanti aux recycleurs informels, aux ONG ou aux autorités locales pour les canettes en acier collectées. Le prix proposé dépasse le prix mondial des feuilles d'acier destinées à la fabrication de canettes. Le soutien des prix crée une sorte d'engagement implicite de reprise en vue d'un passage par les circuits de la chaîne de valeur existants, les points d'achat intermédiaires et les transformateurs traitant des volumes importants de canettes. Les manifestations caritatives et les ONG favorisent également les achats directs. Un élément inhabituel de ce système est que quasiment aucun opérateur collectant ou traitant des canettes ne sait ce qu'il advient de ces canettes.

Source : www.arcelormittalsa.com/portals/0/collect-a-can.pdf; et www.collectacan.co.za/index.php/our-partners/beverage-industry.

6.4. Le secteur du recyclage informel

À la fin des années 90, les recycleurs informels étaient généralement considérés comme un groupe fragile et vulnérable et la préoccupation des pouvoirs publics était de leur fournir une aide sociale. Les recycleurs ont été encouragés à passer à d'autres formes d'emploi plus traditionnelles, souvent contre leur gré. Si ce discours domine encore les débats sur le recyclage informel dans certaines parties du monde, notamment en Europe, les comportements ont changé dans d'autres régions, en particulier en Asie et en Amérique latine. En conséquence, le débat politique s'est élargi pour inclure les quatre composantes du recyclage informel :

- caractéristiques des activités et du travail, reconnaissance professionnelle
- position sociale, conditions de travail, problématiques et interventions sanitaires
- aspects opérationnels, économiques et environnementaux du recyclage informel
- intégration, formalisation et interventions dans les chaînes de service et de valeur.

6.4.1. *Caractéristiques des activités et du travail*

Activités

Le réseau caritatif britannique WIEGO (Femmes dans l'Emploi Informel : Globalisation et Organisation) a contribué à améliorer la compréhension des activités de base et des caractéristiques des travailleurs concernés dans les chaînes de valeur informelles. Les activités les plus communes du secteur du recyclage informel (valorisation) sont énumérées dans le tableau 6.2.

Statut social

Le statut social des recycleurs informels recouvre l'identité juridique, le logement, les soins médicaux et l'accès des enfants à l'éducation. Si les aspects sociaux du ramassage des déchets ont donné lieu à de nombreuses interventions depuis la fin des années 90, peu de données et d'analyses sont disponibles sur le sujet.

Caractéristiques du travail et risques[9]

Le secteur informel n'est pas uniforme et fait intervenir différentes activités et différents statuts. Par exemple, en ce qui concerne les ramasseurs de déchets et leur statut, on peut distinguer les professionnels qui travaillent dans le secteur du recyclage depuis de

Tableau 6.2. **Activités des recycleurs informels dans quelques pays à revenu intermédiaire selectionnés**

Activité informelle	Activité formelle correspondante, le cas échéant	Fonction / modèle de revenu
Acheteurs itinérants de déchets qui se déplacent selon un itinéraire et paient les ménages (ou les entreprises) pour des matières recyclables triées.	Dans la chaîne de valeur du recyclage : employés des entreprises de recyclage qui collectent des matières auprès des ménages.	Vente de matières recyclables à des commerçants ou à utilisateurs finaux.
Collecteurs itinérants de déchets qui collectent des matières recyclables, des produits réutilisables, des vêtements, des meubles, et des métaux sans aucun échange d'argent. On les trouve principalement dans les villes du sud-est et de l'est de l'Europe, mais pas uniquement.	Magasins d'articles d'occasion et collecte caritative de produits réutilisables, de déchets électroniques, de vêtements ou de chaussures pour une œuvre sociale ou pour mobiliser des fonds en vue d'une action caritative. Des localités rurales en Nouvelle Angleterre (États-Unis) ont mis en place des zones de gratuité.	Revente des articles, recyclage des matières.
Collecteurs itinérants d'eaux grasses (rebuts de cuisine) en Amérique latine et en Asie pour nourrir les cochons et autres animaux. On les trouve principalement en Amérique latine et en Asie, mais pas uniquement	Collecte municipale des déchets organiques de jardin et de cuisine dans les pays à revenu élevé, collecte des graisses de friture.	Transformation pour l'alimentation du bétail ou des utilisations industrielles.
Ramasseurs de rue qui récupèrent des matières recyclables et des déchets encombrants destinés à la collecte formelle.	Agents municipaux chargés de la collecte séparée des matières recyclables ou de la gestion des installations de traitement des déchets.	Ramassage de matières ayant une valeur dans les rues, les caniveaux ou les espaces publics.
Récupérateurs dans les conteneurs qui prélèvent des matières dans les conteneurs publics ou commerciaux ou les sites de collecte secondaires.		
Récupérateurs dans les camions qui font partie des équipes de collecte des déchets (ou de leurs collègues) et prélèvent des objets de valeur lors de la collecte formelle des déchets.	Équipes de collecte, agents de collecte des déchets encombrants, récupération par des magasins de produits d'occasion, employés de magasins privés ou publics de produits d'occasion ou de centres de recyclage.	
Ramasseurs de déchets réutilisables, parfois également employés publics, qui récupèrent des DEEE, des meubles, des jouets et des vêtements dans les centres de recyclage ou les dépôts municipaux.		
Ramasseurs dans les décharges et les sites d'enfouissement qui travaillent et souvent vivent sur le site ou la décharge, allant à la rencontre des camions, et triant les déchets à mesure qu'ils sont déposés.	Superviseurs, manœuvres, conducteurs de matériel travaillant sur les sites d'enfouissement.	Extraction de matières de valeur.
Propriétaires et employés de petits et grands points d'achat intermédiaires qui achètent des objets auprès des acheteurs itinérants de déchets et des différents types de récupérateurs, voire qui emploient des ramasseurs de déchets, souvent en payant à la pièce ou au poids.	Employés des installations de récupération de matières (secteur public) ou des centres de traitement intermédiaire (secteur privé) comprenant des lignes de tri et de transformation.	Acheteurs de premier et second niveaux.
Collecteurs mobiles de produits réutilisables. Individus, familles, ou petits groupes d'entrepreneurs qui collectent des produits réutilisables, généralement des appareils électroniques ou électriques, des meubles, ou des vêtements, auprès des ménages et des dépôts de déchets.	Employés de magasins de produits d'occasion, antiquaires, employés d'œuvres caritatives comme l'Armée du Salut ou Humanitas, aux États-Unis, employés de magasins gratuits.	Récupération d'objets réutilisables auprès des ménages ou dans la rue.
Commerçants de produits d'occasion. Individus, familles ou petits groupes d'entrepreneurs qui achètent et vendent des produits réutilisables, et disposent souvent de stands ou de kiosques dans les marchés ouverts comme le marché de Porta Portese à Rome, les « marchés russes » dans les Balkans, les marchés de fripes en Europe, la vente de rue en Afrique, ou les marchés aux puces en Amérique du Nord.	Entrepreneurs de marchés aux puces, commerçants professionnels sur e-Bay, propriétaires de boutiques de produits d'occasion, vendeurs de fripes, boutiques de meubles anciens.	Commercialisation de produits réutilisables pour leur valeur.
Transporteurs et transformateurs de produits d'occasion : entreprises semi-formelles qui trient, classent et vendent des vêtements d'occasion, collecteurs et exportateurs de DEEE qui vendent des ordinateurs d'occasion en Afrique.	Vendeurs, transporteurs et transformateurs formels.	Déplacement de produits d'occasion de pays riches vers des pays moins riches.

Tableau 6.2. **Activités des recycleurs informels dans quelques pays à revenu intermédiaire selectionnés** *(suite)*

Activité informelle	Activité formelle correspondante, le cas échéant	Fonction / modèle de revenu
Collecteurs de rue non professionnels. Cette catégorie de ramasseurs de rue temporaires ou occasionnels a été quantifiée pour la première fois à Bogota (Colombie), où elle représente 10 % du recyclage attribué au secteur informel.	Non applicable étant donné qu'il ne s'agit pas d'une profession ou d'une activité.	Activité de subsistance pour trouver de la nourriture ou un abri.

Source : Tableau élaboré par l'auteur à partir de données contenues dans :

Scheinberg et al. (2010a), *Economic Aspects of the Informal Sector in Solid Waste*, Final Report and Annexes, GIZ (German International Co-operation), the CWG (Collaborative Working Group on Solid Waste Management in Low- and Middle-income Countries), and the German Ministry of Foreign Affairs, Eschborn, Germany. *www.GIZ.de*.

Scheinberg, A. et al. (2007b), *Economic Aspects of the Informal Sector in Solid Waste*, unpublished draft research report, German Technical Co-operation, Eschborn, Germany; available at *www.waste.nl* and *www.GIZ.de* (NB: rewritten and published under the same authors in 2010).

Scheinberg, A. and Nesic, J. (2014), "Engaging informal recyclers in Europe: Status and report of a consultation" paper delivered at the 2014 ISWA Global Congress, 7-9 September 2014, São Paolo, Brazil, *www.ISWA.org*.

Les informations relatives aux catégories de réutilisation sont tirées de:

Occhio del Riciclone (2012), *Rapporto Nazionale sul Riutilizzo 2012*, Ministero dell'Ambiente, 2012 (National Report on Reuse 2012, Ministry of the Environment).

Occhio del Riciclone (2009), *La Seconda Vita delle Cose*, ("The second life of things", Environment Issues) Edizioni Ambiente.

Occhio del Riciclone (2008), *Impatti Occupazioni di un riuso sistemico nella città di Roma*, (Occupational impacts of a reuse system in the city of Rome, the City of Rome in 2008), Comune di Roma.

nombreuses années, les première, deuxième ou troisième générations travaillant sur un site d'enfouissement, les amateurs ou les nouveaux arrivants, les travailleurs occasionnels, les membres de la famille qui participent aux activités sans se considérer eux-mêmes comme des ramasseurs de déchets, et les personnes indigentes ou vivant dans la rue pour lesquelles la récupération de déchets est la seule source de revenu.

Hors de l'Europe, le recyclage est la principale source de revenu de la plupart des ramasseurs professionnels de déchets. En revanche, dans les Balkans, une part considérable des recycleurs du secteur informel, qui sont principalement des Roms, s'orientent vers le travail agricole lors des saisons de plantation et de récolte. Les ramasseurs de déchets professionnels peuvent généralement percevoir l'équivalent du salaire minimum, voire un peu plus.

On estime qu'environ un quart des recycleurs informels sont des femmes. Les femmes sont plus nombreuses que les hommes dans la chaîne de service uniquement en Afrique, où il existe une tradition forte et croissante de microentreprises gérées par des femmes, promues par l'Organisation internationale du Travail. La valeur du travail familial non payé est élevée dans tous les cas. Sur les six villes étudiées dans un rapport de la GIZ (Agence allemande de coopération technique), le taux de travail des enfants le plus important a été observé dans les mégapoles de Quezón et de Lima, le plus faible au Caire et à Pune (qui s'illustrent de longue date dans l'activisme social et les organisations de ramasseurs de déchets), et un taux modéré dans les deux autres villes étudiées (Scheinberg et al., 2010a, 2007b ; Gunsilius et al., 2010).

Le ramassage des déchets est un travail pénible et insalubre qui peut entraîner de graves risques pour la santé et une isolation sociale et être associé à des activités illicites et au crime organisé. Sont résumées ci-après les conditions de travail que connaissent généralement les travailleurs informels et les microentreprises qui exercent les activités mentionnées précédemment. Certaines de ces conditions sont spécifiques aux recycleurs informels, tandis que d'autres, comme l'absence de carte d'identité ou de services sociaux, sont communes à d'autres secteurs informels comme les travailleurs à domicile, les ouvriers agricoles ou les marchands ambulants :

- niveau de revenu plus élevé que celui des emplois formels nécessitant le même degré de qualification
- longues heures de travail, pas de congés ou de vacances
- longs trajets à pédaler, pousser, tirer ou porter : les ramasseurs itinérants n'ayant pas de moyen de transport parcourent jusqu'à 20 km à pied par jour, et ceux ayant un moyen de transport non motorisé parcourent jusqu'à 35 km par jour en pédalant
- fatigue musculaire et physique d'autre nature due au fait de soulever et de porter
- accidents, plaies, infections
- exposition à tout type de conditions météorologiques
- contact avec des déchets médicaux, des restes humains, des cadavres d'animaux, des fèces humaines et animales
- exposition à des produits chimiques toxiques présents dans les déchets ou des produits issus de procédés de valorisation, comme l'incinération de gaines en PVC (polychlorure de vinyle) pour extraire du cuivre et d'autres métaux de fils et câbles isolés
- isolement social, moqueries, vandalisme, autres formes de harcèlement
- absence de reconnaissance des activités
- manque d'accès aux services médicaux, à l'éducation et au logement
- Perte de revenu en cas de maladie, de grossesse, ou de vieillesse ; absence de pension de retraite ou de sécurité sociale
- travail des enfants (habituellement accompagnés de leurs parents)
- harcèlement par les forces de police et harcèlement sexuel, chantage, violences
- pas d'accès au crédit et souvent pas d'accès aux services bancaires et financiers
- obstacles à la création d'entreprise ou à l'acquisition de documents d'identité.

En dépit de ces caractéristiques liées au travail, le ramassage des déchets est souvent transmis comme une source de revenu fiable par les parents à leurs enfants, voire leurs petits-enfants. Il n'est pas rare de rencontrer trois générations d'une même famille travaillant dans une décharge ou dans un point d'achat intermédiaire, mais plus inhabituel d'en rencontrer quatre[10]. En Asie et en Amérique latine, on constate que la deuxième génération de ramasseurs de déchets organisés atteint des niveaux d'éducation qui lui permettent d'occuper des fonctions d'aide-comptable, de superviseur ou de chef de projet dans les coopératives où travaillent les parents.

Capacité de travail et compétence

Il existe des points de vue divergents quant à la capacité opérationnelle du secteur informel et ses effets économiques et environnementaux. Ainsi, si les activités informelles de collecte et de tri des déchets ayant une valeur économique peuvent produire des résultats positifs, celles de démantèlement et de recyclage peuvent se révéler très problématiques et avoir des retombées négatives sur l'économie et l'environnement.

Les activités informelles de démantèlement et de recyclage ne permettent souvent pas de prévenir les émissions ou de capter les substances dangereuses, ce qui donne lieu à des risques professionnels et environnementaux (Romero, 2014). Par exemple, le dessoudage et la lixiviation chimique par voie humide des circuits imprimés nus peuvent entraîner une contamination par les métaux lourds tels que le mercure, le plomb, le cadmium et le zinc (Kojima et al., 2009). Les procédés d'hydrométallurgie utilisés pour extraire l'or et d'autres métaux précieux des circuits imprimés utilisent ainsi des acides et des cyanures qui sont souvent rejetés dans les cours d'eau locaux, causant de graves pollutions. De même, le brûlage de fils gainés pour extraire du cuivre et d'autres métaux dégage des dioxines, des furanes et d'autres produits chimiques toxiques très nocifs qui peuvent provoquer des affections cutanées, des problèmes respiratoires, et des cancers (Akenji et al., 2011 ; Williams et al., 2013). De plus, les résidus sans valeur économique ne sont en général pas gérés correctement et peuvent être mis au rebut ou abandonnés, ce qui met à mal l'environnement (Akenji et al., 2011).

En outre, les procédés de recyclage informel sont souvent moins efficaces pour récupérer les matières présentes dans les déchets. Dans une évaluation effectuée en Inde, il a été constaté que les procédés d'hydrométallurgie sauvage avec affinage intégré des métaux ne permettaient de récupérer que jusqu'à 25 % de l'or présent dans les circuits imprimés alors que les fours modernes intégrés permettaient d'en récupérer jusqu'à 95 % (Keller, 2006; Rochat et al., 2007). Même si certaines activités de recyclage informel se révèlent parfois plus efficaces (comme l'ont constaté en Chine Williams et al. [2013]), le taux de valorisation général du secteur informel est limité, puisque seulement 20 à 50 pour cent des matières de valeur sont récupérés (Romero, 2014).

En revanche, il semble que le secteur informel joue un rôle utile pour assurer la collecte, le tri et parfois le démantèlement des déchets présentant une valeur économique dans les pays en développement dépourvus de système de gestion bien établi (Williams et al., 2013), même si ces activités impliquent des fonds de roulement élevés et un faible niveau de traçabilité.

Les activités du secteur informel sont généralement caractérisées par des fonds de roulement et des coûts de transaction élevés et par des niveaux de traçabilité faibles à modérés. Les coûts de transaction élevés sont liés à la qualité des matières recyclables et aux normes du marché. C'est pourquoi le prix à l'unité pour les lots importants de matières est plus élevé que celui pour les petites quantités. Les petites boutiques de produits recyclés doivent payer au comptant les ramasseurs de déchets et, après avoir vendu des quantités allant jusqu'à 10 à 30 tonnes, ne reçoivent leur paiement que jusqu'à 90 jours après la livraison. Ces microentreprises ont besoin d'espace pour stocker de grandes quantités. Tout ceci requiert des niveaux élevés de fonds de roulement. Les niveaux de traçabilité faibles à modérés sont dus en partie aux types de circuits d'approvisionnement à la fois licites et partiellement licites. Le secteur du recyclage dans son ensemble est caractérisé par des stocks en grande partie non quantifiables. Tous les niveaux de recycleurs privés sont donc vulnérables aux vols de matières commis par des employés. Ce sont ces spécificités de la chaîne de valeur qui font qu'il est difficile pour les autorités locales ou les ONG de se passer des intermédiaires. Le fait de sous-estimer l'importance du stockage, du fonds de roulement, et de la connaissance de la chaîne de valeur provoque l'échec lamentable de nombreuses actions de « recyclage symbolique », de « recyclage vache à lait », et de recyclage à l'initiative des donneurs.

Dans le même temps, le secteur informel de la collecte et du tri des déchets dans les pays à revenu intermédiaire peut se révéler efficace pour assurer la collecte, le tri et le démantèlement des matières et se caractériser par une bonne efficience économique, une empreinte énergétique faible et une tolérance élevée aux risques.

L'efficience économique forte et les faibles coûts par tonne sont partiellement dus aux longues heures de travail, aux conditions de travail médiocres, et à l'utilisation du travail familial non payé dans la transformation. La faible empreinte énergétique est associée au recours important au travail manuel pour porter les matières (pousser ou tirer des chariots à main, conduire des bicyclettes ou des triporteurs avec ou sans remorque) et à l'utilisation d'une traction animale, notamment les chevaux en Europe et les ânes en Afrique. Les moyens de transport motorisés utilisés dans le secteur informel sont des véhicules à faible consommation comme les petits tracteurs ou les cyclopousses, par opposition aux camions compacteurs et autres véhicules utilisés par le secteur formel qui consomment des quantités importantes de carburant. Néanmoins, ces véhicules peuvent par ailleurs générer des niveaux de pollution relativement élevés. Le secteur informel dispose en outre d'une tolérance élevée aux risques opérationnels et commerciaux notamment lorsque le risque de blessure ou une chute des prix sont compensés par la forte rémunération potentielle issue de la vente des matières.

Plusieurs études mondiales ont rassemblé des preuves convaincantes selon lesquelles les systèmes informels des pays à revenu intermédiaire permettent de collecter davantage de matières que les systèmes de recyclage formels, lorsque les deux systèmes coexistent. L'étude sur le secteur informel de la GIZ fondée sur Scheinberg et al. (2010a, 2007b) a permis d'analyser les activités de recyclage dans six villes et a révélé qu'aucun système formel ne collectait plus de 13 % du total des déchets produits, tandis que le secteur informel en collectait jusqu'à 30 %. L'échelle et le volume des activités informelles dans les six villes étudiées sont présentés dans le tableau 6.3. L'étude d'ONU-Habitat a confirmé que, à l'exception d'un pays, le taux de récupération des systèmes formels dans les pays à revenu faible et intermédiaire était faible (Scheinberg et al., 2010a, 2010b). Cela devient un problème majeur en Europe du sud-est, dans les Balkans et en Turquie, où les systèmes de responsabilité des producteurs établis conformément aux directives européennes sur les déchets captent généralement moins de 10 % des matières, tandis que le secteur informel récupère le reste.

Tableau 6.3. **Principales données quantitatives sur les secteurs informel et formel**

Ville	Nombre de personnes travaillant dans le secteur informel	Tonnes collectées chaque année (par travailleur)	Revenu moyen d'un travailleur du secteur informel (en euros par jour)	Ratio des travailleurs du secteur informel par rapport aux travailleurs du secteur formel	Nombre d'habitants des villes par travailleur du secteur informel	Nombre de ménages urbains par travailleur du secteur informel	Nombre de travailleurs du secteur informel par km^2
Le Caire	40 000	54	4,3	6 : 1	432	88	6
Cluj	3 226	4,6	6,28	10 : 1	120	36	18
Lima	11 183	48	5,4	1,28 : 1	694	162	4
Lusaka	390	13,9	6,52	0,66 : 1	1 238 227	498,4	1,23
Pune	9 509	12,4	2,8	3 : 1	315	69	69
Quezon	10 102	14	6,26	2 : 1	246	54	63

Source : Gunsilius, E. et al. (2011), *Recovering Resources, Creating Opportunities. Integrating the Informal Sector into Solid Waste Management*, Eschborn, Deutsche Gesellschaft für Internationale Zusammenarbeit (German International Co-operation) (GIZ).
Scheinberg, A. et A.P.J. Mol (2010), « Multiple modernities; transitional Bulgaria and the ecological modernisation of solid waste management », *Environment and Planning C: Government and Policy*, vol. 28, n° 1, pp. 18-36.
Scheinberg, A. et J. Anschütz (2007), « Slim pickin's: Supporting waste pickers in the ecological modernisation of urban waste management systems », *International Journal of Technology Management and Sustainable Development*, vol. 5, n° 3, pp. 257-270.

Question de la reconnaissance : travailleurs ou entreprises ?

Les recycleurs informels se considèrent habituellement comme des individus ou des entreprises familiales dans les Amériques et en Europe du Sud-Est, ou comme des travailleurs indépendants en Asie du Sud et de l'Est. L'identification à des producteurs primaires, au même titre que des agriculteurs, est sans doute ce qui décrit le mieux les ramasseurs de déchets en Afrique. Ces distinctions sont importantes car elles permettent d'orienter la manière de conceptualiser et de concevoir les interventions visant à intégrer les travailleurs informels dans les systèmes de gestion des déchets.

Les actions menées en Asie semblent avoir débuté en Inde dans les années 80, avec la SEWA (Association des travailleuses indépendantes) à Gujarat et à Calcutta. Le premier syndicat de ramasseurs de déchets, le KKPKP, a été créé en Inde, à Pune, dans les années 90 (Hill, 2001 ; Lardinois et Furedy, 1999 ; Chikarmane et Narayan, 2009). En dehors de l'Inde et de l'Afrique du Sud, les syndicats de recycleurs informels sont rares.

D'autres formes d'organisations de travailleurs se sont révélées efficaces pour appuyer à la fois les activités quotidiennes et les ambitions plus générales des récupérateurs de déchets et des recycleurs en Europe, en Afrique et en Amérique latine. Ces initiatives ont pris des formes diverses : mouvements, coopératives, associations et syndicats. Les ramasseurs de déchets brésiliens, les Catadores, sont organisés depuis les années 80 comme un véritable mouvement politique grâce au Mouvement national des récupérateurs de déchets (*Movimento Nacional dos Catadores de Materiais Recicláveis*) et représentés au sein du Mouvement déchets et citoyenneté *(Fórum Nacional Lixo e Cidadania)*. En Colombie et dans d'autres pays d'Amérique latine, les organisations de ramasseurs de déchets créées dans les années 90 ont pris la forme de coopératives et d'associations, qui sont des structures correspondant davantage à l'identité des micro-entrepreneurs (Price et al., 1998).

En dehors de l'Afrique du Sud et de la région du Moyen-Orient et de l'Afrique du Nord (MENA), le nombre de recycleurs informels présents en Afrique est faible, notamment en raison du fait que les chaînes de valeur formelles sont faiblement développées, avec seulement quelques acheteurs et des prix peu élevés. La documentation existante sur l'organisation des ramasseurs de déchets en Afrique sub-saharienne orientale et occidentale est limitée. Le Ghana compterait ainsi un nombre considérable de ramasseurs de déchets, tandis que l'on estime à seulement 200 le nombre de récupérateurs travaillant en Tanzanie.

Le nombre de recycleurs informels et d'entrepreneurs dans le domaine du réemploi en Europe méridionale, dans les Balkans, en Turquie, en Asie centrale et dans la région MENA est important et en augmentation. Quelque 80 000 recycleurs informels ont été recensés au Maroc, principalement dans la zone industrielle située entre Rabat et Casablanca, et un million de récupérateurs seraient présents en Égypte. Dans ces régions, les recycleurs informels se considèrent majoritairement comme de petites entreprises. Au sein des frontières de l'Union européenne, il existe une association d'entrepreneurs du réemploi en Hongrie, une initiative importante menée par une ONG en Italie, et des organisations commerciales ou coopératives ainsi que des projets en cours dans un certain nombre d'anciennes républiques yougoslaves et en Albanie. Un petit syndicat de ramasseurs de déchets, appelé Syndicaat, a organisé l'activité des ramasseurs de déchets dans la seconde ville de Serbie, Nis, sous l'égide d'une personnalité politique rom de haut rang, mais on ne sait pas clairement s'il s'agit d'une organisation syndicale ou d'une plate-forme politique.

Le réseau WIEGO (Femmes dans l'Emploi Informel : Globalisation et Organisation) a commencé à participer à l'organisation de l'activité des ramasseurs de déchets entre 2006 et

2008 (WIEGO, 2015). La stratégie de ce réseau est de soutenir, d'une part, les mouvements locaux de ramasseurs de déchets et, d'autre part, d'encourager la formation et le renforcement de l'Alliance Mondiale des Récupérateurs de déchets (Global Rec) et du Réseau des récupérateurs d'Amérique latine (RedLacre). Le système InteRa constitue également un outil venant en appui de l'organisation des activités des ramasseurs de déchets (Velis et al., 2012).

Depuis 2000, la modernisation des systèmes de gestion des déchets dans les pays à revenu intermédiaire a également conduit les organisations de coopération pour le développement à porter une attention accrue au recyclage informel. Le rapport publié en 2004 par l'OIT dans le cadre de l'initiative destinée à abolir le travail des enfants ramassant des déchets a marqué un tournant important dans le débat mondial sur le recyclage informel (OIT/IPEC, 2004). Ce rapport de synthèse montrait que ni les approches fondées sur l'aide, ni les interventions fondées sur les droits, ni les autres approches fondées sur le développement ou la coopération ne permettaient d'améliorer réellement la position socio-économique des recycleurs informels. Le problème est que les programmes d'aide sociale, s'ils s'avéraient nécessaires dans une certaine mesure, reposaient sur le postulat selon lequel les récupérateurs de déchets étaient des victimes sociales ayant besoin d'être secourues. Le résultat est qu'ils étaient invités, et même souvent poussés, à abandonner cette activité, considérée comme inacceptable. Toutefois, cette démarche occultait le fait que le ramassage des déchets constituait souvent une source de revenus relativement importante et stable. Les perspectives d'emploi offertes aux anciens récupérateurs étaient bien moins rémunératrices. En conséquence, la plupart des familles (et leurs enfants) reprenaient leur activité de ramassage des déchets dès que les programmes mis en œuvre arrivaient à leur terme.

6.4.2. *Interventions dans le domaine du recyclage informel*

Comme on l'a vu précédemment au point 6.1.4, bien que les méthodes informelles de recyclage puissent avoir des impacts environnementaux négatifs et se révéler moins efficaces que les filières officielles pour valoriser les matières, le secteur informel peut donner de très bons résultats en matière de collecte, de tri, voire de démantèlement des déchets. S'il faut améliorer les politiques de contrôle de l'application pour remédier aux pratiques de recyclage informelles qui laissent à désirer, la difficulté est de trouver comment utiliser les services des ramasseurs et trieurs de déchets performants, c'est-à-dire comment procurer des avantages économiques et sociaux aux opérateurs informels tout en atténuant l'impact environnemental de leur activité (Williams et al., 2013).

Différentes approches ont été suivies pour soutenir les récupérateurs informels de déchets, selon que la forme dominante de recyclage est la chaîne de valeur du recyclage, le recyclage municipal, ou un système de REP ou de bonne gestion des produits préexistant, et selon que les motivations pour travailler avec le secteur informel sont d'abord sociales, économiques, politiques, opérationnelles ou environnementales.

Il est possible de classer les mesures visant à intégrer ces récupérateurs informels selon les catégories suivantes, dont les deux premières étaient dominantes jusqu'à 2004 environ[11]. Ces différentes interventions ne s'excluent pas mutuellement mais se complètent :

1. *Les interventions fondées sur l'aide*, que l'on appelle également l'intégration sociale. Ces interventions sont centrées sur les individus et les familles pratiquant le recyclage informel, et sont basées sur le postulat selon lequel les ramasseurs de déchets sont des personnes défavorisées du point de vue socio-économique ayant besoin d'une aide sociale.

2. *Les interventions fondées sur les droits*, qui incluent l'organisation du travail. Les interventions fondées sur les droits visent à accompagner les groupes de ramasseurs de déchets et leurs familles dans leurs démarches pour défendre leurs droits de travailleur et de citoyen et à fonder des associations afin de donner plus de poids à leurs revendications. Ces interventions considèrent généralement les ramasseurs de déchets comme des travailleurs. La formation de syndicats et la mobilisation politique afin d'obtenir la reconnaissance des activités pratiquées sont généralement les principaux objectifs des interventions fondées sur les droits.
3. *L'intégration du secteur informel*, parfois désignée sous le terme de « recyclage inclusif ». L'intégration implique généralement un processus à double sens entre la chaîne de service et les recycleurs informels, y compris une certaine forme d'entente et de reconnaissance des récupérateurs informels. Contrats ou accords formels, cartes d'identité, ou autorisations sont autant de moyens utilisés dans le cadre de la mise en œuvre de l'intégration. L'intégration favorise la création de coopératives et d'associations professionnelles, au sein desquelles les recycleurs informels sont considérés comme des entrepreneurs ou des entreprises. Les actions d'intégration donnent souvent lieu à la mise en place d'opérations de recyclage semi-formelles en coopération avec les autorités chargées de la gestion des déchets. L'intégration peut également comprendre des mesures d'appui comme la création de contrats-cadre pour légaliser les relations commerciales et la recherche de solutions pour inscrire les entreprises informelles dans le système fiscal. L'intégration est de plus en plus proposée en appui au recyclage municipal inclusif. Ce type de système de recyclage permet aux recycleurs informels de faire du porte-à-porte pour collecter des matières recyclables séparées à la source qu'ils ont ensuite le droit de vendre. Les fonds destinés à l'organisation et au financement de la collecte séparée procèdent de l'association des coûts d'élimination évités, des financements extérieurs, des ressources propres des recycleurs et, en Amérique latine, des contributions provenant des systèmes de bonne gestion des produits.
4. *La formalisation* inclut les ramasseurs de déchets qui acceptent de se conformer à la législation fiscale et aux règles commerciales, de s'immatriculer comme entreprise, et de se plier aux lois et à la réglementation. Cette approche n'implique cependant aucune mesure réciproque de la part des pouvoirs publics. La formalisation est utile comme moyen d'intégrer des opérations relevant uniquement de la chaîne de valeur dans un cadre formel plus vaste et solide. Les deux principaux instruments de promotion de la formalisation sont la création d'associations professionnelles et le renforcement des capacités et la formation. IFC Recycling Linkages, une initiative de recyclage dans les Balkans mise en œuvre avec le secteur privé de 2005 à 2008 par la Société financière internationale, avait notamment comme objectif la formation des recycleurs informels. Les recycleurs informels ont ainsi obtenu un statut et une reconnaissance, ainsi que des connaissances et des compétences (IFC, 2008). La création d'associations de commerçants est devenue un moyen fort de gagner en reconnaissance et de créer un espace légal pour les activités économiques que sont notamment les activités de réemploi et de commerce d'occasion du secteur informel.
5. *La professionnalisation et l'accès aux financements*. Cette approche vise à soutenir les recycleurs informels établis au sein de microentreprises ou d'entreprises familiales autonomes et qui, en raison de leurs origines ethniques ou de leur statut social ou d'immigrés, n'ont pas accès aux services de financement ou services aux entreprises. Il s'agit d'abord d'une approche orientée par la demande. Elle est particulièrement pertinente dans les situations où il existe

une chaîne de valeur du recyclage et un certain intérêt pour le recyclage municipal, et lorsqu'il n'existe pas de confrontation active entre les autorités locales et les recycleurs informels. Son objectif principal est de renforcer les connaissances, les capacités, les compétences professionnelles, et l'accès aux matières et aux financements. Elle peut également permettre d'améliorer la reconnaissance des activités et, partant, d'améliorer l'accès aux micro-financements et aux lignes de crédit commerciales. Dans certains pays comme la Tunisie, la reconnaissance professionnelle est également un vecteur d'inclusion sociale : pour obtenir une carte de santé, le demandeur doit déclarer une activité reconnue.

6. *Activités de la chaîne de valeur interentreprises (B2B)*. Cette approche suppose un soutien de la chaîne de valeur sous la forme d'un préfinancement du stock et/ou de la mise à disposition d'infrastructures et d'équipements. Elle est particulièrement adaptée aux situations où la chaîne de valeur est forte. À l'échelle mondiale, les grands points d'achat intermédiaires et les utilisateurs finaux constituent un point de liaison pour les fournisseurs, qui ont souvent un lien vertical fort avec les acheteurs, même lorsqu'ils n'ont pas de relations horizontales avec d'autres recycleurs informels. Avoir recours à un point d'achat intermédiaire comme point de liaison pour introduire une forme légère d'organisation peut constituer un moyen de contourner les difficultés d'organisation en Europe et dans la région MENA, où les ramasseurs de déchets sont fortement individualistes.

6.4.3. REP et travailleurs informels en Colombie et en Bulgarie

Les deux sections suivantes contiennent une brève description des différentes approches appliquées dans le cadre d'une coopération avec le secteur informel. La première est consacrée à l'expérience de la Colombie, où une approche inclusive est mise en œuvre. S'il n'existe aucune analyse détaillée des conséquences environnementales et socio-économiques de cette approche, il ressort clairement que le statut, la rémunération et les conditions de travail des travailleurs informels se sont améliorés et que ces derniers jouent un rôle constructif dans le programme de bonne gestion des produits mis en œuvre en Colombie. À l'inverse, les travailleurs informels ont été largement exclus du programme appliqué en Bulgarie. Cette initiative a donné lieu à un conflit à la fois apparent et latent entre les systèmes officiel et informel. Le nouveau dispositif s'est révélé inefficient et inefficace : 90 % des matières recyclables sont captés par le secteur informel, tandis que la majorité des ressources financières est concentrée dans la filière officielle (ISWA/EXPRA/RDN, 2014). Bien que les approches adoptées par la Colombie et la Bulgarie soient assez différentes, la Colombie ayant opté pour des systèmes de gestion volontaires et la Bulgarie pour un dispositif de reprise obligatoire, ces deux exemples apportent un éclairage intéressant sur les mérites de l'intégration.

Recyclage inclusif en Colombie

CEMPRE (Compromiso Empresarial para el Reciclaje), engagement pris par des entreprises en faveur du recyclage, fait la promotion du recyclage inclusif en Colombie. Il s'agit d'une organisation mutualiste ayant le statut d'ONG, qui compte environ 20 membres du secteur privé, de Coca Cola en passant par plusieurs acteurs de la chaîne de valeur industrielle de la Colombie. L'adhésion couvre les coûts opérationnels de CEMPRE, et finance les initiatives nationales et régionales de recyclage inclusif[12]. Selon CEMPRE, le recyclage inclusif comprend les systèmes de récupération et de réutilisation des déchets, ainsi que les organisations, institutions et individus qui renforcent la participation des recycleurs informels dans les chaînes de service publiques et les chaînes de valeur privées.

Les activités de CEMPRE sont décrites dans le tableau 6.4. Il s'agit d'activités menées au niveau des autorités nationales et municipales, qui comprennent la promotion de politiques publiques, des chaînes de valeur inclusives et une culture inclusive du recyclage.

Tableau 6.4. **Les trois fondements de l'action de CEMPRE**

	Politiques publiques	Chaînes de valeur inclusives	Culture inclusive du recyclage (renforcement de la volonté politique)
Système national de recyclage inclusif	Inclusion des propositions de CEMPRE dans la législation sur les déchets solides.	Observatoire national du recyclage inclusif.	Appui aux initiatives des autorités nationales.
	Réglementation sur la responsabilité partagée.	Accords sectoriels en faveur du recyclage inclusif.	
Approches municipales du recyclage inclusif	Adoption de modèles de recyclage inclusif dans les plans stratégiques municipaux et régionaux.	Mise au point de systèmes de recyclage municipal inclusif apportant des matières à la chaîne de valeur avec la participation effective de recycleurs informels organisés.	Appui aux initiatives des communes.

Source : Moreno, F. (2014), « Colombian alliance for inclusive recycling », PowerPoint presentation, CEMPRE Colombia.

CEMPRE encourage la responsabilité partagée et travaille en étroite concertation avec les principaux ministères concernés, le secteur privé, les associations de ramasseurs de déchets et d'autres parties prenantes. Comme dans de nombreux pays d'Amérique latine, les accords sectoriels sont largement répandus, dans ce cas pour promouvoir la bonne gestion des produits, notamment par les actions suivantes :

- Diffusion, opérationnalisation et ancrage institutionnel des décisions de la cour constitutionnelle pour garantir le respect des droits des recycleurs informels.
- Promotion du recyclage et d'une meilleure gestion des déchets.
- Appui aux ramasseurs de déchets en tant qu'acteurs politiques et opérationnels du recyclage inclusif, y compris formation à la sensibilisation, mise en place de plans de développement commercial, gestion des associations et microcrédit.
- Mise en place d'accords entre les organisations de ramasseurs de déchets et les institutions nationales pour assurer la mise en œuvre pratique du recyclage inclusif.
- Amélioration de la mise en œuvre grâce à la participation renforcée des parties prenantes.
- Facilitation de la communication et des relations entre les agences de donneurs, l'industrie et les associations de recycleurs, et mobilisation de fonds.

Ces activités correspondent tout à fait à l'approche de professionnalisation décrite plus haut, avec en plus l'intégration pluridimensionnelle des ramasseurs de déchets dans les politiques et les institutions, et l'intégration des points de vue des ramasseurs de déchets dans les programmes de recyclage municipaux.

Les membres de CEMPRE œuvrent pour assurer des niveaux modérés de recyclage et de gestion en fin de vie pour leurs flux de déchets d'emballage, tout d'abord en renforçant les chaînes de valeur existantes et en soutenant les recycleurs informels organisés. Les recycleurs informels sont incités à adhérer aux organisations reconnues. Dans le cas contraire, ils restent en dehors du système de recyclage inclusif et courent le risque de se marginaliser. Les instruments les plus visibles utilisés sont le soutien des prix et l'autorisation des points d'achat intermédiaires à payer les recycleurs par le biais de leurs coopératives. Ce sont principalement les communes qui assument la charge financière de ces instruments. Les entreprises chargées de la collecte des déchets, pour la plupart privées, se sont fortement opposées à ce projet, mais n'ont pas été en mesure d'empêcher sa mise en œuvre.

L'UAESP, agence des services publics de Bogota, verse une prime de réacheminement de 50 USD par tonne aux ramasseurs de déchets qui vendent leurs produits aux points d'achat agréés, lesquels comptabilisent les quantités matières (toutes catégories) achetées aux recycleurs et transmettent cette information aux autorités de la ville. Celle-ci verse alors la prime de réacheminement directement sur le compte bancaire du ramasseur de déchets concerné, en fonction des quantités collectées lors des deux mois précédents. Ainsi, les ramasseurs de déchets ont l'obligation de participer à l'économie formelle afin de recevoir leur prime.

Les points d'achat intermédiaires indépendants, lorsqu'il existe au moins un système d'agrément concurrent, agissent en parallèle. Le réseau ECORED pour la collecte des PET résulte de la collaboration de deux membres de CEMPRE, Coca Cola et ENKA, un recycleur de PET. ECORED est actif auprès d'un nombre réduit de points d'achat intermédiaires agréés et subventionnés, spécialisés dans l'achat et le traitement des emballages de boissons en PET. Les actions menées comprennent le remboursement avec soutien des prix aux ramasseurs de déchets associés, la collecte, le traitement, et la commercialisation dans les chaînes de valeur.

Certes inclusif, le système colombien de bonne gestion des produits n'en demeure pas moins incomplet. En effet, il ne concerne pas l'ensemble des producteurs et ne couvre pas la totalité des matériaux d'emballage. En outre, tous les ramasseurs de déchets ne rejoignent pas une coopérative et certains points d'achat intermédiaires non autorisés continuent de fonctionner en dehors du système. Cela signifie que ces différents acteurs ne peuvent pas bénéficier du soutien des prix de la part d'ECORED ou de la prime de réacheminement de l'UAESP.

Il existe en réalité au moins trois circuits parallèles impliqués dans l'achat de matières recyclables. Dans ce contexte, des instruments tels que le soutien des prix ou les primes de réacheminement fournissent un avantage compétitif aux points d'achat intermédiaires qui peuvent les proposer. L'efficacité de cette approche qui permet de détourner les déchets d'emballage de l'élimination vers le recyclage n'est pas encore claire. L'Observatoire du recyclage inclusif, qui prévoit la réalisation d'analyses comparatives, a pour visée de clarifier ce point et ainsi que des questions plus vastes comme le fait de déterminer si une approche volontaire et facilitatrice basée sur des accords sectoriels et une responsabilité partagée permet d'augmenter les taux de récupération, de stimuler l'innovation et de promouvoir une gestion durable des matières. L'Observatoire devrait également permettre d'analyser les effets sur les travailleurs informels et d'évaluer leur contribution à l'amélioration de la gestion des déchets.

Système de REP pour les déchets d'emballage en Bulgarie

Le système de gestion des déchets de la Bulgarie a connu une réforme profonde à la suite du passage d'une économie planifiée à une économie de marché[13]. Cette transition a notamment conduit à la privatisation et à la fin du monopole d'État de la gestion des déchets. Un nouveau système de REP a été établi en 2004 pour les déchets d'emballage. Il n'existait pas à cette époque, ni de chaînes de service du secteur public, ni de chaînes de valeur du secteur privé fonctionnant correctement. Le nouveau système de REP a dans une certaine mesure permis d'atteindre des objectifs de valorisation toujours plus élevés grâce aux pratiques de recyclage bien établies des grands secteurs industriels et commerciaux, alors que la collecte sélective des matières recyclables auprès des ménages posait de gros problèmes. Parallèlement au système de REP, un nombre considérable de récupérateurs informels pratiquaient la collecte de matières recyclables qu'ils vendaient à des centres de remboursement, permettant eux-aussi la réalisation de très bons taux de recyclage (Doychinov et Whiteman, 2013).

Un rapport du ministère de l'Environnement et de l'Eau, République de Bulgarie (2003), décrit la situation avant l'introduction du système de REP et chiffre à quelque 10 000 personnes le nombre préexistant de récupérateurs informels comptant sur la collecte de déchets pour gagner leur vie[14]. Toutefois, ces récupérateurs informels n'ont pas été consultés lorsque le nouveau système de REP a été mis en place. En conséquence, les objectifs fixés pour le recyclage des matériaux d'emballage ne prenaient pas en compte la quantité de matières déjà recyclée. Paradoxalement, durant les premières années de mise en œuvre, les objectifs fixés étaient même *inférieurs* aux taux réels de recyclage (Doychinov et Whiteman, 2013).

Les principaux instruments du nouveau système de REP ont été une taxe sur les emballages et un programme collectif unique de collecte par catégorie financé par l'industrie, avec une responsabilité totale des producteurs de la gestion en fin de vie des déchets d'emballage[15]. Les producteurs individuels, y compris les distributeurs et les importateurs, avaient une obligation de reprise individuelle, sauf s'ils devenaient membres du programme collectif de collecte par catégorie. L'industrie de l'emballage a remis en cause ce programme, plaidant en faveur d'un accord de responsabilité partagée avec les communes. Le programme de reprise obligatoire a été introduit, préludant à 12 années de conflit autour de la collecte des matières recyclables auprès des ménages, notamment entre les secteurs formel et informel, et sapant l'efficacité du système (Doychinov et Whiteman, 2013).

Les principaux moyens de collecte physique de matières recyclables au sein du système de REP ont été des conteneurs de récupération de 2 m^3 en plastique de couleur, placés dans la rue. Les matières recyclables pouvaient également entrer dans le système par le biais d'initiatives occasionnelles de collecte séparée au porte à porte. Les réseaux de récupération traditionnels ont été ignorés, que ce soit les différents types de centres de remboursement, les retraités collectant des matières recyclables dans la rue pour compléter leurs revenus et les activités de récupération des ramasseurs professionnels dans la rue, les conteneurs et les décharges. L'industrie du recyclage auparavant nationalisée n'a pas été impliquée.

En conséquence, le nouveau système de REP n'a pas réussi à tirer parti des activités de collecte et des réseaux des récupérateurs informels auprès des ménages. Par ailleurs, les concepteurs du nouveau système ne sont pas parvenus à anticiper la résistance des ménages et des petites entreprises à abandonner les circuits de recyclage qu'ils privilégiaient. Par conséquent, les centres de recyclage et de remboursement ont continué à fonctionner en parallèle des conteneurs de collecte séparée nouvellement installés (Doychinov et Whiteman, 2013, p.21). De plus, les recycleurs informels existants ont considéré que les conteneurs constituaient une source commode et gratuite de matières qu'ils pouvaient extraire et vendre aux centres de remboursement. On estime que 90 % des matières ont continué à passer par les circuits informels (ISWA/EXPRA/RDN, 2014).

Les secteurs formel et informel se sont retrouvés pris dans un conflit patent et latent. Les acteurs du secteur formel ont réclamé la fermeture des centres de remboursement et l'arrestation des travailleurs informels pour le vol de matières leur appartenant. Les travailleurs informels, dont les moyens de subsistance étaient menacés, ont riposté en vandalisant des infrastructures et en faisant tout leur possible pour saper les opérations du secteur formel.

Les dysfonctionnements du système de REP ont eu en outre un coût financier élevé. Le système a été correctement financé par des fonds européens et nationaux, en particulier les infrastructures de déchets. Néanmoins, étant donné que seule une petite partie des matières est captée (10 %) et parce que les investissements dans les infrastructures sont coûteux, les coûts opérationnels sont très élevés et les flux de revenu ne correspondent pas aux attentes. Cela crée un cercle vicieux dans lequel il existe un besoin permanent d'insuffler des fonds afin de maintenir les infrastructures en fonctionnement. Par ailleurs, les 90 % des matières collectées dans le secteur informel ne bénéficient pas des financements REP.

Un atelier régional qui s'est tenu en octobre 2014 à Bucarest, en Roumanie, intitulé « Challenges to separate collection systems for different waste streams – barriers and opportunities » , a permis d'établir que l'expérience de la Bulgarie était largement partagée dans la région (ISWA/EXPRA/RDN, 2014).. Les représentants de programmes de REP de dix pays des Balkans et méditerranéens dont la Grèce, la Turquie, Malte, la Tunisie, la Roumanie, la Bulgarie et la Macédoine ont parlé de leurs difficultés qui, dans une large mesure, concernent des problématiques liées à la concurrence avec le secteur du recyclage informel. Comme en Bulgarie, les actions menées se sont souvent soldées par des échecs. Des approches radicalement nouvelles sont nécessaires qui traitent le secteur informel comme un groupe de partenaires plutôt que de concurrents.

6.5. Vers des systèmes de REP inclusifs dans les pays à revenu intermédiaire

6.5.1. Leçons tirées

Dans les sections précédentes ont été présentés des résultats des études de cas réalisées concernant le Botswana, la Bulgarie et la Colombie. Lors de la préparation de ce chapitre, des études de cas sur d'autres pays ont également été examinées : la Chine (déchets électroniques), le Costa Rica (déchets électroniques), la Tunisie (emballages) et une initiative régionale latino-américaine (emballages de produits pesticides)[16]. Les résultats des sept études de cas sont repris dans le tableau 6.5. Plusieurs conclusions peuvent être tirées de ces études de cas.

Certains systèmes de REP et de bonne gestion des produits fonctionnent correctement dans les pays à revenu intermédiaire, sans pour autant qu'une véritable législation ait été promulguée ou que le système en question soit placé sous l'autorité du gouvernement national et se substitue aux activités informelles de collecte de déchets. Cela étant dit, les fonctions d'appui, de supervision, de suivi et de rapport assurées par les autorités nationales et locales sont souvent des éléments importants dans les systèmes de REP et de bonne gestion des produits bien conçus. Des objectifs clairs, un large consensus socio-politique, et la transparence permettent d'établir des systèmes efficaces, en renforçant la bonne gouvernance environnementale. La consultation et la coopération sont des conditions essentielles pour identifier les approches innovantes en matière de partage des coûts et des responsabilités.

Tableau 6.5. Exemples de dispositifs de responsabilité élargie des producteurs et de bonne gestion des produits

Pays	Tunisie	Bulgarie	ALC[18]	Colombie	Chine	Costa Rica	Botswana
Intitulé/ description	Eco-Lef/ANGed Système de REP pour les emballages	Système de REP pour les emballages dans le cadre du processus d'adhésion de l'UE	Bonne gestion des produits pour les emballages de pesticides (triple rinçage)	CEMPRE, bonne gestion des produits pour un recyclage inclusif	Ordonnance de 2012 relative au Système national de REP pour le recyclage des déchets électroniques	Système national de REP pour les déchets électroniques fondé sur un processus multipartite	Collect-a-Can
Intervenants	Gouvernement national, ANGed (Agence Nationale de Gestion des Déchets)	UE par le biais du ministère de l'environnement	Producteurs/distributeurs de pesticides et de produits chimiques agricoles	CEMPRE et ses membres	Gouvernement national représenté par divers ministères	Comité technique dans le cadre du projet de coopération des Pays-Bas	Arcelor-Mittal, brasseries, Coca Cola
Domaine	Chaîne de valeur	Chaîne de service	Chaîne de service (évitement de la pollution), chaîne de valeur	Chaîne de valeur	Chaîne de valeur et chaîne de service	Chaîne de valeur	Chaîne de valeur
Type de système	REP	REP	Bonne gestion des produits	Bonne gestion des produits	REP/réglementation environnementale	REP	Bonne gestion des produits
Mécanisme de collecte	Système informel existant. Les points d'achat intermédiaires sont le premier lieu d'intervention.	Conteneurs de rue, collecte en porte-à-porte, remboursement.	L'industrie applique une logistique inverse avec les exploitants agricoles.	Système informel existant. Les points d'achat intermédiaires sont le premier lieu d'intervention.	Auparavant, échange ancien contre neuf, aujourd'hui indéterminé.	Centres de recyclage existants, collecte dans les points de vente.	Remboursement avec soutien des prix par les entreprises de la chaîne de valeur et des manifestations de charité.
Aspects du système	Points Eco-Lef, commerçants sous licence, mesures de soutien des prix au niveau des points d'achat intermédiaires.	Taxes sur les emballages, licences, programmes de collecte par catégorie.	Campagne de promotion et d'éducation en cours, soutien des prix pour le recyclage	Soutien des prix pour les PET / emballages, décision du Conseil constitutionnel.	Subventions de fonctionnement pour les centres de recyclage autorisés sous licence.	Renforcement des institutions existantes tout au long de la chaîne, plate-forme des parties prenantes.	Organise un marché subventionné pour les canettes usagées en acier.
Principal instrument	Impôt, soutien des prix.	Écotaxe, conditions de reprise.	Système de reprise (avec potentiellement mesures de soutien des prix).	Accord sectoriel	Redevance de recyclage préalable invisible.	Redevance d'élimination/ de recyclage préalable invisible, accords sectoriels.	Soutien des prix, reprise sans condition.
Autres instruments	Délivrance de brevets.	Subventions de fonctionnement et des infrastructures.	Financement des infrastructures et du fonctionnement par l'industrie.	Soutien des prix, primes de réacheminement.	Règlementation, certification et inspection.	ASEGIRE, plate-forme de producteurs et de parties prenantes	Accords sectoriels
Financement	Création d'une taxe sur les emballages.	Création de redevances de licence pour les emballages et d'une pénalité fiscale, systèmes de collecte dans les rues.	Mobilisation de fonds internes par les producteurs.	Mobilisation de fonds internes par les producteurs, frais de service par tonne.	Gouvernement national, avec une récupération de fonds issus des charges invisibles sur les produits.	Producteurs, détaillants, importateurs, grands producteurs, revenus tirés du recyclage.	Membres du système de bonne gestion des produits.
Prise en charge	ANGed/gouvernement national	Ministère national de l'environnement, programmes de collecte par catégorie.	Producteurs, Fondation CropLife America.	Plate-forme de producteurs aux niveaux national et mondial, communes.	Gouvernement national	Comité/ASEGIRE, construction interentreprises avec une règlementation allégée.	Consortium Collect-a-Can

Tableau 6.5. **Exemples de dispositifs de responsabilité élargie des producteurs et de bonne gestion des produits** *(suite)*

Pays	Tunisie	Bulgarie	ALC[18]	Colombie	Chine	Costa Rica	Botswana
Niveau politico-institutionnel	National	National	Supranational, continental	National, supranational	National, provincial	National	National/Régional
Groupes de produit et d'emballage	Emballages, en particulier PET et PEHD.	Emballages	Emballages de pesticides	Tous matériaux recyclables, emballages.	DEEE, notamment appareils électriques domestiques.	DEEE	Emballages des canettes usagées en acier.
Résultats et effets	Crée un circuit parallèle, concurrence avec la chaîne de valeur.	Concurrence, conflit, réduction probable des taux de récupération.	65 % des pesticides vendus sont concernés, aucun autre résultat communiqué.	Amélioration de la politique et des institutions pour un recyclage inclusif.	Amélioration du fonctionnement du recyclage, résultats de mise en œuvre modestes.	Système de recyclage des DEEE opérationnel/fin de vie payée par les producteurs.	Système opérationnel pour les canettes en acier.
Matières	Type 2	Type 1-2	Type 4	Types 1-2	Types 3-4	Types 3-4	Type 3
Législation ?	Inscrit dans la loi.	Inscrit dans la loi et requis par l'UE.	Non inscrit dans la loi.	Législation en cours, arrêt de la cour applicable.	Le fonds est inscrit dans la loi, le système de collecte n'est pas clair.	Pas d'inscription dans la loi prévue lors de la création, une législation a suivi.	Non inscrit dans la loi.
Objectifs	non	oui	oui	non	non	non	oui
Rapport/autorisation	indéterminé	oui	oui	En cours de conception et de négociation.	oui	En cours.	Oui, aux membres uniquement.
Sources de financement	Producteurs, revenus tirés des ventes.	Producteurs, redevances de licence, Union européenne (taxe dissuasive sur les produits)	Producteurs, ventes des matières.	Producteurs, budget municipal des déchets.	Producteurs, redevances de licence, revenus tirés du recyclage.	Accords sectoriels.	Producteurs, revenus.
Utilisations des fonds	Contrôle du prix d'achat et de vente, infrastructure de traitement.	Infrastructure, paiements de collecte, autre ?	Infrastructures, logistique inverse, pas de données supplémentaires.	Facilitation, appui technique, développement des politiques et des capacités, observatoire.	Opérations de recyclage, élimination en toute sécurité.	Logistique inverse, élimination en toute sécurité en application de la Convention de Bâle.	Remboursement et mesures de soutien des prix.
Avantages	Appui aux ramasseurs de déchets au moyen des circuits existants.	En cours de refondation.	Lutte contre la pollution, prévoit la formation et le suivi des utilisateurs.	Agit sur le système au niveau macroéconomique, coordination régionale.	Traite les conditions de travail et les résultats environnementaux.	Fait fonctionner un système dans un petit pays, compte tenu de la Convention de Bâle.	Crée une demande opérationnelle pour les canettes usagées en acier qui sont tenues hors des sites d'enfouissement.
Inconvénients	Semble créer une distorsion des marchés de la chaîne de valeur, points Eco-Lef inefficaces.	Le système a échoué en partie parce qu'il ne tenait pas compte des parties prenantes existantes.	Absence de transparence, la récupération et le captage varient largement en fonction des pays.	Peu de liens avec ce qui se passe sur le terrain.	Faible taux de récupération et peu de catégories de produits concernés.	Nombre de produits couverts limité, petite échelle.	Absence de transparence, présenté comme du recyclage alors qu'il s'agit d'autre chose.
Particularités	Ministère national impliqué largement dans la chaîne de valeur	Systèmes de collecte multiples.	Existe depuis 2001, largement efficace, bonne communication.	Les producteurs soutiennent pleinement les recycleurs informels avec lesquels ils coopèrent.	Traite les conditions de travail dans les entreprises de recyclage.	Lancement par l'application d'une approche ascendante.	Soutien financier important aux recycleurs informels.

Source : Elaboré par l'auteur.

Le rôle des entreprises de la chaîne de valeur privée est bien plus important dans les pays à revenu intermédiaire qu'il ne l'était dans les pays de l'OCDE dans les années 80 et 90. Cela est dû en partie au fait que les systèmes de REP dans les pays à revenu intermédiaire sont fortement dépendants des profits réalisés pour fonctionner. Les systèmes qui fonctionnent le mieux sont ceux qui adoptent une stratégie ouverte incluant dans le système à la fois les récupérateurs informels et les entreprises existantes de la chaîne de valeur. C'est le cas même lorsque de nouvelles institutions de REP ou de bonne gestion des produits sont établies en parallèle des institutions existantes, comme cela a été fait en Colombie, au Costa Rica et en Tunisie. À l'opposé, l'exclusivité du système mis en place en Bulgarie semble avoir été l'un des principaux écueils de la conception du système.

Conformément à l'importance des chaînes de valeur privées, les systèmes de REP et de bonne gestion des produits dans les pays à revenu intermédiaire font un usage plus important d'instruments économiques tels que le soutien des prix et les primes de réacheminement que cela n'a été le cas dans les pays de l'OCDE. Par ailleurs, les ramasseurs de déchets consultés ont indiqué qu'ils privilégiaient les paiements leur offrant une certaine liberté pour choisir eux-mêmes leurs vêtements de protection, par exemple, par rapport aux programmes qui fournissent gants et chaussures. Des redevances d'élimination préalables ont été utilisées dans les cas du Costa Rica, de la Chine, de la Tunisie et de la Bulgarie, mais leurs effets sont invisibles. L'expérience de reprise subventionnée menée en Chine au niveau des consommateurs suggère que le soutien des prix et les primes de réacheminement pourraient être un instrument potentiellement utile dans les pays à revenu intermédiaire.

En conséquence de la prépondérance des instruments économiques, les exigences réglementaires comme les objectifs de reprise ou de recyclage sont moins importantes dans ces pays que dans les pays de l'OCDE. Par exemple, le rôle des conditions de reprise est négligeable dans les pays à revenu intermédiaire, si ce n'est comme moyen de renforcer les filières de rachat de matières de faible valeur ou non recyclables. Ceci semble logique, dans la mesure où une condition de reprise est d'abord un instrument utilisé pour dégager la chaîne de service de la responsabilité d'une gestion en fin de vie coûteuse, mais qui présente peu d'intérêt pour les entreprises de la chaîne de valeur, lorsque le profit ou la rémunération sont absents.

Pour concevoir les systèmes de REP et de bonne gestion des produits dans les pays à revenu intermédiaire dotés de systèmes de gestion limités, il est important d'étudier quelles mesures peuvent permettre de mettre à profit les avantages économiques et sociaux provenant du secteur informel tout en gérant les impacts environnementaux. Force est de reconnaître que l'introduction de systèmes à REP risque de priver les opérateurs informels de leur gagne-pain et des avantages que leur procure cette activité, et qu'il importe d'étudier les possibilités de les intégrer dans le système. Les récupérateurs jouent souvent un rôle capital dans les systèmes de REP des pays à revenu intermédiaire[17]. Le ramassage des déchets peut constituer une source de revenu stable pour les travailleurs concernés, bien plus rémunératrice que d'autres activités. Le ramassage informel des déchets peut aussi avoir des retombées positives tant pour l'économie que pour l'environnement, parce qu'il contribue notamment à réduire la quantité de déchets mis en décharge, à assurer un service de collecte de substitution « gratuit » et à faire baisser les coûts de collecte et d'élimination des déchets pour les communes. Quelques études formulent une hypothèse selon laquelle la collecte informelle peut aussi avoir des effets positifs en favorisant la réduction de l'empreinte carbone du système de gestion des déchets (Chaturvedi, 2009 ; Gunsilius et al., 2011). Certains éléments tendent à prouver que les systèmes informels dans les pays à revenu intermédiaire permettent de collecter davantage de matières que les systèmes de recyclage formels, lorsque les deux systèmes fonctionnent en parallèle. Cependant, les méthodes de recyclage informelles telles que le brûlage sauvage dans des fours ou à l'air libre ont souvent des effets négatifs sur l'environnement et la santé publique et devraient être rectifiées. Les administrations nationales devraient à cet égard jouer un rôle de surveillance, de suivi institutionnel et de contrôle de l'application.

L'une des pistes à privilégier pour intégrer les récupérateurs informels dans les systèmes de REP dans lesquels les producteurs et les importateurs assument la responsabilité physique ou financière de ces dispositifs, est d'assurer leur enregistrement, leur intégration progressive, leur formalisation et leur professionnalisation ce qui leur permettra de respecter le fonctionnement du dispositif. Comme on l'a vu dans le cas de la Bulgarie, la mise en place hâtive de filières à REP peut créer de graves conflits et attiser la concurrence entre secteurs informel et formel ; une démarche progressive devrait ainsi donner de meilleurs résultats (Akenji et al., 2011 ; Williams et al., 2013).

L'incapacité d'intégrer véritablement le secteur informel aux systèmes de REP peut se révéler préjudiciable en termes d'efficience et d'efficacité, comme c'est le cas en Bulgarie et dans les pays voisins. Ainsi, des efforts supplémentaires sont nécessaires pour déterminer comment les travailleurs informels peuvent contribuer aux systèmes de gestion des déchets au profit de tous.

6.5.2. Prochaines étapes – 10 principes

Les principes suivants pourraient faciliter la « conception inclusive » d'initiatives de REP[19].

1. **Reconnaissance :** Le rôle des recycleurs informels devrait être reconnu : dans les pays à revenu intermédiaire et faible, la plupart des matières collectées, traitées et revendues sur la chaîne de valeur du recyclage sont le fruit de leur travail. La reconnaissance de ce rôle peut être améliorée en compilant et en documentant les informations disponibles sur les activités réelles des recycleurs informels et leur contribution à l'atteinte des objectifs fixés en termes de gestion des déchets.
2. **Compétence :** Les villes des pays à revenu intermédiaire devraient chercher à tirer parti au mieux des connaissances des ramasseurs de déchets et des intermédiaires des points d'achat, car ce sont souvent les seules parties prenantes dotées d'une expérience sur le terrain, du savoir-faire nécessaire pour optimiser le recyclage sur le marché local, et de l'incitation à s'adapter rapidement aux nouvelles opportunités offertes par le marché et la chaîne de valeur.
3. **Participation :** Les recycleurs informels devraient être encouragés à apporter leur expérience et leur savoir-faire dans tous les processus de prise de décision publics concernés. Ils devraient pouvoir participer à la conception, au suivi et à l'évaluation des systèmes de recyclage et de valorisation, ainsi qu'à la définition des normes de qualité.
4. **Séparation à la source** : Les producteurs, les communes et les recycleurs devraient coopérer (ou du moins essayer) afin de renforcer ou d'instaurer le tri en amont des matières recyclables, des déchets organiques et des résidus, au niveau des entreprises et des ménages. Les producteurs et les autorités locales dans les pays à revenu intermédiaire considèrent souvent que cette séparation n'est pas faisable. Néanmoins, les opérations de tri amont représentent une aide précieuse pour les systèmes de REP. Dans certains cas, par exemple la collecte au porte-à-porte à Pune, on constate qu'une

séparation à la source correctement conçue est faisable dans le cadre d'un recyclage inclusif. Cependant, elle sera organisée différemment du recyclage municipal et devra tenir compte du contexte local.

5. **Identifier et documenter les expériences réussies :** Les pouvoirs publics et les producteurs privés devraient travailler avec les recycleurs informels pour collecter des données relatives à la production de déchets et aux taux de recyclage. Il n'est pas permis de supposer qu'aucun recyclage n'est effectué. Il s'agit de chercher, d'analyser et de s'appuyer sur les activités existantes dans le domaine de la collecte, du traitement et de la commercialisation, ainsi que les expériences réussies à petite et moyenne échelle, plutôt que de partir du principe qu'il faut monter des systèmes de toutes pièces, ou que les systèmes informels existants devraient être remplacés par des systèmes formels (parallèles).
6. **Conditions de travail sûres et dignes :** Associer les connaissances et les ambitions locales des recycleurs informels aux idées générales de bonnes pratiques pour mettre en place des conditions de travail adéquates du point de vue de l'environnement, de la santé et de la sécurité pour les recycleurs informels. Promouvoir des conditions de travail dignes, la reconnaissance des activités pratiquées et des modèles de gestion appropriés et justes.
7. **Abolir le travail des enfants :** Travailler avec les recycleurs informels et leurs enfants pour faire en sorte que ces derniers aillent à l'école et que les activités de recyclage effectuées par des enfants n'ayant pas encore atteint l'âge adulte légal dans le pays soient limitées, supervisées, réduites ou abolies.
8. **Nul besoin d'intervenir sur ce qui fonctionne :** Les systèmes de REP devraient éviter d'intervenir dans le recyclage des matières lorsque la chaîne de valeur privée est susceptible de fonctionner correctement. De faibles performances en termes d'environnement et d'activités peuvent être traitées indépendamment, sans perturber les relations du marché dans cette partie de la chaîne de valeur. Les systèmes de REP offrent davantage de possibilités aux parties prenantes, y compris aux recycleurs informels, lorsqu'ils visent à remédier à des défaillances du marché concernant, par exemple : les flux de déchets dangereux, les matières de faible valeur, les matières recyclables difficiles à démanteler, ou le recyclage effectué dans des régions où peu d'acheteurs de la chaîne de valeur se situent à une distance de transport raisonnable, comme l'Afrique sub-saharienne, les Caraïbes ou les PIED du Pacifique. Il s'agit de donner la priorité à l'amélioration des possibilités de commercialisation et des conditions de travail.
9. **Le B2B avant les PPP :** Privilégier l'établissement de partenariats interentreprises avec des microentreprises et petites entreprises de recyclage par rapport à une approche de PPP, qui sollicite a priori davantage les pouvoirs publics que la communauté hôte.
10. **Préserver le caractère inclusif des systèmes :** Associer au développement des systèmes de REP les autorités locales, les associations communales, les administrations centrales, les communautés économiques régionales, les institutions bilatérales ou multilatérales et tous les acteurs concernés (producteurs, importateurs, ramasseurs, trieurs et transformateurs) ; évaluer, faire connaître et transférer les bonnes pratiques de partenariat avec les recycleurs informels dans les politiques publiques et la législation ; et utiliser ces partenariats et activités pour encourager la reconnaissance du secteur du recyclage informel.

Notes

1. Les informations contenues dans cette partie sont inspirées et tirées des données et des rapports sur des projets de développement publiés entre 2004 et ce jour, et complétées par l'engagement direct et indirect de l'auteur dans des recherches et des projets de gestion intégrée et durable des déchets (GIDD) et de recyclage inclusif dans un certain nombre de pays à revenu intermédiaire. Il s'agit notamment des pays suivants : Costa Rica, Botswana, Zambie, Maldives, Inde, Brésil, Bulgarie, Serbie, Monténégro, Tunisie, Afrique du Sud, Maurice, Pérou, Roumanie, Égypte, Hongrie, Italie et Grèce. Cette partie s'appuie également sur les discussions qui ont eu lieu en 2012 à Berlin lors du Forum thématique sur la bonne gestion des produits et le recyclage inclusif financé par la GIZ, l'agence allemande de coopération internationale.
2. L'expression « systèmes de REP » est utilisée dans ce chapitre pour faire référence à la fois aux systèmes bénéficiant d'un financement public et aux programmes de bonne gestion des produits, systèmes équivalents non obligatoires habituellement pilotés par le secteur privé.
3. La séparation à la source et la collecte séparée des déchets de jardin en Amérique du Nord, et des déchets de cuisine et de jardin en Europe occidentale du Nord, ont également été mises en œuvre au cours de la même période et en réponse aux mêmes motivations. Ces innovations ont conduit à l'instauration du *compostage municipal* qui, à peu de choses près, correspond au recyclage municipal. La principale différence est que les déchets recyclables séparés à la source, qui sont collectés séparément et traités dans une installation de récupération de matières, sont reconnus comme des matières premières industrielles pouvant répondre aux normes commerciales industrielles préexistantes et ayant par conséquent un prix. En revanche, le compost produit par les municipalités est une matière utile mais ne correspond à aucun intrant reconnu dans la chaîne de valeur agricole. C'est pourquoi des marchés pour le compost ont dû être mis en place.
4. Chiffre base sur les estimations de l'auteur.
5. Les 20 villes étudiées dans ce rapport sont les suivantes : Adelaïde (Australie), Bamako (Mali), Belo Horizonte (Brésil), Bengaluru (Inde), Canete (Pérou), Curepipe (République de Maurice), Delhi (Inde), Dhaka (Bengladesh), Ghorahi (Népal), Kunming (Chine), Lusaka (Zambie), Managua (Nicaragua), Moshi (Tanzanie), Nairobi (Kenya), Quezon City (Philippines), Rotterdam (Pays-Bas), San Francisco (États-Unis), Sousse (Tunisie), Tompkins County (États-Unis), Varna (Bulgarie)
6. Les chiffres reposent sur les estimations de l'auteur.
7. Les données relatives au Botswana ont été fournies par WASTE (Conseil en environnement et développement urbains, Gouda (Pays-Bas)), le PNUD Botswana, et le ministère chargé de la protection de l'environnement du Botswana, et rassemblées en 2012 dans le cadre du projet financé par le PNUD Botswana intitulé « The Botswana Recycling Guidelines ».
8. Le Botswana est un pays au climat sec, donc il y a peu de produits de lixiviation à surveiller, même si la plupart des sites d'enfouissement disposent de quelques puits de contrôle.
9. Les informations ici présentées ont été regroupées par l'auteur à partir d'observations, de discussions, de recherches et de participations dans les débats mondiaux sur l'intégration du secteur informel et le mouvement mondial des recycleurs, du projet TransWaste, d'Occhio del Riciclone, et d'autres sources. Ces informations ne sont pas attribuables à une source unique, et ne sont pas directement liées à l'étude de la GTZ.
10. Observation fondée sur des informations ponctuelles et une série d'entretiens avec des récupérateurs informels dans le monde entier.
11. En 2012, des universitaires ont travaillé en collaboration pour créer le système InteRa, afin de classer les interventions visant à intégrer les recycleurs informels dans les systèmes de traitement des déchets solides. Dans le cadre de ce travail, l'intégration sociale, l'intégration technique dans la chaîne de service, et l'intégration économique dans la chaîne de valeur ont été considérées comme des interventions distinctes, tandis que l'organisation était un prérequis à toutes les autres formes d'intégration (Velis et al., 2012).
12. Voir : *www.cempre.co*.
13. La Directive 94/62/CE relative aux emballages et aux déchets d'emballage a été adoptée en 1994 et révisée dix ans plus tard (Directive 2004/12/CE) (Doychinov et Whiteman, 2013). Le nouveau système, refondé en 2012, n'est pas présenté ici.
14. Bien que l'on puisse faire valoir que le nombre de récupérateurs informels a augmenté en Bulgarie, passant de 10 000 en 2003 à 15 000 en 2013, et que certains ont commencé leur activité après l'introduction du système de REP, cette étude montre que les ramasseurs informels de déchets

étaient déjà très actifs avant l'introduction du système de REP (ministère de l'Environnement et de l'Eau, République de Bulgarie, 2003 ; Doychinov et Whiteman, 2013).

15. Ecopack Bulgaria a été le premier système de REP mis en place en 2004. Par la suite, lorsque le marché de la collecte par catégorie s'est fragmenté, Ekopack est devenu un programme de collecte parmi d'autres, en concurrence avec EkoBulPack, entre autres.
16. Les données des études de cas sont tirées des sources suivantes : Chine (OCDE, 2014c), Costa Rica (Vega, V. R., 2007), Tunisie (Abdeljaoued, 2014 ; Soos et al., 2014) et initiative régionale latino-américaine (Stewardship Community, s.d.).
17. Pour tirer parti des activités des ramasseurs de déchets informels, il importe de remédier à leurs possibles effets négatifs. Par exemple, des mesures de surveillance et de contrôle doivent être prises pour réduire les activités illicites de collecte de matières issues de vols, de décharges sauvages ou de trafic de contrebande avec l'étranger.
18. Amérique latine et Caraïbes.
19. Ces principes sont adaptés des conclusions de l'atelier organisé par la GIZ en novembre 2013 à Berlin, intitulé « Extended Producer Responsibility and the Informal Sector ».

Références

Abdeljaoued, I. (2014), « The extended producer responsibility: The Tunisian experience », document présenté lors du quatrième forum régional de SWEEP-NET, Amman, Jordanie, 13-15 mai 2014.

ACEPESA (2004), *Estrategia Nacional para el Manejo Integrado y Sostenible de Desechos de Artefactos Eléctricos y Electrónicos (Stratégie nationale pour la gestion intégrée et durable des déchets d'appareils électriques et électroniques)*, *www.acepesa.org/documentos*.

ACR+ (2009), « Déchets municipaux en Europe », *Collection Environnement*, Victoires Éditions, Association des Cités et Régions pour le Recyclage et la gestion durable des Ressources, Paris.

Agence européenne pour l'environnement (2011), *Earnings, Jobs, and Innovation: The Role of Recycling in a Green Economy*, AEE, Copenhague.

Akenji, L. et al. (2011), « EPR policies for electronics in developing Asia: An adapted phase-in approach », *Waste Management & Research*, vol. 29, n° 9, pp. 919-930.

Anschütz, J. (éd.) (2005), *UWEP City Case Studies, City Case Studies of Bamako, La Ceiba, Bangalore and Batangas Bay, the Four "PPS" Cities of the UWEP Plus Programme, 2001-2004*, WASTE, Gouda, *www.waste.nl*.

Anschütz, J. et al. (2004), *Putting Integrated Sustainable Waste Management into Practice: Using the ISWM Assessment Methodology as Applied in the UWEP Plus Programme (2001-2003)*, WASTE, Gouda.

Aziz, H. (2004), *Improving the Livelihood of Child Waste Pickers: Experiences with the Zabbaleen in Cairo, Egypt, An Evaluative Field Study*, WASTE, Gouda.

Ball, J. (1998), *Minimum Standards for Disposal by Landfill*, Second Edition, Department of Water Affairs and Forestry, Private Bag X313, Pretoria.

Bauman, Z. (2004), *Wasted Lives. Modernity and its Outcasts*, Polity Press, Cambridge.

Bhaskar, A. et P. Chikarmane (2012), « The story of waste and its reclaimers: Organising waste collectors for better lives and livelihoods », *The Indian Journal of Labour Economics*, vol. 55, n° 4, *www.swachcoop.com/kkppandswachpublications.html*.

BIT (2013), « Développement durable, travail décent et emplois verts », Conférence internationale du Travail, 102e session, Rapport V, Genève, juin 2013, Bureau international du Travail.

Chaturvedi, B. (2003), *Space for Waste, Planning for the Informal Recycling Sector*, Brochure, Chintan Environmental Research and Action Group, New Delhi, Inde, *www.chintan-india.org/publications_research_reports.htm*.

Chaturvedi, B. (2006), *60 Kilos*, Film, Chintan Environmental Research and Action Group, New Delhi, Inde, *www.chintan-india.org//publications_films.php?p=1*.

Chaturvedi, B. (2007), « Privatization of solid waste collection and transportation in delhi: The impact on the informal recycling sector », Document preparé dans le cadre du cours intitulé « Urban Issues in Developing Countries », School for Advanced International Studies, Johns Hopkins University. Washington, DC.

Chaturvedi, B. (2009), *Cooling Agents: The Impact on the Informal Recycling Sector on Carbon Emissions*, Chintan Environmental Research and Action Group, Delhi, Inde, *www.chintan-india.org/documents/research_and_reports/chintan_report_cooling_agents.pdf*.

Chaturvedi, B. et al. (2009), Document de présentation de Delhi/New Delhi, Inde, Rapport non publié utilisé dans Scheinberg, Wilson et Rodic (2010), Chintan Environmental Research and Action Group, Delhi, Inde.

Chen, M.A. (2012), « The Informal Economy: Definitions, Theories and Policies », *WIEGO Working Paper* n° 1, Report V, août 2012.

Chikarmane, P. et L. Narayan (2007), « Rapport sur la ville de Pune, Inde », Rapport non publié utilisé dans Scheinberg, Simpson et Gupt (2010), KKPKP, Pune, Inde, *www.GIZ.de*.

Chikarmane, P. et L. Narayan (2009), *Rising from the Waste – Organising Wastepickers in India, Thailand and the Philippines*, Committee on Asian Women (CAW), Bangkok, Thaïlande. *www.swachcoop.com/kkppandswachpublications.html*.

Chintan Environmental Research and Action Group (2009), « Wastepickers and climate change: Greenhouse gas mitigation by the informal recycling sector in Delhi », Étude non publiée, Chintan Environmental Research and Action Group, New Delhi, Inde.

Cohen, P. et al. (2013), *Preparing Inclusion Plans for Informal Recyclers at Final Disposal Sites: An Operational Guide*, Banque interaméricaine de développement (BID), Washington, DC.

Cointreau, S. (1989), « Provision of solid waste services in developing countries », Document de référence présenté à l'occasion du séminaire « International Seminar on the Provision of Municipal Public Services in Developing Countries », 21-29 août 1989, Asséновgrad, Bulgarie.

Cointreau, S. (1994), *Private Sector Participation in Municipal Solid Waste Services in Developing Countries, Volume 1. The Formal Sector*, Banque mondiale, Programme de gestion urbaine, Washington, DC.

D'Alisa, G. et al. (2010), « Conflict in Campania: Waste emergency or crisis of democracy », *Ecological Economics*, vol. 70, pp. 239-249.

De Swaan, A. (1988), « In Care of the State, Health Care, Education and Welfare in Europe and the USA in the Modern Era », Polity Press, Cambridge, Royaume-Uni.

DEAT (1998), *Working With Waste, Guidelines on Recycling of Solid Waste*, Department of Environmental Affairs and Tourism of South Africa, Tshwane, Afrique du Sud.

Dias, S.M. (2000), « Integrating waste pickers for sustainable recycling », Document présenté lors de la réunion à Manille du Collaborative Working Group (CWG) on Planning for Sustainable and Integrated Solid Waste Management, Manille, Philippines, *www.cwgnet.net*.

Dias, S.M. (2006), « Waste and citizenship forums – Achievements and Limitations », Paper n° 11. CWG-WASH Workshop, Calcutta, Inde, 1-5 février 2006, *http://wiego.org/related/publications/3545/25/16 15?page=5* (consulté le 25 avril 2012).

Dias, S.M. (2010), *Overview of the legal framework for social inclusion in solid waste management in Brazil*, WIEGO, Cambridge, Massachusetts, États-Unis, *www.inclusivecities.org*.

Dimino, R. (2010), *Beyond Waste, A Sustainable Materials Management Strategy For New York State*, New York State Department of Environmental Conservation, Albany, New York, États-Unis.

Doychinov, N. (2008), « The Bulgarian EkoPak experience », Présentation réalisée lors du sommet de la Société financière internationale « IFC Recycling Linkages Summit », Belgrade, novembre 2008. IFC PEP SE, IFC, Ulica Makedonija 9-1-1/III, 1000 Skopje, Macédoine, *www.ifc.org/pepse*.

Doychinov, N. et A. Whiteman (2013), « Economic instruments in solid waste management, Case Study Bulgaria », produit par RWA (Resources and Waste Advisory Group Limited) pour l'étude de la GIZ sur les modes d'exploitation, 2012-2013, *www.GIZ.de*.

FAO et OMS (2008), *Code international de conduite pour la distribution et l'utilisation des pesticides, Directives sur les options disponibles en matière de gestion des emballages de pesticides vides*, Organisation des Nations Unies pour l'alimentation et l'agriculture (FAO) et Organisation mondiale de la santé (OMS), mai 2008.

Fernandez, L. (2011), « Towards a global waste pickers network: WIEGO and its collective efforts organizing waste pickers », ISWA Beacon Conference on Waste Prevention and Recycling, Buenos Aires, Argentine, ARS.

Folz, D. (1998), *The many important ways recycling has changed*, Resource Recycling, septembre 1998, pp. 26-30.

Gerdes, P. et E. Gunsilius (2010), *The waste experts: enabling conditions for informal sector integration in solid waste management, Lessons learned from Brazil, Egypt and India*, Eschborn, GTZ

Giddens, A. (1994), *Beyond Left and Right: The Future of Radical Politics*, Polity Press, Londres.

Gille, Z. (2007), *From the Cult of Waste to the Trash Heap of History: The Politics of Waste in Socialist and Postsocialist Hungary*, Indiana University Press, Bloomington, Indiana, États-Unis.

Gunsilius, E. et al. (2010), *The Economics of the Informal Sector in Solid Waste Management*, Deutsche Gesellschaft für Internationale Zusammenarbeit (Agence allemande de coopération internationale) (GIZ), Eschborn, Allemagne, et Collaborative Working Group (CWG) on Solid Waste Management in Low- and Middle-income Countries, Saint-Gall, Suisse.

Gunsilius, E. et al. (2011), *Recovering resources, creating opportunities. Integrating the informal sector into solid waste management*, Eschborn, Deutsche Gesellschaft für Internationale Zusammenarbeit (Agence allemande de coopération internationale) (GIZ).

Hill, E. (2001), « Women in the indian informal economy: Collective strategies for work life improvement and development », *Work , Employment and Society*, septembre 2001, vol. 15, n° 3, pp. 443-464.

Ijgosse, J. (2012), « Paying waste pickers for environmental services: A critical examination of options proposed in Brazil », *WIEGO Technical Brief (Urban Policies)*, n° 6, novembre 2012.

Ishengoma, A. et T. Lyimo (2002), « The Dar es Salaam experience to reduce poverty – promoting employment through urban services », Document présenté lors du Forum Urbain Mondial, Nairobi Kenya, 29 avril-4 mai 2002.

Ishengoma, A. et K. Toole (2003), « Jobs and services that work for the poor; Promoting Decent Work in municipal service enterprises in east Africa; The Dar es Salaam project and the informal economy », Document présenté lors du Knowledge-sharing workshop organisé par INTEGRATION, ITC, Turin, Italie, 28 octobre-1 novembre 2003.

Iskandar, L. et al. (2007), « City report for Cairo », Document de référence préparé par le CID, Le Caire, Égypte, résumé dans Scheinberg, Simpson et Gupt (2010), *www.GIZ.de*.

ISWA (2014), « Globalisation and waste », Série de présentations réalisée lors du congrès mondial de l'International Solid Waste Association (ISWA), São Paulo, Brésil, septembre 2014, *www.iswa.org*.

ISWA/EXPRA/RDN (2014), « Challenges to separate collection systems for different waste streams – barriers and opportunities », Atelier organisé le 9 octobre par International Solid Waste Association (ISWA), Extended Producer Responsibility Association (EXPRA) et Regional Development Network (RDN), *www.iswa.org*.

Keita, M.M. (2003), *Étude diagnostique de la filière de récupération des déchets dans la Commune IV du District de Bamako*, Rapport final, COPIDUC, et Commune IV de Bamako, WASTE, Gouda, Pays-Bas.

Keller, M. (2006), *Assessment of Gold Recovery Processes in Bangalore, India and Evaluation of an Alternative Recycling Path for Printed Wiring Boards, A Case Study*, Institute for Spatial and Landscape Planning, Regional Resource Management, ETH Zurich, Zurich, Suisse.

Kojima, M. et al. (2009), « Difficulties in applying extended producer responsibility policies in developing countries: Case studies in e-waste recycling in China and Thailand », *Journal of Material Cycles and Waste Management*, vol. 11, n° 3, pp. 263-269.

Lardinois, I. et C. Furedy (1999), *Separation at Source*, WASTE, Gouda.

Lerpiniere, D. (2014), « A review of development co-operation in solid waste management », Présentation réalisée lors du congrès mondial de 2014 de l'ISWA à São Paulo, Brésil, 10 septembre 2014.

Lifuka, R. (2007), Rapport sur la ville de Lusaka, document de référence pour Scheinberg, Simpson et Gupt (2010), Riverine Associates, Lusaka, Zambie.

Medina, M. (1997), « Informal recycling and collection of solid wastes in developing countries: Issues and opportunities », Document de travail UNU/IAS, n° 24, Université des Nations Unies/Institute of Advanced Studies, Tokyo, Japon.

Medina, M. (2009), « Global supply chains in chinese and indian industrialization: Impact on waste scavenging in developing countries », Document de travail UNU/WIDER, Université des Nations Unies/Institute of Advanced Studies, Tokyo, Japon.

Melosi, M. (1981), *Garbage in the Cities: Refuse, Reform and Environment, 1880-1980*, Texas A&M Press, College Station, Texas, États-Unis.

Ministère de l'Environnement et de l'Eau, République de Bulgarie (2003), Program for Implementation of Directive 94/62/EC on Packaging and Packaging Waste, *http://old.europe.bg/upload/docs/CONF_BG_02_03_ad07.pdf*.

Moreno, F. (2014), Colombian Alliance for Inclusive Recycling, présentation powerpoint, CEMPRE Colombie.

Morris, J. (2000), « What works best to increase waste diversion? », *Resource Recycling*, janvier 2000, pp. 37-40.

Motsumi, S. (2007), *Botswana Waste Management Strategy*, Révision de l'édition de 2004, Department of Environmental Affairs, Botswana.

Occhio del Riciclone (2008), « Impatti Occupazioni di un riuso sistemico nella cittá di Roma », Comune di Roma, 2008 (Effets sur les activités d'un système de réemploi dans la ville de Rome, Ville de Rome, 2008).

Occhio del Riciclone (2009), « La Seconda Vita delle Cose », Edizioni Ambiente (La seconde vie des choses).

Occhio del Riciclone (2012), « Rapporto Nazionale sul Riutilizzo 2012 », Ministero dell'Ambiente, 2012 (Rapport national sur le réemploi 2012, Ministère de l'environnement, 2012).

OCDE (2014a) « Quels enseignements tirer de la mise en œuvre de la responsabilité élargie des producteurs au cours de la décennie écoulée ? », Documents d'une réunion d'experts, *www.oecd.org/officialdocuments/publicdisplaydocumentpdf/?cote=ENV/EPOC/WPRPW(2013)7/FINAL&docLanguage=Fr*.

OCDE (2014b), « What have we learned about Extended Producer Responsibility in the past decade? » Documents d'une réunion d'experts, Étude de cas – Chili, disponible à l'adresse, *www.oecd.org/environment/waste/China%20case%20study%20final.pdf*.

OCDE (2014c), « How does the Chinese EPR system work? », Étude de cas – Chine, OCDE, Paris, *www.oecd.org/environment/waste/China%20case%20study%20final.pdf*.

OCDE (2013), « Quels enseignements tirer de la mise en œuvre de la responsabilité élargie des producteurs au cours de la décennie écoulée ? Revue de la littérature économique récente sur la REP », ENV/EPOC/WPRPW(2013)7/FINAL, disponible à l'adresse *http://spot.colorado.edu/~daka9342/OECD_EPR_KO.pdf*.

OCDE (2001), *Responsabilité élargie des producteurs : Manuel à l'intention des pouvoirs publics*, Éditions OCDE, Paris, *http://dx.doi.org/10.1787/9789264289864-fr*.

Oelofse, C. et al. (2006), « Shifts within ecological modernization in South Africa: deliberation, innovation and institutional opportunities », *Local Environment*, vol. 11, n° 1, pp. 61-78.

OIT/IPEC (2004), *Addressing the Exploitation of Children in Scavenging: a Thematic Evaluation of Action on Child Labour*, Rapport de synthèse préparé par WASTE pour l'OIT, Gouda, Pays-Bas, OIT, Genève, Suisse.

PNUD (2002), *Country Profile of Botswana*, réalisé pour l'Agenda 21 local du Sommet de Johannesburg, 2002.

PNUE (2015), *Global Waste Management Outlook*, Programme des Nations Unies pour l'environnement, Centre international d'écotechnologie (PNUE-CIET), Osaka, Japon, *www.unep.org/ietc/InformationResources/Events/GlobalWasteManagementOutlookGWMO/tabid/106373/Default.aspx*.

Poulussen, P. (1987), Van Burenlast tot Milieuhinder: het stedelijk leefmilieu 1500-1800 (Le fardeau du voisinage pour la pollution environnementale : L'environnement urbain 1500-1800), DNB/Uitgeverij Pelckmans, Kapellen, Belgique.

Price, J. et al. (éd.) (1998), *Micro and Small Enterprises, The Case of Latin America*, WASTE, Gouda.

République du Botswana (1998), *Botswana's Strategy for Waste Management*, First Edition, 1998.

Rochat, D. et al. (2007), « Optimal Recycling for Printed Wiring Boards (PWBs) in India », dans *Proceeding of the 2007 Conference on Recovery of Materials and Energy for Resource Efficiency*, Davos, Suisse, 3-5 septembre 2007.

Romero, V. (2014), « Steps towards EPR implementation in developing countries », (mémoire de master de science), Imperial College London.

Samson, M. (éd.) (2009), *Refusing To Be Cast Aside: Waste Pickers Organising Around the World*, Cambridge, Massachusetts, États-Unis, WIEGO (Femmes dans l'Emploi Informel : Globalisation et Organisation), *www.wiego.org*.

Scheinberg, A. (2011), « Value added: Modes of sustainable recycling in the modernisation of waste management systems », Thèse de doctorat, Université de Wageningue, publiée par WASTE, Gouda, Pays-Bas.

Scheinberg, A. (2001a), « Financial and economic issues in integrated sustainable waste management », dans Scheinberg (2001), *Integrated Sustainable Waste Management, Set of Five Tools for Decision-Makers*, WASTE, Gouda, Pays-Bas.

Scheinberg, A. (2001b), « Micro and Small Enterprises in Integrated Sustainable Waste Management », dans Scheinberg (2001), *Integrated Sustainable Waste Management, Set of Five Tools for Decision-Makers*, WASTE, Gouda, Pays-Bas.

Scheinberg, A. et al. (2012), *The Botswana Recycling Guidelines. Advice on Valorisation for Middle-Income Countries*, vol. 1, *The Recycling Guidelines* et vol. 2, *Inception Report et Recycling Frameworks Options*, PNUD Botswana, Gaborone et New York.

Scheinberg, A. et J. Ijgosse (2004), « Waste Management in the Netherlands », Rapport préparé pour UNITRABALHO, Recife, Brésil, WASTE, Gouda, Pays-Bas.

Scheinberg, A. et A.P.J. Mol (2010), « Multiple Modernities; transitional Bulgaria and the ecological modernisation of solid waste management », *Environment and Planning, C: Government and Policy*, vol. 28, n° 1, pp. 18-36.

Scheinberg, A. et J. Nesic (2014), « Engaging Informal Recyclers in Europe: Status and Report of a Consultation », Document présenté lors du Congrès mondial de 2014 de l'ISWA, 7-9 septembre 2014, São Paulo, Brésil, *www.ISWA.org*.

Scheinberg, A. et A. van de Klundert (2005), *ISWM Case Study: Developing the Dar es Salaam – UNIDO Recycling Processing Centre*, Organisation des Nations Unies pour le développement industriel (ONUDI), Vienne, Autriche, *www.waste.nl*.

Scheinberg, A. et al. (2007a), « Assessment Report: Needs of Roma Collectors and Other Stakeholders in the PEP SE Region for Training, Technical Assistance, and Financial Services and Recommendations for Programmatic Response », Préparé pour le Recycling Linkages Private Enterprise Programme South East Europe (PEP SE) de la Société financière internationale, Skopje, Macédoine.

Scheinberg, A. et al. (2007b), « Economic Aspects of the Informal Sector in Solid Waste », Projet de compte rendu de recherche non publié, Coopération technique allemande, Eschborn, Allemagne, disponible sur *www.waste.nl* et *www.GIZ.de* (NB: révisé et publié par les mêmes auteurs en 2010).

Scheinberg, A. et al. (2008), *Closing the Circle, Bringing Integrated Sustainable Waste Management Home*, VNG International, La Haye, Pays-Bas, 2008.

Scheinberg, A. et al. (2010a), *Economic Aspects of the Informal Sector in Solid Waste*, Final Report and Annexes, GIZ (Agence allemande de coopération internationale), CWG (Collaborative Working Group on Solid Waste Management in Low- and Middle-income Countries), et Ministère fédéral des Affaires étrangères, Eschborn, Allemagne, *www.GIZ.de*.

Scheinberg, A. et al. (2010b), *Solid Waste Management in the World's Cities, UN-Habitat's Third Global Report on the State of Water and Sanitation in the World's Cities*, Earthscan Publications, Newcastle-on-Tyne, Royaume-Uni.

Scheinberg, A. et J. Anschütz (2007), « Slim pickin's: Supporting waste pickers in the ecological modernisation of urban waste management systems », *International Journal of Technology Management and Sustainable Development*, vol. 5, n° 3, pp. 257-2-70.

Schmied, E. et al. (2011), « Formalisation options for informal sector activities and their legal requirements in central europe », Document présenté lors du Treizième symposium international sur la gestion et l'enfouissement des déchets, Sardaigne, 2011, BOKU, Institute of Waste Management, University of Natural Resources and Life Sciences, Vienne, Autriche, *www.transwaste.eu*.

SFI (2008), « The IFC Recycling Linkages Programme ». Présentation réalisée lors de l'atelier du CWG à Cluj-Napoca, Roumanie, 20-2-2 février, 2008, Société financière internationale, *www.greenpartners.ro*.

Shove, E. (2003), *Comfort, Cleanliness and Convenience: The Social Organization of Normality (New Technologies/New Cultures)*, Berg Publishers, Royaume-Uni.

Simpson, M. (1993), « Lapaks and bandars convert msw in indonesia », Biocycle, juin 1993.

Simpson-Hebert, M. et al. (2005), *A Paper Life*, WEDC, Loughborough University, Loughborough, Royaume-Uni.

Smink, C.K. (2002), « Modernisation of Environmental regulations. End-of-Life Vehicle regulations in the Netherlands and Denmark », Thèse de doctorat, Université d'Aalborg (Danemark), Aalborg.

Soos, R. et C. Popovici (2008), « Planning in the real world, challenges of sustainable and affordable modernisation in the solid waste sector », rapport de l'atelier international du CWG, Cluj-Napoca,

Roumanie, 22 et 23 février 2008, Green Partners, str. Fintinele 18, 400294 Cluj-Napoca, Roumanie, *www.greenpartners.ro*.

Soos, R. et al. (2014), *Structural Integration of the Informal Sector into the Municipal Solid Waste Management Sector in Tunisia*, Inception Report, Project; document non publié, Agence allemande de coopération internationale, Eschborn, Allemagne.

Spaargaren, G. (1997), « The ecological modernization of production and consumption », Essays in Environmental Sociology, Thèse de doctorat, Université de Wageningue, Wageningue.

Spaargaren, G. et B. van Vliet (2000), « Lifestyles, Consumption and the Environment. Ecological Modernisation of Domestic Consumption », *Environmental Politics*, vol. 9, n° 1, pp. 50-77.

Spaargaren, G. et al. (2005), « Mixed modernities: Towards viable urban environmental infrastructure development in East Africa », document d'orientation, Environmental Policy Group, Université et centre de recherche de Wageningue, Wageningue, Pays-Bas.

Stewardship Community (s.d.), *Best Spraying Practices, Triple-rinse system, www.stewardshipcommunity.com/en/best-spraying-practices.html.*

Strasser, S. (1999), *Waste and Want. A Social History of Trash*, Henry Holt and Company, New York.

Tasheva, E. (2012), « Présentation sur le recyclage informel en Bulgarie », (en anglais), effectuée lors de la réunion de clôture de TransWaste à Budapest, septembre 2012.

Tompkins County New York (2012), *Case Study for the USEPA Zero Waste Initiative.*

Tompkins County, New York (1995), *Tompkins County Solid Waste Management Plan.*

Van de Klundert, A. et I. Lardinois (1994), *Informal resource recovery: The pros and cons*, WASTE, Gouda.

Van Eerd, M. (1996), « The occupational health aspects of waste collection and recycling: A survey of the literature », *UWEP Working Document*, n° 4, Part I, WASTE, Gouda.

Van Vliet, B. (2002), « Greening the grid. The ecological modernisation of network-bound systems », Thèse de doctorat, Université de Wageningue, Pays-Bas.

Van Vliet, B. et al. (2005), *Infrastructures of Consumption*, Earthscan Publications Ltd., Newcastle-on-Tyne, Royaume-Uni.

Vega, V.R. (2007), *Gestio n de residuos electro nicos en Costa Rica: sistematizacio n de la experiencia Proyecto Bilateral Costa Rica-Holanda Fase I y II, 2003-2007* [Gestion des déchets électroniques au Costa Rica : systématisation de l'expérience du projet bilatéral Costa Rica-Pays-Bas – Phases I et II, 2003-2007, ACEPESA, San José, Costa Rica, et WASTE, Pays-Bas.

Velis, C.A. et al. (2012), « An analytical framework and tool ('InteRa') for integrating the informal recycling sector in waste and resource management systems in developing countries », *Waste Management Research*, vol. 30, pp. 4366, *http://wmr.sagepub.com/content/30/9_suppl/43.*

Velis, C.A. et al. (2009), « 19th century London dust-yards: A case study in closed-loop resource efficiency », *Waste Management*, vol. 29, pp. 1282-1290.

WASTE (2010), Matériel didactique sur la gestion durable intégrée des déchets (ISWM), comprend une formation accélérée de cinq jour sur l'ISWM, trois jours de formation sur le recyclage, le compostage et les déchets spéciaux, deux jours de formation sur les aspects économiques et financiers de la gestion intégrée des déchets, mis au point dans le cadre du projet Fair Waste Practices in South Serbia. WASTE, Gouda, Pays-Bas.

WIEGO (2015), *Femmes dans l'Emploi Informel : Globalisation et Organisation* (WIEGO), *http://wiego.org/francais.*

Williams, E. et al. (2013), « Linking informal and formal electronics recycling via an interface organization », *Challenges*, Vol. 4, n° 2, pp. 136-153.

Wilson, D. (2007), « Development Drivers for Waste Management », *Waste Management and Research*, vol. 25, pp. 198-207.

Wilson, D. et al. (2010), *Comparative Analysis Of Solid Waste Management In Cities Around The World*, UK Solid Waste Association, novembre 2010.

Wilson, D. et al. (2006), « Role of informal sector recycling in waste management in developing countries », Habitat International, vol. 30, pp. 797-808.

La responsabilité élargie du producteur
Une mise à jour des lignes directrices pour une gestion efficace des déchets

ANNEXE A

Les systèmes de recyclage de téléviseurs et d'ordinateurs en Australie[1]

par
Bruce Edwards *et* Declan O'Connor-Cox

	RÉCAPITULATIF
Répartition des coûts	Pas de données sur les dépenses des collectivités locales.
Couverture des coûts	Dispositif compétitif répondant aux lois du marché, les autorités australiennes ne participent pas à la sous-traitance des services ni à la fixation des redevances.
Rôle de l'État	• Accréditation des structures coréglementaires ; • administration du dispositif : vérification que les parties responsables respectent leurs obligations, approbation des structures coréglementaires et suivi des résultats, en particulier des objectifs de collecte et de valorisation matières ; • les autorités peuvent imposer des sanctions civiles et financières en cas de non respect des obligations ; • suivi et consultation des parties prenantes pour procéder éventuellement à des réexamens.
Performances environnementales	En 2012-2013, 40 813 tonnes de déchets électroniques ont été recyclées, soit 98.8 % de l'objectif (41 327 tonnes) et près du double de téléviseurs et d'ordinateurs recyclés par an avant la mise en œuvre du dispositif. En 2013-2014, 52 736 tonnes de déchets électroniques ont été recyclés, l'objectif fixé de 43 430 tonnes a été dépassé de plus de 9 300 tonnes.
Incitations à l'éco-conception	Objectif de valorisation matières de 90 % depuis le 1er juillet 2014 (quasiment rempli).
Rapport coût efficacité	• Bénéfice net estimé compris entre 517 et 742 millions USD sur la période 2009 à 2030. • On dispose de peu de données sur le recyclage des déchets électroniques en dehors du dispositif. Les données préalables à sa mise en œuvre indiquaient un taux de recyclage de 17 %, qui ont pu dans certains cas être absorbés dans le dispositif.

1. Description de la REP

a) Contexte juridique

La *National Waste Policy: Less waste, more resources* a été adoptée par le gouvernement de l'Australie, les États, les Territoires et les collectivités locales en novembre 2009. Elle répertorie 16 domaines principaux sur lesquels doivent porter les efforts et a instauré une loi nationale sur la bonne gestion des produits afin d'institutionnaliser les différents dispositifs volontaires qui existaient à ce moment-là. C'est ainsi qu'a été créée la *Product Stewardship Act 2011* (ci-après appelée la Loi) en août 2011, qui forme un cadre national pour les dispositifs de bonne gestion des produits volontaires, coréglementaires et obligatoires. Lancé en 2012, le *National Television and Computer Recycling Scheme* (appelé ci-après le dispositif) est le premier dispositif coréglementaire institué au titre de la Loi. Les conditions et les résultats propres à ce dispositif sont définis dans des réglementations annexes, les *Product Stewardship (Televisions and Computers) Regulations 2011*, qu'il est plus simple de modifier que la Loi générale.

b) Répartition des responsabilités (répartition des rôles et des flux financiers)

Le dispositif impose aux fabricants et aux importateurs (les parties responsables) de téléviseurs, d'ordinateurs et de périphériques informatiques de financer la collecte et le recyclage d'une partie des produits éliminés chaque année en Australie (selon un pourcentage qui augmente progressivement, correspondant à la part des déchets, il était de 35 % en 2014-15). Les entreprises qui importent ou fabriquent un volume de ces produits inférieur à un certain seuil (fixé pour l'importation à 5 000 téléviseurs et/ou ordinateurs et 15 000 pièces/périphériques informatiques) ne sont pas tenues d'y participer. Le recyclage prévu par le dispositif est fourni gratuitement aux ménages et aux petites entreprises qui déposent les produits en fin de vie dans les services de collecte mis à disposition par les entreprises du secteur. Il est demandé aux parties responsables de rejoindre et de financer des structures coréglementaires, qui sont chargées d'organiser et de proposer des services de collecte et d'effectuer le recyclage au nom des parties responsables. Elles doivent également informer le public de l'existence des services de collecte et des produits acceptés. Les structures coréglementaires doivent être accréditées par le gouvernement. Trois organismes ont été approuvés en 2011-12, qui gèrent 635 sites de collecte. Deux autres ont été approuvés en 2012-13. Ils peuvent décider de sous-traiter la collecte, la logistique ou le recyclage à des tiers, qui revendront ensuite les matières valorisées sur les marchés nationaux et internationaux. Les déchets électroniques qui ne sont pas couverts par le dispositif demeurent sous la responsabilité constitutionnelle des États et des Territoires et donc, des collectivités locales. En 2013-14, ces dernières ont été chargées de gérer 67 % de déchets électroniques provenant des téléviseurs et des ordinateurs. Ce taux diminuera progressivement, au fur et à mesure de l'augmentation des objectifs de collecte financée par le secteur. Plus de 200 collectivités locales ont à ce jour établi un partenariat avec des structures coréglementaires pour fournir des services couverts par le dispositif. Il leur appartient également d'approuver et d'autoriser les conditions de collecte et de recyclage des déchets afin de garantir la protection des consommateurs et de l'environnement.

c) Système de gouvernance

Le dispositif en place est de type coréglementaire et non obligatoire ou volontaire, autres modes d'action également envisagés par la Loi. Selon l'approche coréglementaire, les opérations de bonne gestion des produits sont menées par le secteur et réglementées par le gouvernement australien. Le gouvernement australien administre le dispositif en veillant à ce que les parties responsables respecte leurs obligations, en approuvant les structures coréglementaires et en surveillant leurs résultats, notamment la réalisation des objectifs de collecte et de valorisation matières. Les structures coréglementaires rendent compte directement au gouvernement. Les parties responsables qui ne respectent pas leur obligation de s'affilier à une structure coréglementaire sont passibles de sanctions civiles, d'injonctions ou de pénalités financières pouvant atteindre le montant de l'affiliation à une structure administrée par le gouvernement. La Loi prévoit aussi des sanctions pour les structures coréglementaires qui ne fournissent pas l'un des résultats fixés par le dispositif, qui vont de l'émission d'une notification d'amélioration à l'annulation de leur approbation, en dernier recours.

2. Efficacité environnementale

a) Taux de collecte et de recyclage

En 2013, une révision du dispositif a défini un objectif unique de recyclage pour tous les produits couverts afin que les structures coréglementaires bénéficient de davantage de souplesse dans la gestion des risques et que les activités de collecte répondent davantage aux dépôts de déchets électroniques effectués par les ménages et les petites entreprises.

L'objectif de recyclage des déchets électroniques du secteur a été fixé à 30 % en 2012-13. Au cours de la première année du dispositif, 40 813 tonnes de téléviseurs et d'ordinateurs ont été recyclés, soit 98.8 % de l'objectif (de 41 327 tonnes) et près du double du volume recyclé par an avant la mise en œuvre du dispositif. Le taux de recyclage a augmenté au cours de l'exercice, au fur et à mesure que les structures coréglementaires mettaient en place des services de collecte et passaient des contrats avec des prestataires de recyclage.

Les objectifs annuels doivent évoluer en fonction du volume total de déchets estimé pour une année selon un calcul indiqué dans les Réglementations[2]. Il est prévu que les objectifs augmentent progressivement pour atteindre 80 % en 2021-22. Le graphique A.1 montre la proportion de téléviseurs et d'ordinateurs couverts par le dispositif par rapport au volume de déchets total prévu pour une année.

Graphique A.1. **Projections des déchets de 2011-12 à 2023-24, proportions prises en compte ou non dans les objectifs de recyclage annuel du dispositif**

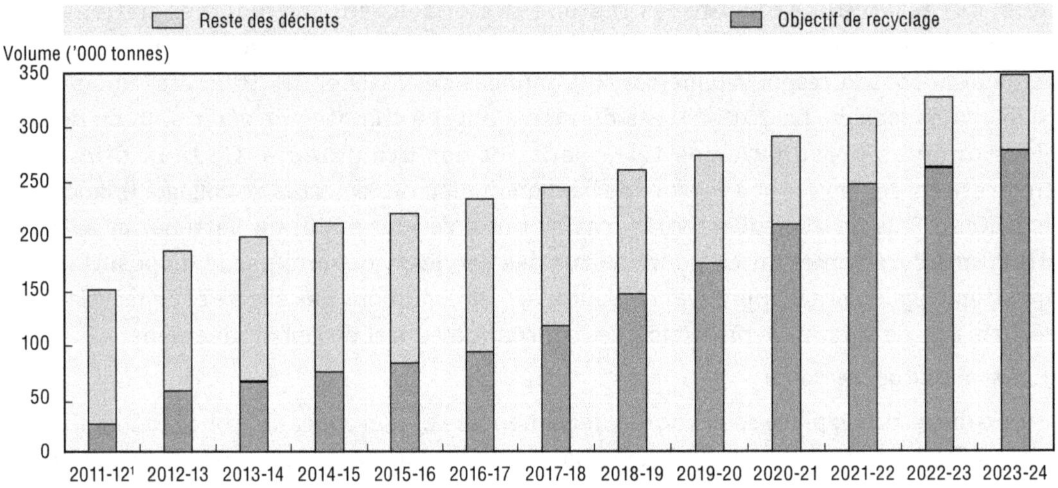

Note : Les projections sont actualisées dans le cadre de la révision opérationnelle en cours.
Source : Bruce Edwards and Declan O'Connor-Cox (2014), The Australian National Television and Computer Recycling Scheme, Case study prepared for the OECD, *www.oecd.org/env/waste/gfenv-extendedproducerresponsibility-june2014.htm.*

b) Éco-conception

Un objectif de valorisation matières de 90 % est défini depuis le 1 juillet 2014. Il correspond à la proportion de composants et de matières issus des téléviseurs et des ordinateurs qui sont valorisés après le recyclage pour être transformés en produits et matières utilisables. Il vise à diminuer la quantité de matières post-recyclage envoyée dans les décharges et à accroître la qualité du recyclage. Les résultats actuels des prestataires de recyclage dépassent généralement les 90 %, mais certains recycleurs individuels de déchets électroniques doivent améliorer leurs services afin d'être sûrs de satisfaire systématiquement cet objectif.

Après le lancement du dispositif, Standards Australia[3] a élaboré en 2013 la norme australo-néo-zélandaise « *Collection, storage, transport and treatment of end-of-life electrical and electronic equipment* » *(Standard 5377)*, qui précise les conditions sûres et respectueuses de l'environnement applicables à la collecte, au stockage, au transport et au traitement du matériel électrique en fin de vie. L'application de cette norme devrait maximiser la réutilisation et la valorisation matières lors du recyclage, diminuer ou supprimer le volume de déchets envoyés dans les décharges, protéger la santé des travailleurs du secteur et minimiser les risques potentiels pour l'environnement. Les mesures incitatives pour les entreprises sont d'ordre financier. Elles encouragent à alimenter le marché des matières valorisées afin de compenser les coûts de recyclage. La révision opérationnelle menée actuellement envisage toutefois de rendre obligatoire l'accréditation à la norme.

3. Efficience économique (y compris en termes de concurrence)

a) Rapport coût-efficacité

Les autorités australiennes ont mené une analyse de coût/avantages en 2009 dans le cadre du Regulatory Impact Statement (RIS), selon laquelle le dispositif mis en place pour les téléviseurs et les ordinateurs rapporterait un bénéfice net compris entre 517 et 742 million USD sur la période 2008-09 à 2030-31.

La responsabilité financière des fabricants et importateurs est déterminée par un code particulier attribué aux produits importés. Chaque code est associé à un facteur de conversion qui correspond au poids moyen du type de produit, actualisé au fur et à mesure des avancées technologiques[4]. Les structures coréglementaires fixent les redevances demandées aux parties responsables selon des conditions de marché libres et concurrentielles et aucune part fixe des coûts ne doit être couverte.

b) Fuites et passagers clandestins

Le suivi effectué par le gouvernement australien et les données reçues depuis le lancement du dispositif montrent que les conditions de celui-ci sont mises en œuvre de façon très complète. Il a été constaté qu'une majorité d'importateurs et de fabricants responsables ont rempli leur obligation de s'affilier à une structure coréglementaire.

c) Échanges et concurrence

Le dispositif favorise la concurrence dans le secteur du recyclage des déchets électroniques. Celui-ci s'élargissant, les parties prenantes, dont les structures coréglementaires et les recycleurs, ont formé des partenariats pour tirer parti de ce développement et ont accru les activités de recyclage. Outre la mise au point et l'accroissement des capacités de recyclage locales, certaines branches du secteur se spécialisent dans des domaines précis de la valorisation et du recyclage.

4. Principales difficultés et réformes éventuelles

Les entreprises fabricant des téléviseurs et des ordinateurs innovent et améliorent constamment les technologies pour mettre de nouveaux produits à la disposition des consommateurs. Cela peut conduire à une variation des codes produits et des facteurs de conversion qui attribuent un poids estimatif à chaque type de produit. Les codes produits et les facteurs de conversion feront l'objet d'un suivi et d'un examen continus. Une enquête sectorielle portant sur les produits et leur poids sera conduite tous les deux à trois ans afin de modifier éventuellement les réglementations.

Notes

1. Document complet : The Australian National Television and Computer Recycling Scheme, étude de cas préparée pour l'OCDE, disponible à l'adresse *www.oecd.org/env/waste/gfenv-extendedproducerresponsibility-june2014.htm*.
2. Basé sur le poids moyen des importations au cours des trois dernières années multiplié par 0.9, en partant du principe que la majorité des téléviseurs et ordinateurs importés sont achetés pour remplacer un produit qui rejoint ensuite le flux des déchets.
3. Organisation non gouvernementale qui travaille avec l'État et le secteur afin que le pays respecte les normes internationales et qui publie des spécifications et des procédures visant à garantir que les produits, les services et les systèmes sont sûrs, conformes et fiables.

4. Ce facteur de conversion, calculé en fonction du nombre d'unités importées, a pour objectif de faire correspondre approximativement les données rassemblées par le service des Douanes australien aux mesures utilisées par l'industrie du recyclage, calculées en fonction du poids de pièces recyclées. La conversion des données chiffrées des produits importés en données de produits au poids permet d'obtenir des informations plus fiables et plus significatives pour définir les objectifs de recyclage.

La responsabilité élargie du producteur
Une mise à jour des lignes directrices pour une gestion efficace des déchets

ANNEXE B

La REP pour les pneus usagés en Flandre (Belgique)

par

Ovam (société publique des déchets de la Région flamande)[1]

	RÉCAPITULATIF
Répartition des coûts	Les opérations de gestion des déchets sont entièrement financées par des redevances environnementales payées par les consommateurs et versées à Recytyre. Les municipalités ne sont pas responsables financièrement des pneus usagés étant donné qu'ils ne sont pas répertoriés comme des déchets ménagers.
Couverture des coûts	Les redevances environnementales payées par les consommateurs couvrent la totalité des opérations de collecte et de traitement des pneus usagés.
Rôle de l'État	• Observateur au sein du conseil d'administration et de l'assemblée générale de Recytyre ; • conseiller et évaluateur des plans de gestion, de financement et de communication de Recytyre ; • suit les activités des parties prenantes (producteurs, intermédiaires, vendeurs, Recytyre) et évalue la réalisation des objectifs ; • effectue des inspections régulières et en cas de non-respect des obligations ; • une division de l'OVAM peut appliquer des sanctions financières en cas de non-respect des obligations.
Performances environnementales	• Volume des déchets collectés en Flandre : 51 375 tonnes. • Sur la totalité du volume collecté : ❖ matières valorisées (= réutilisation, rechapage et recyclage), en Belgique : 84.96 % ; ❖ valorisation énergétique, en Belgique : 15.04 % ❖ dépôts dans les décharges : 0
Incitations à l'éco-conception	• Communication sur la pression des pneus ; • la Belgique ne produisant pas de pneus, il est difficile de promouvoir l'éco-conception.
Rapport coût efficacité	• Efficience économique : bénéfice net de 3 976 971 EUR en 2012.

1. Description de la REP

a) Contexte juridique

En Flandre, le Devoir d'acceptation a été institué en 1994 comme instrument de la REP dans le cadre de la politique des déchets. Il garantit que ceux qui produisent et commercialisent des produits assument la responsabilité de la collecte et du traitement des déchets correspondants. Pour qu'il soit mis en œuvre, un premier accord de politique environnementale (MBO) a été conclu entre l'État et les fabricants de pneus le 22 mai 2000, qui a été remplacé en 2003. Un nouvel accord, qui couvre les pneus de remplacement ainsi que les pneus d'origine, à l'exception des pneus de vélo, est entré en vigueur en 2010. Enfin, le 1 juillet 2012, la Réglementation flamande sur la gestion durable des matières et des déchets (Décret matières ou VLAREMA) a encore étoffé le cadre juridique du Devoir d'acceptation et des principes de la REP.

b) Gouvernance et mise en application

L'OVAM, la société publique des déchets de la Région flamande, est chargée de mettre en œuvre la politique des déchets. Elle participe en tant qu'observateur au conseil d'administration et à l'assemblée générale de Recytyre[2], apporte des conseils et approuve chaque année les plans de gestion, d'action, de financement et de communication de l'organisme. Les fabricants, les intermédiaires, les vendeurs et l'organisme de gestion des déchets transmettent toutes les données nécessaires à l'OVAM (dont le volume de pneus usagés et de pneus à réutiliser collectés et la manière dont ils ont été traités). La société publique évalue ensuite la mise en œuvre du Droit d'acceptation et la réalisation des objectifs, puis rend compte au gouvernement flamand et au Parlement flamand. Elle effectue en outre régulièrement des inspections pour vérifier l'application du Droit d'acceptation (deux inspecteurs ont ainsi contrôlé le secteur des transports en 2011). Si une entreprise est réputée ne pas respecter ses obligations, elle reçoit une recommandation à appliquer la législation en question. Les comptes de l'OVAM sont vérifiés par une entreprise externe. Enfin, la société rend compte de l'application du système de REP en matière de pneus usagés au gouvernement flamand et au Parlement flamand.

c) Répartition des responsabilités (répartition des rôles et des flux financiers)

Lors de l'achat d'un pneu, les consommateurs paient une redevance environnementale qui servira à financer la collecte et le traitement des pneus usagés. Le Droit d'acceptation impose aux vendeurs de reprendre gratuitement le produit rapporté par le consommateur. Les intermédiaires ont également l'obligation de reprendre gratuitement les produits rapportés par les vendeurs, proportionnellement au volume de produits qu'ils leur avaient initialement fourni. Les responsabilités des intermédiaires et des vendeurs comprennent aussi la facturation aux consommateurs des redevances environnementales et l'établissement de relations avec les opérateurs de transport agréés par Recytyre.

Les fabricants sont tenus de reprendre gratuitement les déchets collectés par les vendeurs et les intermédiaires et de vérifier que le volume de pneus usagés collectés et valorisés est proportionnel à celui qui a été mis sur le marché initialement. En 1998, les principaux fabricants de pneus opérant sur le marché belge ont créé l'organisme à but non lucratif Recytyre (la loi n'impose pas d'accréditation), qui gère en leur nom la gestion des déchets (collecte, tri et traitement des pneus usagés), ainsi que l'établissement de rapports et les activités de prévention et de sensibilisation. En 2012, Recytyre comptait 663 membres actifs, 51 partenaires (chargés de la collecte), 5 357 points de collecte en service et 234 usines de traitement. Recytyre a passé un accord avec les entreprises de collecte pour le ramassage et le traitement des pneus usagés et rémunère leurs activités de collecte et de recyclage. Des recycleurs privés, choisis librement par les entreprises de collecte, sont chargés des opérations de réemploi et de retraitement des pneus usagés.

Les municipalités n'ont pas l'obligation d'organiser la collecte des pneus usagés, car ils ne sont pas considérés comme des déchets ménagers. La plupart d'entre elles ont toutefois conclu un accord avec Recytyre afin que les pneus usagés soient ramassés gratuitement.

2. Efficacité environnementale

a) Taux de collecte et de recyclage

Tous les pneus usagés disponibles pour la reprise sont collectés selon un taux correspondant à la totalité du volume de pneus neufs mis sur le marché au cours de la même année. Le taux de réemploi, de rechapage et de recyclage des pneus usagés devrait atteindre au moins 55 % et les éléments résiduels devraient être incinérés et permettre une valorisation énergétique de 45 % au maximum. L'imposition d'une taxe d'incinération et la législation autorisant l'utilisation de granulats de caoutchouc pour le remplissage des terrains de sport synthétiques favorisent le réemploi et le recyclage. La mise en décharge des pneus usagés est interdite.

La REP des pneus usagés a fortement contribué à diminuer le volume des pneus usagés mis en décharge, qui est aujourd'hui quasiment nul. Étant donné que les consommateurs paient une redevance environnementale lors de l'achat de pneus et qu'ils n'ont ensuite pas à repayer pour les faire enlever, pratiquement plus aucun pneu n'est déposé en décharge dans la Région flamande. D'après le rapport d'évaluation 2011[3], 88 % des déchets pneumatiques sont ramassés, ce qui signifie que l'objectif de collecte est rempli. Si l'on s'intéresse uniquement au marché du remplacement, on constate que l'on atteint un taux de collecte de 99 %. On voit ainsi que les pneus d'origine sont moins largement ramassés, ce qui peut s'expliquer par le fait que les véhicules correspondant sont généralement exportés et qu'ils ne sont pas traités en Belgique comme des véhicules en fin de vie (sauf pour les camions, les tracteurs et les engins de construction). Les objectifs de recyclage sont généralement remplis. Les pneus usagés sont toutefois souvent recyclés à l'étranger car la Flandre compte peu de capacités de recyclage. Il existe de surcroît une forte demande de pneus usagés belges, considérés comme étant de bonne qualité, facilement disponibles et en grande quantité, ce que reflète d'ailleurs le volume croissant de pneus usagés réutilisés et rechapés. Ainsi que le montre le graphique B.1, lorsque Recytyre a commencé en 2006 à financer et à collecter davantage de types de pneus, tels que ceux destinés aux engins agricoles, au génie civil, à l'industrie et aux motos, les pneus usagés servaient principalement à la valorisation énergétique. Le recyclage a progressivement augmenté et représente à présent l'opération la plus fréquemment effectuée.

Graphique B.1. **Recyclage et valorisation énergétique des pneus usagés en Belgique, en pourcentage, de 2006 à 2011**

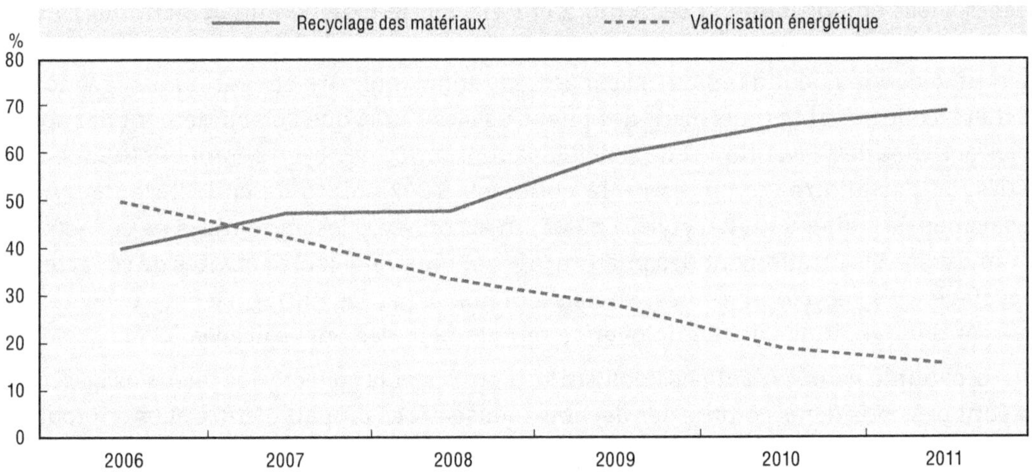

Source : OVAM (2014), Extended producer responsibility. The case of used tyres in Flanders (Belgium), Case study prepared for the OECD, *www.oecd.org/env/waste/gfenv-extendedproducerresponsibility-june2014.htm*.

b) Éco-conception

La REP des pneus usagés a pour objectif de diminuer le plus possible l'impact sur l'environnement des déchets des pneus au moyen de l'éco-conception et de la prévention, de la collecte et du traitement sélectifs, et en privilégiant le réemploi, le retraitement ou le recyclage dans la mesure du possible. Recytyre communique sur l'importance de la pression des pneus pour prolonger la durée de vie de ces derniers. Il demeure toutefois difficile d'influer directement sur la conception, aucun pneu n'étant fabriqué en Belgique.

3. Efficience économique

a) Rapport coût-efficacité

Lors de l'achat de pneus, les consommateurs paient une redevance qui est reversée à Recytyre par les fabricants et couvre l'intégralité des opérations de collecte et de traitement des pneus usagés. La redevance, qui dépend du type de pneu, s'échelonne de 1.32 EUR, TVA de 21 % comprise (pour les pneus de moto, par exemple) à 794.37 EUR TVA comprise (pour les pneus des engins de travaux et de construction, par exemple)[4]. La redevance apparaît distinctement sur le récépissé remis aux consommateurs.

En 2012, Recytyre a enregistré un bénéfice net de 3 976 971 EUR, un chiffre assez stable au cours des dernières années (voir le tableau B.1). Les produits et les charges ont diminué d'environ 15 % de 2011 à 2012. La baisse des produits est largement imputable à la diminution du nombre de pneus vendus sur le marché de remplacement en raison de la crise économique, qui a parallèlement entraîné une réduction des coûts de collecte et de traitement, le nombre de pneus ramassés ayant diminué. Les charges de la société ont toutefois légèrement augmenté à la suite d'un accroissement de ses effectifs, Recytyre voulant mener un contrôle plus strict des activités des opérateurs. Le bilan reflète la forte croissance affichée par la société au cours des trois dernières années, alors que ses capitaux propres étaient devenus négatifs après les pertes considérables enregistrées en 2006, 2008 et 2009. Recytyre s'est redressée grâce à l'adoption de différentes mesures, telles que l'augmentation de la redevance environnementale et la diminution de certaines charges. La société dispose aujourd'hui d'une solide assise financière qui lui permet d'assurer la viabilité de ses activités dans les prochaines années. Elle mène actuellement une restructuration opérationnelle et financière et les chiffres indiqués dans le tableau ci-dessous risquent par conséquent de ne pas pouvoir servir de référence pour les résultats financiers des prochaines années.

Tableau B.1. **Situation financière de Recytyre, 2010 à 2012**

		2010	2011	2012
BILAN	Immobilisations	357 638	464 463	466 989
	Effets à recevoir	5 476 725	4 695 648	4 870 402
	Trésorerie et équivalents de trésorerie	5 492 845	11 622 078	15 063 611
	Actif total	**11 327 208**	**16 782 190**	**20 401 002**
	Capitaux propres	284 055	4 913 089	8 890 060
	Provisions	0	6 888 000	7 499 000
	Dettes	11 043 153	4 981 101	4 011 941
	Passif total	**11 237 208**	**16 782 190**	**20 401 002**
COMPTE DE RÉSULTAT	**Produits**	**24 247 611**	**27 058 201**	**22 627 668**
	Charges d'exploitation	19 823 214	14 837 540	17 098 614
	Provisions	0	6 888 000	611 000
	Autres charges	514 234	734 292	1 060 671
	Total des charges	**20 337 448**	**22 459 832**	**18 770 285**
	Résultat	-60 719	30 665	119 588
	Bénéfice	**3 849 444**	**4 629 033**	**3 976 971**

Source : OVAM (2014), Extended producer responsibility. The case of used tyres in Flanders (Belgium), Case study prepared for the OECD, *www.oecd.org/env/waste/gfenv-extendedproducerresponsibility-june2014.htm*

b) Fuites et passagers clandestins

Les passagers clandestins (les producteurs qui n'appliquent pas le Droit d'acceptation pour les pneus usagés) reçoivent une visite des inspecteurs de l'OVAM, puis une notification écrite leur rappelant leurs obligations légales. Si les passagers clandestins ne se mettent pas en conformité, les inspecteurs établissent une déclaration écrite de non-respect des obligations. La division Protection de l'environnement, Dommages environnementaux et Gestion de crise (Afdeling Milieuhandhaving, Milieuschade en Crisisbeheer, AMMC) fixe ensuite le montant de l'amende au cas par cas, compris entre 200 et environ 5 000 EUR.

c) *Échanges et concurrence*

Recytyre étant le seul organisme de gestion des déchets pour les pneus usagés en Région flamande[5], il ne se trouve pas en situation de concurrence. Le marché de la collecte et du traitement des pneus usagés est soumis au libre jeu des mécanismes du marché. Chaque opérateur de collecte peut participer au système et sera financé par Recytyre s'il suit les lignes directrices établies par la société. Les pneus usagés ramassés en Flandre sont souvent recyclés à l'étranger, la région disposant de peu de capacités pour traiter ces flux de déchets. Cela n'a pas posé de problème jusqu'à présent car tous les pneus usagés collectés sont traités, d'autant qu'il existe une forte demande de pneus usagés en provenance de Belgique, réputés pour leur qualité et leur disponibilité.

4. Principales difficultés et réformes éventuelles

Des améliorations pourraient être apportées au dispositif afin que le montant de la redevance pour les pneus des camions soit plus adapté. Cependant, compte tenu des redevances demandées dans les pays voisins, Recytyre hésite à augmenter les siennes, une hausse risquant en effet d'inciter les consommateurs à acheter leurs pneus dans les pays où les redevances sont moins élevées, voire inexistantes pour les pneus de camion. Il n'existe par ailleurs jusqu'à présent pas de marché des pneus rechapés pour les véhicules de tourisme.

Une révision du MBO est effectuée tous les cinq ans afin de tenir compte des progrès technologiques.

Notes

1. Document complet : Extended producer responsibility. The case of used tyres in Flanders (Belgium), étude de cas préparée pour l'OCDE, disponible à l'adresse : *www.oecd.org/env/waste/gfenv-extendedproducerresponsibility-june2014.htm.*
2. Organisme à but non lucratif de gestion des pneus usagés exécutant les opérations de reprise pour les représentants de la région flamande, de la région wallonne et de la région Bruxelles-Capitale.
3. Voir l'« Evaluatierapport 2011 » à la ligne « banden », disponible à l'adresse : *www.ovam.be/stand-van-zaken-aanvaardingsplicht.*
4. La liste détaillée des redevances les plus récentes (2009) par type et taille de pneu peut être consultée sur le site Web de Recytyre.
5. À l'exception du système de REP des pneus usagés des véhicules en fin de vie, dans lequel Febelauto est l'organisme de gestion des déchets.

La responsabilité élargie du producteur
Une mise à jour des lignes directrices pour une gestion efficace des déchets

ANNEXE C

La REP relative aux déchets d'équipements électriques et électroniques au Canada

par
Jacinthe Séguin, Division de réduction et de la gestion des déchets,
Environnement Canada[1]

	RÉCAPITULATIF
Gouvernance Répartition des coûts	• Les provinces (ministères de l'Environnement ou organismes mandatés) définissent les réglementations relatives à la responsabilité élargie des producteurs (REP) de la filière des déchets d'équipements électriques et électroniques (DEEE)
Rôle des autorités provinciales	• Élaborer et administrer les réglementations encadrant les DEEE ; • fixer des objectifs de performance pour les matières concernées ; • examiner et approuver les plans de bonne gestion du secteur ; • suivre et superviser les opérations menées ; • proposer des mesures de mise en œuvre et de respect des obligations.
Répartition des coûts	• Les redevances versées par les producteurs sont répercutées sur les consommateurs (de 3 à 15 CAD par ordinateur selon les provinces, par exemple) • Les coûts les plus importants sont les paiements effectués aux entreprises de collecte (59 à 150 CAD la tonne), aux transporteurs (40 à 200 CAD la tonne) et aux opérateurs chargés du traitement (150 à 700 CAD la tonne). Selon les provinces, le montant total des coûts s'échelonne de 350-870 CAD la tonne à 880-1 030 CAD la tonne[2]. • Les coûts indirects (supervision et suivi, sensibilisation et mise en œuvre) représente de 15 à 25 % du coût total.
Prise en charge des coûts	Selon les provinces, les coûts d'exploitation varient de 1 105 à 1 822 CAD la tonne.
Performances environnementales	125 000 tonnes de produits électroniques en fin de vie ont été collectées en 2012 et les quantités de DEEE collectés ne cessent d'augmenter au fil des ans.
Incitations à l'éco-conception	-
Rapport coût efficacité	• La plupart des programmes sont désormais financièrement viables. • En Colombie britannique, le système de REP a augmenté le PIB de la province de 110 000 000 CAD.

1. Description de la REP

a) Contexte juridique

En 2009, le Conseil canadien des ministres de l'Environnement (CCME), forum intergouvernemental composé des 14 ministres de l'Environnement des gouvernements fédéral, territoriaux et provinciaux, a mis au point le Plan d'action pancanadien pour la responsabilité élargie des producteurs (PAPREP). Il a pour objectif d'accroître le détournement et le recyclage des résidus solides municipaux en harmonisant les programmes de REP des provinces. Douze principes concernant la bonne gestion des produits électroniques ont en particulier été approuvés afin de soutenir les juridictions des autorités territoriales et provinciales dans l'élaboration des programmes de DEEE. Aujourd'hui, neuf des dix provinces canadiennes disposent de programmes et de réglementations pour les DEEE. Le CCME a reconnu que la REP n'est sans doute pas adaptée aux Territoires isolés du Nord du pays, compte tenu de leur situation géographique particulière et des coûts de transport élevés qu'elle implique, et étudie actuellement d'autres mesures qui permettraient d'obtenir les résultats attendus dans ces régions.

b) Répartition des responsabilités (répartition des rôles et des flux financiers)

Au Canada, ce sont les gouvernements provinciaux qui sont chargés d'élaborer, de suivre et d'administrer les réglementations relatives au traitement des DEEE. Ils fixent des objectifs de performance pour les matières concernées, examinent et approuvent les plans de bonne gestion des produits, suivent et supervisent les opérations des programmes et proposent des mesures destinées au respect des obligations et à la mise en œuvre. Les producteurs (fabricants et importateurs) peuvent financer et mettre en place des programmes individuels de bonne gestion des DEEE ou constituer un éco-organisme à but non lucratif qui coordonnera la bonne gestion des produits en leur nom. Dans les deux cas, ils doivent déclarer les ventes des produits concernés et verser les redevances correspondantes chaque mois à l'éco-organisme ou à l'organisme public chargé de la supervision et établir chaque année un rapport sur les performances globales du programme. Les éco-organismes peuvent effectuer la collecte et/ou mettre en place des sites de dépôt. Ils enregistrent les prestataires de services agréés (les opérateurs chargés du traitement des DEEE et les recycleurs doivent respecter des critères sanitaires et environnementaux minimum et être approuvés par le Bureau de qualification des recycleurs, qui dépend de l'ARPE, l'Association pour le recyclage des produits électroniques) et leur sous-traitent des prestations, et sont chargés de rendre public les rapports de performance et de mener des campagnes d'information et de sensibilisation auprès des consommateurs. Les municipalités peuvent aussi conclure des contrats avec les éco-organismes pour participer au ramassage des DEEE comme prestataires de services. Enfin, les éco-organismes soutiennent les programmes de REP grâce à des politiques d'éco-approvisionnement ou en adoptant des mesures connexes, telles que l'interdiction des décharges.

Le modèle de financement des programmes de REP du Canada repose principalement sur les frais de gestion environnementale, ou écofrais, qui sont régulièrement revus par l'ARPE ou l'organisme provincial chargé du recyclage[3] lorsqu'il existe un programme de REP. Ces frais, payés par les entreprises membres de l'ARPE et répercutés sur les consommateurs lors de l'achat, sont fixés par produit et varient selon les provinces en fonction des coûts de fonctionnement du programme et d'autres facteurs, comme le poids et la quantité des produits, leur composition et la présence de produits orphelins sur le marché. D'après les données d'août 2013, les frais de gestion environnementale prélevés sur les DEEE s'échelonnaient pour des ordinateurs de bureau de 3 CAD en Ontario à 15 CAD en Saskatchewan et au Manitoba. Pour les imprimantes, ils étaient compris entre 4.80 CAD en Alberta et 10.35 CAD en Ontario.

c) Système de gouvernance et sanctions

Ce sont généralement les ministères de l'Environnement des provinces qui établissent les réglementations de la REP des DEEE, se chargent de la supervision du programme et veillent à ce qu'il soit respecté. Dans certaines provinces toutefois, la supervision et la gestion du programme sont déléguées à des organismes mandatés, tels que Waste Diversion Ontario (WDO) et Recyc-Québec, qui dépendent directement des ministères de l'Environnement provinciaux et sont entièrement financés par le secteur. Pour ce qui est des sanctions, seul le Québec applique des sanctions financières aux producteurs qui ne remplissent pas leurs objectifs de collecte (l'obligation sera effective à partir de 2018). Ces amendes, qui peuvent se monter de 10 CAD pour un ordinateur de bureau à 15 CAD pour un écran, sont censées inciter les producteurs à s'affilier à un éco-organisme pour faciliter la gestion de ces produits. En dehors du Québec, la plupart des réglementations prévoient des sanctions d'ordre général en cas de non-respect d'autres obligations. Waste Diversion Ontario peut par exemple retirer son mandat à un éco-organisme dont les résultats sont inférieurs aux objectifs.

2. Efficacité environnementale

a) Taux de collecte et de recyclage

L'ensemble des programmes canadiens de DEEE a permis de collecter 125 000 tonnes de produits électroniques en fin de vie en 2012. Le tableau C.1 indique les volumes collectés dans quelques provinces[4]. En plus du fait de présenter les taux de ramassage par habitant (5.61 kg) et total (75 702 tonnes) les plus élevés, l'Ontario a augmenté son taux de collecte total de l'année précédente de 45 %. D'une manière générale, les provinces améliorent leurs résultats d'année en année. L'expérience canadienne montre ainsi que des approches différentes en matière de collecte, de stratégies de sensibilisation des consommateurs, d'infrastructures et d'accès au marché peuvent coexister et fonctionner, et que les autorités de réglementation prennent en compte les nombreux facteurs susceptibles d'influer sur les résultats de leur juridiction.

Tableau C.1. **Indicateurs de performance des programmes canadiens de DEEE (données issues des rapports annuels 2012)**

Indicateur	Colombie britannique	Alberta	Saskatchewan	Ontario	Nouvelle Écosse	Île du Prince Édouard
Population	4 582 000	4 025 100	1 108 300	13 538 000	940 800	145 200
Tonnes collectées	21 963	17 280	3 080	75 702	4 719	649
Kilogrammes collectés/h	4.8	4.67	2.85	5.61	4.97	4. 44
Nb de sites de collecte	142	325**	72	444	37	6
Sensibilisation de la population (%)	75	80	89	67	79	69
Coût du programme/tonne (CAD)	1 208	1 117**	1 822	1 105	1 269	1 393

* Données issues du rapport annuel 2012.

** Données de l'exercice fiscal 2011-12.

Source : Séguin, J. (2014), *Promoting Sustainable Materials Management Through Extended Producer Responsibility: Canadian Waste Electrical and Electronic Equipment (WEEE)*, Case study prepared for the OECD, *www.oecd.org/env/waste/gfenv-extendedproducerresponsibility-june2014.htm*.

b) Éco-conception

Bien que la plupart des programmes fixent des objectifs de collecte, les réglementations provinciales relatives aux DEEE ne comprennent pas de mesures incitant les producteurs à favoriser l'éco-conception. Aucune réglementation ne prévoit non plus que les produits électroniques doivent contenir un certain pourcentage de composants recyclables. Le Québec prépare actuellement un système de redevances différenciées pour récompenser les producteurs prenant des initiatives en matière d'éco-conception. Une telle mesure risque toutefois d'accroître encore la complexité administrative du dispositif et certains se demandent s'il ne serait pas préférable de poursuivre ces objectifs en dehors du cadre de gouvernance de la REP, par le biais de mesures complémentaires. Contrairement aux réglementations globales relatives à la REP, les modifications apportées à la conception des produits se sont ainsi révélées particulièrement efficaces pour répondre à l'adoption par l'Union européenne de la directive sur la limitation de l'utilisation de certaines substances dangereuses par exemple, ou à d'autres mesures ciblées de réduction des produits toxiques.

3. Efficience économique (y compris en termes de concurrence)

a) Rapport coût-efficacité

En 2012, les coûts des programmes de collecte des DEEE ont été compris entre 1 105 CAD la tonne en Ontario et 1 822 CAD la tonne en Saskatchewan. Ils recouvrent la totalité des dépenses nécessaires à la réalisation des programmes, dont les frais de collecte, de regroupement, de transport, d'audit, de traitement, d'administration, de communication, de R-D et de gestion. Parmi les coûts les plus élevés figurent les paiements effectués aux entreprises chargées de la collecte, qui s'échelonnent de 59 CAD la tonne sur l'Île du Prince Édouard à 150 CAD la tonne en Ontario, aux transporteurs, compris entre 40 CAD la tonne sur l'Île du Prince Édouard et 200 CAD la tonne en Alberta, et aux opérateurs chargés du traitement, qui vont de 150 CAD au moins la tonne en Ontario à 700 CAD la tonne en Alberta[5]. Les frais généraux, qui comprennent les frais d'administration, de supervision et de suivi, ainsi que les dépenses d'information et de mise en œuvre, représentent généralement de 15 à 25 % du coût global.

Bien que les programmes de REP soient définis dans l'optique de parvenir à la viabilité financière, tous n'ont pas encore atteint cet objectif.

Tableau C.2. **Programmes de collecte de DEEE au Canada – recettes et dépenses par programme, 2012 (en CAD)**

	Colombie britannique	Alberta	Saskatchewan	Manitoba	Ontario	Quebec	Nouvelle Écosse	Île du Prince Édouard
Recettes								
Frais de gestion environnementale	$16,644,653	$12,146,972	$6,410,688	$3,388,436	$58,282,533	$12,974,079	$3,412,346	$446,427
Intérêts	139,574	10,739					10,057	1,519
Revenus d'investissement		7,729,823			177,176			
Autres			176,325		150,000			
Total des recettes	$16,784,227	$19,887,534	$6,587,013	$3,388,486	$58,609,709	$12,974,079	$3,422,403	$447,946
Dépenses								
Dépenses d'exploitation directes								
Traitement	$8,328,081			$1,113,374		$4,097,806	$1,083,982	$177,237
Manutention	3,098,071			349,576		1,030,701	335,579	38,252
Transport et stockage	2,330,657			333,332		1,702,735	350,187	25,690
Assurance qualité/Audit des recycleurs	179,087	248,822		60,000		150,000	55,665	8,408
Total des dépenses d'exploitation	13,935,896	248,822	4,168,486	1,856,284	75,645,372	6,981,242	1,825,412	249,587
Autres dépenses								
Sensibilisation des consommateurs	507,249	1,419,756	576,822	397,014	323,557	121,800	100,236	28,293
Recherche et développement		682,273						
Administration	1,037,040	690,703	532,085	274,5856	3,042,365	787,287	311,378	73,811
Gouvernement/Honoraires		1,601,671	222,906	33,491		389,500	0	29,166
Divers		14,706,654	111,000		2,608,007		66,616	
Total des autres dépenses	1,594,289	19,101,057	1,442,813	706,363	8,973,929	1,298,587	411,614	131,271
Total des dépenses	$15,530,185	$19,349,879	$5,611,299	$2,561,647	$83,619,301	$8,279,829		
Déficit/Excédent du programme	$1,254,042	$537,655	$975,714	$826,839	$25,009,592	$4,694,250	$1,185,849	

Remarques: Les données d'Alberta et de la Saskatchewan sont celles de l'exercice clos au 31 mars 2013, toutes les autres sont celles de l'exercice clos au 31 décembre 2012.

En Ontario, les dépenses diverses comprennent 1 044 677 CAD versés à Waste Diversion Ontario pour la mise en œuvre et l'administration du programme et 1 563 330 CAD pour la mise en œuvre du programme. La Saskatchewan n'effectue pas de ventilation des dépenses d'exploitation. Les dépenses diverses désignent des dépenses limitées d'efficacité et d'efficience.

En Alberta, les frais de gestion environnementale sont appelés frais d'élimination préalables. Les charges diverses incluent 14 521 685 CAD destinés à des mesures d'incitation au recyclage et 184 969 CAD pour le projet rural d'Alberta et l'assistance municipale. Pas de ventilation des dépenses d'exploitation.

Il est impossible de déterminer le total des dépenses en Nouvelle Écosse et sur l'Île du Prince Édouard car le chiffre indiqué comprend le montant des frais d'élaboration du programme (66 616 CAD).

Source : CM Consulting (2013), *The WEEE Report: Waste Electrical and Electronic Equipment Reuse and Recycling in Canada.*

Une étude a été réalisée en 2008 pour déterminer l'incidence économique de la réglementation sur le recyclage appliquée en Colombie britannique. Elle a établi que le recyclage des produits électroniques avait créé plus de 123 emplois en équivalent temps plein en 2007. Le programme a en outre augmenté le PIB de la province de plus de 110 000 CAD. Cela signifie que les entreprises participant directement et indirectement à la gestion des déchets et les dépenses des consommateurs correspondantes ont créé 4 150 CAD par tonne de matières n'ayant pas été mise en décharge.

b) Gestion des déficits d'exploitation

Pour éviter les déficits d'exploitation causés notamment par la présence de produits orphelins, l'ARPE a constitué un Fonds de réserve pour éventualités, dans lequel sont accumulés l'équivalent des dépenses d'exploitation prévues sur un an en transférant le montant des recettes s'avérant supérieur aux dépenses.

c) Échanges et concurrence

En favorisant et en garantissant la collecte d'une large gamme de DEEE, les programmes de REP contribuent à accroître le recyclage et la valorisation des ressources. Le recyclage des DEEE étant un secteur très concurrentiel, les opérateurs canadiens chargés du traitement ont exprimé leurs craintes concernant leurs capacités à faire face à la concurrence et réclamé davantage d'informations sur les contrôles appliqués à l'échelle internationale sur les matières recyclées exportées du Canada. La réglementation relative aux mouvements transfrontaliers de ces produits, qu'ils soient ou non des déchets, peut exercer une incidence sur le développement du secteur local du recyclage au Canada.

Pour assurer des conditions équitables favorisant la concurrence et l'innovation, les opérateurs provinciaux du programme lancent des appels d'offres concurrentiels pour sélectionner les prestataires traitant les DEEE. Dans un État fédéral comme le Canada, ce processus peut parfois poser problème, étant donné que ce sont les autorités provinciales qui élaborent et mettent en œuvre elles-mêmes les obligations du programme de REP, et il nécessite des efforts d'harmonisation supplémentaires de la part du CCME. Certaines provinces permettent aux producteurs de s'organiser individuellement ou collectivement pour respecter leurs obligations, ce qui devrait encourager la concurrence et l'arrivée sur le marché de nouveaux éco-organismes. Cependant, dans la pratique, si de gros éco-organismes sont constitués, ils réalisent des économies d'échelle et des opérateurs plus petits peuvent difficilement les concurrencer.

4. Principales difficultés et réformes éventuelles

a) Vers une plus grande harmonisation

Malgré des normes et des politiques communes, le mode de fonctionnement et d'administration indépendant des programmes provinciaux de DEEE n'était pas idéal au début. Il a été source d'importants dysfonctionnements d'ordre politique et opérationnel et a entraîné pour les membres du programme une baisse de la qualité des services et une augmentation des coûts[6]. D'autres éléments, tels que la visibilité ou non des redevances dans les prix affichés peuvent influer sur la manière dont les consommateurs acceptent les programmes de REP. Pour remédier à ces difficultés, l'organisme Recyclage des produits électroniques Canada (RPEC) et le Conseil canadien du commerce de détail (CCCD) ont élaboré une nouvelle structure de gouvernance pour harmoniser les programmes de bonne gestion des produits électroniques dans l'ensemble du pays. L'ARPE est désormais chargée de gérer les programmes de recyclage de ces produits dans toutes les provinces sauf l'Alberta et le Nouveau-Brunswick. Ce changement a apporté de nombreux avantages aux membres des programmes et aux consommateurs, notamment : une harmonisation des procédures administratives et une baisse des coûts, une diminution des dépenses d'exploitation, une communication centralisée aux membres pour limiter la redondance des messages, une réduction des frais pour les services en commun grâce à leur répartition entre davantage de programmes et une amélioration de la qualité des services[7]. Bien qu'elle repose sur des approches législatives différentes, l'expérience canadienne de la REP n'en demeure pas moins efficace : le volume des DEEE collectés augmente d'année en année, de nouveaux sites de dépôt sont créés dans tout le pays et les consommateurs de toutes les provinces sont davantage sensibilisés.

b) Accès difficile aux régions isolées et rurales

L'autre difficulté majeure que rencontre le Canada concerne l'accès aux programmes de REP des régions rurales et isolées. Bien que les programmes touchent au moins 92 % de la population de plusieurs provinces et que tous les consommateurs paient les frais de gestion environnementale dans les provinces dotées d'un programme pour les DEEE, les habitants des zones rurales peuvent avoir moins de possibilités de participer à des systèmes de reprise de produits électroniques. Plusieurs facteurs rendent le fonctionnement d'un programme de collecte et de recyclage des DEEE dans une région rurale beaucoup plus difficile qu'en zone urbaine, tels que le manque d'infrastructures, les coûts élevés de collecte, les distances importantes à parcourir et les coûts de transport qui en résultent. Les trois territoires du Nord du Canada (Territoires du Nord-Ouest, Yukon et Nunavut) doivent en outre résoudre le problème de l'absence de programmes urbains importants et rentables qui pourraient financer la création d'infrastructures dans les régions plus isolées. Des discussions et des efforts sont menés pour instituer les partenariats nécessaires à la mise en place de nouveaux systèmes de REP dans les régions du Nord du Canada.

Notes

1. Document complet : Séguin, J. (2014), Promoting Sustainable Materials Management Through Extended Producer Responsibility: Canadian Waste Electrical and Electronic Equipment (WEEE), étude de cas préparée pour l'OCDE, disponible à l'adresse : *www.oecd.org/env/waste/gfenv-extendedproducerresponsibility-june2014.htm*.
2. Ces valeurs ne figurent pas dans l'étude de cas sur les DEEE canadiens, mais ont été publiées dans le document *The WEEE Report: Waste Electrical and Electronic Equipment Reuse and Recycling in Canada – 2013*, de CM Consulting.
3. L'ARPE est l'éco-organisme représentant les entreprises affiliées qui vendent des produits électroniques couverts par un programme de REP dans les provinces canadiennes qui en dispose, à l'exception de l'Alberta où il est administré par l'Alberta Recycling Management Authority.
4. Il importe de souligner que chaque province évalue les performances de son programme selon des approches différentes et peut appliquer le programme à diverses catégories de produits, ce qui limite les comparaisons de performances.
5. Ces valeurs ne figurent pas dans l'étude de cas sur les DEEE canadiens, mais ont été publiées dans le document *The WEEE Report: Waste Electrical and Electronic Equipment Reuse and Recycling in Canada – 2013* de CM Consulting.
6. Association pour le recyclage des produits électroniques, « Rapport annuel 2012 », *http://epra.ca/wp-content/uploads/ar/francais/2012/ARPE2012-Rapport%20annuel.pdf*, consulté (en anglais) le 20 octobre 2013.
7. Ibid.

La responsabilité élargie du producteur
Une mise à jour des lignes directrices pour une gestion efficace des déchets

ANNEXE D

Fonds de traitement des déchets électroniques en République populaire de Chine

par
Liu Chunlong, ministère de la Protection environnementale (MEP)[1]

	RÉCAPITULATIF
Répartition des coûts	L'argent du fonds est versé aux recycleurs certifiés.
Couverture des coûts	Recyclage et élimination des déchets électroniques, systèmes de gestion des informations relatives au recyclage et à l'élimination des déchets électroniques et à la production et à la vente du matériel électrique et électronique, recueil et diffusion des informations nécessaires, gestion de la collecte des fonds. Les redevances couvrent actuellement de 1/8 à 1/5 des subventions versées aux recycleurs.
Rôle de l'État	• Le ministère de la Protection environnementale coordonne la réglementation chinoise sur les DEEE et élabore les politiques relatives à la collecte et au traitement des DEEE en collaboration avec la commission nationale pour le Développement et la Réforme et le ministère de l'Industrie et des Technologies de l'information. • Les administrateurs des recycleurs sont chargés de définir et de mettre en œuvre les critères de certification des recycleurs de déchets électroniques et de s'assurer qu'ils respectent leurs obligations environnementales en vérifiant les données fournies (ils sont secondés dans cette tâche par les agences locales de protection de l'environnement). • Le fonds est contrôlé par le gouvernement central. Le ministère des Finances en est l'administrateur principal, il coordonne sa collecte, son utilisation et sa gestion. • L'Administration publique des impôts et l'Administration générale des douanes collectent les redevances auprès des producteurs et des importateurs par l'intermédiaire de leurs agences réparties dans tout le pays. • Le ministère du Commerce est l'administrateur chargé de la gestion de la collecte des DEEE.
Performances environnementales	• 7 678 989 unités de déchets électroniques avaient été collectés à la moitié de l'année 2013 (93.9 % étant des téléviseurs). • 70.45 millions d'unités de déchets électroniques ont été recyclés en 2014 (81.8 % étant des téléviseurs).
Incitations à l'éco-conception	Le ministère des Finances, et les autres autorités concernées, élabore une réglementation destinée à inciter les producteur à améliorer la conception de leurs produits en utilisant par exemple des matières écologiques. D'autres mesures incitatives sont nécessaires.
Rapport coût efficacité	Les redevances payées par les producteurs et les importateurs sont collectées respectivement par l'Administration publique des impôts et l'Administration générale des douanes. Bien que leur montant soit nettement inférieur à celui des subventions, il couvre les coûts d'élimination et de recyclage des déchets électroniques compte tenu du volume considérable de matériel électrique et électronique produit par rapport à celui des déchets électroniques qui sont recyclés.

1. Description de la REP

a) Contexte juridique

Les Mesures administratives pour la prévention et le contrôle de la pollution des déchets électroniques ont été adoptées en 2007 pour encourager le développement du secteur du recyclage des déchets électroniques (des usines de recyclage de ces déchets ont ainsi été officiellement créées). Appliqué de 2009 à 2011, le dispositif national de remplacement des appareils ménagers permettait aux consommateurs d'acheter des appareils électroniques neufs à un prix réduit de 10 % s'ils vendaient leurs déchets électroniques à un organisme de recyclage certifié. Pour remplacer ce dispositif, le fonds d'élimination des déchets électroniques a été constitué en juillet 2012 en vertu de l'ordonnance pour l'administration de la collecte et de l'élimination des déchets de produits électroniques et électriques. Ce programme a été mis en œuvre conjointement par le ministère des Finances (MF), le ministère de la Protection de l'environnement (MPE), la commission nationale pour le Développement et la Réforme (CNDR), le ministère de l'Industrie et des Technologies de l'information (MITI), l'Administration générale des douanes (AGD) et l'Administration publique des impôts (API), qui ont publié les Mesures pour la collecte et l'administration du fonds de valorisation et d'élimination des déchets des produits électroniques et électriques. Elles s'appliquent à cinq types d'appareils ménagers électroniques et électriques courants : téléviseurs, réfrigérateurs, lave-linge, climatiseurs et ordinateurs.

b) Gouvernance et mise en application

Le MPE définit les certifications des recycleurs, qui recouvrent quatre aspects (différents selon que le recycleur se situe à l'Est, au centre – relativement plus développé – ou à l'Ouest du pays) : 1) capacité et infrastructures suffisantes, avec notamment des espaces de stockage et des ateliers adaptés au traitement et au recyclage, 2) installations et systèmes de suivi centralisés pour répondre aux urgences, avec un système de surveillance 24h/24, 3) respect des réglementations relatives à la gestion de l'environnement, concernant notamment l'évacuation des eaux usées, les rejets de gaz et les émissions sonores, et dépôt dans des décharges certifiées des déchets solides si nécessaire, 4) assistance technique spécialisée dans la sécurité et la santé, le contrôle qualité et la protection de l'environnement en nombre suffisant (chaque recycleur doit compter au moins 3 techniciens). Le recycleur dépose une demande de certification à l'agence locale de la protection de l'environnement, qui doit la rendre publique 10 jours ouvrables avant la réception de l'approbation définitive. La décision finale est prise par le MF, le MPE, la CNDR et le MITI, qui publient ensuite la liste des recycleurs habilités à bénéficier du fonds. Le gouvernement encourage par ailleurs les producteurs à disposer de leurs propres usines de recyclage en mettant à leur disposition une procédure plus rapide de mise en place et de certification des opérations de recyclage. Les recycleurs certifiés doivent rendre compte chaque trimestre du type et des quantités de déchets électroniques recyclés auprès de l'agence locale de la protection de l'environnement. Ils doivent également établir un rapport sur l'arrivée en entrepôt et la sortie des déchets électroniques, les opérations de démontage des déchets électroniques, l'arrivée en entrepôt et la sortie des éléments démontés, ainsi que les certificats de traitement et les factures attestant de la vente des produits finaux. Ce rapport est transmis à l'agence locale, qui le vérifie et l'envoie au MPE pour une dernière vérification avant le décaissement des subventions. Les producteurs, les importateurs et les recycleurs qui perçoivent ces subventions encourent des poursuites judiciaires s'ils ne respectent pas leurs obligations déclaratives.

Les mesures suivantes sont appliquées pour garantir la collecte des redevances et une utilisation correcte des subventions et éviter les fraudes : 1) le MPE a créé un système d'information administrative en ligne pour suivre la production et la vente d'appareils électroniques et électriques, ainsi que le recyclage et l'élimination des déchets électroniques, auquel les recycleurs connecte leurs propres systèmes de suivi (certains disposent d'un site Web sur lequel ils publient régulièrement leurs données, c'est le cas par exemple de Beijing Hua Xin Green Spring Environmental Co. Ltd), 2) les autorités fiscales et douanières sont chargées de vérifier et de contrôler le fonds, afin que les redevances soient bien collectées, 3) les agences locales de protection de l'environnement vérifient les données envoyées par les recycleurs en les comparant à celles figurant dans le système d'information administrative en ligne, 4) le Bureau national d'audit supervise également la collecte des redevances et le fonds. La supervision par le grand public est également bienvenue. Toutes les statistiques sont publiées en ligne à des fins de transparence.

c) Répartition des responsabilités (répartition des rôles et des flux financiers)

En tant que coordinateur général, le MPE est chargé d'élaborer les politiques relatives à la collecte et au traitement des DEEE. Le MF est l'administrateur général du dispositif et il lui incombe d'organiser la collecte, l'utilisation et l'administration du fonds. L'API et l'AGD recouvrent les redevances auprès des producteurs et des importateurs par l'intermédiaire des agences réparties dans tout le pays. Le MPE est également l'administrateur des recycleurs et à ce titre, définit et met en œuvre les critères de certification des recycleurs de déchets électroniques et s'assure qu'ils respectent leurs obligations environnementales en vérifiant les données qu'ils fournissent (il est secondé dans cette tâche par les agences locales de protection de l'environnement). Le Bureau national d'audit remplit aussi des fonctions de supervision afin de garantir le bon fonctionnement du dispositif. Les producteurs et importateurs de produits électroniques et électriques doivent payer une redevance par unité produite ou importée. Les producteurs doivent effectuer leurs déclarations et leurs paiements chaque trimestre (auprès des autorités fiscales), tandis que les importateurs paient leurs redevances aux douanes. Les recycleurs certifiés peuvent être habilités à percevoir les subventions s'ils fournissent les statistiques de leurs opérations.

2. Efficacité environnementale

a) Taux de collecte et de recyclage

La Chine compte actuellement 106 usines de recyclage des DEEE. Sur les 31 agglomérations principales, provinces ou régions autonomes du pays (hors le Taipei chinois, Hong-Kong et Macao), 29 disposent d'entreprises de recyclage certifiées. Seule la province de Hainan n'a pas encore reçu de certification et la région autonome du Tibet ne prévoit pas de construire d'usine de ce type pour l'instant. Parmi les 106 entreprises certifiées, 32, soit 50 %, se situent dans l'Est du pays, 20, soit 31.25 %, dans les régions du centre, et 12 seulement, soit 18.75 %, dans l'Ouest du pays. Au total, 81.25 % des entreprises certifiées sont installées dans les régions relativement plus développées (voir le graphique D.1).

Graphique D.1. **Pourcentage des entreprises de recyclage certifiées dans les différentes régions de Chine**

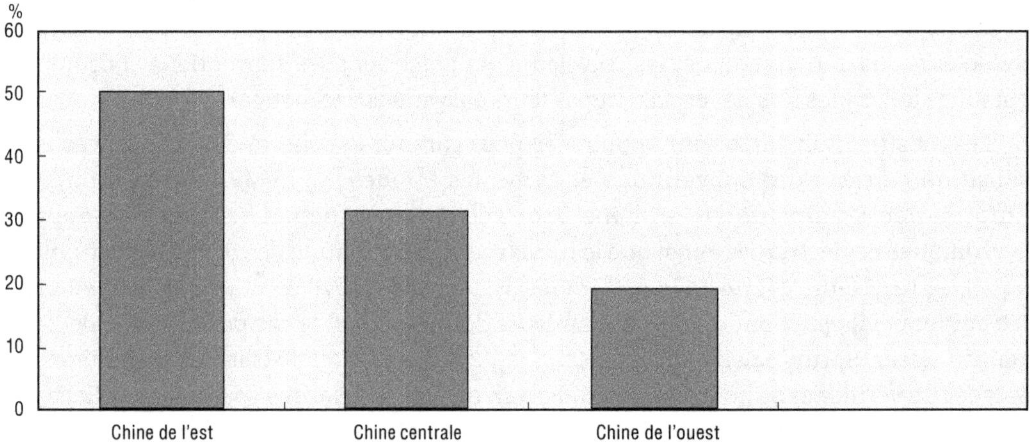

Les déchets électroniques comprennent majoritairement des téléviseurs (voir le graphique D.2) et ce pour un certain nombre de raisons : 1) les ménages chinois optent actuellement massivement pour des téléviseurs LCD, 2) les recycleurs certifiés enlèvent plus facilement les téléviseurs que les autres produits, 3) la collecte et le recyclage sont plus rentables pour les téléviseurs que pour les autres produits car les subventions perçues pour les téléviseurs sont plus élevées que celles versées pour tous les autres déchets électroniques subventionnés.

Graphique D.2. **Les cinq types de déchets électroniques collectés et recyclés par Beijing Hua Xin du 1 avril au 30 juin 2013, en %**

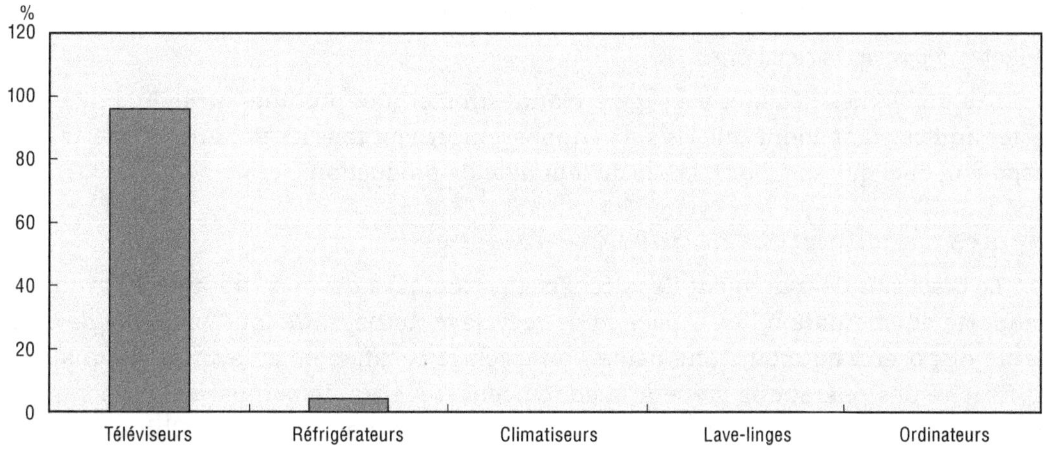

Une inspection sur site avait permis de vérifier 7 678 989 unités au milieu de l'année 2013 (soit 85.1 % du total déclaré). Les téléviseurs représentaient 93.9% de la totalité des déchets électroniques collectés. En 2014, les téléviseurs constituaient 81.80 % des déchets électroniques collectés, les réfrigérateurs, 2.24 %, les lave-linge, 4.68 %, les climatiseurs, 0.16 %, et les ordinateurs, 11.1 %.

b) Éco-conception

Les producteurs sont encouragés à concevoir des produits permettant une utilisation globale des ressources naturelles et un traitement inoffensif. Ils sont également incités à utiliser des matières écologiques, qui se recyclent et se réutilisent facilement pour fabriquer leurs produits électriques et électroniques.

3. Efficience économique

a) Rapport coût-efficacité

Les redevances versées par les producteurs de matériel électrique et électronique sont recouvrées par l'Administration publique des impôts, celles payées par les importateurs ou leurs agents sont collectées par l'Administration générale des douanes. Les montants des redevances et des subventions ont été fixés à l'issue de plusieurs consultations de l'ensemble des parties prenantes concernées et peuvent être ajustés en fonction des variations du coût de la collecte et de l'élimination des déchets électroniques. Le montant des redevances est inférieur à celui des subventions pour éviter la constitution d'un excédent (voir le tableau D.1). Le montant des subventions est calculé à partir du simple coût d'élimination et de recyclage des déchets, sans tenir compte du coût de la collecte.

Tableau D.1. **Montants des redevances et des subventions**

Produit ou déchet électronique	Redevance (CNY/unité)	Subvention (CNY/unité)
Téléviseur	13	85
Réfrigérateur	12	80
Lave-linge	7	35
Climatiseur	7	35
Ordinateur	10	85

Au second semestre 2012, après la mise en place du dispositif, le fonds a accumulé 854 millions CNY, un montant qui a atteint 2.8 milliards CNY en 2013. Le MPE effectue des visites sur site pour faciliter le décaissement des subventions.

b) Fuites et passagers clandestins

Les problèmes liés aux passagers clandestins et aux produits orphelins devraient rester limités étant donné que les subventions concernent tous les produits couverts par le dispositif, quel que soit leur modèle ou leur date de production.

4. Principales difficultés et réformes éventuelles

Le dispositif de traitement des déchets électroniques devra se traduire à l'avenir par une forte augmentation des capacités de recyclage du pays. Chaque province devrait à terme disposer d'au moins une usine de recyclage certifiée pour favoriser la qualité et l'efficacité des opérations grâce à la concurrence. À titre de comparaison, la capacité de recyclage des déchets électroniques est de 2 kg/habitant/an en Chine et de 4 à 16 kg/habitant/an en UE, soit de 2 à 8 fois plus (par comparaison, le PIB par habitant est de 6 000 USD en Chine et de 40 000 USD en France, soit un rapport de 1 à 6.5 seulement).

Les quantités de déchets électroniques qui sont actuellement collectées et recyclées demeurent insuffisantes, le secteur informel tirant parti du recyclage des déchets électroniques. Ce secteur capture en effet la majorité des déchets électroniques couverts par le dispositif à l'exception des téléviseurs. Il conviendra de modifier les mesures incitatives afin d'accroître la collecte et le recyclage des quatre autres types de produits, tout en tenant compte de l'incidence de ces changement sur le secteur informel. Il pourrait notamment être envisagé de confier davantage de responsabilités aux producteurs et d'encourager la constitution d'un éco-organisme. Le champ d'application du dispositif doit aussi être élargi à un plus grand nombre de produits, tels les téléphones mobiles ou les voitures (pour les batteries), dont les ventes augmentent rapidement.

En mars 2013, le ministère du Commerce a publié les Mesures sur l'administration de la circulation des vieux produits électroniques et électriques pour réglementer le marché d'occasion de ces produits. Les différentes entreprises de China CO-OP participent désormais à la collecte et au recyclage et se sont fixé des objectifs élevés. Elles interviennent dans tout le pays, avec 150 000 sites de dépôt et 1 million de salariés. L'éco-conception devra faire l'objet de davantage de mesures incitatives, sur lesquelles travaille actuellement le MITI.

Note

1. Document complet : Liu, C. (2014) How does the Chinese E-waste Disposal Fund scheme work?, étude de cas préparée pour l'OCDE, disponible à l'adresse *www.oecd.org/env/waste/gfenv-extendedproducer responsibility-june2014.htm*.

La responsabilité élargie du producteur
Une mise à jour des lignes directrices pour une gestion efficace des déchets

ANNEXE E

Les dispositifs de REP en Colombie

par

Par Ministère colombien de l'Environnement et du Développement durable[1]

	RÉCAPITULATIF
Répartition des coûts	Pas d'information (l'ANLA ne conserve pas les données sur les coûts et les réglementations ne fixent pas les mécanismes de financement). Ce sont en principe les producteurs qui garantissent le financement des dispositifs avec leurs propres versements.
Couverture des coûts	Pas d'information (l'ANLA ne conserve pas les données sur les coûts et les réglementations ne fixent pas les mécanismes de financement).
Rôle de l'État	Le ministère de l'Environnement approuve les dispositifs des producteurs. L'ANLA évalue et supervise leur fonctionnement.
Performances environnementales	Pour les ordinateurs, les objectifs de collecte (% du poids) définis pour les dispositifs individuels sont satisfaits à 100 %. Les dispositifs collectifs ne réalisent toutefois que 32,41 % des objectifs fixés. Les dispositifs concernant les batteries et les ampoules affichent des performances plus élevées.
Incitations à l'éco-conception	• Limitation de l'utilisation des substances dangereuses dans les ampoules fluorescentes • Limitation de la quantité de plomb, de cadmium et de mercure dans les piles • Ces limitations figurent dans les réglementations techniques des produits publiées par le ministères des Mines et de l'Énergie (pour les ampoules) et le ministère du Commerce, de l'Industrie et du Tourisme (pour les piles).
Rapport coût efficacité	Pas d'information

1. Description de la REP

a) Contexte juridique

En Colombie, des réglementations précises définissent les dispositifs de collecte des déchets en vertu de la REP, notamment quatre résolutions portant principalement sur les flux de quatre types de DEEE (batteries, pneus usagés, ampoules et ordinateurs) appliquées depuis 2011. Publiée par le Congrès de la République, la Loi 1672 de 2013 fixe les lignes directrices en matière de gestion des DEEE respectueuse de l'environnement. Sa mise en œuvre prochaine pourrait nécessiter quelques modifications des obligations et des processus prévus par les résolutions.

b) Répartition des responsabilités (répartition des rôles et des flux financiers)

Les producteurs sont responsables en termes de financement et d'organisation de la gestion des produits couverts par le dispositif pendant la collecte, le transport, le stockage, le traitement, la réutilisation, la valorisation et/ou l'élimination finale. Ils prennent en charge les frais de collecte sélective et d'une gestion des déchets respectueuse de l'environnement. Il leur appartient également de concevoir et de financer les éventuelles campagnes d'information destinées à sensibiliser davantage le grand public au dispositif. Ils doivent élaborer des dispositifs de gestion des déchets et de collecte sélective et les soumettre pour approbation à l'Autorité nationale des permis environnementaux (ANLA). Les producteurs peuvent remplir leurs obligations à titre individuel ou en groupe dans le cadre d'un dispositif collectif constitué par le biais d'un accord conclu entre plusieurs producteurs (cas le plus fréquent) ou de la formation d'une entité légale (un éco-organisme). Les fournisseurs et les distributeurs apportent leur soutien aux producteurs dans l'exécution des dispositifs en autorisant les consommateurs à rapporter gratuitement les produits usagés et en mettant à disposition les conteneurs ou les bacs fournis par les producteurs. Les entreprises de gestion des déchets participant aux dispositifs doivent solliciter un permis environnemental auprès des autorités régionales de l'environnement. Des appels d'offres publics pour les services de gestion des déchets de consommation ont été lancés dans le cadre des dispositifs collectifs. Les consommateurs doivent trier les produits couverts par les dispositifs des déchets municipaux solides et les déposer dans les points de collecte[2]. Les municipalités informent les consommateurs de leurs obligations et apportent leur concours aux programmes d'information et de sensibilisation des communautés menés par les producteurs. L'évaluation et la supervision des dispositifs relèvent de l'Autorité nationale des permis environnementaux (ANLA), organisme public autonome sur les plans administratif et financier.

c) Système de gouvernance et sanctions

L'ANLA effectue une première évaluation, puis un suivi annuel des obligations des producteurs définies dans les différents dispositifs de collecte. Les sanctions prévues en cas de non-respect de ces obligations sont définies dans la Loi 1333 de 2009, qui répertorie deux types d'infractions environnementales : i) la violation de la législation sur l'environnement en vigueur, ii) les dommages causées à l'environnement. Une violation de la législation désigne le non-respect de leurs obligations par les producteurs, les détaillants et les distributeurs des produits couverts par les dispositifs et tout acte commis par des consommateurs (particuliers ou professionnels) qui se traduit par le fait que les déchets de consommation ne sont pas déposés aux points de collecte. Les infractions mineures peuvent entraîner l'application des sanctions prévues par la Loi 1259 de 2008 sur le travail d'intérêt général et des pénalités environnementales définies dans la Loi 1333 de 2009. Les cas les plus graves peuvent donner lieu à la prise de mesures préventives[3], à des amendes journalières pouvant atteindre 1.3 million USD, au versement de salaires mensuels obligatoires ou à la fermeture temporaire de l'établissement concerné.

2. Efficacité environnementale

a) Taux de collecte et de recyclage

Les résolutions comprennent deux catégories d'objectifs de collecte : des augmentations en glissement annuel et un objectif de moyen terme (10 à 12 ans) qui doit être atteint et maintenu. Pour les batteries par exemple, l'augmentation en glissement annuel est de 4 % jusqu'en 2016, puis de 5 % à partir de 2017, et l'objectif final est fixé à 45 % à compter de 2021. Les taux de collecte correspondent généralement au pourcentage des ventes moyennes des produits au cours des années précédentes. Si les taux de collecte progressent (voir le tableau E.1), les possibilités de valorisation des composants des déchets de consommation restent limitées. En effet, un grand nombre d'entreprises de gestion des déchets ne disposent actuellement pas des capacités suffisantes pour valoriser ces composants.

Tableau E.1. **Collecte des déchets de consommation, 2012**

Type de dispositif	Déchets	Objectif de collecte en 2012 (tonnes)	Déchets collectés, en 2012 (tonnes)	Taux de réalisation (% du poids fixé)	Taux de réalisation (% des objectifs atteints)
Individuel	Batteries	23.4	22.50	96.15	*
	Ampoules	Non communiqué	Non communiqué	*	*
	Ordinateurs	0.693	3.0	100	*
Collectif	Batteries	135.08	101.4	75.06	66,6
	Ampoules	243.73	253.014	100	100
	Ordinateurs	463.4	150.2	32.41	*
Total général		866.40	530.12	61.18	*

Il n'est pas défini d'objectif pour le recyclage. Cependant, la résolution portant sur le traitement des ordinateurs et des périphériques usagés indique un objectif de réutilisation, fixé définitivement à 30 % de l'ensemble des produits collectés. Par ailleurs, les résolutions sur les ampoules et les batteries usagées comprennent une obligation qui peut s'interpréter comme un objectif de valorisation de 100 % à partir de 2016 : elles indiquent en effet qu'à compter de janvier 2016, ces déchets pourront être traités uniquement par le biais d'activités de recyclage.

b) Éco-conception

La Colombie n'effectue actuellement aucune mesure ou estimation des effets des dispositifs de collecte sélective sur la prévention ou la diminution des déchets, ni sur la conception des produits en termes d'amélioration pour l'environnement. Certaines réglementations prévoient toutefois que les autorités doivent encourager les producteurs à améliorer la qualité et le respect de l'environnement des produits, mais les instruments nécessaires à la mise en œuvre de ces obligations n'existent pas pour l'instant. Les réglementations techniques comprennent aussi des limitations concernant l'utilisation des substances dangereuses dans les ampoules fluorescentes (publiées par le ministère des Mines et de l'Énergie) et les quantités de plomb, de cadmium et de mercure dans les piles (publiées par le ministère du Commerce, de l'Industrie et du Tourisme).

3. Efficience économique (y compris en termes de concurrence)

a) Rapport coût-efficacité

Le ministère ne réglemente pas les aspects financiers associés à la collecte et à l'utilisation des fonds recueillis au titre des dispositifs individuels ou collectifs. Les producteurs doivent toutefois donner l'assurance qu'ils financent eux-mêmes les dispositifs. Les coûts administratifs assumés par l'ANLA pour la mise en œuvre des réglementations comprennent les frais d'évaluation et d'inspection payés à des intervenants externes (producteurs et éco-organismes) et les coûts d'exécution de ses fonctions générales et légales.

b) Fuites et passagers clandestins

La première version des résolutions comprenait une disposition imposant aux importateurs de produits couverts par les dispositifs de solliciter au préalable l'approbation du ministère de l'Environnement afin de contrôler les éventuels passagers clandestins et le respect des obligations de la REP. Cette disposition a toutefois été supprimée à la demande du ministère du Commerce, de l'Industrie et du Tourisme au motif que le ministère de l'Environnement n'était pas habilité à délivrer des approbations d'importation. À l'heure actuelle, l'ANLA utilise les informations de la base nationale des échanges commerciaux (BACEX) pour répertorier les importateurs qui doivent satisfaire aux obligations prévues par les résolutions de REP. Pour accroître le suivi et l'application des mesures de la REP, la Loi 1672 de 2013 impose au ministère du Commerce de constituer un registre national des producteurs et détaillants permanents et occasionnels. L'ANLA ne dispose toutefois pas d'une vue globale des produits mis sur le marché, en dehors de ceux qui sont importés, et ne peut actuellement pas vérifier les déclarations de produits. Ce problème devrait être résolu par la création du Registre national des producteurs et détaillants de matériel, prévu par la Loi 1672.

c) Échanges et concurrence

Le ministère de l'Environnement ne réglemente pas les procédures d'appels d'offres ni les problèmes de discrimination. Les obligations de transparence et le fait que les dispositifs soient approuvés par l'ANLA devraient toutefois régler ces questions.

Au cours des cinq dernières années, l'accroissement de la demande de services de gestion des déchets a incité un grand nombre d'entreprises de gestion des déchets dangereux à pénétrer sur le marché et à demander un permis environnemental. La Colombie compte actuellement plus de 100 entreprises de gestion des déchets agréées. L'un des problèmes posés par ces entreprises est que certaines d'entre elle (surtout celles qui traitent les DEEE pouvant être facilement réutilisés et valorisés) utilisent leurs propres systèmes de transport et de collecte, sans établir de partenariat avec des producteurs engagés dans un dispositif de REP. Même si ces entreprises respectent les obligations environnementales, cette situation compromet la viabilité des dispositifs de REP et de leur financement. Elle favorise également la pratique de la « vente aux enchères » des déchets, selon laquelle les entreprises de gestion des déchets vendent aux enchères les déchets qu'elles ont collectés aux dispositifs de collecte sélective qui en ont besoin pour réaliser leurs objectifs de collecte.

4. Principales difficultés et réformes éventuelles

a) Respect des obligations

Il convient de faire appliquer la REP par les producteurs qui ne proposent pas de dispositifs, si possible au moyen d'actions de suivi et de contrôle préalables à l'importation ou à la production et de mesures visant à les sensibiliser davantage, et en accordant la priorité aux producteurs respectant leurs obligations dans les appels d'offres publics ou privés. Les sanctions imposées en cas de non-respect des obligations ne se sont pas traduites par une amélioration significative de la situation, surtout en ce qui concerne les producteurs qui n'avaient pas soumis un dispositif de collecte sélective à l'approbation de l'ANLA. Cet état de fait fausse la concurrence entre les entreprises du secteur réglementé et encourage au non-respect. La Loi 1672 devrait fournir aux canaux informels les moyens de pouvoir participer activement aux mécanismes de collecte de façon organisée.

b) Secteur informel

Comme indiqué ci-dessus, le fait que certaines entreprises de gestion des déchets qui respectent les obligations environnementales ne participent pas aux dispositifs réglementés de REP pourrait menacer la pérennité de ces derniers. C'est pourquoi des travaux sont actuellement menés pour définir les moyens techniques permettant de choisir les entreprises participant aux dispositifs comme prestataires privilégiés ou de leur attribuer une note plus élevée dans les appels d'offres (voire de faire de l'affiliation à un dispositif de REP un critère obligatoire pour participer aux marchés publics verts).

Notes

1. La réalisation de cette étude de cas a reçu le soutien de Christoph Vanderstricht et de ses collègues d'Ernst&Young. Document complet disponible à l'adresse : *www.oecd.org/env/waste/gfenv-extended producerresponsibility-june2014.htm.*
2. Remarque : les résolutions ne comprennent actuellement aucune disposition relatives aux redevances d'élimination préalables ou de recyclage ou à d'autres instruments financiers.
3. La Loi 1333 de 2008 indique que « les mesures préventives sont exécutées immédiatement, elles sont préventives et temporaires, elles prennent effet immédiatement, ne peuvent faire l'objet d'aucun recours et sont appliquées sans préjudice des amendes imposées ».

La responsabilité élargie du producteur
Une mise à jour des lignes directrices pour une gestion efficace des déchets

ANNEXE F

France 20 ans de REP en France : avancées, enseignements et défis à relever

La présente note n'entend pas fournir une description complète des dispositifs de responsabilité élargie des producteurs (REP) français, mais plutôt mettre en évidence plusieurs éléments de conception essentiels, certaines caractéristiques dignes d'intérêt ainsi que divers points d'attention, en s'appuyant sur l'expérience de la France jusqu'à ce jour. On trouvera une description plus détaillée de certains dispositifs de REP français dans les études de cas de la Commission européenne.

1. Tour d'horizon des dispositifs de REP français

a) On dénombre 14 dispositifs couvrant en grande partie les déchets ménagers.

En 1992, les pouvoirs publics français ont décidé pour la première fois d'appliquer le modèle de la REP pour répondre à la problématique des déchets d'emballages ménagers. Il s'agit du premier dispositif de REP de grande ampleur à avoir été conçu en France. Vingt ans plus tard, il demeure, par la taille, le premier programme en vigueur dans le pays, et mobilise plus de 600 millions EUR par an pour la gestion des déchets d'emballages.

Depuis lors, de nombreux autres dispositifs (14 au total) sont entrés en vigueur, essentiellement au cours des années 2000. Certains d'entre eux émanent de directives européennes, la REP étant parfois directement requise par ces dernières (déchets d'équipements électriques et électroniques [DEEE], piles et accumulateurs, véhicules hors d'usage [VHU]). Parfois, la France a décidé d'instaurer des dispositifs de REP alors que les directives européennes ne l'exigeaient pas explicitement (dans le domaine des emballages, par exemple). Il existe également tout un éventail de dispositifs purement nationaux, qui concernent les pneumatiques, les papiers graphiques et les textiles, notamment. La dernière génération de dispositifs (éléments d'ameublement, déchets d'activités de soins à risques [DASRI], déchets diffus spécifiques) vient juste d'être déployée. Si la plupart des dispositifs de REP ciblent les déchets ménagers, certains d'entre eux s'intéressent aussi aux déchets professionnels (DEEE, éléments d'ameublement, par exemple).

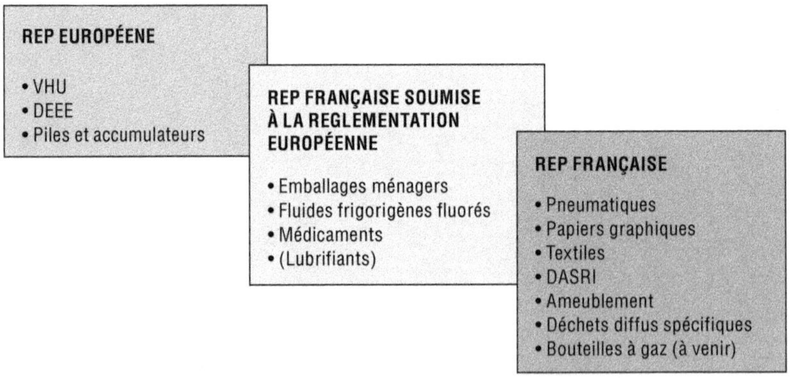

Encadré F.1. Un dispositif de REP récent et innovant dans le domaine des déchets d'éléments d'ameublement

Le dispositif de REP dédié aux éléments d'ameublement est l'un des derniers à avoir vu le jour en France (2012). Ce système, qui concerne à la fois les déchets ménagers et professionnels, vise à dégager plus de 300 millions EUR par an pour encourager la réutilisation et le recyclage des éléments d'ameublement, créer des emplois et structurer les activités industrielles qui entourent la gestion des déchets. Tout cela devrait permettre d'ouvrir un grand nombre de nouvelles entreprises spécialisées dans le recyclage de la literie et du bois, notamment, deux secteurs qui n'étaient pas suffisamment rentables auparavant pour générer des activités durables. Le dispositif encourage aussi vivement la réutilisation des éléments d'ameublement, moyennant une étroite collaboration avec des structures de l'économie sociale et solidaire dans son modèle organisationnel.

- Les producteurs doivent organiser ou financer les opérations de gestion des déchets

  Tous les dispositifs consistent à responsabiliser les distributeurs quant à la gestion de la fin de vie de leurs produits. Ceux-ci peuvent décider de gérer les déchets de manière individuelle (cette solution se prête davantage aux systèmes de distribution très verticaux impliquant une logistique des retours solide), mais ils choisissent pour la plupart de rejoindre des organismes collectifs. Ces **organisations de producteurs responsables (OPR)**, appelées « **éco-organismes** » (on dénombre le plus souvent un unique éco-organisme par dispositif), sont toujours des organisations à but non lucratif, et peuvent s'articuler autour de deux modèles généraux :

  - Les **éco-organismes dits « organisateurs »** (dans le domaine des DEEE, par exemple), sont directement chargés d'organiser les opérations de gestion des déchets. Pour cela, ils collectent des redevances auprès des producteurs, qu'ils utilisent pour passer des contrats avec des gestionnaires de déchets.

  - Les **éco-organismes dits « financeurs »** (dans les domaines des emballages et des papiers graphiques, par exemple) ne sont pas directement chargés des opérations de gestion des déchets. Ils utilisent les redevances payées par les producteurs pour aider les communes, qui demeurent responsables de la gestion des déchets.

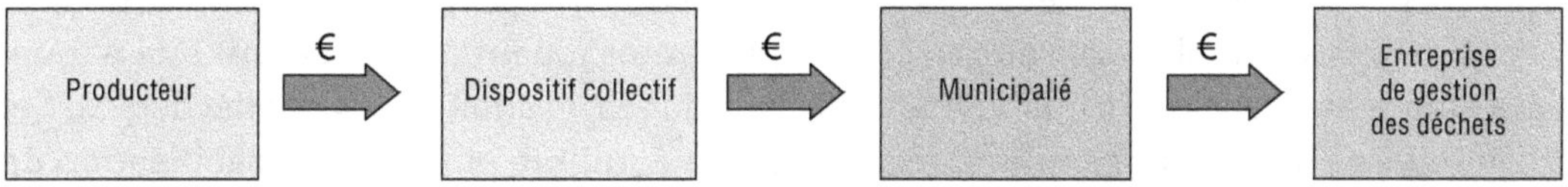

- Un modèle de gouvernance inclusif

  Tous les dispositifs reposent sur un **modèle de gouvernance inclusif associant l'ensemble des parties prenantes**, à savoir les producteurs, les communes, les gestionnaires de déchets, les ONG environnementales, les associations de consommateurs et les pouvoirs publics. Tous ces acteurs peuvent participer aux prises de décision relatives à la conception et à la finalité du dispositif.

Les pouvoirs publics doivent « approuver » les éco-organismes tous les six ans. Tous les dispositifs fonctionnent selon un cycle de six ans impliquant un processus de consultation en profondeur des parties prenantes au cours de la dernière année de la période d'agrément. Ce processus aboutit à l'l'ébauche d'un nouveau cahier des charges pour la période à venir, comprenant notamment des objectifs de résultats ainsi que les modalités financières et opérationnelles pour y parvenir. Les éco-organismes s'engagent à respecter ce cahier des charges et demandent un agrément officiel, ce qui peut également conduire à des négociations particulières avec les parties prenantes. Une fois l'agrément délivré, les éco-organismes bénéficient toutefois d'une grande flexibilité pour organiser leurs activités au jour le jour, à condition de ne pas s'éloigner des objectifs précisés dans le cahier des charges.

- D'importants flux financiers sont mobilisés

L'ensemble des dispositifs devrait générer aux alentours de 1.4 milliard EUR par an d'ici à 2015, dont 700 millions EUR seront redistribués aux communes. Ce montant représente une part non négligeable du coût total de la gestion des déchets ménagers (9.4 milliards EUR par an).

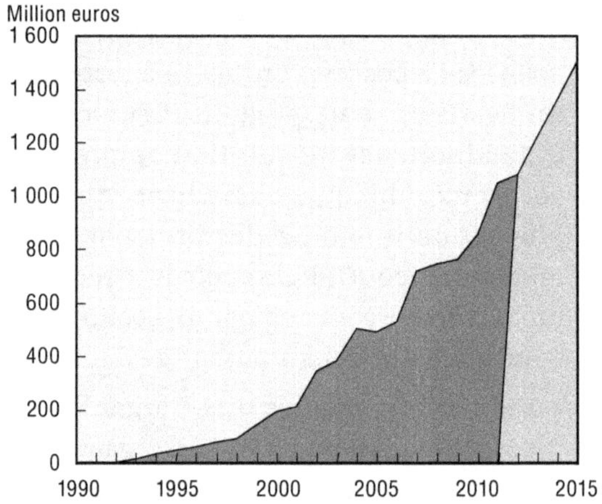

2. Caractéristiques de conception particulières et points d'attention

D'une manière générale, les parties prenantes françaises plébiscitent le modèle de la REP et estiment qu'il a permis de structurer des activités de gestion des déchets de grande ampleur tout en produisant de bons résultats en termes de collecte et de recyclage dans de nombreux domaines. Au fil des années, la gestion des dispositifs a gagné en maturité : les acteurs du secteur bénéficient d'un certain retour d'expérience et ont pu éprouver diverses caractéristiques de conception, dont certaines sont présentées plus en détail ci-après, parallèlement à des axes de progrès possibles.

- Les producteurs sont aux commandes, mais restent sous surveillance

L'une des caractéristiques essentielles des systèmes de REP repose sur le fait que les producteurs doivent être responsables des activités de gestion des déchets, dans un contexte où de nombreuses autres parties prenantes jouent également un rôle à toutes les étapes du processus (consommateurs, communes, gestionnaires des déchets...). Cela conduit à se demander **comment trouver le bon équilibre entre responsabilisation des producteurs et participation des autres parties prenantes**.

Au fil des années, la France a toujours pris le parti de laisser les producteurs aux commandes. En d'autres termes, les producteurs doivent non seulement financer les activités de gestion des déchets, mais aussi **créer eux-mêmes les éco-organismes et structurer leur gouvernance**. Les éco-organismes ne peuvent donc pas être considérés comme des « prestataires » au service des producteurs il serait plus approprié de dire qu'ils incarnent la communauté des producteurs. Dans ce contexte, les producteurs sont responsables de l'ensemble des décisions opérationnelles liées à la conduite du dispositif.

Parallèlement, **les pouvoirs publics doivent être en mesure de piloter le système**, en fournissant des orientations claires aux étapes clés de sa vie. Les autres parties prenantes doivent par ailleurs être associées à la gouvernance du dispositif dans sa globalité pour pouvoir rester informées, donner des directives et apporter leur concours à sa gestion. Cette gouvernance collective est perçue comme un élément de réussite déterminant, et toutes les parties prenantes estiment que le dialogue instauré et entretenu par le dispositif lui-même influence fortement ses résultats d'ensemble.

Néanmoins, quand bien même toutes les parties prenantes doivent participer à la définition des orientations générales, en particulier lors des périodes intenses de renouvellement des agréments, elles ne doivent pas tomber dans une micro-gestion des éco-organismes. Il en va de même pour les pouvoirs publics, qui doivent garder leurs distances tout en restant dans une démarche contraignante. Ceux-ci doivent en effet veiller à ce que les éco-organismes se voient assigner des objectifs ambitieux mais réalistes, et à ce que les indicateurs adéquats soient en place (le plus souvent, taux de collecte sélective, taux de recyclage et, parfois, taux de réutilisation). Ils doivent en outre assurer un suivi et prendre des sanctions, si nécessaire.

- Le succès de la REP nécessite de la stabilité et une certaine harmonisation

Avec quatre dispositifs récemment créés (2009) et toujours en cours de mise en œuvre, la plupart des parties prenantes estiment que la priorité n'est pas de créer des dispositifs supplémentaires mais plutôt de se **concentrer sur les filières existantes afin d'améliorer leurs performances et/ou de remédier à leurs problèmes de conception essentiels**.

La conduite simultanée de 15 dispositifs fait de l'harmonisation une tâche importante : le fait de reproduire les bonnes pratiques d'un dispositif à l'autre et de trouver des solutions communes est un élément de crédibilité essentiel pour l'ensemble des dispositifs ainsi que pour les pouvoirs publics chargés de leur gestion.

Par exemple, les pouvoirs publics se sont récemment attelés à des problématiques transversales pour notamment :

- Lutter contre les « **passagers clandestins** » potentiels, en proposant et en mettant en œuvre des opérations de contrôle adéquates. Dans ce domaine, une démarche harmonisée entre les différents dispositifs permet de communiquer plus largement et de sensibiliser.
- Mettre au point un **système crédible de contrôle des éco-organismes**. Pendant longtemps, les pouvoirs publics pouvaient uniquement retirer son agrément à un éco-organisme menant des activités illicites, mais il s'agissait d'une menace vaine, qui risquait de mettre à mal l'ensemble du système de gestion des déchets. La France s'est donc dotée d'une panoplie d'alertes et de sanctions plus progressives, et donc plus crédibles, valables pour l'ensemble des dispositifs.
- **Organiser les relations entre les parties prenantes.** Par exemple, les pouvoirs publics français ont élaboré des directives et des garde-fous pour veiller au respect des règles de la concurrence entre les différents éco-organismes (qui sont souvent en situation d'« acheteur unique » sur le marché de la gestion des déchets) et les gestionnaires des déchets avec qui ils font affaire.

- **Relever de nouveaux défis, comme celui des ventes sur internet.** Certains producteurs peuvent échapper à la réglementation nationale en optant pour des modèles économiques totalement dématérialisés. Des négociations sont en cours avec les représentants des producteurs ayant opté pour ligne, même s'il apparaît clairement que ces modèles continueront à poser des problèmes à l'avenir et pourraient tirer parti de la coopération internationale.

Encadré F.2. Un exemple de mesure transversale : le logo Triman apposé sur les produits recyclables

En vue d'améliorer les résultats dans le domaine du tri des déchets, la législation française requiert la création d'un logo commun pour tous les produits recyclables concernés par un dispositif de REP, afin d'indiquer aux consommateurs que le produit en leur possession doit être trié. À cette fin, le logo Triman (ci-contre) devra être généralisé d'ici 2015.

Cette démarche pluri-dispositifs présente l'intérêt de toucher un public plus large en recourant à un logo unique.

- Les dispositifs de REP, un moteur de l'économie circulaire

Dans un contexte de récession économique, il peut être difficile de mobiliser la classe politique autour des questions environnementales. Cependant, de récentes consultations de haut niveau (Conférence environnementale, septembre 2013) ont révélé que les **parties prenantes françaises étaient très enthousiastes à l'idée de mettre en place de nouveaux modèles de production et de consommation axés sur le concept de l'« économie circulaire »**, qui rompt avec le modèle linéaire « produire, consommer, jeter ».

Les dispositifs de REP ont un rôle important à jouer dans l'élaboration de ces modèles « circulaires ». Ils permettent en effet d'adopter une **démarche inclusive couvrant toutes les étapes du cycle de vie d'un produit**, de sa/son (éco-)conception à ses multiples utilisations et recyclages.

En outre, ils envoient un **message politique très intéressant,** en établissant un lien entre les objectifs environnementaux et l'amélioration des conditions économiques et sociales, ce qui alimente un cercle vertueux de création d'emplois avec des retombées positives pour l'environnement.

Encadré F.3. Créer des emplois grâce au recyclage des DEEE

Sur cinq ans, les activités de recyclage des DEEE menées en France ont permis de créer au moins 30 nouvelles usines et plus de 3 000 emplois (dont 1 500 entrent dans la catégorie des emplois de l'« économie sociale et solidaire ») directement liés au tri, à la dépollution et à la récupération des métaux et des matières plastiques contenues dans ces produits. La plus grande de ces usines emploie 180 personnes et assure le traitement d'environ 50 000 tonnes de DEEE chaque année, y compris le tri fin du plastique.

Parmi les avantages économiques des dispositifs de REP, on retient le préfinancement des activités de recyclage, qui constitue un élément indispensable à leur autosuffisance. En effet, ces dispositifs **voient transiter des flux financiers constants, grâce auxquels**

les chaînes de recyclage sont plus durables et moins sensibles à la grande variabilité des prix des produits de base. Grâce aux contrats conclus avec les éco-organismes pour une durée de 3 à 6 ans, les gestionnaires des déchets sont totalement en mesure d'investir dans les infrastructures nécessaires.

- Recourir à l'économie sociale et solidaire pour accélérer les opérations de gestion des déchets

  Depuis longtemps, plusieurs dispositifs de REP français intègrent des parties prenantes telles que les œuvres caritatives et les entreprises de l'économie sociale et solidaire. Ce phénomène s'observe plus particulièrement pour les textiles, mais aussi pour les dispositifs de REP liés aux DEEE et aux éléments d'ameublement, en ce qui concerne notamment les activités de réparation et de réutilisation.

  Bien que l'économie sociale et solidaire ne puisse pas être intégrée à toutes les étapes de l'ensemble des dispositifs, la réglementation française exigera bientôt que des négociations soient menées au sein de chaque filière REP pour déterminer dans quelles limites l'économie sociale et solidaire peut intervenir dans leurs activités et pour prendre des mesures de facilitation allant dans ce sens.

- Chercher des moyens de promouvoir une démarche axée sur l'ensemble du cycle de vie des produits (prévention, éco-conception)

  Les dispositifs de REP visent à responsabiliser les producteurs quant à la fin de vie de leurs produits. Pour cela, ils les poussent à internaliser les coûts de gestion de cette étape dans leurs modèles économiques pour les amener à couvrir l'**intégralité du cycle de vie** de leurs produits. En particulier, une solide démarche d'éco-conception au tout début du cycle peut être s'avérer efficace pour éviter des coûts importants lorsque le produit est finalement jeté.

  En pratique, on peut recourir à certain nombre d'outils concrets pour mettre en œuvre cette approche du cycle de vie complet :

  - **Tous les éco-organismes doivent promouvoir les actions de prévention ainsi que l'éco-conception auprès des producteurs** ; certains dispositifs définissent même des objectifs chiffrés : ainsi, la filière emballages vise à réduire les volumes de déchets de 100 000 tonnes sur cinq ans.
  - **Tous les dispositifs de REP doivent instaurer un système de « redevances différenciées » afin de récompenser les entreprises pionnières** (les producteurs respectant des critères d'éco-conception paieront alors une redevance moins élevée) **ou au contraire pénaliser les producteurs à la traîne** (les produits qui entraveront le processus de tri feront l'objet de redevances plus élevées). En général, les parties prenantes trouvent un intérêt à ces redevances différenciées, notamment parce qu'elles peuvent contribuer à nouer un dialogue entre les producteurs et les gestionnaires de déchets. Certaines d'entre elles soulignent également que cette démarche gagnerait en efficacité si elle était appliquée dans toute l'Europe, voire à une échelle plus large.
  - **Chaque dispositif comporte des objectifs chiffrés** adaptés à son modèle de gestion des déchets (comme des objectifs de réutilisation, pour les textiles ou des normes pour les matériaux recyclés en aval destinés aux emballages).

Encadré F.4. Encourager le recyclage du papier à l'aide des redevances différenciées

L'éco-organisme chargé de la gestion des papiers graphiques a obtenu le renouvellement de son agrément à la fin de 2012. À cette occasion, des consultations approfondies ont été menées sur les méthodes de promotion de l'éco-conception, et notamment sur les redevances différenciées. Il a finalement été décidé que les producteurs de papiers intégrant plus de 50 % de fibres recyclées bénéficieraient d'un bonus de 10 % (soit une réduction de 10 % de leur redevance). Cette mesure encourage les producteurs à agir concrètement en faveur de l'éco-conception.

3. Pour conclure, la REP est un outil polyvalent adapté aux défis à venir

Les dispositifs de REP ne peuvent être perçus comme une solution miracle au problème de la gestion des déchets notamment parce qu'ils ciblent des produits particuliers, ne résolvent en rien la question des déchets résiduels (entre autres) et demeurent très axés sur les déchets ménagers. Du point de vue des pouvoirs publics, ils peuvent malgré tout s'avérer très utiles pour **mettre au point une politique des déchets robuste à un coût relativement abordable**.

La REP peut être appréciée pour son caractère polyvalent. En effet, une révision régulière des attentes collectives à l'égard de chaque dispositif (tous les six ans, en France) **permet d'orienter les activités dans la bonne direction et d'ajuster leur trajectoire de manière dynamique dès que nécessaire**. Il convient bien évidemment de répondre à ces attentes en offrant suffisamment de visibilité aux acteurs économiques, et en particulier les producteurs, et en ne leur imposant pas une charge trop lourde.

Les dispositifs de REP peuvent relever en partie les nouveaux défis qui se profilent à l'horizon :

- La France cherche actuellement à faire en sorte que les dispositifs de REP incitent les producteurs à trouver des solutions opérationnelles en vue de recycler les **métaux stratégiques et les terres rares**.
- Le pays encourage de plus en plus la relocalisation des industries à proximité du lieu de production des déchets. Bien que cet objectif ne soit pas toujours réalisable, surtout dans le contexte de la mondialisation, les dispositifs de REP peuvent se révéler prometteurs pour **encourager un « principe de proximité »** et développer autant que possible le traitement local des déchets.
- De façon plus générale, les dispositifs de REP peuvent être un outil solide permettant d'organiser de manière homogène et méthodique la future **exploitation de « mines urbaines »** (flux de ressources dans les grandes villes, ressources accumulées dans des infrastructures telles que les logements et les transports). Grâce aux informations collectées via les registres de producteurs, les dispositifs de REP français sont une source de connaissances et des bases de données extrêmement utiles qui aident à cerner et à anticiper de potentiels flux de ressources, ainsi qu'à prédire la quantité de déchets produits, leur nature et leur contenu, ce qui présente un intérêt manifeste à long terme. Dans un contexte d'économie de marché mondialisée, les efforts collectifs entrepris au sein d'un territoire via la REP peuvent et doivent lui permettre d'être plus résilient et autosuffisant, le tout durablement.

La responsabilité élargie du producteur
Une mise à jour des lignes directrices pour une gestion efficace des déchets

ANNEXE G

La REP pour les accumulateurs usagés au Japon

par

Tomohiro Tasaki, Institut national d'études environnementales, Japon[1]

	TABLEAU DE SYNTHÈSE
Répartition des coûts	Les producteurs financent la collecte et le recyclage via les redevances d'adhésion versées à l'éco-organisme. Ces contributions sont proportionnelles à la quantité d'accumulateurs fabriqués et vendus.
Couverture des coûts	Les producteurs financent l'ensemble des opérations menées par l'éco-organisme, de la collecte au recyclage des accumulateurs portables.
Responsabilité opérationnelle (en aval)	Collecte : Détaillants (volontaire ; bornes de collecte) et éco-organismes (enlèvement). Recyclage : Éco-organismes (qui délèguent cette tâche à des recycleurs privés).
Rôle des pouvoirs publics (MOE et METI)	• Superviser le dispositif ; • Encourager les efforts volontaires de la part des producteurs ; • Formuler des recommandations et indiquer aux producteurs les mesures à prendre ; • Mener des campagnes de sensibilisation et d'information ; • Pouvoir infliger aux producteurs des amendes d'un montant allant jusqu'à 500 000 JPY (peu probable).
Performances environnementales	Objectifs de taux de recyclage compris entre 30 %, pour les accumulateurs lithium, et 60 %, pour les accumulateurs étanches nickel-cadmium.
Incitations à l'éco-conception	Les producteurs sont encouragés à faciliter le retrait des accumulateurs contenus dans les déchets, mais aucune avancée significative n'a été constatée dans ce domaine.
Rapport coût/efficacité	Aucune information disponible.

1. Mise en place de la REP

a) Contexte juridique

La loi sur la promotion de l'utilisation efficace des ressources, promulguée en juin 2000 et entrée en vigueur en avril 2001, sert d'assise juridique pour favoriser la responsabilité des chefs d'entreprise quant au recyclage de leurs produits et des accumulateurs qu'ils contiennent. Ce texte vise à encourager de manière globale la réduction, la réutilisation et le recyclage des produits usagés selon une stratégie dite des 3R (réduire, réutiliser, recycler). Il offre de la flexibilité aux chefs d'entreprises pour concevoir leurs dispositifs de recyclage. En ce qui concerne les accumulateurs portables, l'ordonnance ministérielle stipulant les critères à suivre par les fabricants d'accumulateurs étanches a été promulguée en mars 2001. En vertu de ce texte, les fabricants d'accumulateurs ou de produits comportant des accumulateurs doivent dans un premier temps rassembler eux-mêmes les accumulateurs usagés en désignant des points de collecte, en installant des bornes de collecte ou en prenant d'autres mesures, puis organiser le recyclage des accumulateurs ainsi récupérés. Cette loi ne concerne ni les piles jetables, ni les accumulateurs automobiles.

b) Attribution des responsabilités (répartition des rôles, flux financiers)

Les fabricants et les importateurs sont tenus de collecter et de recycler les déchets d'accumulateurs portables et de dresser le bilan de ces deux activités chaque année. Les fabricants de produits contenant des accumulateurs doivent quant à eux collecter les batteries usagées et les transmettre à leurs fabricants. Dans les deux cas, les producteurs peuvent demander à être agréés par le ministère compétent pour garantir le bon déroulement de ces opérations. Afin d'organiser et financer la collecte et le recyclage des accumulateurs, la plupart des fabricants adhèrent à l'éco-organisme Japan Portable

Rechargeable Battery Recycling Centre (JBRC), qui collecte la plupart des catégories d'accumulateurs. Un autre éco-organisme, le Mobile Recycle Network, s'occupe des accumulateurs lithium-ion utilisés dans les téléphones portables. Pour cela, il collecte l'ensemble des batteries de téléphone portable, dont le recyclage est ensuite assuré par chaque opérateur de téléphonie. La plupart des accumulateurs étanches au plomb sont collectés directement par leurs fabricants. Les détaillants qui commercialisent des accumulateurs portables peuvent adhérer volontairement au JBRC en tant que magasins partenaires et se doter de borne de collecte, dont l'enlèvement est assuré par le JBRC. Le Japon comptait 21 102 commerces de ce type en 2013. S'agissant des accumulateurs industriels, les entreprises peuvent également faire le choix d'adhérer au JBRC puis de lui transmettre leurs accumulateurs usagés. Contrairement aux détaillants, elles sont tenues de trier les accumulateurs par catégorie. Au Japon, le JBRC sous-traite la collecte et l'acheminement des accumulateurs à des sociétés de transport, qu'il rémunère au moyen des redevances d'adhésion annuelles payées par ses membres. Le montant de ces contributions est proportionnel à la quantité d'accumulateurs produits et vendus. La loi ne comporte aucune disposition relative au rôle particulier des communes, et on dénombre trop peu d'incitations financières en faveur de leur coopération. Cependant, un petit nombre d'entre elles (222) s'associent aux détaillants pour collecter les accumulateurs, qu'elles doivent stocker et trier. Les autorités nationales (ministère de l'Économie, des Échanges et de l'Industrie [METI], et ministère de l'Environnement [MOE]) sont chargées de superviser le dispositif et de mener des campagnes de sensibilisation et d'information.

c) Système de gouvernance et sanctions

Le dispositif ambitionne d'encourager les actions volontaires de la part des chefs d'entreprises ; sa gouvernance repose essentiellement sur l'échange d'informations entre ces derniers et les pouvoirs publics.

À chaque exercice budgétaire, les fabricants d'accumulateurs et de produits contenant des accumulateurs doivent communiquer les informations relatives à leurs activités de collecte et de recyclage au METI et MOE afin d'être compilées et publiées. Lorsque cela s'avère nécessaire, les autorités compétentes peuvent donner des directives et des conseils de collecte et de recyclage aux entreprises spécialisées dans le traitement de certaines ressources. Si les ministères estiment qu'un producteur (vendant plus de 2 millions d'unités) est loin d'atteindre les « normes d'évaluation » (critères établis par la loi) en vigueur, ils peuvent lui indiquer des mesures à prendre. Si le producteur ne suit pas ces recommandations, les ministères peuvent alors rendre ces lacunes publiques. Enfin, si le producteur persiste et ne met pas en œuvre les recommandations qui lui ont été faites, les ministères peuvent lui ordonner de prendre les mesures qui s'imposent, après consultation du Conseil de la structure industrielle, et lui infliger une amende n'excédant pas 500 000 JPY.

2. Efficacité environnementale

a) Taux de collecte et de recyclage

Les taux de recyclage fixés par la loi (voir tableau G.1) correspondent au rapport, exprimé en pourcentage, entre le poids total de matériaux issus du recyclage d'accumulateurs portables et le poids total de déchets d'accumulateurs portables collectés. Le terme « recyclage » signifie que le fer, le plomb, le nickel, le cobalt, le cadmium et d'autres ressources recyclables sont extraits des accumulateurs usagés afin d'être réutilisés. Il n'englobe pas la notion de valorisation énergétique.

Tableau G.1. **Taux de recyclage visés pour les déchets d'accumulateurs portables au Japon**

	Objectif de recyclage obligatoire (à compter de l'entrée en vigueur de la loi)
Accumulateurs étanches nickel-cadmium	60 %
Accumulateurs étanches nickel-métal-hydrure	55 %
Accumulateurs étanches au plomb	50 %
Accumulateurs lithium	30 %

Source : Tasaki, T. (2014), *The recycling scheme for compact rechargeable batteries in Japan – under the act on the promotion of effective utilization of resources*, Case study prepared for the OECD, *www.oecd.org/env/waste/gfenv-extendedproducerresponsibility-june2014.htm*.

Comme le montre le graphique G.1, les objectifs fixés par la loi sont atteints et dépassés, avec un taux de recyclage croissant pour les accumulateurs lithium-ion et des taux le plus souvent constants pour les autres catégories d'accumulateurs.

Graphique G.1. **Taux de recyclage des déchets d'accumulateurs portables au Japon**

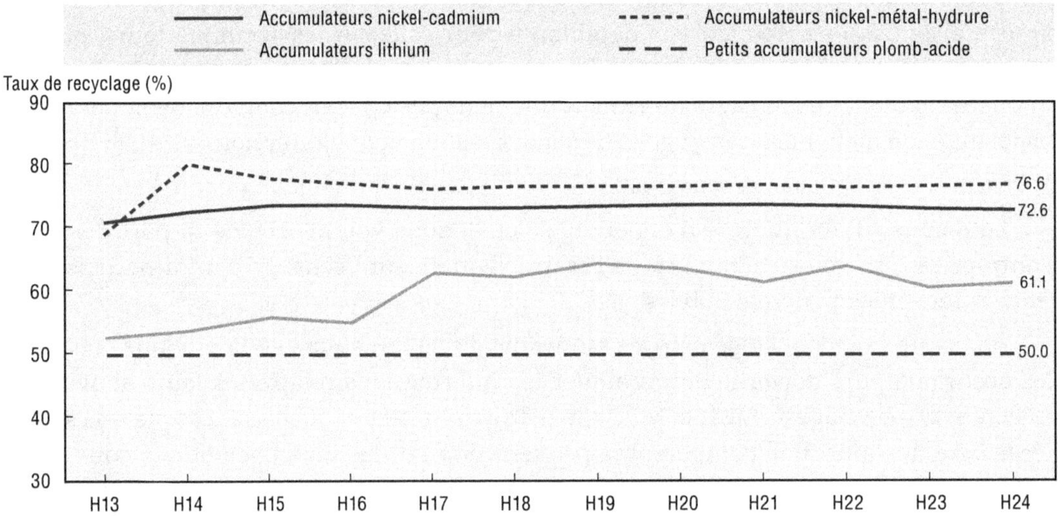

Source : Tasaki, T. (2014), *The recycling scheme for compact rechargeable batteries in Japan – under the act on the promotion of effective utilization of resources*, Case study prepared for the OECD, *www.oecd.org/env/waste/gfenv-extendedproducerresponsibility-june2014.htm*.

Il est difficile d'estimer les taux de collecte des accumulateurs portables, car cette dernière intervient quelques années après la mise sur le marché. Une étude de 2011 avançait un taux de collecte de 26 % au Japon, avec un taux de collecte faible pour les accumulateurs nickel-métal-hydrure et lithium-ion (voir tableau G.2).

b) Éco-conception

Le dispositif encourage les fabricants à concevoir leurs produits de manière à ce que le retrait des accumulateurs portables soit aisé. Presque aucune amélioration n'est cependant constatée à ce niveau. Selon une étude menée par le MOE en 2008, environ un quart des consommateurs prétend ôter les accumulateurs contenus dans leurs appareils usagés, avec des variations selon les produits. Par exemple, si 42.3 % des répondants affirment retirer les accumulateurs des voitures télécommandées, leur part tombe à 10 % seulement pour les ordinateurs portables, et 13.9 % pour les téléphones portables.

Tableau G.2. **Taux de collecte estimés pour les piles et accumulateurs (PA) portables au Japon**

Type de PA		Quantité collectée (tonnes/an)	Taux de collecte (%)
Piles (cylindriques)		21 500	30
Piles (plates/bouton)		1	0.1
Accumulateurs (portables)	Accumulateurs nickel-cadmium	984	46
	Accumulateurs nickel-métal-hydrure	205	2
	Accumulateurs lithium-ion	165	6
	Total	1 354	9

Source : Asari, M. et al. (2011), « Current Status of Disposal and Recycling of Small Used Batteries in Japan », *Journal of Material Cycles and Waste Management*, 22 (6), pp. 412-425.

3. Efficience économique (y compris du point de vue de la concurrence)

a) Rapport coût/efficacité

Le JBRC publie un bilan des coûts de ses activités, conformément à son obligation légale de rendre compte de ses résultats. Cependant, ce document ne détaille pas ces coûts individuellement, ce qui ne permet pas de mener une analyse coût-avantages.

b) Fuites et passagers clandestins

Comme le montre le tableau G.2, bon nombre d'accumulateurs usagés ne seraient pas collectés, y compris lorsqu'ils ne sont pas retirés des produits en fin de vie. Les politiques de recyclage menées au Japon se sont également penchées sur la question des passagers clandestins, mais ce sujet n'a pour l'heure pas été abordé dans le cadre de la collecte et du recyclage des accumulateurs. Le JBRC rassemble les dix fabricants japonais de piles et accumulateurs, mais ne compte parmi ses adhérents que 306 fabricants de produits électriques utilisant des accumulateurs, alors que le pays en compterait plusieurs milliers.

c) Échanges et concurrence

Aucun problème lié à la concurrence n'a été signalé. La loi stipule que lorsqu'un éco-organisme dédié à certains produits recyclables est sur le point d'être créé, le ministère compétent peut, si nécessaire, solliciter l'avis de la Commission des pratiques commerciales équitables au sujet des mesures de collecte et de recyclage des produits.

4. Principaux problèmes et réformes possibles

Une amélioration utile consisterait à accroître le pourcentage d'accumulateurs convenablement collectés et triés. Dans une enquête menée par le MOE en 2008, 25 % des répondants déclaraient avoir déposé des accumulateurs usagés dans des bornes de collecte installées chez des détaillants. À l'heure actuelle, les parties prenantes autres que les producteurs et les communes sont peu incitées à participer à leur collecte. La qualité des déchets collectés s'est cependant améliorée grâce aux campagnes de sensibilisation et aux conseils.

L'utilisation d'accumulateurs est amenée à progresser en raison du développement des véhicules électriques et des systèmes domestiques de production d'électricité photovoltaïque. Par conséquent, il faudra tôt ou tard étudier comment étendre le dispositif de REP pour y intégrer ces produits à moyen ou long terme.

Note

1. Source intégrale : Tasaki, T. (2014), *The recycling scheme for compact rechargeable batteries in Japan – under the act on the promotion of effective utilization of resources*, Étude de cas préparée pour l'OCDE, *www.oecd.org/env/waste/gfenv-extendedproducerresponsibility-june2014.htm*.

La responsabilité élargie du producteur
Une mise à jour des lignes directrices pour une gestion efficace des déchets

ANNEXE H

Le système de recyclage d'appareils électroniques ménagers au Japon

par
Yasuhiko Hotta, Institut des stratégies environnementales mondiales,
Atsushi Santo, Institut des stratégies environnementales mondiales *et*
Tomohiro Tasaki, Institut national d'études environnementales (INES), Japon[1]

	TABLEAU DE SYNTHÈSE
Répartition des coûts	Les consommateurs financent le dispositif (redevances de collecte/transport et de recyclage).
Couverture des coûts	Pertes nettes pour le secteur privé (par exemple, en 2012, le traitement des climatiseurs a engendré des pertes nettes de 476 JPY par unité pour le groupe A et de 375 JPY par unité pour le groupe B ; toujours en 2012, le traitement des téléviseurs à tube cathodique a quant à lui entraîné des pertes nettes de 20 JPY par unité pour le groupe A et de 126 JPY par unité pour le groupe B).
Rôle des pouvoirs publics (MOE et METI)	• Activités de soutien : R-D, campagnes de sensibilisation, appui technique ; • Publication des résultats annuels ; • Application de sanctions : amendes ou peines de prison ; • Le conseil consultatif conjoint est chargé de l'examen de la loi.
Performances environnementales	• Taux de recyclage atteints en 2013 : 91 % pour les climatiseurs, 79 % pour les téléviseurs à tube cathodique, 89 % pour les téléviseurs à écran LCD ou plasma, 80 % pour les réfrigérateurs et congélateurs, et 88 % pour les lave-linge et sèche-linge ; • Au total, 174 millions d'appareils électroménagers ont été recyclés entre 2001 et 2013 ; • Réduction de 50 % des émissions de GES occasionnées par l'utilisation de matériaux vierges ; • Plus de 50 % des déchets ciblés par la REP sont collectés en vue de leur recyclage.
Incitations à l'éco-conception	Publication de guides afin d'aider les fabricants dans le domaine de l'éco-conception. Amélioration de la communication entre les recycleurs et les fabricants en formant les concepteurs de produits dans les installations de recyclage.
Rapport coût/efficacité	L'application de la loi aurait permis de dégager 54 milliards JPY en 2005.

1. Mise en place de la REP

a) Contexte juridique

Votée en 1998, la loi sur le recyclage de certains types d'appareils électroménagers est entrée en vigueur en avril 2001. Elle vise à réduire le volume d'ordures ménagère résiduelles et à utiliser suffisamment de ressources recyclées. Cette loi concerne quatre catégories d'appareils électroménagers : les climatiseurs ; les téléviseurs ; les réfrigérateurs et congélateurs ; et les lave-linge et sèche-linge. Les ordinateurs personnels et les petits appareils électroniques sont couverts par d'autres textes législatifs.

b) Attribution des responsabilités (répartition des rôles, flux financiers)

Les consommateurs se débarrassant de déchets d'appareils électroménagers doivent payer des redevances pour la collecte, le transport et le recyclage de leurs appareils, qu'ils sont tenus de rapporter aux distributeurs ou de faire entrer dans les circuits de collecte et de traitement municipaux. Les appareils à usage professionnel n'entrent pas dans le champ d'application de cette loi et sont considérés comme des déchets industriels. Les détaillants fixent le montant des redevances de collecte et de transport en fonction de la distance parcourue, de la taille et du type de déchets, mais dans la pratique, nombre d'entre eux ont opté pour une redevance unique de 540 JPY (taxe à la consommation comprise) par unité. Chaque fabricant détermine et révise régulièrement le montant des redevances de recyclage. Les détaillants collectent les appareils qu'ils ont vendus (selon une pratique commerciale consistant à collecter les appareils usagés à la livraison d'un nouvel appareil, moyennant une redevance de 500 JPY, à laquelle s'ajoute la taxe à la consommation de 5 USD susmentionnée) ou reprennent les anciens appareils des consommateurs achetant un nouvel équipement. Ils sont également chargés de rapporter les produits en fin de vie à des points de collecte mis en place collectivement par les fabricants concernés, mais peuvent sous-traiter cette opération à des entités agréées par les autorités compétentes. Les fabricants et les importateurs ont l'obligation de créer des points de collecte spécialisés, de collecter sur ces sites les appareils électroménagers qu'ils ont produits ou importés et de les recycler. Les fabricants de petite taille ou de taille moyenne (définis par la loi en fonction de la catégorie de leurs produits) peuvent sous-traiter cette tâche à des organismes désignés. Les communes sont tenues de gérer les déchets d'appareils électroménagers ou les déchets d'équipements électriques et électroniques (DEEE) qui n'entrent pas dans le champ d'application de la loi. Si elles collectent des déchets concernés par la loi, elles peuvent les transmettre à leurs fabricants ou décider de les recycler elles-mêmes. Les autorités nationales (ministère de l'Environnement [MOE] et ministère de l'Économie, des Échanges et de l'Industrie [METI]) mènent des activités de soutien consistant à promouvoir la recherche-développement (R-D), à diffuser des informations, à créer des infrastructures, à fournir un appui technique et à superviser et mettre en œuvre des campagnes de sensibilisation et d'information à visée environnementale. Les pouvoirs publics publient également les résultats annuels de la filière du recyclage.

c) Système de gouvernance et sanctions

Les détaillants et fabricants qui ne respectent pas leurs obligations légales de collecte et de recyclage, communiquent de fausses informations ou imposent des redevances illégales s'exposent à des recommandations correctives, à des injonctions de mise en conformité ou à des sanctions. Sur le plan financier, ils risquent une amende dont le plafond est compris entre 100 000 et 500 000 JPY. Les individus abandonnant illégalement leurs déchets encourent jusqu'à cinq ans de prison ou une amende pouvant aller jusqu'à 10 millions JPY (ou 300 millions JPY pour les entreprises), en vertu de la loi sur la gestion des déchets le nettoiement public.

Conformément à la loi, les pouvoirs publics doivent passer en revue le dispositif cinq ans après son entrée en vigueur. À cet effet, le MOE et le METI ont créé un conseil consultatif conjoint chargé d'évaluer les progrès effectués, d'examiner les décisions prises, d'identifier les problèmes rencontrés au niveau de l'application de la politique de recyclage et de formuler des conseils à l'attention des pouvoirs publics. Ce conseil rassemble des experts, des chercheurs, des représentants d'associations de fabricants, des groupes de consommateurs, les autorités locales, les détaillants et les recycleurs. Il a procédé à une première évaluation en 2006-07, qui a abouti à la publication d'un rapport en 2008. À l'issue de la seconde évaluation, conduite en 2013, l'objectif de collecte a été porté à 56 % et les objectifs de recyclage des appareils électroménagers ont également été revus à la hausse.

2. Efficacité environnementale

a) Taux de collecte et de recyclage

Les objectifs de recyclage figurant dans la loi correspondent au rapport, exprimé en pourcentage, entre le poids de composants et matériaux récupérés dans les DEEE afin d'être recyclés et le poids total de composants et matériaux contenus dans ces mêmes équipements. Ils ne tiennent pas compte de la valorisation énergétique. Comme le montre le tableau H.1, les objectifs de recyclage ont été révisés en 2009 pour toutes les catégories de produits, à l'exception des téléviseurs à tube cathodique, car la valeur du verre qu'ils contiennent enregistre une baisse importante. Les objectifs de recyclage ont à nouveau été actualisés en 2015 pour encourager encore davantage le recyclage des déchets collectés.

Tableau H.1. **Objectifs de recyclage réglementaires**

	Objectifs de recyclage réglementaires		
	Exercices budgétaires 2001-08	Exercices budgétaires 2009-14	Exercice budgétaire 2015-
Climatiseurs	60 %~	70 %~	80 %~
Téléviseurs (à tube cathodique)	55 %~	55 %~	55 %~
Téléviseurs (à écran plat)	-	50 %~	74 %~
Réfrigérateurs et congélateurs	50 %~	60 %~	70 %~
Lave-linge	50 %~	65 %~	82 %~

Source : Données collectées auprès de l'Association pour les appareils électroménagers (AEHA), Rapport annuel sur le recyclage des appareils électroménagers au cours de l'exercice budgétaire 2012 [en japonais]. Pour l'exercice budgétaire 2015, communiqué de presse du ministère japonais de l'environnement, 17 mars 2015.

Au cours des treize années suivant l'entrée en vigueur de la loi, le nombre d'équipements déposés sur les sites de collecte dédiés a progressé, tout comme le nombre d'appareils traités en vue d'être recyclés. Au total, 174 millions d'appareils électroménagers ont été recyclés entre 2001 et 2013. Le taux de recyclage pour chaque type d'appareils est resté élevé, bien qu'il ait légèrement varié selon les catégories (voir graphique H.1). En 2013, le taux de recyclage a dépassé l'objectif fixé par la loi dans toutes les catégories d'appareils électroménagers. Plus précisément, il s'est établi à 91 % pour les climatiseurs, 79 % pour les téléviseurs à tube cathodique, 89 % pour les téléviseurs à écran LCD et écran plasma, 80 % pour les réfrigérateurs et congélateurs et 88 % pour les lave-linge et sèche-linge.

Graphique H.1. **Évolution des taux de recyclage fixés par la loi sur le recyclage des appareils électroménagers**

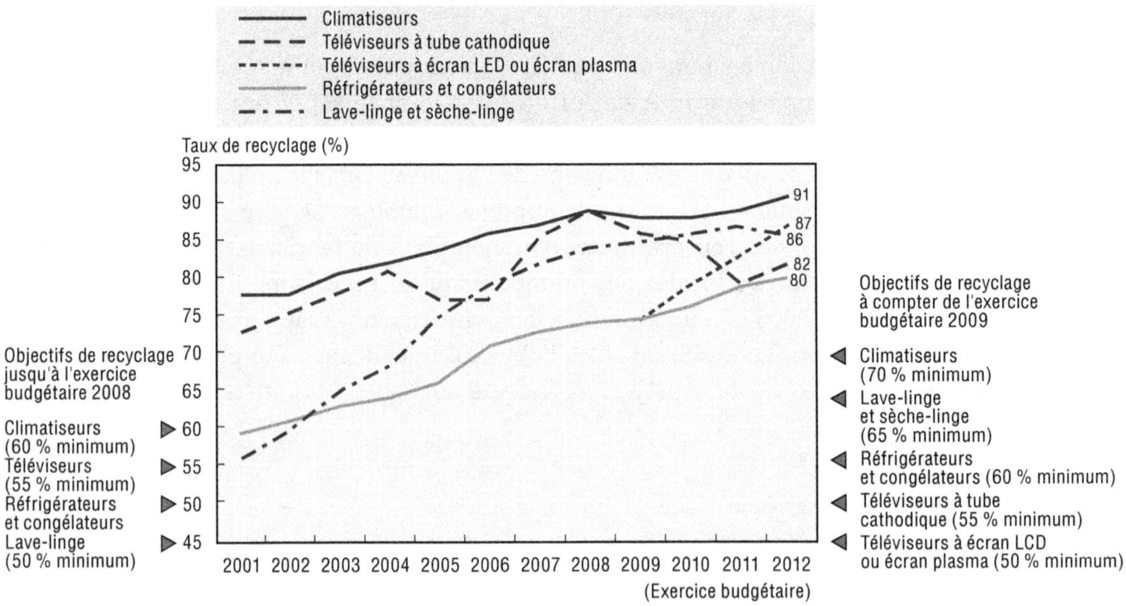

Source : Association for Electric Home Appliances (AEHA), *Rapport annuel sur le recyclage des appareils électroménagers au cours de l'exercice budgétaire 2012* [en japonais].

Selon une étude de l'Institut des stratégies environnementales mondiales (IGES), la loi a permis de recycler un volume total de 38.4 millions de mètres cubes d'appareils électroménagers sur onze ans, entre 2001 et 2011. En outre, la loi pourrait avoir permis de limiter de plus de 50 % les émissions de gaz à effet de serre (GES) occasionnées par l'utilisation de matériaux vierges.

b) Éco-conception

Au sein de l'Association pour les appareils électroménagers (AEHA), le Comité d'experts chargé de l'évaluation des produits élabore des guides et des rapports pour aider les fabricants à œuvrer en faveur de l'éco-conception. Pour cela, le Comité s'entretient avec des représentants des usines de recyclage afin d'identifier les améliorations particulières pouvant être apportées à la conception des produits. Il mène également une enquête à l'aide d'un questionnaire sur les procédures de gestion des déchets appliquées dans ces usines. En 2012, il a publié la troisième édition de ses « Directives sur l'étiquetage et les symboles de recyclage apposés sur les composants plastiques des appareils électroménagers », afin d'encourager la conception de produits facilitant le recyclage. Cet ouvrage insiste sur la nécessité de réduire le nombre de matières plastiques utilisées ; de limiter le nombre de composants d'un appareil ; de concevoir des structures de produits facilitant le démontage ; et d'apposer sur les divers composants du produit une étiquette indiquant le type de matériau et la localisation des vis. En outre, certains fabricants envoient leurs employés faire des recherches ou des stages chez les recycleurs en vue de renforcer leurs échanges avec ces derniers. En effet, le fait de former les ingénieurs sur les installations de recyclage permettrait une meilleure communication en matière d'éco-conception. Par ailleurs, les recycleurs soumettent des demandes écrites aux fabricants pour que ces derniers produisent des appareils faciles à recycler.

3. Efficience économique (y compris du point de vue de la concurrence)

a) Rapport coût/efficacité

On constate un manque de transparence de la part des fabricants en ce qui concerne la détermination des redevances de recyclage. Cependant, le conseil consultatif conjoint considère que le coût global du recyclage sont en baisse, en raison probablement d'une meilleure efficacité liée aux innovations technologiques. Le tableau H.2 présente les résultats de l'estimation des coûts et retombées financières liés au recyclage. Des explications sur les groupes A et B (qui désignent deux groupements de fabricants chargés du recyclage) figurent ci-après dans la section c) consacrée aux échanges et à la concurrence.

Tableau H.2. **Coût de recyclage estimé pour chaque appareil visé par la loi sur le recyclage des appareils électroménagers (devise : JPY)**

2006	Groupe	Recettes tirées des redevances de recyclage	Recettes tirées des ventes de matériaux valorisés	Recettes totales	Dépenses administratives	Dépenses de logistique secondaire	Dépenses des sites de collecte désignés	Dépenses des usines de recyclage d'appareils électro-ménagers	Dépenses totales
Climatiseurs	A	3 500	1 183	4 683	831	469	952	2 466	4 718
	B	3 500	1 366	4 866	831	443	769	3 202	5 244
Téléviseurs	A	2 700	304	3 004	831	305	619	1 678	3 433
	B	2 700	368	3 068	831	288	500	1 989	3 607
Réfrigérateurs & congélateurs	A	4 600	667	5 267	831	629	1 278	3 815	6 553
	B	4 600	703	5 303	831	594	1 031	4 629	7 085
Lave-linge	A	2 400	394	2 794	831	342	695	2 026	3 893
	B	2 400	419	2 819	831	323	561	2 152	3 866

Source : Hotta, Y., A. Santo and T. Tasaki (2014), *EPR-based Electronic Home Appliance Recycling System under Home Appliance Recycling Act of Japan*, Case study prepared for the OECD, *www.oecd.org/env/waste/gfenv-extendedproducerresponsibility-june2014.htm.*

Une analyse de 2005 révélait que l'application de la loi avait permis de dégager un bénéfice net total de 54 milliards JPY. Ce résultat s'explique par deux tendances parallèles. D'une part, on observe une baisse des coûts de 38.1 milliards JPY consécutive à un recul de 44.5 milliards JPY des coûts supportés par les autorités locales, couplée à une hausse de 6.3 milliards JPY des coûts à la charge du secteur privé. D'autre part, les recettes ont augmenté de 15.8 milliards JPY du fait d'une baisse de 1.6 milliard JPY des dépenses des autorités locales et d'une envolée de 17.5 milliards JPY des recettes du secteur privé.

b) Fuites et passagers clandestins

Comme suite aux consultations menées en 2006-07 et à la demande des parties prenantes, le conseil conjoint a décidé de renforcer les mesures de lutte contre les dépôts sauvages et les exportations illégales de déchets. En effet, les flux de déchets cachés hors de la chaîne de recyclage constituent un problème important. On estime que près de la moitié des déchets d'appareils électroménagers visés par la loi échappent aux mécanismes de collecte prévus et qu'environ 30 % de ces appareils sont échangés en tant que produits de seconde main ou déchets métalliques. En outre, le système actuel de paiement au moment de l'élimination peut encourager les consommateurs à se tourner vers le dépôt sauvage. Le gouvernement prend des mesures afin d'éviter les dépôts sauvages et les exportations de DEEE de seconde main, qui peuvent être gérés de manière inadéquate sur le plan environnemental lorsqu'ils sont destinés aux pays en développement. Ces mesures consistent notamment à définir des critères clairs pour l'utilisation de produits de seconde main destinés à l'exportation, à collaborer plus étroitement avec les services des douanes, à encourager la coopération avec les partenaires commerciaux et à soutenir la mise en œuvre de la Convention de Bâle.

c) Échanges et concurrence

Afin de garantir la concurrence dans le secteur du recyclage des appareils électroménagers, la loi exige que les fabricants soient répartis dans deux groupes distincts. Tous deux affichent des résultats presque identiques en ce qui concerne le nombre d'appareils fabriqués et traités en vue d'être recyclés. Ils ont par ailleurs créé leur propre entreprise de recyclage commune. Par souci d'efficacité, les points de collecte acceptent les produits destinés aux deux groupes. Ce système a permis de faire reculer les coûts de recyclage. Le conseil de consultation conjoint du MOE et du METI cherche à faire baisser encore davantage les redevances et veille à ce que ces dernières soient fixées de manière juste et concurrentielle.

4. Principaux problèmes et réformes possibles

À l'issue d'un second examen réalisé en 2014, le conseil consultatif a formulé les recommandations suivantes, en s'appuyant sur des demandes des parties prenantes : viser un objectif de collecte de 56 % et revoir les objectifs de recyclage à la hausse ; veiller à fixer les redevances de manière plus transparente et alléger la charge financière pesant sur les consommateurs ; distinguer plus clairement les activités liées aux 3 R ; revoir les qualifications actuellement exigées pour pouvoir procéder à la collecte, au transport et au recyclage des déchets, et ainsi permettre une participation plus importante ; et adopter une réglementation et des mesures plus strictes pour lutter contre les flux de DEEE vers les autres pays. En ce qui concerne les redevances, bien qu'il ait été envisagé de déplacer leur paiement du moment de l'élimination au moment de l'achat, leurs modalités de versement n'ont pas changé.

Note

1. Source intégrale : Hotta, Y., A. Santo et T. Tasaki (2014), *EPR-based Electronic Home Appliance Recycling System under Home Appliance Recycling Act of Japan*, Étude de cas préparée pour l'OCDE, *www.oecd.org/env/waste/gfenv-extendedproducerresponsibility-june2014.htm*.

La responsabilité élargie du producteur
Une mise à jour des lignes directrices pour une gestion efficace des déchets

ANNEXE I

Les systèmes de REP pour les déchets d'emballage au Japon

par
Hajime Yamakawa, Université préfectorale de Kyoto, Japon[1]

	TABLEAU DE SYNTHÈSE
Répartition des coûts	Les dépenses totales de l'éco-organisme correspondent à 18 % des ressources financières totales consacrées par les communes à la collecte, au tri et à la gestion des emballages.
Couverture des coûts	90 % (pourcentage des recettes totales de l'éco-organisme couvertes par les redevances des producteurs en 2010).
Rôle des pouvoirs publics	• Désigner les éco-organismes ; • Avaliser les prescriptions et la réglementation applicables aux activités de recyclage des éco-organismes ; • Valider le plan d'activités et le budget des éco-organismes pour chaque exercice budgétaire ; • Superviser les activités des éco-organismes : contrôle du calcul et de la justesse des commissions de recyclage unitaires et vérification des dépenses via l'examen des comptes et des rapports d'activité ; • Inspecter les sites et de donner des ordres, si nécessaire ; • Formuler des recommandations et infliger des sanctions financières en cas d'infraction de la part d'un producteur.
Performances environnementales	Le taux de bouteilles en PET recyclées est passé de 3.5 % à 76.7 % entre 1996 et 2010 ; Le pourcentage de produits mis en décharge a baissé de 72 % sur la même période (voir les graphiques J.1 et I.2 pour obtenir davantage d'informations sur les autres catégories de produits).
Incitations à l'éco-conception	Le poids moyen des bouteilles en PET a diminué de 7.6 % (47 000 tonnes) entre 2004 et 2010.
Rapport coût/efficacité	• Efficience économique : bénéfice net de 144 361 millions JPY en 2010. • Rapport coût/efficacité : les redevances de recyclage représentent 90 % des recettes de l'éco-organisme et couvrent presque l'intégralité des dépenses de recyclage une fois les impuretés éliminées.

1. Mise en place de la REP

a) Contexte juridique

La loi en faveur de la collecte sélective et du recyclage des récipients et emballages (« *loi sur le recyclage des emballages* ») est entrée en vigueur en décembre 1995 pour permettre aux communes de collecter des déchets de récipients et d'emballages « convenablement triés » (déchets municipaux solides) en vue de leur recyclage par les entreprises[2]. La loi a été révisée en 2006 pour intégrer un objectif de réduction des déchets.

b) Attribution des responsabilités (répartition des rôles, flux financiers)

En vertu de la loi, les communes sont chargées financièrement et physiquement de collecter les déchets d'emballages jetés par les consommateurs. Les producteurs assument quant à eux la responsabilité financière du recyclage des bouteilles en verre, des bouteilles en plastique, des autres emballages en plastique et des emballages en papier que les communes ont préalablement collectés et convenablement triés. La responsabilité financière du recyclage des emballages en papier exclut le carton ondulé et le papier-carton. Les producteurs peuvent adhérer et participer à un éco-organisme qui sous-traite ces activités à des recycleurs agréés qu'ils sélectionnent au terme d'un appel d'offres annuel selon des critères fixés par l'éco-organisme. Chaque producteur s'acquitte d'une redevance proportionnelle à la quantité de déchets d'emballages produite, multipliée par le coût total du recyclage de la catégorie de produit concernée. À l'heure actuelle, l'Association japonaise de recyclage des récipients et emballages est le seul éco-organisme agréé, bien que la loi permette la coexistence de plusieurs entités. Les pouvoirs publics japonais sont chargés de sensibiliser le grand public et d'encourager le tri des déchets au travers d'activités à visée éducative. En principe, tous les producteurs doivent étiqueter leurs produits afin de faciliter le tri des déchets.

c) Système de gouvernance et sanctions

Le système est encadré par les pouvoirs publics japonais, par l'intermédiaire du ministère de l'Environnement (MOE), du ministère de l'Économie, des Échanges et de l'Industrie (METI), du ministère de l'Agriculture, des Forêts et de la Pêche (MAFF), du ministère de la Santé, du Travail et des Affaires Sociales (MHLW), et du ministère des Finances (MOF). Le gouvernement nomme les éco-organismes après examen de leur candidature, valide leur plan d'activités et leur budget, supervise leurs activités, y compris le calcul des redevances de recyclage, et valide leurs dépenses et leur bilan comptable. Par ailleurs, il conseille indirectement les communes au sujet de leurs plans municipaux de collecte sélective. Lorsqu'un producteur ne remplit pas ses obligations, les pouvoirs publics peuvent lui faire des recommandations, lui ordonner de procéder au recyclage ou lui infliger une amende pouvant aller jusqu'à 1 million JPY. Toute modification majeure de la loi ou de la réglementation et des objectifs est étudiée par un comité composé de représentants des pouvoirs publics, des communes, des associations de producteurs, d'organisations environnementales et d'experts, entre autres.

2. Efficacité environnementale

a) Taux de collecte et de recyclage

La loi ne fixe pas d'objectifs de collecte et de recyclage, étant donné que la responsabilité des producteurs se limite au recyclage de l'ensemble des déchets d'emballages collectés par les communes. Cependant, la quantité de déchets d'emballages ménagers collectée aurait augmenté pour la plupart des catégories de produits entre l'année d'entrée en vigueur de la loi (1995) et 2010 (graphique I.1). De même, les données dont on dispose montrent que la quantité de déchets mis en décharge a baissé pour chaque catégorie de produits au cours de la même période (graphique I.2). En parallèle, la mise en décharge des déchets d'emballages

Graphique I.1. **Pourcentage de déchets d'emballages ménagers collectés**

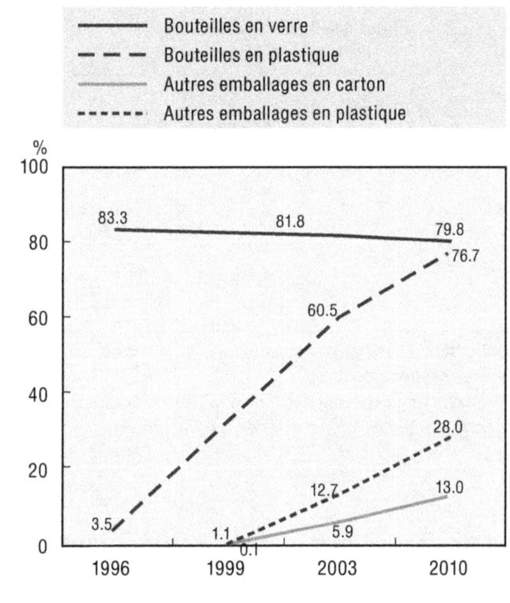

Graphique I.2. **Estimations des quantités de déchets d'emballages de quatre catégories mises en décharge**

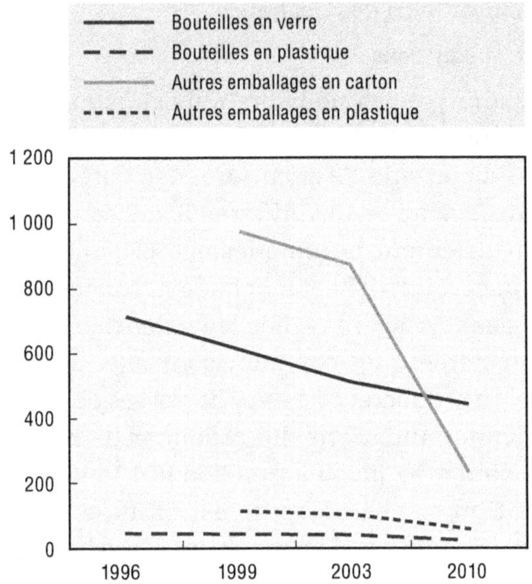

* Taux de collecte = (Collecte sélective effectuée par les communes + collecte réalisée par le secteur privé)/Consommation totale d'emballages ménagers.

Source : Mitsubishi Research Institute, Inc. (2013), Report on the evaluation and review of the Scheme for the recycling of packages (the Survey for promotion of recycling of packages by the outsourcing expenditure for the research upon environmental programs in FY 2012), *www.meti.go.jp/policy/recycle/main/data/research/h24fy/h2503-yourimri.html* (in Japanese).

a reculé de 39 % pour les bouteilles en verre, de 72 % pour les bouteilles en polytéréphtalate d'éthylène (PET), de 60 % pour les autres emballages en papier et de 76 % pour les autres plastiques. Enfin, le tableau I.1 présente la quantité de déchets d'emballages collectés et recyclés par habitant pour les différentes catégories de produits, ce qui révèle que dans la plupart des cas, les quantités collectées et recyclées sont très proches.

Tableau I.1. **Quantité de déchets d'emballages collectés et recyclés par habitant (exercice budgétaire 2010)**

	Quantité de déchets triés collectés par habitant (kg/personne/an)	Quantité de déchets recyclés par habitant (kg/personne/an)
Bouteilles en verre	6.2	5.9
Autres emballages en papier	0.7	0.6
Bouteilles en PET	2.3	2.2
Autres déchets plastiques	5.5	5.2
Canettes en acier	1.8	1.8
Canettes en aluminium	1.0	1.0
Carton ondulé	4.7	4.7
Papier-carton	0.1	0.1

Note : Les quantités de déchets collectées et recyclées sont issues du Rapport annuel sur les statistiques La population totale correspond au résultat du recensement de 2010

Source : Yamakawa, H. (2014), *The packaging recycling act: The application of EPR to packaging policies in Japan*, Case study prepared for the OECD, *www.oecd.org/env/waste/gfenv-extendedproducerresponsibility-june2014.htm.*

b) Éco-conception

La loi aurait permis de faire baisser plus rapidement le poids des récipients et emballages, en favorisant le recours à produits plus fins et plus légers, à des produits dépourvus de revêtement en aluminium, à des emballages souples et à des matériaux différents[3]. Lors de la révision de la loi, en 2006, les associations professionnelles ont élaboré des plans volontaires assortis d'objectifs visant à réduire encore davantage le poids des emballages et à accroître le taux de recyclage. Ces activités se sont traduites par une baisse de 7.6 % (47 000 tonnes) du poids moyen des bouteilles en PET destinées à être recyclées. Parmi les autres exemples d'innovations en matière d'éco-conception, on retient le remplacement des bouteilles en PET colorées par des bouteilles neutres pourvues d'étiquettes en film plastique coloré (faciles à retirer), qui permet d'éviter de trier les bouteilles par couleurs, et donc d'abaisser les coûts de collecte[4]. Ces dernières années, diverses technologies de recyclage des déchets d'emballages ont été mises au point au Japon.

c) La hiérarchie des déchets (prévention, réutilisation, recyclage)

Parallèlement à la progression du recyclage, le système japonais comporte des dispositions en faveur des objectifs de prévention et de réutilisation dans la hiérarchie des déchets. Du point de vue de la *prévention*, la réforme de 2006 a vu l'instauration d'un système de réduction des déchets d'emballages, qui impose aux distributeurs utilisant de très gros volumes d'emballages de rendre compte de leurs stratégies de prévention des déchets aux pouvoirs publics, qui peuvent en retour leur faire des recommandations ou leur infliger des amendes lorsqu'ils jugent ces efforts insuffisants. Selon l'auteur, la quantité totale d'emballages utilisés a reculé de 16 % entre 1996 et 2009, avec une baisse de 27 % pour les récipients contenant des liquides et de 21 % pour les autres emballages en papier et plastique. Contre toute attente, la demande de bouteille en PET a bondi au cours de cette période (de 226 %), malgré des redevances de recyclage supérieures à celles appliquées à d'autres catégories de récipients. Cela démontre que les incitations et la structure des redevances mises en place conformément à la loi n'ont pas toujours permis d'atteindre les résultats escomptés, bien que la transition vers des récipients plus légers (qui s'est accompagnée d'une baisse de 40 % de la demande de bouteilles en verre) a certainement contribué à prévenir la production de déchets en termes de poids. Afin d'encourager la *réutilisation*, le système permet aux pouvoirs publics d'exempter de recyclage certaines catégories de déchets d'emballages ayant une valeur positive et dont le taux de collecte attendu dépasse 90 %.

3. Efficience économique (y compris du point de vue de la concurrence)

a) Rapport coût/efficacité

En 2003, les dépenses totales de l'éco-organisme ont atteint 40 milliards JPY environ, soit à peu près 18 % des ressources financières consacrées par les communes aux quatre catégories d'emballages présentées dans le tableau I.2, qui se sont établies à 230 millions JPY cette même année. En tout, les communes ont dépensé autour de 400 millions JPY pour la collecte sélective et au tri des déchets d'emballages, toutes catégories confondues. Les importantes sommes à débourser pour la collecte sélective et le stockage des déchets empêchent certaines communes de mettre en place un service de collecte sélective (ainsi, seules 35 % des communes japonaises assurent une collecte sélective pour les autres emballages en papier). Le tableau I.2 présente les recettes et dépenses détaillées de l'éco-organisme en 2010. On constate que l'ensemble des commissions versées par les producteurs représente 90 % de ses recettes totales et couvrent presque en totalité les opérations de recyclage pour chaque catégorie de produits. Le tableau I.3 retrace quant à lui l'évolution des revenus de l'éco-organisme de 2000 à 2013.

Tableau I.2. **Bilan comptable de l'éco-organisme en 2010 (millions JPY) (par poste, après clôture des comptes)**

	Comptes clôturés	Bouteilles en verre	Bouteilles en PET	Papier	Plastique
(1) Produits					
1) Résultat d'exploitation					
Redevances de recyclage	38 917	1 692	54	390	36 781
Commissions de participation	9 335	0	88	26	9 220
Redevances de recyclages (versées par les communes)	1 008	270	17	18	703
Recettes tirées des ventes aux enchères de matériaux recyclables	4 379	1	4 302	77	0
2) Intérêts perçus	12	1	1	0	10
Total	53 652	1 964	4 462	512	46 714
(2) Charges					
1) Charges d'exploitation	53 444	1 913	4 410	463	46 658
Externalisation du recyclage					
Redevances de recyclage	38 001	1 733	301	62	35 905
Participation à la réduction des coûts	9 335	0	88	26	9 220
Participation aux ventes aux enchères de matériaux recyclables	3 961	1	3 893	67	0
Charges de main d'œuvre	197	36	45	30	85
Taxes et prélèvements	776	4	-80	9	842
Autres frais généraux *(traitement de données informatiques, enquêtes, équipements, formations, etc.)*	1 086	117	138	247	584
Campagnes de sensibilisation et d'information	87	21	23	21	22
Autres	2	0	1	0	0
2) Charges de gestion	208	51	53	49	56
Total	53 652	1 964	4 462	512	46 714
Solde	0	0	0	0	0

Source : *www.jcpra.or.jp/english/tabid/603/index.php.*

Tableau I.3. **Évolution des recettes totales de l'éco-organisme**

Année	Évolution des recettes totales de l'éco-organisme (comptes clôturés)				
				(millions JPY)	
	2000	2003	2005	2010	2013
Total	18 445	42 421	50 493	53 652	49 227
Bouteilles en verre	3 265	1 773	1 684	1 964	2 127
Bouteilles en PET	6 950	8 435	3 280	4 462	8 043
Papier	1 216	1 010	787	512	539
Plastique	6 952	31 200	44 709	46 714	38 518

Source : Yamakawa, H. (2014), The packaging recycling act: the application of EPR to packaging policies in Japan, Case study prepared for the OECD, *www.oecd.org/env/waste/gfenv-extendedproducerresponsibility-june2014.htm.*

L'auteur a procédé à une analyse coûts-avantages du système de gestion des déchets d'emballages pour les années 2003 et 2010. Comme l'indique le tableau I.4, le système a engrangé un bénéfice net de 144 361 millions JPY en 2010 après avoir essuyé des pertes nettes de 28 650 millions JPY en 2003, quand la mise en œuvre de la loi se trouvait à un stade moins avancé. Cette envolée des bénéfices au cours du temps s'explique essentiellement par une moindre consommation de ressources vierges liée aux activités de recyclage et de prévention des déchets.

Afin d'abaisser encore davantage le coût global du recyclage des emballages, la réforme de 2006 prévoyait la création d'un *système de commissions de participation*, avec pour objectif d'inciter les communes à trier soigneusement les déchets. Dans le cadre de ce système, lorsque les coûts réels du recyclage sont inférieurs aux coûts estimés en raison du

Tableau I.4. **Résultats de l'analyse coûts-avantages de la loi sur le recyclage des emballages (millions JPY)**

			Exercice budgétaire 2010	Exercice budgétaire 2003
Coûts	Producteurs visés	Redevances de recyclage	36 316	39 928
		Commissions de participation	9 972	0
		Coûts internes (R-D, collecte, gestion, activités volontaires)	12 500	13 615
	Communes	Coûts supplémentaires de collecte sélective de déchets d'emballages	174 461	115 427
		Recettes tirées de la vente aux enchères de matériaux recyclables	-7 009	
		Participation à la réduction des coûts	-9 972	
		Commission de recyclage (pour les micro-entreprises)	1 684	2 446
			217 952	171 416
	Communes	Conséquences du recul de la mise en décharge de déchets combustibles et non combustibles (grâce au recyclage)	3 175	2 944
Coûts totaux Avantages		Conséquences du moindre traitement des déchets combustibles et non combustibles (grâce au recyclage)	104 617	91 711
		Conséquences du moindre traitement et du recul de la mise en décharge des déchets combustibles et non combustibles (grâce à la prévention)	1 541	302
	Société	Conséquences de la moindre consommation de ressources vierges (grâce au recyclage)	87 071	27 291
		Conséquences de la moindre consommation de ressources vierges (grâce à la prévention)	165 432	19 372
		Conséquences de la baisse des émissions de CO_2 provenant du carbone contenu dans le plastique	476	1 146
Avantages totaux			362 313	142 766
Avantages-coûts			144 361	-28 650

Source : Yamakawa, H. (2014), *The packaging recycling act: the application of EPR to packaging policies in Japan*, Case study prepared for the OECD, *www.oecd.org/env/waste/gfenv-extendedproducerresponsibility-june2014.htm.*

tri très soigneux des déchets d'emballages collectés, par exemple, l'éco-organisme reverse 50 % des sommes économisées au recycleur des communes concernées.

Les fuites constatées au niveau du système japonais s'expliquent plus particulièrement par les déchets de bouteilles en PET qui échappent à la filière REP, ce qui abaisse le pourcentage de produits pris en charge par l'éco-organisme et nuisent à la réglementation relative au recyclage de ces bouteilles. Les communes sont autorisées à vendre les déchets d'emballages directement à des acheteurs qui les exportent et 40 % d'entre elles font affaire directement avec des recycleurs indépendants. Cependant, les recycleurs partenaires de l'éco-organisme ne peuvent pas exporter les déchets d'emballages reçus par l'intermédiaire de l'éco-organisme. Ainsi, près de 30 % des communes procédant elles-mêmes à la collecte des bouteilles en PET choisissent de travailler uniquement avec des recycleurs indépendants et 10 % d'entre elles font le choix de s'adresser à la fois aux recycleurs indépendants et à l'éco-organisme. Lorsqu'un producteur adopte un comportement de « passager clandestin », les pouvoirs publics japonais peuvent lui adresser des recommandations et lui infliger des sanctions financières. Comme cela a été indiqué plus haut, les emballages n'entrant pas dans les quatre catégories de déchets précités n'entrent pas dans les obligations de recyclage des producteurs. Les emballages destinés aux entreprises ne sont pas concernés non plus

b) Échanges et concurrence

À l'heure actuelle, la gestion des déchets d'emballages n'est pas soumise à la concurrence puisque le Japon ne compte qu'un seul éco-organisme opérant dans ce domaine, bien que la loi permette la coexistence d'éco-organismes multiples. Sur le marché du recyclage, l'éco-organisme en place organise des appels d'offres afin de garantir un niveau de concurrence équitable entre les différents recycleurs. Cette procédure transparente a permis de faire baisser les prix au fil des années. Des problèmes peuvent toutefois survenir entre les entreprises de recyclage et l'éco-organisme, car certains recycleurs japonais achètent des bouteilles en PET et d'autres matériaux recyclables directement auprès des communes, ce qui nuit à la concurrence sur le marché.

4. Principaux problèmes et réformes possibles

À l'occasion de la réforme de la loi, en 2006, la répartition et l'attribution des responsabilités ont été examinées mais n'ont finalement subi aucune modification. Toutefois, cette question gagnerait à être étudiée plus avant car les coûts à la charge des communes demeurent beaucoup plus élevés que ceux supportés par les producteurs, ce qui nuit à l'efficacité du dispositif. En 2003, les communes japonaises ont consacré quelque 423.5 milliards JPY (3.5 milliards USD) à la collecte sélective des déchets d'emballages, à leur second tri et à leur stockage, ce qui est environ 3.4 fois supérieur aux dépenses des producteurs au cours de la même année (40 milliards JPY). Cela signifie que les incitations en faveur de la réduction de la quantité de matériaux d'emballage et du coût de leur recyclage étaient inférieures de 3.5 milliards USD au montant total que les producteurs auraient dû débourser pour financer l'intégralité du recyclage des emballages de leurs produits.

En outre, certaines communes passent des contrats directement avec des recycleurs indépendants et court-circuitent l'éco-organisme de manière à compenser des coûts élevés, ce qui peut entamer l'efficacité du système[5].

Au nombre des défis à relever figurent, d'une part, la nécessité de renforcer encore davantage la réduction et la réutilisation des déchets d'emballages et, d'autre part, la mise en évidence des avantages et des inconvénients, sur le plan environnemental, de la modification des matériaux utilisés (abandon d'emballages lourds, tels que les bouteilles en verre et les canette en acier, au profit d'emballages plus légers comme les bouteilles en PET, les canettes en aluminium et les emballages en papier-carton) suite à l'application de la loi.

Notes

1. Source intégrale : Yamakawa, H. (2014), *The packaging recycling act: the application of EPR to packaging policies in Japan*, Étude de cas préparée pour l'OCDE, *www.oecd.org/env/waste/gfenv-extendedproducer responsibility-june2014.htm*.
2. L'obligation légale de recyclage incombant aux producteurs ne concerne que les déchets convenablement triés ; elle ne s'applique donc pas dans les communes où aucune collecte sélective n'est mise en œuvre.
3. Munakata, S. et S. Murai (2000), *Influences of the Full Enforcement of Recycling Acts upon Medium and Small Manufacturers of Plastic Products and their Actions against them*, Rapport mensuel de Japan for Sustainability (JFS), 47(12), pp. 12-17 (en japonais). Yamaguchi, H. et M. Ishikawa (2001), « Issues and Measures of the Containers and Packaging Recycling Act », *Journal of Resources and Environment*, 37 (12), pp. 50-57 (en japonais).
4. Hosoda, E. (2004), *Evaluation of EPR Programmes in Japan, in Economic Aspects of Extended Producer Responsibility*, pp. 151-192.
5. Kurita, I. (2011), « Independent Disposal of Post-consumer PET Bottles », *Journal of the Japan Society of Waste Management Experts*, 22(1), pp. 61-70.

La responsabilité élargie du producteur
Une mise à jour des lignes directrices pour une gestion efficace des déchets

ANNEXE J

La REP en Corée

par
Hyein Heo *et* Mun-hee Jung, ministère coréen de l'Environnement[1]

TABLEAU DE SYNTHÈSE	
Répartition des coûts	
Couverture des coûts	Les coûts à la charge des éco-organismes sont intégralement couverts par les redevances de recyclage (hors collecte).
Rôle des pouvoirs publics	• Les pouvoirs publics imaginent et mettent en œuvre la réglementation relative à la REP ; • La KECO (instituée par le ministère de l'Environnement) agréé les éco-organismes et assure le suivi et le contrôle des entités concernées par la REP (en examinant leurs rapports annuels et en procédant à des inspections) ; et • Le ministère de l'Environnement est habilité à majorer le montant des redevances de 30 % en cas d'infraction.
Performances environnementales	• Au total, 1,519 million de tonnes de produits et de matériaux d'emballage ont été recyclés en 2012, soit une progression de 62 % par rapport à 2012 ; et • Le taux de recyclage global a augmenté de près de 103 %, tandis que la mise en décharge des déchets a reculé de 31 %.
Incitations à l'éco-conception	Les producteurs doivent mettre au point des technologies de recyclage, concevoir des produits économes en ressources, limiter leur utilisation de substances dangereuses et fabriquer (ou importer) des produits plus faciles à recycler.
Rapport coût/efficacité	• Le moindre recours à la mise en décharge des déchets a permis d'économiser 2 888 milliards KRW ; et • La vente de biens et matériaux recyclés a généré 3 055 milliards KRW de recettes.

1. Mise en place de la REP

a) Contexte juridique

En 2003, la Corée s'est dotée d'un dispositif de REP couvrant les équipements électriques, les pneumatiques, les lubrifiants, les lampes fluorescentes compactes, le polystyrène extrudé et les emballages. Conformément à la loi sur la réutilisation des ressources issues des déchets électriques et des véhicules hors d'usage et à la loi sur la promotion de l'économie et du recyclage des ressources, les producteurs et les importateurs doivent limiter la quantité de substances dangereuses contenues dans leurs produits, qu'ils doivent collecter et recycler une fois arrivés en fin de vie. Les distributeurs sont quant à eux chargés de la collecte des déchets.

b) Gouvernance et mise en œuvre

La Korea Environment Corporation (KECO) veille au respect de la loi en obligeant les producteurs et les importateurs à communiquer les données relatives à leurs ventes et importations ainsi qu'à la quantité de déchets collectés et recyclés (ces rapports sont déposés sur un portail en ligne et reprennent également des informations sur les substances dangereuses et les pièces recyclables entrant dans la composition des véhicules et des déchets d'équipements électriques et électroniques – DEEE). La KECO vérifie ces données et veille au traitement adéquat des déchets en procédant à des inspections. Elle délivre un agrément aux éco-organismes après s'être assurée de leur stabilité financière et de leur contribution éventuelle au développement du secteur du recyclage. En cas d'infraction, le ministère de l'Environnement peut majorer de 30 % les redevances applicables aux différentes catégories de déchets (voir tableau J.1). Les fabricants de DEEE dont la production

Tableau J.1. **Redevances de recyclage moyennes et sanctions financières appliquées en 2012**

Produits	Redevances forfaitaires (KRW)	Sanctions financières (en milliers KRW)
Emballages en carton	185/kg	30 042
Bouteilles en verre	34/kg	1 301 978
Canettes en fer	87/kg	154 186
Canettes en aluminium	151/kg	56 012
Bouteilles en PET	178/kg	450 414
Bouteilles en PET coloré	235/kg	7 465
Bouteilles en PET composés de matériaux mixtes	360/kg	96 105
Polystyrène expansé (PSE)	317/kg	127 590
Plaques de polystyrène (PSP)	327/kg	37 850
PVC	981/kg	575 884
Bacs en plastique	327/kg	498 049
Films et feuilles plastiques	467/kg	1 095 986
Récipients à lubrifiant	327/kg	14 020
Lubrifiants	20/litre	33 616
Pneumatiques	30/kg	437 872
Lampes fluorescentes compactes	143/produit	719 909
Polystyrène extrudé	627/kg	1 303
Piles et accumulateurs au mercure	39.6/g	2 639
Piles et accumulateurs argent	35.5/g	68 264
Piles et accumulateurs	0.8/g	124 063
Piles et accumulateurs nickel-cadmium	0.78/g	29 462
Piles et accumulateurs au manganèse	0.35/g	515 505
Piles et accumulateurs nickel-hydrogène	0.16/g	9 661
Téléviseurs	196/kg	133 123
Réfrigérateurs	197/ kg	348 353
Lave-linge	137/ kg	5 154
Climatiseurs	98/ kg	4 254
Ordinateurs	188/kg	167 436
Matériel audio	225/kg	47 100
Téléphones portables	2 649/kg	716 912
Photocopieurs	273/kg	29 074
Fax	403/kg	0
Imprimantes	400/kg	32 127

annuelle est évaluée à moins de 1 milliard KRW et les importateurs traitant un volume de marchandises d'une valeur inférieure à 3 milliards KRW ne sont pas concernés par la REP.

c) Attribution des responsabilités (répartition des rôles, flux financiers)

Les autorités nationales établissent et mettre en œuvre la réglementation relative à la REP. De leur côté, les autorités locales doivent améliorer la collecte et le recyclage et encourager la réutilisation des produits usagés. Il existe également des entreprises privées de collecte des déchets, qui signent des contrats avec des immeubles d'habitations et revendent les matériaux recyclables collectés aux entreprises de recyclage. Les producteurs et importateurs visés par la REP apposent sur leurs produits une étiquette reprenant des informations sur leur élimination et leur recyclabilité (voir graphique J.1). Par ailleurs, ils collectent et recyclent leurs produits en fin de vie ou paient des redevances de recyclage à l'éco-organisme compétent. Les consommateurs sont quant à eux responsables du tri et de l'élimination de leurs déchets.

Les producteurs et importateurs de biens, matériaux et récipients difficiles à recycler doivent s'acquitter d'une redevance d'élimination préalable (cette dernière concerne les

Graphique J.1. **Étiquetage des produits pour un tri adéquat**

Source : Heo, H. et M.-H. Jung (2014), *Case study for OECD project on extended producer responsibility, Republic of Korea*, Case study prepared for the OECD, *www.oecd.org/env/waste/gfenv-extendedproducerresponsibility-june2014.htm.*

pesticides, les produits chimiques dangereux, les produits antigel, les chewing-gum, les couches jetables, les cigarettes et les produits en plastiques non couverts par le dispositif de REP tels que les tuyaux en PVC, les jouets et les ustensiles de cuisine). Ces redevances entrent dans les subventions versées aux autorités locales pour construire des installations de traitement des déchets. Un système de consigne équivalant à environ 40 % du coût de fabrication d'une bouteille a par ailleurs été mis en place pour les producteurs de boissons. D'autres outils viennent compléter les dispositifs de REP, comme un système de redevance au volume (pour les déchets non recyclables), la collecte sélective et un registre pour la tarification des encombrants. Les autorités locales peuvent également subventionner ou prêter des fonds et fournir des matériaux recyclables aux installations de recyclage et d'élimination des déchets (le Compte spécial pour l'amélioration de l'environnement est un compte centralisé créé en 1995 par le ministère coréen de l'Environnement afin de financer les investissements en faveur de la protection de l'environnement ; de son côté, la KECO accorde des prêts à taux réduits aux PME du secteur du recyclage nécessitant un appui technique).

2. Efficacité environnementale

a) Taux de collecte et de recyclage

Depuis l'entrée en vigueur de la REP, en 2003, la quantité de produits et matériaux d'emballage recyclés a augmenté progressivement pour s'établir à 1.519 million de tonnes en 2012, soit une hausse de 62 %. Au XXIe siècle, le taux global de recyclage a gagné presque 103 %, tandis que la mise en décharge des déchets a reculé de 31 %. Le nombre d'entreprises et d'installations de recyclage concernées par la REP est quant à lui passé de 2 747 et 218 en 2013 à 4 567 et 627 en 2012, respectivement. Enfin, le nombre de producteurs par entreprise de recyclage a atteint 7.3 en 2012, contre 6.6 en 2003.

Chaque année, le ministère de l'environnement publie le taux de recyclage de chaque catégorie de produits en se fondant sur la quantité de produits sur le marché, les précédents taux de recyclage et la capacité de recyclage du secteur (voir tableau J.2). Les exportations des bouteilles en PET en fin de vie sont plafonnées à moins de 20 % (elles tournent actuellement autour de 0.1 % seulement). Enfin, il est interdit d'exporter d'autres produits usagés comme les piles et accumulateurs, les lubrifiants, les lampes fluorescentes compactes et les produits électroniques, afin de les faire recycler.

b) Éco-conception

Les producteurs sont tenus de mettre au point des technologies de recyclage, de concevoir des produits économes en ressources, de limiter leur utilisation de substances dangereuses et de fabriquer (ou d'importer) des produits plus faciles à recycler.

Tableau J.2. **Des taux de recyclage en hausse**

Produits	Objectif à long terme	2005	2006	2007	2008	2009	2010	2011	2012	2013	2014
Emballages en carton	**0.360**	0.278	0.266	0.280	0.291	0.305	0.327	0.327	0.341	0.341	0.346
Bouteilles en verre	**0.793**	0.672	0.684	0.708	0.726	0.737	0.751	0.757	0.778	0.760	0.760
Canettes et fer	**0.831**	0.700	0.710	0.720	0.730	0.740	0.756	0.771	0.786	0.786	0.797
Canettes en aluminium	**0.816**	0.700	0.712	0.717	0.730	0.740	0.756	0.771	0.786	0.786	0.791
Bouteilles en PET	**0.830**	0.695	0.704	0.717	0.737	0.749	0.764	0.783	0.806	0.806	0.812
Polystyrène expansé	**0.805**	0.613	0.629	0.690	0.748	0.748	0.760	0.772	0.781	0.781	0.790
Plaques de polystyrène	**0.423**	0.249	0.280	0.317	0.339	0.339	0.367	0.400	0.423	0.423	0.423
PVC	**0.733**	0.480	0.484	0.556	0.583	0.598	0.600	0.622	0.664	0.644	0.690
Bacs en plastique	**0.845**	0.502	0.528	0.585	0.628	0.653	0.702	0.757	0.800	0.800	0.806
Films et feuilles plastiques	**0.675**	0.368	0.387	0.414	0.433	0.476	0.517	0.562	0.600	0.600	0.603
Récipients à lubrifiant	**0.790**							0.790	0.790	0.795	0.794
Lubrifiants	**0.730**	0.687	0.687	0.676	0.677	0.677	0.692	0.708	0.722	0.725	0.726
Pneumatiques	**0.770**	0.718	0.720	0.737	0.748	0.748	0.754	0.758	0.762	0.762	0.765
Lampes fluorescentes compactes	**0.394**	0.189	0.207	0.225	0.231	0.240	0.261	0.285	0.300	0.328	0.355
Polystyrène extrudé	**0.277**							0.277	0.277	0.285	0.280
Piles et accumulateurs au mercure	**0.600**	0.250	0.293	0.380	0.490	0.490	0.600	0.600	0.600	0.600	0.600
Piles et accumulateurs argent	**0.560**	0.250	0.250	0.309	0.370	0.390	0.424	0.499	0.560	0.560	0.560
Piles et accumulateurs lithium	**0.650**	0.249	0.293	0.380	0.490	0.520	0.577	0.582	0.650	0.650	0.650
Piles et accumulateurs nickel-cadmium	**0.400**	0.246	0.246	0.257	0.291	0.310	0.333	0.383	0.400	0.400	0.400
Piles et accumulateurs au manganèse	**0.213**				0.200	0.205	0.236	0.192	0.216	0.216	0.216
Piles et accumulateurs nickel-hydrogène	**0.153**				0.250	0.250	0.289	0.136	0.203	0.203	0.203
Téléviseurs	**0.431**	0.118	0.126	0.133	0.145	0.160	0.190	0.210	0.272	0.564	
Réfrigérateurs	**0.389**	0.165	0.169	0.173	0.189	0.206	0.221	0.250	0.267	0.343	
Lave-linge	**0.392**	0.228	0.234	0.242	0.253	0.261	0.274	0.285	0.317	0.330	
Climatiseurs	**0.080**	0.015	0.017	0.019	0.021	0.023	0.024	0.024	0.027	0.028	
Ordinateurs	**0.260**	0.085	0.094	0.098	0.103	0.111	0.123	0.140	0.153	0.158	
Matériel audio	**0.278**	0.102	0.127	0.131	0.149	0.155	0.170	0.185	0.200	0.268	
Téléphones portables	**0.400**	0.119	0.154	0.165	0.180	0.198	0.220	0.230	0.356	0.257	
Photocopieurs	**0.280**		0.084	0.094	0.127	0.121	0.134	0.150	0.160	0.234	
Fax	**0.250**		0.084	0.094	0.114	0.119	0.130	0.150	0.156	0.223	
Imprimantes	**0.243**		0.084	0.092	0.112	0.133	0.142	0.150	0.150	0.218	

Source : Heo, H. et M.-H. Jung (2014), *Case study for OECD project on extended producer responsibility, Republic of Korea*, Case study prepared for the OECD, *www.oecd.org/env/waste/gfenv-extendedproducerresponsibility-june2014.htm.*

3. Efficience économique

a) Rapport coût/efficacité

Les économies réalisées sur les dépenses de mise en décharge se montent à 2 888 milliards KRW et la vente de biens et matériaux recyclés a permis de dégager 3 055 milliards KRW. De même, 9 769 emplois auraient été créés sur dix ans (voir tableau J.3). On dénombre actuellement six éco-organismes et on estime que 70 à 90 % des fonds collectés sont consacrés au recyclage, tandis que 1 à 5 % servent au financement de campagnes de sensibilisation à destination du grand public (ces fonds ne sont généralement pas utilisés pour le tri et la collecte). Les charges des éco-organismes sont intégralement couvertes par les redevances de recyclage, tandis que la KECO est financée par le compte spécial. Chaque filière de REP compte un unique éco-organisme. En pratique, les éco-organismes sont considérés comme des institutions publiques, bien qu'il s'agisse d'organisations privées à but non lucratif. Ils peuvent fixer librement le montant des redevances qu'ils perçoivent, mais on constate qu'ils tiennent compte des montants moyens publiés par les pouvoirs publics (dont le calcul se fonde sur une estimation des dépenses de collecte et de traitement).

Tableau J.3. **Retombées économiques de la REP**

	Économies réalisées sur la mise en décharge ou l'incinération des déchets (A) (milliards KRW)	Valeur des produits recyclés (B) (milliards KRW)	Nombre d'emplois créés
Total	2 888	3 055	9 769
2003	204	163	685
2004	229	185	776
2005	256	206	866
2006	263	215	904
2007	297	245	1 029
2008	300	372	1,005
2009	398	374	1 010
2010	330	408	1 102
2011	355	442	1 193
2012	355	444	1 199

Source : Heo, H. et M.-H. Jung (2014), *Case study for OECD project on extended producer responsibility, Republic of Korea*, Case study prepared for the OECD, *www.oecd.org/env/waste/gfenv-extendedproducerresponsibility-june2014.htm.*

4. Principaux problèmes et réformes possibles

L'objectif de recyclage global fixé pour l'ensemble des produits soumis à la REP équivaut à 33 % seulement de la capacité de toutes les installations de recyclage réunies. En outre, les produits et matériaux recyclables se caractérisent par une chaîne logistique instable et leur valeur ajoutée demeure faible. Par conséquent, la Corée projette de lancer un marché en ligne, qui fournira des informations sur l'offre et la demande de produits et matériaux recyclables. Le ministère de l'Environnement a également créé une association réunissant tous les éco-organismes de la filière emballages afin de réduire leurs coûts de gestion. Des objectifs de recyclage (annuels et à long terme) ont par ailleurs été fixés pour les DEEE à partir de 2014 (à 3.9 kg par habitant). En outre, les pouvoirs publics prévoient d'étendre la filière REP à davantage de produits (jusqu'à 50 produits différents, y compris les DEEE de petite taille). Enfin, un dispositif de REP verra le jour pour les véhicules hors d'usage (VHU) en 2015.

Note

1. Source intégrale : Heo, H. et M.-H. Jung (2014), *Case study for OECD project on extended producer responsibility, Republic of Korea*, Étude de cas préparée pour l'OCDE, *www.oecd.org/env/waste/gfenv-extendedproducerresponsibility-june2014.htm.*

La responsabilité élargie du producteur
Une mise à jour des lignes directrices pour une gestion efficace des déchets

ANNEXE K

La REP relative aux produits électroniques aux États-Unis

par

Scott Cassel, Product Stewardship Institute[1]

	TABLEAU DE SYNTHÈSE
Répartition des coûts	• Les fabricants paient des redevances d'adhésion, qui servent généralement à financer les activités de contrôle menées par les États ; • Dans la plupart des cas, les fabricants prennent en charge tout ou partie des coûts de collecte et de recyclage en fonction de leurs parts de marchés ou de la part de produits retournés ; dans certains États, la répartition des coûts et responsabilités manque toutefois de précision.
Couverture des coûts	Les fabricants prennent en charge tout ou partie des coûts : dans certains États, ils financent la collecte et le recyclage ; dans d'autres, les coûts sont partagés avec les autorités locales ; enfin, la répartition des coûts n'est parfois pas spécifiée.
Rôle des pouvoirs publics	• Les agences d'État supervisent les programmes ; • 20 États imposent aux fabricants de déclarer leurs produits et de communiquer les informations relatives à leurs ventes et à la collecte des déchets ; • 11 États demandent aux fabricants de soumettre un plan de bonne gestion des déchets pour examen et approbation ; • 21 États peuvent sanctionner les fabricants et détaillants en cas d'infraction ; • 4 États disposent d'un programme de collecte et de recyclage centralisé.
Performances environnementales	• Chaque année, entre 0.3 et 7 livres de déchets électroniques sont collectés par habitant.
Incitations à l'éco-conception	• Certains États prévoient une obligation de conformité avec la directive européenne RoHS ; • Certains États imposent à leurs agences de passer des marchés publics verts. • Certains États mettent en avant une base de données répertoriant les équipements électroniques écologiques afin d'influencer les consommateurs.
Rapport coût/efficacité	• Le coût estimatif des 19 programmes était de 90 millions USD en 2010. • Les redevances versées par les fabricants couvrent une grande partie des coûts (mais le rapport coût/efficacité est sans doute moins élevé car aucun suivi des coûts n'est effectué dans la plupart des États).

1. Mise en place de la REP

a) Contexte juridique

Depuis 2003, 25 États américains ont légiféré dans le domaine du recyclage des déchets électroniques ; sur les 25 dispositifs adoptés, 23 répondent à la définition américaine de la REP (du fait de leur caractère obligatoire) et 2 sont considérés comme des programmes de bonne gestion des déchets. Par ailleurs, 19 d'entre eux sont entrés en vigueur entre 2009 et 2011, et 16 États sur 25 ont adopté des mesures d'interdiction de mise en décharge des produits électroniques afin de soutenir ces programmes. La plupart des lois américaines régissant les déchets électroniques se fondent sur des concepts développés à l'occasion de l'Initiative nationale pour une bonne gestion des produits électroniques (National Electronics Product Stewardship Initiative, NEPSI), menée par l'Agence pour la protection de l'environnement des États-Unis (EPA) de 2001 à 2003. Au cours de cette période, les parties prenantes du pays se sont réunies à plusieurs reprises pour mettre au point un système de bonne gestion des produits, afin de faire progresser le recyclage des produits électroniques. Ces réunions n'ont abouti à aucun accord mais ont aidé les États à tracer les contours des lois réglementant la REP dans le domaine des produits électroniques. En revanche, peu de mesures ont été prises au niveau fédéral pour résoudre les problèmes liés à ces déchets.

b) Gouvernance et mise en œuvre

À l'échelle des États, les agences ou services chargés de la qualité environnementale ou de la santé publique supervisent les programmes de bonne gestion des déchets électroniques et, dans la plupart des cas, tout ou partie des coûts relatifs à cette activité sont couverts par les redevances d'adhésion ou les sanctions financières versées par les fabricants. Vingt programmes imposent aux fabricants d'appareils électroniques visés (*covered electronic devices* CED) de déclarer leurs produits auprès de l'État avant de pouvoir les commercialiser, et par la suite de lui communiquer les informations relatives à leurs ventes et à la collecte de déchets. Dans onze États, les fabricants doivent soumettre un plan de bonne gestion des déchets pour examen et approbation à l'agence environnementale dont ils dépendent. Tous les États interdisent aux détaillants de vendre des CED dont le fabricant n'adhère pas au programme ou ne se conforme pas à ses exigences. Dans 21 États sur 25, la loi prévoit des sanctions à l'encontre des fabricants qui ne déclarent pas leurs produits à l'État, n'honorent pas leurs responsabilités financières ou ne remplissent pas leurs obligations de collecte. L'État peut aussi infliger des amendes aux détaillants commercialisant des CED non déclarés.

c) Attribution des responsabilités (répartition des rôles, flux financiers)

Les fabricants de CED sont tenus de s'inscrire auprès de l'agence de contrôle de leur État. Pour cela, ils peuvent opter pour un système individuel ou adhérer à un éco-organisme. Pour atteindre leurs objectifs de résultats, les fabricants peuvent utiliser les déchets de CED que d'autres groupes de consommateurs de leur État (comme la population, les écoles ou les petites entreprises) apportent dans des points de collecte. Outre le versement d'une redevance d'adhésion, les fabricants de certains États doivent financer les coûts de collecte et/ou de recyclage. En général, le calcul de leur contribution s'effectue en fonction de leurs parts de marchés ou de leurs ventes de CED, ou en fonction du pourcentage de produits retournés (lorsque cet indicateur est utilisé, ce qui est le cas généralement pour les fabricants de produits informatiques). Dans le second cas, il convient alors de peser les équipements rapportés puis de les classer par marque et souvent par catégorie de produits. Seuls deux États demandent aux communes de veiller à ce que les points de collecte soient idéalement situés, de manière à faciliter l'enlèvement des matériaux par des sociétés de regroupement des déchets ou des recycleurs (seuls quatre États exigent que les recycleurs soient homologués par des organismes de certification). Par la suite, ces entités peuvent faire supporter aux fabricants les coûts de transport, de regroupement et de recyclage des déchets. Quatre États mettent un programme de collecte et recyclage centralisés à la disposition des fabricants. Dans ces États, un sous-traitant ou un organisme quasi gouvernemental endossent les fonctions d'éco-organisme et sont amenés, à ce titre, à gérer les infrastructures de recyclage et, dans certains cas, à collecter les redevances auprès des fabricants pour couvrir les coûts. Différentes entités (fabricants, communes ou détaillants) sont tenues d'informer les consommateurs au sujet de la loi sur la REP.

2. Efficacité environnementale

a) Taux de collecte et de recyclage

Selon un récent rapport, les recycleurs américains de produits électroniques génèrent jusqu'à 3 % de déchets résiduels ainsi qu'une petite quantité de matières potentiellement dangereuses, tandis que les matériaux issus de leurs activités se retrouvent pour l'essentiel sur les marchés de produits de base[2]. Bien qu'aucune donnée fiable ne soit disponible pour étayer leurs propos, la plupart des parties prenantes indiquent que le secteur du recyclage des déchets électroniques a vu ses performances environnementales s'améliorer ces dernières années. De plus, dans 13 États sur 25, le législateur définit lui-même des objectifs de collecte ou habilite l'entité responsable à le faire. Puisque tous les appareils collectés sont destinés à être recyclés ou réparés afin d'être réutilisés, les objectifs de collecte équivalent à des objectifs de recyclage. La production annuelle de déchets électroniques étant difficile à évaluer (en raison de la durée de vie variable des appareils et d'une tendance au stockage de certaines catégories de produits), on recourt généralement aux taux de collecte par habitant pour suivre les résultats du programme.

Les tableaux K.1 et K.2 comparent les programmes en vigueur dans les différents États en fonction de caractéristiques essentielles et des taux de collecte par habitant. Le tableau K.1 répertorie les États ayant les meilleurs résultats, tandis que le tableau K.2 présente les États les moins performants. La plupart des États affichant les taux les plus élevés disposent d'un système de collecte et de recyclage centralisé et imposent des normes de praticité strictes (normes définissant l'ampleur que doit avoir le réseau de collecte afin d'être pratique pour le consommateur), ce qui a permis de créer de solides infrastructures dotées de ressources financières annuelles indépendantes du volume de déchets collectés. Les États les plus performants se caractérisent également par une attribution claire des responsabilités financières, quelle que soit la méthode de calcul suivie (parts de marché,

Tableau K.1. **Performances et caractéristiques de conception des programmes en vigueur dans les États présentant de bons résultats, 2012**

État (date de mise en application)	Livres par habitants, 2012*	Financement	Objectifs de résultats	Exigences de praticité	Couverture des produits	Interdiction de mise en décharge	Programme centralisé	Couverture des consommateurs
Vermont (2011)	7.7	Parts de marché	Oui	Géographiques	Moyenne	Oui	Oui	Moyenne
Oregon (2009)	6.8	Mixte	Oui[3]	Géographiques	Moyenne	Oui	Oui	Moyenne
Wisconsin (2010)	6.8	Parts de marché	Oui	Accessibilité dans les zones rurales	Complète	Oui	Non	Limitée
Minnesota (2007)	6.5	Parts de marché	Oui	Accessibilité dans les zones rurales	Complète	Oui	Non	Limitée
Washington (2009)	6.4	Mixte	Non	Géographiques	Moyenne	Non	Oui	Globale

Source : Product Stewardship Institute (2014), Electronics EPR: A Case Study of State Programs in the United States, Case study prepared for the OECD, *www.oecd.org/env/waste/gfenv-extendedproducerresponsibility-june2014.htm*

Tableau K.2. **Performances et caractéristiques de conception des programmes en vigueur dans les États présentant de mauvais résultats, 2012**

État (date de mise en application)	Livres par habitants, 2012*	Financement	Objectifs de résultats	Exigences de praticité	Couverture des produits	Interdiction de mise en décharge	Programme centralisé	Couverture des consommateurs
South Carolina (2011)	0.7	Parts de marché	Oui	Limitées	Moyenne	Oui	Non	Limitée
Oklahoma (2009)	0.6	Mécanisme de financement non précisé	Non	Limitées	Limitée	Non	Non	Limitée
Virginie (2009)	0.4	Non précisé	Non	Limitées	Limitée	Non	Non	Limitée
Missouri (2010)	0.3	Non précisé	Non	Limitées	Limitée (ne concerne pas les téléviseurs)	Non	Non	Limitée

Source : Product Stewardship Institute (2014), *Electronics EPR: A Case Study of State Programs in the United States*, Case study prepared for the OECD, *www.oecd.org/env/waste/gfenv-extendedproducerresponsibility-june2014.htm.*

taux de retour ou système mixte). Toutefois, la relation entre les objectifs de performances et le succès du programme n'est pas évidente. En effet, si le fait de définir des objectifs s'avère efficace, cette pratique peut, dans certains cas, aboutir à un plafonnement des niveaux de collecte lorsque les fabricants atteignent leurs objectifs ou sont autorisés à négocier des crédits. De même, la portée des produits couverts influence peu les résultats du programme. À l'inverse, les campagnes d'information et de sensibilisation à destination du grand public ont des effets importants, qu'il est toutefois bien plus difficile d'évaluer et de mesurer.

b) Éco-conception

De nombreux États appliquent des programmes de REP dans l'espoir d'encourager l'éco-conception sans que cette prescription ne figure explicitement dans leurs lois. Cependant, 7 des 25 dispositifs exigent que les produits soient conformes à la directive européenne relative à la limitation de certaines substances dangereuses dans les équipements électriques et électroniques (RoHS), ou qu'ils informent les autorités si l'un de leurs produits dépasse les niveaux définis par ce texte. En vertu de la loi, les agences publiques de certains États doivent également s'approvisionner en appareils électroniques contenant des matériaux recyclés et dont les caractéristiques environnementales tiennent compte du cycle de vie du produit ou intègrent des éléments d'éco-conception. À l'échelle du pays, l'écolabel EPEAT (Electronic Product Environmental Assessment Tool) influence considérablement la conception des équipements électroniques. Cet outil d'évaluation environnementale indépendant aide les consommateurs à identifier les équipements électroniques plus respectueux de l'environnement figurant dans sa base de données.

3. Efficience économique

a) Rapport coût/efficacité

Un rapport de 2010 estime qu'à l'époque de sa rédaction, le coût total (redevances de fonctionnement et d'adhésion incluses) des 19 programmes de REP s'élevait à 90 millions USD, dont[4] :

- 71 millions USD pour la collecte, le transport et le recyclage ;
- 14 millions USD pour les coûts internes de mise en conformité ;
- 4.5 millions USD pour les coûts de gestion supportés par les pouvoirs publics.

Le plus souvent, le coût d'un programme est évalué en USD par livre de déchets collectés. En général, les montants obtenus ne tiennent pas compte des activités d'information et de sensibilisation, et ils varient nettement d'un programme à l'autre. En 2010, ils étaient compris entre 0.20 USD et 0.30 USD par livre. Certains États approuvent les frais que les recycleurs facturent aux fabricants pour le transport, le regroupement et le recyclage des déchets, qui se situent actuellement dans une fourchette comprise entre 0.28 USD et 0.34 USD par livre. Certains produits, tels que le verre des écrans à tube cathodique, sont coûteux à prendre en charge, tandis que le traitement des équipements informatiques peut permettre de dégager des recettes. Étant donné qu'au fil du temps, les écrans à tube cathodique se raréfient proportionnellement à la quantité d'équipements informatiques disponibles, les coûts du programme devraient baisser.

b) Fuites et passagers clandestins

La loi sur les déchets électroniques limite les problèmes de « passagers clandestins » grâce aux obligations de déclaration et aux sanctions infligées aux fabricants ou aux détaillants en situation d'infraction (voir section 1.b). On constate toutefois quelques fuites dans certains États, car les équipements informatiques peuvent être revendus à un prix élevé en dehors des dispositifs de REP à des courtiers ou à des récupérateurs de déchets. De ce fait, les programmes ne gèrent que des produits présentant une valeur négative, comme les tubes cathodiques.

c) Échanges et concurrence

Puisque la REP accroît considérablement la quantité de matériaux recyclables disponibles et que certains déchets électroniques affichent une valeur marchande élevée, de nouveaux recycleurs sont apparus sur le marché de nombreux États, ce qui a renforcé la concurrence. L'environnement concurrentiel dans lequel évoluent les recycleurs varie sensiblement selon certains paramètres des programmes et les choix des pouvoirs publics. Par exemple, la Pennsylvanie, New York et le Minnesota laissent les fabricants satisfaire à leurs obligations de recyclage comme ils l'entendent en encourageant la libre concurrence entre les recycleurs. Dans le Washington et le Vermont, l'État ou l'entité compétente ou sous-traitante approuve les recycleurs et gère la concurrence via des appels d'offres ou des procédures d'agrément. Dans les États où la concurrence est plus forte, les coûts à la charge des fabricants tendent à baisser, mais les recycleurs peuvent aussi voir leur marge bénéficiaire se réduire. En outre, ces derniers peuvent avoir du mal à faire augmenter leurs recettes étant donné que les équipements composés de matériaux ayant une valeur importante (à l'instar des ordinateurs portables ou de bureau) ne représentent qu'une faible part des déchets électroniques pris en charge dans la plupart des programmes, tandis que les téléviseurs et moniteurs à tube cathodique, dont le coût de traitement est élevé, dominent les flux de déchets dans la plupart des États. Afin d'aider les recycleurs, certains États autorisent la mise en décharge du verre des écrans à tube cathodique, décourageant du même coup les investissements dans leur recyclage.

S'agissant du commerce extérieur, les exportations de déchets électroniques suscitent depuis toujours la controverse aux États-Unis, surtout lorsqu'elles s'effectuent vers des pays en développement dont la gestion des déchets est sous-réglementée. Dans un rapport de 2013, la Commission américaine du commerce international indiquait qu'en 2011, les recycleurs américains de déchets électronique avaient réalisé 7 % de leurs ventes sur des marchés étrangers, plus particulièrement au Mexique, en Inde, à Hong Kong, en Chine et dans d'autres pays de la région Asie-Pacifique. Cependant, les programmes de gestion des déchets électroniques mis en œuvre à l'échelle des États ne peuvent pas réglementer les exportations, car seul le Congrès américain peut légiférer au sujet des échanges commerciaux avec d'autres pays. En 2013, ce dernier a présenté un projet de loi sur le recyclage responsable des appareils électroniques visant à interdire l'exportation de déchets électroniques vers des pays en développement. À ce jour, ce texte est toujours en cours d'examen.

4. Principaux problèmes et réformes possibles

Pour aller de l'avant, les États-Unis auront pour tâche principale d'harmoniser les différentes démarches appliquées à l'échelle des États avant de les étendre aux 45 % restants de la population. La diversité de ces approches provoque une grande variabilité de résultats, favorise l'inefficacité et fait gonfler les coûts. Par ailleurs, la disparité des exigences fait augmenter les coûts internes de mise en conformité à la charge des fabricants. En attendant que cette vague d'harmonisation se concrétise, des organisations telles que l'Electronics Recycling Coordination Clearinghouse tente de réduire les chevauchements administratifs entre les agences/services des États via une collaboration inter-États autour de problématiques clé et des systèmes de déclaration centralisés.

Idéalement, un programme national-type devrait inclure les meilleures pratiques suivantes :

- accepter un vaste éventail de CED (ce qui peut permettre d'améliorer l'efficacité de la collecte, de répartir les responsabilités financières plus équitablement, de récupérer davantage de produits électroniques et de simplifier les messages adressés au grand public) ;
- couvrir toutes les catégories de consommateurs de produits électroniques ;
- laisser les fabricants financer et piloter le programme de recyclage, qui devrait faire la part belle à la sensibilisation et à l'information du grand public ;
- veiller au respect des exigences en matière de REP, pour garantir une concurrence équitable entre les fabricants ;
- formuler des objectifs de résultats ambitieux pour veiller à la continuité des activités de collecte ;
- imposer des critères de praticité stricts ; et
- définir des normes minimales de traitement et de recyclage des déchets électroniques, comme des programmes de certification tierce partie.

Notes

1. Source intégrale : Product Stewardship Institute (2014), *Electronics EPR: A Case Study of State Programs in the United States*, Étude de cas préparée pour l'OCDE, *www.oecd.org/env/waste/gfenv-extended producerresponsibility-june2014.htm.*
2. *Used Electronic Products: An Examination of U.S. Exports*, US International Trade Commission, février 2013.
3. L'Oregon exige que tous les fabricants prennent part à un dispositif de REP. Cependant, seuls les fabricants qui n'adhèrent pas au programme centralisé sont pénalisés si le dispositif de substitution qu'ils choisissent n'atteint pas ses objectifs.
4. Source : National Electronics Recycling Infrastructure Clearinghouse, « Updated Manufacturer E-Waste Compliance Study », 29 mars 2009. Internet archive *http://web.archive.org/web/20130913045004/ www.ecyclingresource.org/ContentPage.aspx?Pageid=34&ParentID=0*, consulté le 4 avril 2014.

ORGANISATION DE COOPÉRATION ET DE DÉVELOPPEMENT ÉCONOMIQUES

L'OCDE est un forum unique en son genre où les gouvernements œuvrent ensemble pour relever les défis économiques, sociaux et environnementaux que pose la mondialisation. L'OCDE est aussi à l'avant-garde des efforts entrepris pour comprendre les évolutions du monde actuel et les préoccupations qu'elles font naître. Elle aide les gouvernements à faire face à des situations nouvelles en examinant des thèmes tels que le gouvernement d'entreprise, l'économie de l'information et les défis posés par le vieillissement de la population. L'Organisation offre aux gouvernements un cadre leur permettant de comparer leurs expériences en matière de politiques, de chercher des réponses à des problèmes communs, d'identifier les bonnes pratiques et de travailler à la coordination des politiques nationales et internationales.

Les pays membres de l'OCDE sont : l'Allemagne, l'Australie, l'Autriche, la Belgique, le Canada, le Chili, la Corée, le Danemark, l'Estonie, l'Espagne, les États-Unis, la Finlande, la France, la Grèce, la Hongrie, l'Irlande, l'Islande, Israël, l'Italie, le Japon, la Lettonie, le Luxembourg, le Mexique, la Norvège, la Nouvelle-Zélande, les Pays-Bas, la Pologne, le Portugal, la République slovaque, la République tchèque, le Royaume-Uni, la Slovénie, la Suède, la Suisse et la Turquie. La Commission européenne participe aux travaux de l'OCDE.

Les Éditions OCDE assurent une large diffusion aux travaux de l'Organisation. Ces derniers comprennent les résultats de l'activité de collecte de statistiques, les travaux de recherche menés sur des questions économiques, sociales et environnementales, ainsi que les conventions, les principes directeurs et les modèles développés par les pays membres.

ÉDITIONS OCDE, 2, rue André-Pascal, 75775 PARIS CEDEX 16
(97 2017 06 2 P) ISBN 978-92-64-27353-5 – 2017

www.ingramcontent.com/pod-product-compliance
Lightning Source LLC
LaVergne TN
LVHW080643011026
849160LV00014B/1303